공직자
주식백지신탁법

홍정선

박영사

머리말

[1] 공직자의 공무집행의 공정성 확보, 국민의 공직자에 대한 신뢰의 확보, 공직자의 부정한 재산증식의 방지 등을 목적으로 하는 「공직자 주식백지신탁제도」가 2005. 11. 시행된 이래 여러 해가 흘렀다. 「공직자 주식백지신탁제도」로 인해 고위 공직자들이 공직수행을 위해 주식을 매각하기도 하였지만, 주식보유를 위해 고위 공무원직을 사퇴하거나 거부한 경우도 여러 번 나타났다. 이러한 사정 등으로 인해 고위공직자의 임용이나 선출직 공무원의 선출시기에는 으레 공직 후보자의 주식백지신탁 여부가 언론이나 세간에 화제가 되고 있는 것이 현실이다. 「공직자 주식백지신탁제도」에 대하여 부정적 시각을 갖는 사람들도 있을 것이지만, 그럼에도 「공직자 주식백지신탁제도」는 이제 확고히 뿌리를 내린 제도가 되었다.

[2] 저자는 아직까지 「공직자 주식백지신탁제도」 전반을 다루는 문헌을 보지 못하였다. 「공직자 주식백지신탁제도」가 국민의 관심대상이 된 지 오래되었음에도 관련 문헌이 없다는 것은 안타까운 일이 아닐 수 없다. 주식백지신탁이 해당 공직자나 공직 후보자에게는 기본권에 대한 제한을 뜻하는 것이기 때문에 주식백지신탁제도는 엄격한 법적 기속을 받아야 함은 두말할 필요가 없다. 뿐만 아니라 주권자인 국민도 「공직자 주식백지신탁제도」에 대하여 제대로 알아야 올바른 여론형성에 참여할 수 있을 것이다. 이러한 인식을 갖고서 『공직자 주식백지신탁법』을 출간한다.

[3] 이 책은 현행 공직자윤리법에 규정된 「공직자 주식백지신탁제도(본문에서는 주식백지신탁제도로 부르기로 한다)」를 내용으로 하면서, 3개의 PART(1부 주식백지신탁제도의 법리, 2부 직무관련성 심사방법, 3부 직무관련성 심사사례연습)로 구성되어 있다. 1부 주식백지신탁제도의 법리 부분에서는 관련 실정법 전반을 체계적으로 분석하려고 하였

다. 간과한 법률이 있을까 우려가 된다. 2부 직무관련성 심사방법 부분은 최근 중요 문제가 된 공직자부패행위의 직무관련성 유무 판단의 기준으로 활용될 수 있을 것이다. 3부 직무관련성 심사사례연습 부분에서는 구체적인 직위를 전제하면서 그 직위에서 특정 주식의 보유가 가능한지 여부를 살폈다.

[4] 이 책은 저자의 그간의 연구와 「주식백지신탁 심사위원회 위원장」으로서 경험하였던 바를 바탕으로 하고 있다. 비상임이지만 나라의 일을 하면서 습득한 지식·정보·자료는 독자들과 공유하여야 한다는 생각도 이 책을 집필하게 된 사유 중의 하나였다. 주식백지신탁제도에 관심이 있는 이들에게 필요한 자료를 충분히 제공하겠다는 집필의도가 잘 반영되었는지 여부는 독자들이 판단할 몫일 것이다.

[5] 머리말을 이용하여 저자가 금년 초에 출간하는 『신판례행정법입문』을 소개하고 싶다. 『신판례행정법입문(초판)(박영사 간)』은 행정법 판례로 구성된 입문서이다. 이 책에 수록된 판례는 저자의 『행정법원론(상)』의 내용인 일반행정법과 행정쟁송법 전반에 미친다. 목차의 구성도 『행정법원론(상)』의 체계를 따랐다. 수록된 판례 중 상당수 판례에 평설이 가미되어 있다. 누구나 읽기 쉽게 구성·편집하였으므로, 독자들은 이 책을 통해 행정법 판례 전반에 대하여 쉽게 접근할 수 있을 것이다.

[6] 끝으로 뮤추얼펀드와 랩어카운트 부분에 도움을 준 금융감독원 여동주 선임 조사역에게도 감사의 마음을 전한다. 원고를 비판적으로 살펴보고 조언을 해준 家兒 홍승재 변호사에게도 고마움을 전하고 싶다. 이 책을 출간해주신 박영사 안종만 회장님, 편집과 교정을 맡아준 박영사 문선미 과장님에게도 감사하면서.

2018년 1월 1일
우거에서
홍 정 선 씀

차 례

1부 주식백지신탁의 법리

2부 직무관련성 심사방법

3부 직무관련성 심사사례연습

1부

주식백지신탁의 법리

제1장　주식백지신탁의 관념

▌제1절　주식백지신탁의 의의

Ⅰ. 주식백지신탁의 개념

1. 공직자윤리법상 정의

　　공직자윤리법은 「공직자윤리법이 정하는 일정한 직에 종사하는 공직자는 본인 및 공직자윤리법이 정하는 이해관계자가 보유하는 주식 중 직무관련성이 있는 주식의 총 가액이 공직자윤리법이 정하는 금액을 초과하는 경우, 초과하게 된 날 등 공직자윤리법이 정하는 날부터 1개월 이내에 해당 주식을 직접 매각, 신탁 또는 투자신탁에 관한 계약을 체결하거나 이해관계자로 하여금 하도록 하고 그 행위를 한 사실을 등록기관에 신고하여야 하는데, 이 중에서 주식을 신탁 또는 투자신탁 하는 것」을 주식백지신탁이라 규정하고 있다(공직자윤리법 제14조의4 제1항).[1][2]

---

* 이 책에서는 「공직자 주식백지신탁」을 「주식백지신탁」으로 줄여 표기한다.

[1] 신탁법에서 "'신탁'이란 신탁을 설정하는 자(이하 '위탁자'라 한다)와 신탁을 인수하는 자(이하 '수탁자'라 한다) 간의 신임관계에 기하여 위탁자가 수탁자에게 특정의 재산(영업이나 저작재산권의 일부를 포함한다)을 이전하거나 담보권의 설정 또는 그 밖의 처분을 하고 수탁자로 하여금 일정한 자(이하 '수익자'라 한다)의 이익 또는 특정의 목적을 위하여 그 재산의 관리, 처분, 운용, 개발, 그 밖에 신탁 목적의 달성을 위하여 필요한 행위를 하게 하는 법률관계"로 폭넓게 정의되고 있다(동법 제2조). 이에 비하여 공직자윤리법상 주식백지신탁의 개념은 위탁자, 수탁자, 신탁의 대상 등과 관련하여 상당히 제한적으로 규정되고 있다. 특히 신탁법상 신탁은 실무상 부동산신탁, 금전신탁, 관리신탁, 담보신탁, 분양관리신탁 등의 형태로 운용되고 있지만, 주식백지신탁은 오로지 주식의 매각을 위한 신탁이라는 점에서 양자 사이에 큰 차이가 난다.

[2] 저자는 "공직자윤리법상 지방자치단체장의 주식 보유 가능성"이라는 제목의 논문을 사단법인 한국지방자치법학회가 발간하는 학술지인 「지방자치법연구」 제16권 제4호(통권 제52호), 31쪽~58쪽에 게재하였

[예] 국토교통부장관은 국토종합계획의 수립·조정, 국토 및 수자원의 보전·이용 및 개발, 도시·도로 및 주택의 건설, 해안·하천 및 간척, 육운·철도 및 항공에 관한 사무를 관장한다(정부조직법 제42조 제1항). 그런데 ① A항공회사의 주식(시가 1억원 상당)을 보유하고 있는 甲이 국토교통부장관으로 임명되면, 甲은 공직자윤리법이 정하는 날부터 1개월 이내에 그 주식을 스스로 매각하거나 또는 공직자윤리법에 따른 금융기관에 주식백지신탁을 한 후 그 사실을 공직자윤리법에서 정하는 재산등록기관에 신고하여야 한다. 왜냐하면 A항공회사는 국토교통부장관이 관장하는 항공에 관한 사무(직무)와 관련성을 갖기 때문이다. 甲의 배우자인 乙이 그러한 주식을 보유하고 있다고 하여도 甲은 乙에게 매각, 신탁 또는 투자신탁에 관한 계약을 체결하게 하여야 하고, 그 행위를 한 사실을 신고하여야 하는바 甲 자신이 주식을 보유하고 있는 경우와 동일하다. ② 만약 甲이 B제약회사 주식(시가 1억원 상당)을 보유하고 있다면, 甲은 그 주식을 보유할 수 있다. 왜냐하면 B제약주식회사는 국토교통부장관이 관장하는 사무(직무)와 관련성을 갖지 않기 때문이나. 그러나 이러한 경우, 갑은 주식백지신탁 심사위원회로부터 B제약회사의 주식이 甲의 사무(직무)와 무관하다는 결정을 받아야 한다.

[참고] 주식백지신탁 절차의 흐름*

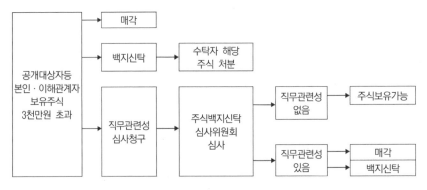

* 인사혁신처 홈페이지에서 옮겨옴(2018.1.1.)

2. 개념의 요소

공직자윤리법상 주식백지신탁의 개념은 ① 주식백지신탁의 **주체**(의무자)로서 공직자윤리법이 정하는 일정한 직에 종사하는 공직자, ② 주식백지신탁의 **대상**으로서 공직자 본인 및 공직자윤리법이 정하는 이해관계자가 보유하는 직무관련성이 있는 주식(다만, 총 가액이 공직자윤리법이 정하는 금액을 초과하는 경우), ③ 주식백지신탁의 **기한**으로서 공직자윤리법이 정하는 날부터 1개월 이내, ④ 주식백지신탁의 **행위**로서 계약체결을 요소로 한다.

는데, 보다 연구된 내용을 이 책에 반영하려고 하였음을 밝혀둔다.

Ⅱ. 주식백지신탁제도의 취지

1. 공무집행의 공정성 확보

공직자가 자신의 직무와 관련 있는 주식을 보유하고 있는 경우, 자신의 직무를 수행하면서 그 주식의 가격에 영향을 미치게 되는 정책결정을 할 수도 있다(예: 경영난에 허덕이는 A기업에 대하여 정부가 공적 자금을 지원하기로 결정하는 경우, 정부의 결정에 관여한 공직자가 A기업의 주식을 보유하고 있다고 가정해보라). 이것은 「직무의 공정한 수행이 추구하는 공익」과 「자신이 보유하는 주식 관련 이익의 추구라는 사익」 사이에서 충돌이 발생할 수 있는 가능성이 있음을 뜻한다. 어떠한 경우에도 공무는 공정하게 집행되어야 하고, 만인에게 공정하게 이루어져야 하는 것이기 때문에 공익과 사익의 충돌을 미연에 방지할 필요가 있다. 주식백지신탁제도는 바로 이러한 이해충돌을 방지하고, 공정한 공무집행의 확보를 위한 것이다.

2. 국민의 공직자(국가·지방자치단체)에 대한 신뢰의 확보

공직자가 자기가 보유하는 주식과 관련이 있는 공적 사무를 수행하는 과정에서 그 주식의 가격에 영향을 미치게 되는 결정을 하게 되면, 국민의 공직자에 대한 신뢰는 기대하기 어렵다. 국민이 신뢰하지 못하는 공무집행은 궁극적으로는 국가·지방자치단체와 사회의 혼란을 가져오게 된다. 이 때문에 공직자에 대한 신뢰는 바로 국가·지방자치단체에 대한 신뢰의 문제가 된다. 설령 공직자가 자기가 보유하는 주식과 관련이 있는 공적 사무를 수행하는 과정에서 그 주식의 가격에 영향을 미치게 되는 결정을 하였지만, 그 결정이 정당한 것이라고 하여도, 국민들이 그 공직자가 해당 주식을 갖고 있다는 사실을 알게 된다면, 그러한 공직자의 행위는 국민의 신뢰를 기대하기 어려울 것이다.

3. 공직자의 부정한 재산증식의 방지

공직자는 국민 전체에 대한 봉사자이다. 공직은 공직자 자신의 사익을 도모하기 위한 직이 아니다. 공직자는 공직에 전념하여야 한다. 공직자가 자신이 보유하는 주식과 관련이 있는 공적 사무를 수행하면서 자신의 직위를 악용하여 그 주식과 관련하여 경제적 이득을 누리게 되면, 그러한 행위는 공직자의 윤리와 공직자의 의무에 반하는 것이고, 그러한 행위로 인한 이득은 부당한 이득(재산증식)이 된다. 부당한 이득의 방지가 정의로운 것이다. 이 때문에 공직자의 부정한 재산증식은 방지되어야 한다.

「공직자의 부정한 재산증식의 방지」 외에 「공직자 청렴성의 확보」를 주식백지신탁제도 도입 취지 중의 하나로 언급하는 것도 가능할 것이다. 그러나 주식과 관련한 「공직자의 부정한 재산증식의 방지」는 「공직자 청렴성의 확보」를 위한 하나의 방안이라는 점에서 보면, 「공직자의 부정한 재산증식의 방지」는 「공직자 청렴성의 확보」라는 의미도 내포하고 있는 것으로 보아 「공직자 청렴성의 확보」를 주식백지신탁제도 도입 취지 중의 하나로 언급하지 않는 것도 비논리적이라 말하기 어렵다. 하여간 공직자가 청렴하여야 한다는 것은 모든 공직자의 의무이다.

[참고] 공직자의 품위·청렴·공정 관련 규정

국회법
제24조(선서) 의원은 임기 초에 국회에서 다음의 선서를 한다.
"나는 헌법을 준수하고 국민의 자유와 복리의 증진 및 조국의 평화적 통일을 위하여 노력하며, 국가이익을 우선으로 하여 국회의원의 직무를 양심에 따라 성실히 수행할 것을 국민 앞에 엄숙히 선서합니다."
제25조(품위유지의 의무) 의원은 의원으로서의 품위를 유지하여야 한다.

국가공무원법
제56조(성실 의무) 모든 공무원은 법령을 준수하며 성실히 직무를 수행하여야 한다.
제63조(품위 유지의 의무) 공무원은 직무의 내외를 불문하고 그 품위가 손상되는 행위를 하여서는 아니 된다.

지방공무원법
제48조(성실의 의무) 모든 공무원은 법규를 준수하고 성실히 그 직무를 수행하여야 한다.
제55조(품위 유지의 의무) 공무원은 품위를 손상하는 행위를 하여서는 아니 된다.

지방자치법
제36조(의원의 의무) ① 지방의회의원은 공공의 이익을 우선하여 양심에 따라 그 직무를 성실히 수행하여야 한다.
② 지방의회의원은 청렴의 의무를 지며, 의원으로서의 품위를 유지하여야 한다.

부패방지 및 국민권익위원회의 설치와 운영에 관한 법률
제7조(공직자의 청렴의무) 공직자는 법령을 준수하고 친절하고 공정하게 집무하여야 하며 일체의 부패행위와 품위를 손상하는 행위를 하여서는 아니 된다.

4. 결어

주식백지신탁제도는 공정한 공무집행의 확보, 국민의 공직자에 대한 신뢰의 확보, 공직자의 부정한 재산증식의 방지를 위한 것이다. 달리 말하면, 주식백지신탁제도는 공직자가 보유 주식과 관련이 있는 공무를 수행할 때 발생할 수 있는 「공익과 사익의 충돌(이해충돌, conflict of interest)」을 방지함으로써 공적 사무의 공공성을 높이고,

공적 사무의 수행에 대한 국민의 신뢰를 높이기 위한 제도이다.[1] 공직자윤리법은 제2조의2에서[2] 주식백지신탁제도의 도입의 근거가 되는 이해충돌방지를 공직자의 의무로 선언하고 있다.

공직자윤리법

제2조의2(이해충돌방지 의무) ① 국가 또는 지방자치단체는 공직자가 수행하는 직무가 공직자의 재산상 이해와 관련되어 **공정한 직무수행**이 어려운 상황이 일어나지 아니하도록 노력하여야 한다.
② 공직자는 자신이 수행하는 직무가 자신의 재산상 이해와 관련되어 공정한 직무수행이 어려운 상황이 일어나지 아니하도록 직무수행의 적정성을 확보하여 **공익을 우선**으로 성실하게 직무를 수행하여야 한다.
③ 공직자는 공직을 이용하여 사적 이익을 추구하거나 개인이나 기관·단체에 부정한 특혜를 주어서는 아니 되며, **재직 중 취득한 정보**를 부당하게 사적으로 이용하거나 타인으로 하여금 부당하게 사용하게 하여서는 아니 된다. 〈신설 2011.7.29.〉
④ 퇴직공직자는 재직 중인 공직자의 공정한 직무수행을 해치는 상황이 일어나지 아니하도록 노력하여야 한다. 〈신설 2011.7.29.〉

Ⅲ. 주식백지신탁제도의 도입

1. 도입 과정

공직자 주식백지신탁제도가 공직자윤리법에 도입되기까지의 과정을 연대순으로 간략히 살펴보기로 한다.[3]

2002.	대통령선거에서 당시 한나라당 후보가 주식뿐만 아니라 부동산을 포함하는 주식백지신탁제도의 도입을 대선공약으로 주장하였다.
2004.04.	총선거에서 여·야가 공통으로 주식백지신탁제도의 도입을 주장하였다.
2004.04.	당시 한나라당 제17대 국회의원 당선자대회에서 당선자의 금융 및 부동산 자산의 백지

---

1) 공직자윤리법상 공직자의 재산등록, 선물신고, 퇴직공직자의 취업제한 및 행위제한 모두 이해충돌의 방지를 위한 것이지만, 이러한 제도들 외에도 이해충돌의 방지를 위한 새로운 제도(예: 공직자의 「보유 주식 이외의 재산권과 관련된 이해충돌」의 방지를 위한 제도)의 모색도 계속될 필요가 있을 것이다.
2) 이 조항은 2005. 11. 19. 시행(2005. 5. 18. 개정) 공직자윤리법에서 규정되기 시작하였고, 그 후 몇 차례 개정되었다. 우리의 주식백지신탁제도는 미국의 1789년 정부윤리법(Ethics in Government Act)에서 유래된 것으로 보인다(최윤영, "미국법상 공직자의 주식백지신탁제도에 관한 고찰," 공법연구 제44집 제2호, 한국공법학회, 2015년 12월, 515쪽). 미국법상 백지신탁(blind trust)은 공직자가 재임기간 중에 재산을 공직과 무관한 수탁기관에 맡기고 그 공직자는 간섭할 수 없게 하는 제도이다. 고위관료나 국회의원들이 수탁자에게 명의신탁을 하면 그 공직자는 본인 소유의 주식이라고 해도 마음대로 사고 팔 수 없다. 주주권 행사가 일체 금지된다. 국정을 다룸에 있어 공정을 확보하려는 제도로 이해되고 있다.
3) 관련 논문으로 윤태범, "공직자의 이해충돌방지제도의 입법화과정에 대한 연구: 2005년 백지신탁제도 도입을 중심으로," GRI 연구논총, 2010년 제12권 제3호, 133쪽 이하 참조.

신탁의 추진을 결의하였다.

2004.05. 정부는 공직자윤리법 개정안을 입법예고 하였다.

2004.06. 정부는 주식백지신탁제도 관련 공청회를 개최하였다.

2004.09. 정부는 주식백지신탁제도 도입을 위한 공직자윤리법 개정안을 심의·의결하였다.

2004.12. 국회(행정자치위원회)는 주식백지신탁제도 도입 공청회를 개최하였다.

2005.04. 공직자윤리법 개정안이 국회의 본회의를 통과하였다.

2005.05. 공직자윤리법 개정안이 공포되었다.

2005.11. 개정 공직자윤리법이 시행되었다.

2. 심사제로서 주식백지신탁제도의 도입

공직자의 주식 보유로 인해 발생할 수 있는 공익·사익 사이의 충돌을 방지하기 위한 방안으로는 ① 주식의 보유를 금지하는 방법(금지제), ② 직무 관련 유무를 기준으로 직무와 관련이 있는 주식만 보유를 금지하는 방법을 생각할 수 있다. ②의 경우에는 직무관련성 유무의 심사절차가 필요하게 된다(심사제). 어느 쪽을 택하든 보유주식 가액이 소액인 경우에는 이해충돌의 문제와 거리가 멀다고 할 것이므로 소액 주식의 보유는 가능할 것이다. 현행 공직자윤리법은 ②의 방법을 택하면서 소액 주식의 보유는 가능하도록 하고 있다(공직자윤리법 제14조의4 제1항).

3. 기업 대주주의 공직 진출 가능성 제한(장해요소)

주식백지신탁제도의 도입 당시부터 주식백지신탁제도는 「유능한 기업인이 공직자가 될 수 있는 가능성」을 상당히 제약할 것이라는 주장이 있어 왔다. 왜냐하면 대주주가 자신이 보유하는 전 주식을 백지신탁하면서 공직으로 진출할 것을 기대하기는 어렵기 때문이라는 것이다. 이러한 문제는 주권자의 국민의 시각이 「대주주가 자신이 보유하는 전 주식을 보유하면서 공직으로 진출하는 것」에 대하여 긍정적인 것으로 바뀔 때에 해소될 수 있을 것이다. 한편, 「유능한 기업인이 공직자가 될 수 있는 가능성」과 관련하여 보관신탁의 도입문제가 제기되기도 하였다.[1]

---

1) 보관신탁에 관해서는 이 책 23쪽(제1장 제3절 Ⅱ.2)에서 언급한다.

▎제2절 주식백지신탁제도의 법적 근거

Ⅰ. 헌법상 근거

1. 명시적 근거규정의 결여

헌법에는 주식백지신탁에 관해 명시적으로 규정하는 조문이 없다. 공직자 주식백지신탁제도를 헌법에서 규정하는 외국의 헌법례도 찾아볼 수 없다. 헌법에 주식백지신탁에 관해 명시적으로 규정하는 조문이 없다는 것이 법률로서 주식백지신탁제도를 도입할 수 없음을 뜻하는 것은 아니다. 그것은 헌법상 관련조문의 해석문제가 된다.

2. 간접적 근거규정

주식백지신탁제도는 「공직자가 공무를 수행하는 과정에서 자신의 보유 주식과 관련하여 사적 이익을 도모하기 위해 공익을 침해하는 것을 방지하기 위한 목적」으로 마련된 제도라고 이해한다면, 주식백지신탁제도와 간접적으로 관련성을 갖는 조문으로 헌법 제7조 제1항, 제25조, 제37조 제2항 등을 볼 수 있다. 나누어서 살펴보기로 한다.

> **헌법**
> **제7조** ① 공무원은 국민전체에 대한 봉사자이며, 국민에 대하여 책임을 진다.
> **제25조** 모든 국민은 법률이 정하는 바에 의하여 공무담임권을 가진다.
> **제37조** ② 국민의 모든 자유와 권리는 국가안전보장·질서유지 또는 공공복리를 위하여 필요한 경우에 한하여 법률로써 제한할 수 있으며, 제한하는 경우에도 자유와 권리의 본질적인 내용을 침해할 수 없다.

(1) 헌법 제7조 제1항 제1문

헌법 제7조 제1항 제1문이 "공무원은 국민전체에 대한 봉사자"라고 규정한다는 이유만으로 「공무원은 직무와 관련성을 갖는 주식을 보유할 수 없다」는 논리는 나오지 아니한다. 이 조문은 공무원제도를 둔다는 것, 대한민국이 민주공화국임에 비추어 공무원은 정권을 가진 자들에게 봉사하는 것이 아니라 주권자인 국민에게 봉사한다는 것을 규정하는 것이다.[1] 그러나 공무원은 국민전체에 대한 봉사자인바, 봉사자로서의 자세와 관련하여 주식백지신탁제도를 도입할 것인가의 여부는 입법자의 결단에 맡겨진 것으로 볼 수 있을 것이다.

---

1) 김철수, 헌법학신론, 제21전정신판, 박영사, 2013, 246쪽.

(2) 헌법 제25조

헌법 제25조에 근거하여 국회가 공무담임권에 관한 사항을 법률로 정할 때[1]에 「공무원이 직무와 관련성을 갖는 주식의 보유를 제한할 수 있을 것인가?」의 여부가 문제될 수 있다. 공무담임권·공무담임제도의 합리적인 형성·운영상 불가피하다면, 입법자는 주식백지신탁제도를 도입할 수도 있을 것이다.

(3) 헌법 제37조 제2항

「공무원이 직무와 관련성을 갖는 주식을 보유하는 것에 대하여 제한을 하는 것」이 질서유지 또는 공공복리를 위하여 필요하다면, 입법자는 헌법 제37조 제2항이 정하는 바에 따라 법률로 주식백지신탁제도를 도입할 수도 있을 것이다.

(4) 사견

앞에서 언급한 바를 종합한다면, 「'공무원이 직무와 관련성을 갖는 주식을 보유하는 것'에 대하여 제한을 하는 것」이 필요하다면, 바꾸어 말해 공무원이 국민전체에 대한 봉사자로서의 직무를 수행함에 필요하거나, 공무담임권의 합리적인 형성·운영상 필요하거나 그 밖에 합리적인 사유가 있다면, 법률로써 주식백지신탁제도를 도입할 수 있다. 그러나 주식백지신탁제도를 도입하는 경우에도 평등권·재산권·공무담임권 등 자유와 권리의 본질적인 내용을 침해할 수는 없다. 요컨대 입법자가 공직자의 주식백지신탁제도를 입법으로 형성할 수는 있지만, 그 형성에는 헌법상 원칙을 준수하여야 한다.

Ⅱ. 법률상 근거로서 공직자윤리법

주식백지신탁제도는 2005년 개정 공직자윤리법에 처음으로 도입되고, 그 후 몇 차례 부분 개정이 있었다. 현행 공직자윤리법상 주식백지신탁제도의 조문체계는 다음과 같다.

공직자윤리법
제2장의2 주식의 매각 또는 신탁
제14조의4(주식의 매각 또는 신탁)
제14조의5(주식백지신탁 심사위원회의 직무관련성 심사)
제14조의6(주식취득의 제한)

---

1) 김철수, 위의 책, 1177－1178쪽 참고.

제14조의7(신탁재산에 관한 정보제공금지 등)

제14조의8(신탁상황의 보고 등)

제14조의9(수탁기관에 대한 감독)

제14조의10(주식의 매각요구 및 신탁의 해지)

제14조의11(이해충돌 직무에 대한 관여 금지)

제14조의12(주식백지신탁 심사위원회 직권 재심사)

제14조의13(주식과 직무관련성 없는 직위로의 변경 신청)

제14조의14(주식의 매각 또는 신탁 사실의 공개)

Ⅲ. 주식백지신탁제도의 위헌 여부

공직자윤리법상 주식백지신탁제도가 헌법에 위반되는지 여부를 다툰 사건으로
「공직자윤리법 제14조의4 제1항 위헌 제청 사건(헌재 2012. 8. 23. 2010헌가65)」을 볼
수 있다. 이 사건에 관해 아래의 순으로 살펴보기로 한다.

❑ 공직자윤리법 제14조의4 제1항 위헌 제청 사건(헌재 2012. 8. 23. 2010헌가65)

1. 사건의 개요
   (1) 사건의 경과
   (2) 위헌법률심판 제청 이유
   (3) 심판대상 조항
   (4) 결정주문
2. 적법요건에 대한 판단 요지
   (1) 재판의 전제성 상실
   (2) 예외적 본안판단의 필요

3. 본안에 대한 판단 요지
   (1) 재산권 침해 여부
   (2) 연좌제 금지 의반 여부
   (3) 평등권 위반 여부
4. 반대의견
5. 결정례 검토
   (1) 다수견해와 반대견해의 결론
   (2) 재산권 침해 부분에 관한 양 견해 비교

1. 사건의 개요

(1) 사건의 경과

◆ 18대 국회의원(국회의원 임기만료일 2012. 5. 29.) B는 임기 중 주식백지신탁 심
사위원회에 자신과 처 등이 보유하고 있는 주식(이하 '이 사건 주식'이라 한다)의 직무관
련성 여부에 관하여 심사청구를 하였다.

◆ 주식백지신탁 심사위원회는 2008. 10. 8. B가 국회 기획재정위원회 소속으로서
보유주식 발행기업에 대한 정보접근 및 영향력 행사의 가능성이 있다는 이유로 이 사
건 주식의 직무관련성이 인정된다는 결정을 하였다(이하 '이 사건 처분'이라 한다).

◆ B는 이 사건 처분의 취소를 구하는 행정소송을 제기한 후 그 항소심에서(서울

고등법원 2009누16536), 구 공직자윤리법 제14조의4 제1항 제1호, 제2호가 공개대상자 등의 소유주식을 매각하거나 또는 백지신탁한 후 수탁기관으로 하여금 60일 이내에 전부 처분하도록 규정하고 있는 것은 과잉금지원칙에 위배된다고 주장하였다.

◆ 이에 제청법원은 2010. 4. 28. 직권으로 헌법재판소에 이 사건 위헌법률심판을 제청하였다.

> 제청법원 서울고등법원
>
> 당해사건 서울고등법원 2009누16536 직무관련성 인정 결정 처분 취소

(2) 위헌법률심판 제청 이유

이 사건 법률조항에 의하면 고위 공직자는 주식매각이 아닌 백지신탁을 선택하는 경우에도 주식 전부를 처분하여야 하는바, 이 사건 법률조항은 공개대상자 등의 이해관계 충돌의 방지라는 목적의 정당성은 인정될 수 있으나, 방법의 적정성, 피해의 최소성 및 법익의 균형성의 측면에서 헌법 제37조 제2항이 정한 과잉금지의 원칙에 위반된다.

(3) 심판대상 조항

> 구 공직자윤리법(2008. 2. 29. 법률 제8863호로 개정되고, 2009. 2. 3. 법률 제9402호로 개정되기 전의 것)
> 제14조의4(주식의 매각 또는 신탁) ① 등록의무자 중 제10조 제1항의 규정에 의한 공개대상자와 기획재정부 및 금융위원회 소속 공무원 중 대통령령이 정하는 자(이하 "공개대상자 등"이라 한다)는 본인 및 그 이해관계자(제4조 제1항 제2호 또는 제3호에 해당하는 자를 말하되, 제4조 제1항 제3호의 자 중 제12조 제4항의 규정에 의하여 재산등록사항의 고지를 거부한 자를 제외한다. 이하 같다) 모두가 보유한 주식의 총가액이 1천만 원 이상 5천만 원 이하의 범위 안에서 대통령령이 정하는 금액을 초과하는 때에는 초과하게 된 날(공개대상자 등으로 된 날 또는 제6조의3 제1항의 규정에 의한 유예사유가 소멸된 날 현재 주식의 총가액이 1천만 원 이상 5천만 원 이하의 범위 안에서 대통령령이 정하는 금액을 초과하는 때에는 공개대상자 등으로 된 날 또는 유예사유가 소멸된 날을, 제14조의5 제6항의 규정에 의하여 주식백지신탁 심사위원회에 직무관련성 여부에 관한 심사를 청구한 때에는 직무관련성이 있다는 결정을 통지받은 날을 말한다)부터 1월 이내에 직접 다음 각 호의 어느 하나에 해당하는 행위를 하거나 이해관계자로 하여금 다음 각 호의 어느 하나에 해당하는 행위를 하도록 하고 그 행위를 한 사실을 등록기관에 신고하여야 한다. 다만, 제14조의5 제7항의 규정에 의하여 주식백지신탁 심사위원회로부터 직무관련성이 없다는 결정을 통지받은 때에는 그러하지 아니하다.
> 1. 당해 주식의 매각
> 2. 다음 각 목의 요건을 갖춘 신탁 또는 투자신탁(이하 "주식백지신탁"이라 한다)에 관한 계약의 체결
>   가. 수탁기관은 신탁계약이 체결된 날부터 60일 이내에 당초 신탁된 주식을 처분할 것. 다만, 60

일 이내에 주식을 처분하기 어려운 사정이 있는 경우로서 수탁기관이 공직자윤리위원회의 승인을 얻은 때에는 주식의 처분시한을 연장할 수 있으며, 이 경우 1회의 연장기간은 30일 이내로 하여야 한다.

(4) 결정 주문

구 공직자윤리법(2008. 2. 29. 법률 제8863호로 개정되고, 2009. 2. 3. 법률 제9402호로 개정되기 전의 것) 제14조의4 제1항 제1호 및 제2호 가목 본문 중 같은 법 제10조 제1항 제1호의 '국회의원'에 관한 부분은 헌법에 위반되지 아니한다.

2. 적법요건에 대한 판단 요지

(1) 재판의 전제성 상실

2012. 5. 29. 국회의원 임기가 만료되어 원고는 더 이상 이 사건 법률조항의 적용을 받지 않게 되었으므로, 이 사건 법률조항은 현재 재판의 전제성을 잃었다.

(2) 예외적 본안판단의 필요

헌법재판소는 재판의 전제성이 없는 경우에도 헌법적 해명이 긴요히 필요하거나 당해 조항으로 인한 기본권 침해가 반복될 우려가 있는 경우에는 헌법질서의 수호자로서의 사명을 다하기 위하여 예외적으로 본안판단에 나아갈 수 있는바(헌재 1993. 12. 23. 93헌가2, 판례집 5-2, 578, 591 참조), 이 사건에서 문제되는 주식백지신탁제도의 위헌 여부는 최근 우리사회에서 강조되고 있는 국회의원을 포함한 고위공직자의 직무공정성 내지 염결성과 그 재산권 보호의 헌법적 요구가 첨예하게 대립하는 중대한 헌법적 문제라는 점, 최근 제19대 국회가 개원하면서 동일한 분쟁이 다시 발생할 가능성이 높다는 점 등을 감안할 때 그 헌법적 해명의 필요성 등을 인정하여 본안 판단에 나아가기로 한다.

3. 본안에 대한 판단 요지

(1) 재산권 침해 여부

(가) **문제점** 이 사건 법률조항은 직무관련성이 인정되는 주식을 보유한 국회의원에 대하여 그 주식을 매각 또는 백지신탁하도록 강제하고 있는데, 이것이 헌법상 과잉금지의 원칙(헌법 제37조 제2항 전단) 또는 본질적 내용의 침해금지 원칙(헌법 제37조 제2항 후단)에 위배하여 재산권을 침해하는지 문제되었다.

(나) **판단 요지** ① 이 사건 법률조항은 국회의원으로 하여금 직무관련성이 인정되는 주식을 매각 또는 백지신탁하도록 하여 그 직무와 보유주식 간의 이해충돌을 원

천적으로 방지하고 있는바, 헌법상 국회의원의 국가이익 우선의무, 지위남용 금지의무 조항 등에 비추어 볼 때 이는 **정당한 입법목적을** 달성하기 위한 적절한 수단이다.

② 이 사건 법률조항은 국회의원이 보유한 모든 주식에 대해 적용되는 것이 아니라 직무관련성이 인정되는 금 3천만 원 이상의 주식에 대하여 적용되어 그 적용범위를 목적달성에 필요한 범위 내로 최소화하고 있는 점, 당사자에 대한 사후적 제재수단인 형사처벌이나 부당이득환수, 또는 보다 완화된 사전적 이해충돌회피수단이라 할 수 있는 직무회피나 단순보관신탁만으로는 이 사건 법률조항과 같은 수준의 입법목적 달성효과를 가져올 수 있을지 단정할 수 없다는 점에 비추어 **최소침해성원칙에** 반한다고 볼 수 없다.

③ 국회의원의 공정한 직무수행에 대한 국민의 신뢰확보는 가히 돈으로 환산할 수 없는 가치를 지니는 점 등을 고려해 볼 때, 이 사건 법률조항으로 인한 사익의 침해가 그로 인해 확보되는 공익보다 반드시 크다고는 볼 수 없으므로 **법익균형성원칙** 역시 준수하고 있다.

④ 따라서 이 사건 법률조항은 당해사건 원고의 재산권을 침해하지 아니한다.

(2) 연좌제 금지 위반 여부

(개) 문제점　　이 사건 법률조항은 매각 또는 백지신탁의 대상이 되는 주식의 보유한도액을 결정함에 있어 국회의원 본인뿐만 아니라 본인과 일정한 친족관계가 있는 자들의 보유주식 역시 포함하도록 하고 있으므로 **연좌제 금지를** 규정한 헌법 제13조 제3항에 위배되는지도 문제되었다.

(내) 판단 요지　　이 사건 법률조항이 매각 또는 백지신탁의 대상이 되는 주식의 보유한도액을 결정함에 있어 국회의원 본인뿐만 아니라 본인과 일정한 친족관계가 있는 자들의 보유주식 역시 포함하도록 하고 있는 것은 **본인과 친족 사이의 실질적·경제적 관련성에** 근거한 것이지, 실질적으로 의미 있는 관련성이 없음에도 오로지 친족관계 그 자체만으로 불이익한 처우를 가하는 것이 아니므로 헌법 제13조 제3항에 위배되지 아니한다.

(3) 평등권 위반 여부

(개) 문제점　　이 사건 법률조항은 주식에 대하여만 백지신탁의무를 규정하고 있으므로 부동산 등 다른 재산을 보유한 국회의원들과의 관계에 있어 **평등권**(헌법 제11조 제1항) 침해 역시 문제될 수 있다.

◆ 이 사건 법률조항으로 인해 사유재산의 처분 여부 및 처분시기에 관한 **사적 자치권** 역시 제한되었다고 볼 수 있으나, 헌법재판소는 이것이 재산권 제한과 중첩되었다는 이유로 판단의 대상으로 하지 않았다.

◆ 당해사건 원고는 기본권으로서 공무담임권(헌법 제25조)도 주장하였으나, 헌법재판소는 이 사건 법률조항은 공무담임권 자체를 제한한다고는 볼 수 없다고 하면서 그 침해 여부에 대한 판단은 따로 하지 않았다.

(나) **판단 요지** 이 사건 법률조항이 매각 또는 백지신탁의 대상으로 **부동산을 제외**하고 있는 것은, 주식과 부동산 간의 환가성·개인생활과의 연관성·변동성 등의 차이를 종합적으로 고려한 합리적인 **차별**이라 할 것이므로 평등원칙에 위배되지 아니한다.

4. 반대의견

① 이 사건 법률조항은 그 입법목적 달성을 위하여 재산권의 중핵이라 할 수 있는 처분권의 존속 및 처분시기의 결정권을 부인함으로써 재산권을 침해하는 수단을 채택하고 있는바, **방법의 적정성 원칙**에 위배된다.

② 이 사건 법률조항의 입법목적 달성을 위한 방법으로는 국회의원이 직무상 얻은 정보를 이용하여 실제로 주식거래를 하였을 경우에 형사처벌 및 부당이득환수 등으로 이를 강력히 응징한다거나, 어떤 주식을 보유한 국회의원이 그 직무수행상 이해충돌의 여지가 있는 경우에는 처음부터 당해 직무수행에서 배제시킨다거나, 굳이 이 사건 조항과 같이 주식을 강제처분하지 않고 독립한 지위에 있는 자에게 신탁하여 두는 방법 등과 같이 재산권을 덜 침해하는 여러 가지 수단들을 강구할 수 있음에도 불구하고 이 사건 법률조항은 주식매각 및 백지신탁을 일률적으로 강제하고 있는바, 이는 최소침해성원칙에도 위배된다.

5. 결정례 검토

(1) 다수견해와 반대견해의 결론

① 헌법재판소 다수견해는 이 사건 법률조항이 재산권, 연좌제 금지, 평등권을 침해하지 않는다고 하고, 합헌이라 하였다. 반대견해는 재산권을 침해한다고 하면서 이 사건 법률조항의 잠정적용의 헌법불합치결정[1])을 할 것을 주장하였다. ② 반대견해는

---

1) 헌법재판소는 제청된 「법률 또는 법률 조항」을 심리한 후 위헌 여부를 결정한다(헌법재판소법 제45조). 위헌으로 결정된 「법률 또는 법률 조항」은 그 결정이 있는 날부터 효력을 상실한다(헌법재판소법 제47조 제2항). 그런데 위헌 결정이 있는 날부터 그 「법률 또는 법률 조항」의 효력이 상실하게 되면, 법의

재산권 침해 여부에 관해서 다수 견해와 입장을 달리하였다. 반대견해는 연좌제 금지
와 평등권과 관련하여서는 입장을 표명한 것이 없는바, 다수 견해와 입장을 같이한 것
으로 보인다.

(2) 재산권 침해 부분에 관한 양 견해 비교

⑺ **수단의 적절성 여부** ① 다수견해는, 이 사건 법률조항은 국민의 수임자 내지
대표자로서의 국회의원이 그 이해충돌 회피의무를 다하도록 하는 입법목적을 가지는
바, 그 정당성이 인정된다고 하였다. 다수견해는, 이 사건 법률조항은 국회의원으로
하여금 직무관련성이 인정되어 이해충돌의 여지가 있는 주식의 보유 자체를 금지토록
함으로써 그 직무와 보유주식 간의 이해충돌을 원천적으로 방지하고 있는바, 이는 입
법목적을 달성하는 효과적인 수단이 될 수 있다고 하였다.

② 반대견해는 이 사건 법률조항은 재산권의 중핵인 처분권의 존속 내지 처분시기
의 결정권을 박탈한다는 점에서 그 자체로써 재산권을 침해하는 것이고, 기업 경영권
의 향배에 개입하는 상황이 초래되고, 이는 재산권 침해의 문제를 떠나 이른바 자본주
의 시장경제질서를 규정한 헌법 제119조 제1항에 위배 되는지 여부의 문제로도 이어
질 수 있는바, 입법목적의 달성을 위한 적정한 방법이라 할 수 없다고 하였다.

③ 논리전개의 방식을 보면, 다수견해는 국회의원의 직무·의무 등에 보다 중점을
두고 논증한 것으로 보이고, 반대견해는 재산권 보호 자체에 보다 중점을 둔 것으로 보
인다. 국회의원은 공직자로서 지위와 사인으로서 지위의 이중성을 갖는다. 사인으로서
국회의원의 재산권 보호와 관련하여 본다면, 반대견해가 지적하는 내용은 타당하다고
하겠다. 그런데 공직자로서 국회의원의 재산권 보호와 관련하여 반대견해가 특별한 지
적을 하고 있지 않다는 것은 아쉬운 부분이다. 국가의 기본질서를 형성하고 변경하는
권한을 가진 국회의 구성원으로서의 지위를 갖는 국회의원의 경우, 개별 재산권의 종
류(성질)에 따라 사인에 비하여 보다 강한 재산권 제한을 가하는 것도 허용될 수 있다
고 보는 것이 주권자인 국민의 시각이라고 보고 싶다.

⑻ **피해의 최소성** ① 다수견해는, 이 사건 법률조항은 백지신탁으로 인한 당사
자의 재산적 손실 역시 최소화하려는 장치를 마련하고 있고,

"① 주식을 매각할 것인지 또는 백지신탁할 것인지 여부를 국회의원으로 하여금 자유로이

공백으로 사회적 혼란이 발생할 수도 있다. 이러한 사태를 방지하기 위해 헌법재판소는 그 「법률 또는
법률 조항」이 개정될 때까지 그 「법률 또는 법률 조항」의 효력을 한시적으로 존속시키는 결정을 내리기
도 하는데, 이러한 결정을 헌법불합치결정이라 한다.

선택할 수 있도록 하였고, ② 백지신탁의 경우에도 주식을 처분하기 어려운 사정이 있는 경우로서 수탁기관이 관할 공직자윤리위원회의 승인을 얻은 경우에는 30일 이내의 범위에서 처분시한을 연장할 수 있고, 그러한 연장은 정당한 사유가 있는 한 몇 번이고 되풀이될 수 있다고 해석되며, ③ 신탁자는 공직자윤리위원회의 허가를 얻어 수탁기관에게 신탁재산의 전량 매각을 요구할 수 있고, 퇴직·전보 등의 사유로 국회의원직을 상실한 경우는 신탁계약의 해지를 청구할 수 있도록 하고 있다."(결정문 중에서)

다른 대안으로서 형사처벌과 같은 **사후적 제재수단**만으로도 직무수행의 공정성을 담보하기에 충분하다는 주장이 있으나, 그 실효성에 대한 의문이 있고,

"국회의원의 부당한 재산증식행위에 대해 형사처벌을 가하고 부당이득을 몰수하기 위해서는 형사법의 일반원칙상 국회의원이 직무상 수집한 정보를 이용하여 그 주식을 취득하게 되었고 실제 그러한 정보가 호재로 작용하여 그 주식의 주가가 상승하였다는 점 등이 합리적 의심이 없을 정도로 증명되어야 할 것인바, 그러한 증명이 현실적으로 매우 쉽지 않다는 측면에서 그 실효성을 장담할 수 없고, 따라서 형사적·사후적 규제수단이 이 사건 법률조항과 같이 이해충돌을 사전에 회피하도록 강제하는 것과 동등하거나 유사한 효과가 있다고 단정할 수 없다."(결정문 중에서)

다른 대안으로서 보다 완화된 사전적 이해충돌 회피수단인 **직무회피**로 직무수행의 공정성을 담보하기에 충분하다는 주장이 있으나, 그 실효성에 대한 의문이 있고,

"**직무회피**는 ① 공직자의 재산권을 침해하지 않고 이해충돌을 회피할 수 있는 수단이기는 하나, 국회의원과 같이 그 직무범위가 매우 포괄적인 공직자에게는 재산과 직무 사이의 잠재적 이해충돌의 상황이 매우 자주 발생할 수 있고 그 때마다 직무회피를 문제 삼아야 한다면 그 국회의원의 정상적인 직무수행은 곤란해질 것이다. ② 헌법이 국회의원에게 겸직금지·국가이익 우선의무를 특별히 요구하고 있는 취지에 비추어 볼 때, 그의 지식과 경험을 십분 활용하여 국익을 우선하여 직무를 성실히 수행하여야 할 의무가 있는 국회의원이 개인적 이해관계를 들어 직무를 회피하는 것 자체가 본말이 전도된 것이라 할 수 있다. ③ 마지막으로 국회의원의 광범위한 직무범위 및 온정주의·연고주의가 지배하는 우리나라 사회의 특성에 비추어 볼 때 국회의원이 당해 직무에서는 회피되더라도 그 직위를 이용하여 다른 국회의원 등에 사실상의 영향력을 행사하여 이권을 추구하는 것까지 근본적으로 차단할 방법이 없는 이상, 결국 직무회피만으로 입법목적을 제대로 달성할 수 있을지 여부는 매우 의문스럽다."(결정문 중에서)

다른 대안으로서 단순 보관신탁으로 직무수행의 공정성을 담보하기에 충분하다는 주장이 있으나, 그 실효성에 대한 의문이 있고,

"특히 이 사건 법률조항과 같이 당해 주식을 최종적으로 완전히 매각하도록 하지 않고 단순 보관신탁 등의 방법으로 계속 보유할 수 있도록 하는 경우에는, 재직기간 중에 신탁된 주식의 주가를 어떠한 방법으로든 일단 부양시켜 놓고 퇴임 이후 신탁이 해지되면 그 주식을 처분하여 차익을 실현하려는 탈법행위를 근본적으로 막을 수 없게 된다." (결정문 중에서)

퇴임 이후에도 일정기간 주식을 처분하지 못하도록 한다거나 임기 중의 주가상승분을 모두 반환하도록 하는 법률을 마련하여 직무수행의 공정성을 담보케 하는 방법도 가능한 대안 중의 하나이지만, 가장 효과적인 것은 아니라고 하였다.

"이 사건 법률조항의 입법목적은 국회의원의 이해충돌행위로 인해 그에게 부당한 이익이 귀속되는 것을 막는다는 것도 있지만, 보다 궁극적인 목적은 국회의원으로 하여금 이해충돌 상황을 처음부터 회피하도록 하여 직무수행의 공정성에 대한 국민의 신뢰를 완전히 담보하는 것에 있다 할 것인바, 이러한 입법목적을 확실히 달성하기 위해서는 이 사건 법률조항과 같이 이해충돌의 여지가 있는 주식을 임기 동안 아예 보유하지 못하도록 하는 방법이 가장 효과적인 방법이라 할 수 있다. 국회의원이 직무상 얻은 정보를 활용하여 개인적인 주식거래를 한 번이라도 시도하였다는 사실 자체가 드러나는 이상, 실제 그 주식의 주가가 상승하였는가, 하락하였는가, 혹은 그 차익이 실제 당사자에게 귀속되었는가 여부를 떠나 그로 인해 당해 국회의원 나아가 공직자 전체에 대한 국민의 신뢰는 이미 회복 불가능하게 훼손될 수밖에 없고, 그 부정이익을 환수하는 것은 오히려 부차적인 문제에 불과하기 때문이다. (결정문 중에서)

② 반대견해는 이 사건 법률조항의 입법목적을 달성하기 위한 수단으로 반드시 주식을 매각하거나 백지신탁하여 일정 기간 내 처분하도록 강제하는 방법만이 존재하는 것은 아니라 사후적인 형사처벌이나 부당이득 환수의 방법이 있고,

"국회의원이 직무관련성이 있는 주식을 보유하였다는 이유만으로 이를 강제처분토록 하여 재산권 행사를 일반적·사전적으로 제한하는 것 말고도, 구체적으로 국회의원이 직무상 얻은 정보를 이용하여 실제로 주식거래를 하였을 경우 형사 처벌하거나 그로 인한 부당이득을 환수하는 등 방법으로 이를 강력하게 제재하는 방법을 통하여 사후적·구체적으로 제재를 가할 수 있고, 또한 그렇게 함으로써 그 입법목적을 달성할 수도 있을 것이다." (결정문 중에서)

사후적 제재만으로는 입법목적을 달성하기에 충분하지 못하여 부득이 재산권 행사에 대한 사전적 제한을 가하는 경우에도 직무회피, 표결제한 등의 완화된 방법이 있고,

"어떤 주식을 보유한 국회의원이 그 직무를 수행함에 있어 개인적 이해관계가 있는 등 이해충돌의 여지가 있는 경우 직무를 회피하거나 관련 안건에 대한 표결권을 제한하는 등 방법으로 직무수행에서 배제함으로써, 재산권을 침해하지 않고도 직무와 재산 사이의 이해충돌을 방지할 수 있을 것이다."(결정문 중에서)

또한 독립한 지위에 있는 수탁자에게 신탁하여 그의 자유로운 처분에 맡기게 하는 방법도 있다고 하였다.

"이해충돌의 여지가 있는 주식을 반드시 강제로 매각하지 않고, 독립한 지위에 있는 수탁자에게 신탁하여 그의 자유로운 처분에 맡기게 하는 것만으로도, 현실적으로 공직자로서의 이해 충돌의 여지를 줄일 수 있고, 또한 임기 중의 주가 상승분이 있는 경우 그 이유를 불문하고 이를 모두 환수하도록 함으로써도 입법목적을 충분히 달성할 수도 있을 것이다."(결정문 중에서)

이러한 논리를 전제로, 반대견해는 이 사건 법률조항은 국회의원의 이해충돌을 방지하기 위한 방법으로 그 재산권을 덜 침해하는 여러 가지 방법들을 생각할 수 있는데도, 일률적으로 주식을 매각하거나 백지신탁하여 일정 기간 내 처분하도록 강제함으로써 기본권 제한에 있어 피해의 최소성 원칙에 위배하여 당해사건 원고의 재산권을 침해한다고 하였다.

③ 논리전개의 방식을 보면, 다수견해는 대안만으로는 미흡하다는 평가를 하는데 반해, 반대견해는 대안으로도 효과를 충분히 확보할 수 있는 것으로 보는 듯하다. 동일한 사항에 대한 시각이 대립적이다. 우리의 국회를 볼 때, 다수 견해나 반대 견해가 적시하는 대안들만으로 이 사건 법률조항의 입법목적을 충분히 확보할 수 있다고 말할 수 있을 것인가? 부정적으로 보는 것이 주권자인 국민의 시각이라고 보고 싶다.

▌제3절 주식백지신탁제도의 보완

Ⅰ. 백지신탁 대상의 확대 문제

공직자윤리법상 백지신탁의 대상은 주식이다. 주식 외에 백지신탁의 대상으로 할 필요가 있는지 여부와 관련하여 논란이 있을 수 있는 몇몇 사항에 관해 보기로 한다.

1. 외화 백지신탁

달러화나 엔화 등 외화(外貨)는 공직자윤리법상 백지신탁의 대상이 아니다. 외화도 주식과 마찬가지로 관련 공직자에게 공익과 사익의 충돌문제가 발생할 수 있다. 그런데 외화는 일반적인 지불수단이라는 점에서 특정 기업의 수익 등과 관련되는 주식과는 성질을 달리한다고 볼 것이므로, 외화를 백지신탁의 대상으로 하기에는 상당한 무리가 따를 수 있을 것이다. 그럼에도 외화와 관련하여 관련 공직자에게 공익과 사익의 충돌문제가 발생할 수 있으므로, 이해충돌을 방지하는 방안에 대한 검토는 필요하다.

2. 주식형 사채 백지신탁

(1) 의의

주식형 사채란 주식과 관련이 있는 사채를 말한다.[1] 주식형 사채로 전환사채, 신주인수권부사채, 교환사채의 세 가지를 볼 수 있다.

⑺ **전환사채**　전환사채(convertible bonds)란 발행회사의 주식으로 전환이 가능한 회사채를 말한다.[2] 상법 제513조 이하에서 전환사채에 관해 규정되고 있다. 사채권자가 주주명부 폐쇄기간을 제외하고 전환기간 중 언제든지 전환청구서를 회사에 제출하면 전환사채가 주식으로 전환된다. 회사의 승낙을 요하지 않는다. 전환이 되면 사채는 소멸하고 새로이 주식이 발행된다.

상법

제513조(전환사채의 발행) ① 회사는 전환사채를 발행할 수 있다.

제514조(전환사채발행의 절차) ① 전환사채에 관하여는 사채청약서, 채권과 사채원부에 다음의 사항을 기재하여야 한다. 〈개정 1995.12.29.〉

　　1. 사채를 주식으로 전환할 수 있다는 뜻
　　2. 전환의 조건
　　3. 전환으로 인하여 발행할 주식의 내용
　　4. 전환을 청구할 수 있는 기간
　　5. 주식의 양도에 관하여 이사회의 승인을 얻도록 정한 때에는 그 규정

⑴ **신주인수권부사채**　신주인수권부사채(bonds with stock purchase warrants)란 사채의 발행조건으로서 사채권자에게 신주인수권을 부여하는 사채이다.[3] ① 신주인수권부사채는 사채대로 존속하여 만기에 상환된다는 점에서 보통의 사채와 같으나, 신

---

1) 이철송, 회사법강의(제22판), 박영사, 1012쪽 참조.
2) 정동윤, 상법(上), 법문사, 2012, 739쪽 참조.
3) 정동윤, 위의 책, 742−743쪽 참조.

주인수권이 부여된다는 점에서 보통의 사채와 다르다. ② 신주인수권부사채는 사채대로 존속하지만, 전환사채는 사채 자체가 소멸된다는 점에서 다르다.[1] 상법 제516조의2 이하에서 신주인수권부사채에 관해 규정되고 있다.

상법

제516조의2(신주인수권부사채의 발행) ① 회사는 신주인수권부사채를 발행할 수 있다.

② 제1항의 경우에 다음의 사항으로서 정관에 규정이 없는 것은 이사회가 이를 결정한다. 그러나 정관으로 주주총회에서 이를 결정하도록 정한 경우에는 그러하지 아니하다. 〈개정 2011.4.14.〉

    1. 신주인수권부사채의 총액

    2. 각 신주인수권부사채에 부여된 신주인수권의 내용

    3. 신주인수권을 행사할 수 있는 기간

    4. 신주인수권만을 양도할 수 있는 것에 관한 사항

(제5호 이하 생략)

(다) **교환사채**　　교환사채(exchangeable bonds)란 회사가 보유하고 있는 자기주식 또는 다른 회사의 주식을 특정한 가격에 교환해 주기로 하고 발행하는 사채를 말한다.[2] 상법 제469조 이하에서 교환사채에 관해 규정되고 있다.

상법

제469조(사채의 발행) ① 회사는 이사회의 결의에 의하여 사채(社債)를 발행할 수 있다.

② 제1항의 사채에는 다음 각 호의 사채를 포함한다.

    1. 이익배당에 참가할 수 있는 사채

    2. 주식이나 그 밖의 다른 유가증권으로 교환 또는 상환할 수 있는 사채

    3. 유가증권이나 통화 또는 그 밖에 대통령령으로 정하는 자산이나 지표 등의 변동과 연계하여 미리 정하여진 방법에 따라 상환 또는 지급금액이 결정되는 사채

③ 제2항에 따라 발행하는 사채의 내용 및 발행 방법 등 발행에 필요한 구체적인 사항은 대통령령으로 정한다.

---

(2) 백지신탁의 적용·도입

(가) **현행법상 백지신탁 적용 가능성**　　전환사채, 신주인수권부사채, 그리고 교환사채 모두 그 자체로서는 사채일 뿐이다. 따라서 이러한 주식형 사채는 현행법상 주식백지신탁의 대상이 되지 아니한다. 그러나 전환사채가 주식으로 전환되거나, 신주인수권부사채에서 신주인수권의 행사로 신주를 취득하거나, 교환사채가 주식으로 교환되면, 당연히 주식백지신탁의 대상이 된다.

---

1) 이철송, 회사법강의(제22판), 박영사, 1023쪽 참조.

2) 정동윤, 앞의 책, 751쪽.

(나) **주식형 사채 백지신탁 도입 가능성** 전환사채, 신주인수권부사채, 그리고 교환사채 모두 그 자체로서는 사채일 뿐이라 하여도 주식으로 전환 또는 주식의 취득이 예정된 것이므로, 주식에 준하여 백지신탁의 대상으로 할 필요가 있는가의 문제가 있다. 생각건대 주식으로 전환 또는 주식의 취득의 이루어지기 전까지는 주식에 비하여 이해충돌의 가능성이 낮기 때문에 이러한 주식형 회사채를 백지신탁의 대상으로 할 필요성은 미약하다.

3. 부동산 백지신탁

부동산 관련 정책을 결정하는 경우에도 관련 공직자에게 이해충돌의 문제가 발생할 수 있는 것이므로, 부동산도 백지신탁의 대상으로 할 필요가 있는가의 여부가 문제된다. 부동산 관련 정책의 공정한 결정을 확보한다는 점에서는 의미가 있을 것이다. 그러나 ① 부동산은 주식에 비하여 매각이 용이하지 않다는 점, ② 부동산 백지신탁은 주식 백지신탁에 비하여 재산권을 보다 과도하게 침해하는 것이 된다는 점, ③ 부동산은 주식과 달리 소유의 목적과 용도가 다양하며, 수탁기관의 임의로운 처분이 어렵다는 점 등에서 부동산 백지신탁은 문제점을 갖는다.

Ⅱ. 백지신탁 방식의 확대 문제

현행 공직자윤리법상 백지신탁제도의 방법은 주식의 매각 또는 백지신탁계약의 체결뿐이다. 이러한 두 가지 방법 외에 다른 방법의 도입이 필요한지 여부와 관련하여 다음을 보기로 한다.

1. 「매각·백지신탁계약 체결 아닌 방법」으로 전환

이해충돌을 방지하기 위한 방법으로는 형사처벌과 같은 사후적 제재수단, 직무회피, 단순 보관신탁, 퇴임 후 일정기간 주식 처분 금지, 임기 중 주가상승분 전부 반환, 독립한 지위에 있는 수탁자에게 신탁하여 그의 자유로운 처분에 맡기게 하는 방법도 생각할 수 있다. 이러한 방법은 「주식을 매각하거나 백지신탁하여 일정 기간 내 처분하도록 강제하는 현행제도」보다 침해가 약한 것이므로, 현행제도를 이러한 제도로 대체하여야 한다는 주장도 제기될 수 있을 것이다. 그러나 판례는 이러한 주장에 대하여 회의적인 입장을 취하고 있다.[1]

---

1) 이러한 주장에 대한 논쟁은 헌재 2012. 8. 23. 2010헌가65의 결정이유에 잘 나타나고 있다. 이에 관해서

2. 보관신탁

(1) 의의

보관신탁이란 주식백지신탁 의무자가 기업의 지배를 목적으로 자신의 직무와 관련성이 있는 주식을 보유하는 경우에 그 주식을 매각하지 아니함을 전제로, 위탁자는 그 기업의 경영에 전혀 관여하지 아니하고, 그 주식과 관련된 의결권의 행사는 수탁기관이 사전에 위탁자와 합의한 방식에 따라 하는 것을 말한다. 여기서 기업의 지배를 목적으로 한다는 것은 주식의 처분(매각)을 통해 매매차익을 추구하는 것을 목적으로 하는 것이 아니라 기업의 지배(경영)를 통해 수익의 창출을 추구하는 것을 목적으로 하는 것을 말한다. 수익의 창출은 당연히 이익의 배당으로 연결될 것이다.

(2) 문제점

보관신탁을 한 공직자는 재직기간 중에 보관신탁을 한 주식을 매각할 수 없다고 하여도, 재직기간 중에 그 주식의 가격이 오르거나 내려가는 데 영향을 미치는 정책을 수립 또는 집행할 수 있다는 점, 그리하여 공직에서 물러난 후 그 주식을 처분하여 차익을 실현할 수 있다는 점이 보관신탁의 큰 문제점이다. 이러한 문제점을 해소할 수 있는 방안은 보이지 아니한다. 이 때문에 보관신탁의 도입이 어려워 보인다.

는 이 책 11쪽 이하를 보라.

제2장 주식백지신탁의 의무자(주체)

　　주식백지신탁을 하여야 하는 공직자, 즉 주식백지신탁의 의무자에 관해서는 공직자윤리법 제14조의4 제1항에서 규정되고 있다. 이 규정에 따라 주식을 백지신탁하여야 할 의무자로 「공직자윤리법상 재산을 등록하여야 하는 공직자(등록의무자) 중 제10조 제1항에 따른 공개대상자와 기획재정부 및 금융위원회 소속 공무원 중 대통령령으로 정하는 사람(이하 "공개대상자등"이라 한다)이 있다.[1] 이 조항의 내용을 아래에서 나누어서 보기로 한다.

공직자윤리법

　제14조의4(주식의 매각 또는 신탁) ① 등록의무자 중 제10조 제1항에 따른 공개대상자와 기획재정부 및 금융위원회 소속 공무원 중 대통령령으로 정하는 사람(이하 "공개대상자등"이라 한다)은 … 신탁 또는 투자신탁(이하 "주식백지신탁"이라 한다)에 관한 계약의 체결…을 직접 하거나 이해관계자로 하여금 하도록 하고 … 신고하여야 한다. …

---

1) 주식백지신탁 의무자의 범위와 관련하여 입법정책적 관점에서 본다면, ① 정치적 성격을 갖는 공직자를 의무자로 하는 방안, ② 공직자윤리법상 재산등록을 하는 모든 공직자를 의무자로 하는 방안, ③ 공직자윤리법상 재산등록을 하는 공직자 중 재산공개대상자인 공직자를 의무자로 하는 방안을 생각할 수 있다. 현행법은 ③을 기본으로 하면서(공직자윤리법 제14조의4 제1항 중 "등록의무자 중 제10조 제1항에 따른 공개대상자" 부분), ②의 일부(공직자윤리법 제14조의4 제1항 중 "등록의무자 중 … 기획재정부 및 금융위원회 소속 공무원 중 대통령령으로 정하는 사람)"를 가미하는 방식을 취하고 있다. 주식백지신탁제도의 철저한 실시를 기한다면 ②의 방식이 바람직하다고 말할 수 있다. ②의 방식을 택하게 되면, 직무관련성 심사 대상자 수가 엄청나게 확대될 것이므로 상당한 수의 심사인력이 확보되어야 할 것이다. 언젠가는 ②의 방식이 도입되어야 할 것이다.

▌제1절 공직자윤리법 제10조 제1항에 따른 공개대상자

공직자윤리법 제10조 제1항에서 규정되고 있는 주식백지신탁 의무자를 분류한다면, 정무직 공무원·고위직 공무원·공직유관단체장의 3가지 유형으로 나눌 수 있다.

Ⅰ. 주식백지신탁 의무자로서 등록재산 공개대상자

주식백지신탁의 의무자가 되는 등록재산 공개대상자에 관해서는 공직자윤리법 제10조 제1항에서 규정되고 있다. 이 조항이 정하는 공직자는 주식백지신탁을 하여야 한다.

공직자윤리법

제10조(등록재산의 공개) ① 공직자윤리위원회는 관할 등록의무자 중 다음 각 호의 어느 하나에 해당하는 공직자 본인과 배우자 및 본인의 직계존속·직계비속의 재산에 관한 등록사항과 제6조에 따른 변동사항 신고내용을 등록기간 또는 신고기간 만료 후 1개월 이내에 관보 또는 공보에 게재하여 공개하여야 한다. 〈개정 2010.3. 22., 2011.7.29., 2012.12.11., 2015.12.29., 2017.3.21.〉
(각호는 본문에서 살피기로 한다)

---

1. 대통령, 국무총리, 국무위원, 국회의원, 국가정보원의 원장 및 차장 등 국가의 정무직공무원(공직자윤리법 제10조 제1항 제1호)

국가의 정무직 공무원의 의의와 범위에 관해서는 국가공무원법 제2조 제3항 제1호에서 규정되고 있다. 이 호의 공무원들은 정무직 공무원의 부류에 속한다.

국가공무원법

제2조(공무원의 구분) ③ "특수경력직공무원"이란 경력직공무원 외의 공무원을 말하며, 그 종류는 다음 각 호와 같다. 〈개정 2012.12.11., 2013.3.23.〉
  1. 정무직공무원
  가. 선거[1]로 취임하거나 임명할 때 국회의 동의[2]가 필요한 공무원
  나. 고도의 정책결정 업무를 담당하거나 이러한 업무를 보조하는 공무원으로서 법률[3][4]이나 대통령령[5](대통령비서실 및 국가안보실의 조직에 관한 대통령령만 해당한다)에서 정무직으로 지정하는 공무원

---

(1) 선거로 취임하는 공무원으로 대통령, 국회의원이 있다.

(2) 임명할 때 국회의 동의가 필요한 공무원으로 대법원장(헌법 제104조 제2항)과 대법

관(헌법 제104조 제2항), 헌법재판소장(헌법 제111조 제4항, 헌법재판소법 제12조 제2항), 국무총리(헌법 제86조 제1항), 감사원장(헌법 제98조 제2항, 감사원법 제4조 제1항) 등이 있다.

(3) 정부조직법으로 정하는 정무직 공무원으로 국무위원(정조법 제12조 제3항), 대통령비서실장(정조법 제14조 제2항), 국가안보실장(정조법 제15조 제2항), 대통령경호처장(정조법 제16조 제2항), 국무조정실의 실장(정조법 제20조 제2항)과 차장(정조법 제20조 제3항), 국무총리비서실장(정조법 제21조 제2항), 국가보훈처의 처장과 차장(정조법 제22조의2 제2항), 인사혁신처장(정조법 제22조의3 제2항), 법제처장(정조법 제23조 제2항), 식품의약품안전처장(정조법 제25조 제2항), 행정각부 차관(정조법 제26조 제2항), 기획재정부소속의 국세청장(정조법 제27조 제4항), 관세청장(정조법 제27조 제6항), 조달청장(정조법 제27조 제8항), 통계청장(정조법 제27조 제10항), 과학기술통신부 소속 과학기술혁신본부장(정조법 제29조 제2항), 국방부 소속 병무청장(정조법 제33조 제4항)과 방위사업청장(정조법 제33조 제6항), 행정안전부 소속 재난안전관본부장(정조법 제34조 제3항), 문화체육관광부 소속 문화재청장(정조법 제35조 제4항), 농림축산식품부 소속 농촌진흥청장(정조법 제36조 제4항)과 산림청장(정조법 제36조 제6항), 산업통상자원부 소속 통상교섭본부장(정조법 제37조 제2항)과 특허청장(정조법 제37조 제5항), 보건복지부 소속 질병관리본부장(정조법 제38조 제3항), 그리고 환경부 소속 기상청장(정조법 제39조 제3항) 등이 있다.

(4) 기타의 법률로 정하는 정무직 공무원으로 헌법재판소의 재판관(헌법재판소법 제15조)과 사무처장(헌법재판소법 제18조 제1항), 감사원의 감사위원(감사원법 제5조 제2항)과 사무총장(감사원법 제19조), 민주평화통일자문회의 사무처장(민주평화통일자문회의법 제9조 제2항), 국회의 사무총장(국회사무처법 제4조 제2항)과 사무차장(국회사무처법 제5조 제2항) 그리고 의장비서실장(국회사무처법 제6조 제2항), 대법원의 대법원장비서실장(법원조직법 제23조 제2항)과 사법정책연구원장(법원조직법 제76조의3 제1항), 그리고 법원공무원교육원장(법원조직법 제78조 제1항), 국가정보원의 원장(국가정보원법 제7조 제2항)과 차장(국가정보원법 제7조 제3항), 중앙선거관리위원회의 상임위원(선거관리위원회법 제12조)과 사무총장(선거관리위원회법 제15조 제4항)과 사무차장(선거관리위원회법 제15조 제6항), 공정거래위원회 위원장과 부위원장(독점규제 및 공정거래에 관한 법률 제37조 제3항), 금융위원회 위원장과 부위원장(금융위원회의 설치 등에 관한 법률 제4조 제4항), 국민권익위원회의 위원장과 부위원장(부패방지 및 국민권익위원회의 설치와 운영에 관한 법률 제13조 제4항), 원자력안전위원회 위원장(원자력안전위원회의 설치 및 운영에 관한 법률 제4조 제2항), 국가인권위원회 위원장과 상임위원(국가인권위원회법 제5조 제6항), 방송통신위원회

의 위원장 1인, 부위원장 1인을 포함한 5인의 상임인 위원(방송통신위원회의 설치 및 운영에 관한 법률 제4조 제2항), 새만금개발청의 청장(새만금사업 추진 및 지원에 관한 특별법 제34조 제2항), 행정중심복합도시건설청의 청장(신행정수도 후속대책을 위한 연기·공주지역 행정중심복합도시 건설을 위한 특별법 제36조 제2항) 등이 있다.

(5) 대통령령에서 정하는 정무직 공무원으로 대통령비서실의 정책실장(대통령비서실 직제 제3조의2 제2항)과 보좌관 및 수석비서관(대통령비서실 직제 제4조), 국가안보실 제1차장 및 제2차장(국가안보실직제 제4조 제1항) 등이 있다.

2. 지방자치단체의 장, 지방의회의원 등 지방자치단체의 정무직공무원(공직자윤리법 제10조 제1항 제2호)

지방자치단체의 정무직 공무원의 의의와 범위에 관해서는 지방공무원법 제2조 제1호에서 규정되고 있다. 이 호의 공무원들은 정무직 공무원의 부류에 속한다.

지방공무원법

제2조(공무원의 구분) ③ "특수경력직공무원"이란 경력직공무원 외의 공무원을 말하며, 그 종류는 다음 각 호와 같다. 〈개정 2012.12.11.〉

1. 정무직공무원
가. 선거[1]로 취임하거나 임명할 때 지방의회의 동의[2]가 필요한 공무원
나. 고도의 정책결정업무를 담당하거나 이러한 업무를 보조하는 공무원으로서 법령[3] 또는 조례에서 정무직으로 지정하는 공무원

---

(1) 선거로 취임하는 지방자치단체 지방공무원으로 지방자치단체의 장과 지방의회의원이 있다.

(2) 임명할 때 지방의회의 동의가 필요한 지방공무원으로 제주특별자치도의 감사위원장(제주특별자치도 설치 및 국제자유도시 조성을 위한 특별법[약칭: 제주특별법] 제132조 제1항), 세종특별자치시 감사위원장(세종특별자치시 설치 등에 관한 특별법[약칭: 세종시법] 제21조 제4항) 등이 있다.

(3) 법령에서 정하는 정무직 공무원으로 특별시·광역시의 부시장과 도의 부지사(지방자치법 제110조 제2항, 지방자치단체에 두는 국가공무원의 정원에 관한 법률 시행령 별표 1), 제주특별자치도 행정시의 시장(정무직 지방공무원)(제주특별법 제11조 제2항) 등이 있다.

3. **일반직 1급 국가공무원**(「국가공무원법」 제23조에 따라 배정된 직무등급이 가장 높은 등급의 직위에 임용된 고위공무원단에 속하는 일반직공무원을 포함한다) **및 지방공무원과 이에 상응하는 보수를 받는 별정직공무원**(고위공무원단에 속하는 별정직공무원을 포함한다)(공직자윤리법 제10조 제1항 제3호)

일반직 공무원과 별정직 공무원의 의미는 국가공무원법과 지방공무원법에서 규정되고 있다. 국가공무원법상 고위공무원단에 관한 사항은 같은 법 제2조의2에서 규정되고 있다. 이 호의 공무원들은 고위직 공무원의 부류에 속한다.

국가공무원법

제2조(공무원의 구분) ② "경력직공무원"이란 실적과 자격에 따라 임용되고 그 신분이 보장되며 평생 동안(근무기간을 정하여 임용하는 공무원의 경우에는 그 기간 동안을 말한다) 공무원으로 근무할 것이 예정되는 공무원을 말하며, 그 종류는 다음 각 호와 같다. 〈개정 2012.12.11.〉
  1. 일반직공무원: 기술·연구 또는 행정 일반에 대한 업무를 담당하는 공무원
제2조의2(고위공무원단) ① 국가의 고위공무원을 범정부적 차원에서 효율적으로 인사관리하여 정부의 경쟁력을 높이기 위하여 고위공무원단을 구성한다.
② 제1항의 "고위공무원단"이란 직무의 곤란성과 책임도가 높은 다음 각 호의 직위(이하 "고위공무원단 직위"라 한다)에 임용되어 재직 중이거나 파견·휴직 등으로 인사관리되고 있는 일반직공무원, 별정직공무원 및 특정직공무원(특정직공무원은 다른 법률에서 고위공무원단에 속하는 공무원으로 임용할 수 있도록 규정하고 있는 경우만 해당한다)의 군(群)을 말한다. 〈개정 2012.12.11.〉
  1. 「정부조직법」 제2조에 따른 중앙행정기관의 실장·국장 및 이에 상당하는 보좌기관
  2. 행정부 각급 기관(감사원은 제외한다)의 직위 중 제1호의 직위에 상당하는 직위
  3. 「지방자치법」 제110조 제2항·제112조 제5항 및 「지방교육자치에 관한 법률」 제33조 제2항에 따라 국가공무원으로 보하는 지방자치단체 및 지방교육행정기관의 직위 중 제1호의 직위에 상당하는 직위
  4. 그 밖에 다른 법령에서 고위공무원단에 속하는 공무원으로 임용할 수 있도록 정한 직위
제4조(일반직공무원의 계급 구분 등) ① 일반직공무원은 1급부터 9급까지의 계급으로 구분하며, 직군(職群)과 직렬(職列)별로 분류한다. 다만, 고위공무원단에 속하는 공무원은 그러하지 아니하다. 〈개정 2010.6.8., 2011.5.23., 2012.12.11.〉
제23조(직위의 정급) ① 국회사무총장, 법원행정처장, 헌법재판소사무처장, 중앙선거관리위원회사무총장 또는 인사혁신처장은 법령(국회규칙, 대법원규칙, 헌법재판소규칙 및 중앙선거관리위원회규칙을 포함한다)으로 정하는 바에 따라 직위분류제의 적용을 받는 모든 직위를 어느 하나의 직급 또는 직무등급에 배정하여야 한다.

지방공무원법

제2조(공무원의 구분) ② "경력직공무원"이란 실적과 자격에 따라 임용되고 그 신분이 보장되며 평생 동안(근무기간을 정하여 임용하는 공무원의 경우에는 그 기간 동안을 말한다) 공무원으로 근무할 것이 예정되는 공무원을 말하며, 그 종류는 다음 각 호와 같다. 〈개정 2012.12.11.〉
  1. 일반직공무원: 기술·연구 또는 행정 일반에 대한 업무를 담당하는 공무원
제4조(일반직공무원의 계급구분 등) ① 일반직공무원은 1급부터 9급까지의 계급으로 구분하며, 직군(職群)과 직렬(職列)별로 분류한다. 〈개정 2010.6.8., 2011.5.23., 2012.12.11.〉

제23조(직위의 정급) ① 지방자치단체의 장은 대통령령으로 정하는 바에 따라 직위분류제의 적용을 받는 모든 직위를 어느 하나의 직급 또는 직무등급에 배정하여야 한다.

국가공무원법

제2조(공무원의 구분) ③ "특수경력직공무원"이란 경력직공무원 외의 공무원을 말하며, 그 종류는 다음 각 호와 같다. 〈개정 2012.12.11., 2013.3.23.〉

　2. 별정직공무원: 비서관·비서 등 보좌업무 등을 수행하거나 특정한 업무 수행을 위하여 법령에서 별정직으로 지정하는 공무원

지방공무원법

제2조(공무원의 구분) ③ "특수경력직공무원"이란 경력직공무원 외의 공무원을 말하며, 그 종류는 다음 각 호와 같다. 〈개정 2012.12.11.〉

　2. 별정직공무원: 비서관·비서 등 보좌업무 등을 수행하거나 특정한 업무 수행을 위하여 법령에서 별정직으로 지정하는 공무원

4. 대통령령으로 정하는 외무공무원과 국가정보원의 기획조정실장(공직자윤리법 제10조 제1항 제4호)

① 대통령령으로 정하는 외무공무원에 관해서는 공직자윤리법 시행령 제24조 제1항에서 규정되고 있다. 뒤(Ⅱ.1)에서 보기로 한다. ② 국가정보원 기획조정실장의 직의 설치는 국가정보원법 제5조 제1항에서 명문으로 규정하고 있다. 이 호의 공무원들은 고위직 공무원의 부류에 속한다.

국가정보원법

제5조(직원) ① 국정원에 원장·차장 및 기획조정실장과 그 밖에 필요한 직원을 둔다. 다만, 특히 필요한 경우에는 차장을 2명 이상 둘 수 있다.

제7조(원장·차장·기획조정실장) ④ 기획조정실장은 별정직으로 하고 원장과 차장을 보좌하며, 위임된 사무를 처리한다.

5. 고등법원 부장판사급 이상의 법관과 대검찰청 검사급 이상의 검사(공직자윤리법 제10조 제1항 제5호)

고등법원 부장판사 이상의 법관의 직에 관해서는 법원조직법에서 규정되고 있다. 대검찰청 검사급 이상의 직에 관해서는 검찰청법에서 규정되고 있다.[1] 이 호의 공무

---

1) 2016. 9. 19.자 연합뉴스는 "검찰에서 주식 관련 정보를 취급하거나 수사하는 부서의 검사와 수사관, 직원의 주식 거래가 전면 금지됐다. 대검찰청은 19일 이 같은 내용의 '금융투자상품 거래금지에 관한 지침'을 만들어 시행에 들어갔다. 지침은 대검이 지난달 31일 발표한 '법조비리 근절 및 내부 청렴 강화 방안' 가운데 하나다. 적용 대상은 대검 반부패부와 감찰본부·범죄정보기획관실, 부패범죄특별수사단, 각 지방검찰청의 특별수사부·금융조세조사부·첨단범죄수사부·공정거래조세조사부, 증권범죄합동수사단 등

원들은 고위직 공무원의 부류에 속한다.

법원조직법

제27조(부) ① 고등법원에 부(部)를 둔다.

② 부에 부장판사를 둔다.

③ 부장판사는 그 부의 재판에서 재판장이 되며, 고등법원장의 지휘에 따라 그 부의 사무를 감독한다.

제44조(보직) ② 사법연수원장, 고등법원장, 특허법원장, 법원행정처차장, 지방법원장, 가정법원장, 행정법원장, 회생법원장과 **고등법원 및 특허법원의 부장판사**는 15년 이상 제42조 제1항 각 호의 직에 있던 사람 중에서 보한다. 〈개정 2016.12.27.〉

[전문개정 2014.12.30.]

제42조(임용자격) ① 대법원장과 대법관은 20년 이상 다음 각 호의 직(職)에 있던 45세 이상의 사람 중에서 임용한다.

　1. 판사·검사·변호사

　2. 변호사 자격이 있는 사람으로서 국가기관, 지방자치단체, 「공공기관의 운영에 관한 법률」 제4조에 따른 공공기관, 그 밖의 법인에서 법률에 관한 사무에 종사한 사람

　3. 변호사 자격이 있는 사람으로서 공인된 대학의 법률학 조교수 이상으로 재직한 사람

검찰청법

제6조(검사의 직급) 검사의 직급은 검찰총장과 검사로 구분한다. [전문개정 2009.11.2.]

제14조(대검찰청 검사) 대검찰청에 대검찰청 검사를 둔다. [전문개정 2009.11.2.]

제28조(대검찰청 검사급 이상 검사의 보직기준) 고등검찰청 검사장, 대검찰청 차장검사 등 대통령령으로 정하는 대검찰청 검사급 이상 검사는 10년 이상 제27조 각 호의 직위에 재직하였던 사람 중에서 임용한다. [전문개정 2009.11.2.]

제27조(검찰총장의 임명자격) 검찰총장은 15년 이상 다음 각 호의 직위에 재직하였던 사람 중에서 임명한다.

　1. 판사, 검사 또는 변호사

　2. 변호사 자격이 있는 사람으로서 국가기관, 지방자치단체, 국·공영기업체, 「공공기관의 운영에 관한 법률」 제4조에 따른 공공기관 또는 그 밖의 법인에서 법률에 관한 사무에 종사한 사람

　3. 변호사 자격이 있는 사람으로서 대학의 법률학 조교수 이상으로 재직하였던 사람

[전문개정 2009.11.2.]

대검찰청 검사급 이상 검사의 보직범위에 관한 규정

제2조(보직범위) 대검찰청 검사급 이상 검사는 다음 각 호의 직위에 임용된 검사를 말한다. 다만, 법률 등에서 검찰총장에 관하여 따로 규정하고 있는 경우에는 검찰총장을 제외한다. 〈개정 2008.12.31, 2009.7.31, 2013.4.18, 2014.1.10, 2015.2.11〉

주식 관련 정보를 취급하는 부서의 검사와 검찰공무원이다. 특수부가 없는 지검은 특수전담 검사실 소속 검사와 검찰공무원이 해당한다. 금융위원회와 증권선물위원회, 금융감독원, 예금보험공사, 한국거래소, 공정거래위원회 및 산하기관에 파견된 검사와 검찰공무원도 마찬가지다. 거래금지 대상은 검사와 검찰공무원 본인만 해당하며, 거래금지 기간은 해당 부서 근무나 파견 시작일부터 종료일까지다."라는 내용을 보도하였다. 이러한 검찰내부적인 조치와 별도로 주식 정보를 다루는 검사들도 주식백지신탁 의무자로 하는 공직자윤리법 개정도 검토해볼 일이다. 경찰이나 그 밖의 행정조직에도 주식 정보를 다루는 공무원들이 있다면, 마찬가지로 주식백지신탁 의무자로 하는 것도 검토할 필요가 있을 것이다.

1. 검찰총장
2. 고등검찰청 검사장
3. 대검찰청 차장검사
4. 법무연수원장
5. 대검찰청 검사
6. 법무부 기획조정실장, 법무실장, 검찰국장, 범죄예방정책국장, 감찰관, 출입국·외국인정책본부장
7. 지방검찰청 검사장
8. 사법연수원 부원장
9. 법무연수원 기획부장
10. 고등검찰청 차장검사
11. 삭제 〈2015.2.11〉
12. 서울중앙지방검찰청 제1차장검사
13. 법무연수원 연구위원(제2호부터 제10호까지 또는 제12호의 직위에 있다가 임용된 검사로 한정한다)

6. 중장 이상의 장관급 장교(공직자윤리법 제10조 제1항 제6호)

군인의 계급에 관해서는 군인사법에서 규정되고 있다. 이 호의 공무원들은 고위직 공무원의 부류에 속한다.

군인사법

제3조(계급) ① 장교는 다음 각 호와 같이 구분한다.
  1. 장성(將星): 원수(元帥), 대장, 중장, 소장 및 준장
  2. 영관(領官): 대령, 중령 및 소령
  3. 위관(尉官): 대위, 중위 및 소위
제4조(서열) ① 군인의 서열은 제3조에 규정된 계급의 순위에 따른다.

---

7. 교육공무원 중 총장·부총장·학장(대학교의 학장은 제외한다) 및 전문대학의 장과 대학에 준하는 각종 학교의 장, 특별시·광역시·특별자치시·도·특별자치도의 교육감(공직자윤리법 제10조 제1항 제7호)

(1) 교육공무원 중 총장·부총장·학장(대학교의 학장은 제외한다) 및 전문대학의 장과 대학에 준하는 각종 학교의 장의 선임 등에 관해서는 교육공무원법에서 규정되고 있다. 이들은 고위직 공무원 부류에 속한다.

(2) 특별시·광역시·도의 교육감의 선출 등에 관한 법률로 지방교육자치에 관한 법률이 있다. 특별자치시의 교육감의 선출 등에 관한 법률로 세종특별자치시 설치 등에 관한 특별법이 있다. 특별자치도의 교육감의 선출 등에 관한 법률로 제주특별자치도 설치 및 국제자유도시 조성을 위한 특별법이 있다. 이들은 정무직 공무원의 부류에

속한다(지방공무원법 제2조 제3항 제1호 가목).

교육공무원법

제2조(정의) ① 이 법에서 "교육공무원"이란 다음 각 호의 어느 하나에 해당하는 사람을 말한다.

 1. 교육기관에 근무하는 교원 및 조교

 2. 교육행정기관에 근무하는 장학관 및 장학사

 3. 교육기관, 교육행정기관 또는 교육연구기관에 근무하는 교육연구관 및 교육연구사

제24조(대학의 장의 임용) ① 대학(「고등교육법」 제2조 각 호의 학교를 말하되, 공립대학은 제외한다. 이하 이 조, 제24조의2, 제24조의3 및 제25조부터 제27조까지에서 같다)의 장은 해당 대학의 추천을 받아 교육부장관의 제청으로 대통령이 임용한다. 다만, 새로 설립되는 대학의 장을 임용하거나 대학의 장의 명칭 변경으로 인하여 학장으로 재직 중인 사람을 해당 대학의 총장으로, 총장으로 재직 중인 사람을 해당 대학의 학장으로 그 임기 중에 임용하는 경우에는 교육부장관의 제청으로 대통령이 임용한다. 〈개정 2013.3.23.〉

제27조(부총장ㆍ대학원장ㆍ단과대학장의 보직) ① 부총장은 교수 중에서, 대학원장ㆍ단과대학장은 교수 또는 부교수 중에서 대학의 장의 제청으로 교육부장관이 임명한다. 〈개정 2013.3.23.〉

고등교육법

제2조(학교의 종류) 고등교육을 실시하기 위하여 다음 각 호의 학교를 둔다.

 1. 대학

 2. 산업대학

 3. 교육대학

 4. 전문대학

 5. 방송대학ㆍ통신대학ㆍ방송통신대학 및 사이버대학(이하 "원격대학"이라 한다)

 6. 기술대학

 7. 각종학교

 [전문개정 2011.7.21.]

지방교육자치에 관한 법률

제18조(교육감) ① 시ㆍ도의 교육ㆍ학예에 관한 사무의 집행기관으로 시ㆍ도에 교육감을 둔다.

제43조(선출) 교육감은 주민의 보통ㆍ평등ㆍ직접ㆍ비밀선거에 따라 선출한다. [본조신설 2010.2.26.]

세종특별자치시 설치 등에 관한 특별법

제8조(세종특별자치시의 설치에 따른 법령 적용상의 특례) ⑦ 다른 법령에서 교육감을 인용하고 있는 경우에는 세종특별자치시교육감(이하 "시교육감"이라 한다)을 포함한 것으로 보아 해당 법령을 적용한다.

제19조(공직선거 특례) ① …세종특별자치시교육감선거에 관한 사항은 이 법과 「지방교육자치에 관한 법률」에서 따로 규정한 것을 제외하고는 「지방교육자치에 관한 법률」에 따른 교육감선거에 관한 규정을 각각 준용한다.

제주특별자치도 설치 및 국제자유도시 조성을 위한 특별법

제4절 도교육감

제74조(도교육감의 선출) ① 도교육감은 주민의 보통ㆍ평등ㆍ직접ㆍ비밀선거로 선출한다.

② 도교육감선거에 관하여 이 법에서 규정한 사항을 제외하고는 「지방교육자치에 관한 법률」 제6장 및 제8장을 준용한다.

8. 치안감 이상의 경찰공무원 및 특별시·광역시·특별자치시·도·특별자치도의 지방경찰청장(공직자윤리법 제10조 제1항 제8호)

국가공무원인 이들에 관해서는 경찰공무원법에서 규정되고 있다. 이 호의 공무원들은 고위직 공무원의 부류에 속한다.

경찰공무원법

제2조(계급 구분) 국가경찰공무원(이하 "경찰공무원"이라 한다)의 계급은 다음과 같이 구분한다.

치안총감(治安總監)

치안정감(治安正監)

치안감(治安監)

경무관(警務官)

총경(總警)

경정(警正)

경감(警監)

경위(警衛)

경사(警査)

경장(警長)

순경(巡警)

[전문개정 2011.5.30.]

경찰법

제11조(경찰청장) ① 경찰청에 경찰청장을 두며, 경찰청장은 치안총감(治安總監)으로 보한다. 〈개정 2011.5.30.〉

제14조(지방경찰청장) ① 지방경찰청에 지방경찰청장을 두며, 지방경찰청장은 치안정감·치안감(治安監) 또는 경무관(警務官)으로 보한다.

8의2. 소방정감 이상의 소방공무원(공직자윤리법 제10조 제1항 제8의2호)

국가공무원인 이들에 관해서는 소방공무원법에서 규정되고 있다. 이 호의 공무원들은 고위직 공무원의 부류에 속한다.

소방공무원법

제2조(계급 구분) 소방공무원(국가소방공무원과 지방소방공무원을 말한다. 이하 같다)의 계급은 다음과 같이 구분한다.

  1. 국가소방공무원

    소방총감(消防總監)

    소방정감(消防正監)

    소방감(消防監)

    소방준감(消防准監)

소방정(消防正)

소방령(消防領)

소방경(消防警)

소방위(消防尉)

소방장(消防長)

소방교(消防校)

소방사(消防士)

[전문개정 2014.6.11.]

9. 지방 국세청장 및 3급 공무원 또는 고위공무원단에 속하는 공무원인 세관장
(공직자윤리법 제10조 제1항 제9호)

지방국세청장에 관해서는 국세청과 그 소속기관 직제, 3급 공무원 또는 고위공무원단에 속하는 공무원인 세관장에 관해서는 관세청과 그 소속기관 직제에서 규정되고 있다. 고위공무원단의 개념은 국가공무원법 제2조의2에서 규정되고 있다. 일반직 공무원의 계급은 국가공무원법 제4조에서 규정되고 있다. 이 호의 공무원들은 고위직 공무원의 부류에 속한다.

국세청과 그 소속기관 직제

제2조(소속기관) ② 국세청장의 소관사무를 분장하게 하기 위하여 국세청장소속하에 지방국세청을 두고, 지방국세청장소속하에 세무서를 둔다.

제25조(지방국세청장) ① 지방국세청에 청장 1인을 두되, 서울지방국세청장·중부지방국세청장·대전지방국세청장·광주지방국세청장·대구지방국세청장 및 부산지방국세청장은 각각 고위공무원단에 속하는 일반직공무원으로 보한다. 〈개정 2006.6.30.〉

② 지방국세청장은 국세청장의 명을 받아 내국세에 관한 사무를 관장하고, 소속공무원을 지휘·감독한다. 〈개정 2008.2.29.〉

관세청과 그 소속기관 직제

제2조(소속기관) ② 관세청장의 소관 사무를 분장하기 위하여 관세청장소속하에 세관을 둔다. 〈개정 2008.2.29.〉

제23조(세관장) ① 세관에 세관장을 둔다.

② 인천세관장·서울세관장·부산세관장·대구세관장 및 광주세관장은 고위공무원단에 속하는 일반직공무원으로, 성남세관장·파주세관장·경남서부세관장·전주세관장은 4급 또는 5급으로, 그 밖의 세관장은 4급으로 보한다. 다만, 평택세관장 및 울산세관장은 「행정기관의 조직과 정원에 관한 통칙」 제27조 제3항에 따라 상호이체하여 배정·운영하는 3급 또는 4급으로 보할 수 있다. 〈개정 2009.6.2., 2012.4.16., 2015.1.6., 2015.5.26., 2015.12.30.〉

③ 세관장은 관세청장의 지휘·감독을 받아 소관사무를 통할하고, 소속공무원을 지휘·감독한다.

10. 제3호부터 제6호까지, 제8호 및 제9호의 공무원으로 임명할 수 있는 직위 또는 이에 상당하는 직위에 임용된 「국가공무원법」 제26조의5 및 「지방공무원법」 제25조의5에 따른 임기제공무원. 다만, 제4호 · 제5호 · 제8호 및 제9호 중 직위가 지정된 경우에는 그 직위에 임용된 「국가공무원법」 제26조의5 및 「지방공무원법」 제25조의5에 따른 임기제공무원만 해당된다(공직자윤리법 제10조 제1항 제10호)

임기제 공무원의 개념은 국가공무원법에 규정되고 있다. 이 호의 공무원들은 고위직 공무원의 부류에 속한다.

국가공무원법

제26조의5(근무기간을 정하여 임용하는 공무원) ① 임용권자는 전문지식 · 기술이 요구되거나 임용관리에 특수성이 요구되는 업무를 담당하게 하기 위하여 경력직공무원을 임용할 때에 일정기간을 정하여 근무하는 공무원(이하 "임기제공무원"이라 한다)을 임용할 수 있다.

지방공무원법

제25조의5(근무기간을 정하여 임용하는 공무원) ① 지방자치단체의 장은 전문지식 · 기술이 요구되거나 임용관리에 특수성이 요구되는 업무를 담당하게 하기 위하여 경력직공무원을 임용할 때에 일정기간을 정하여 근무하는 공무원(이하 "임기제공무원"이라 한다)을 임용할 수 있다.

---

11. 공기업의 장 · 부기관장 및 상임감사, 한국은행의 총재 · 부총재 · 감사 및 금융통화위원회의 추천직 위원, 금융감독원의 원장 · 부원장 · 부원장보 및 감사, 농업협동조합중앙회 · 수산업협동조합중앙회의 회장 및 상임감사(공직자윤리법 제10조 제1항 제11호)

(1) 공기업의 장 · 부기관장 및 상임감사의 임면에 관해서는 공공기관의 운영에 관한 법률, 한국은행의 총재 · 부총재 · 감사, 금융통화위원회의 추천직 위원의 직에 관해서는 한국은행법, 금융감독원의 원장 · 부원장 · 부원장보 및 감사의 직에 관해서는 금융위원회의 설치 등에 관한 법률, 농업협동조합중앙회 · 수산업협동조합중앙회의 회장 및 상임감사의 직에 관해서는 농업협동조합법 · 수산업협동조합법에서 규정되고 있다.

(2) 이 호에 규정된 자들은 공직유관단체장의 부류에 속한다. 한국은행의 총재 · 부총재 · 감사, 금융통화위원회의 추천직 위원, 금융감독원의 원장 · 부원장 · 부원장보 및 감사의 경우는 고위직 공무원의 부류에 속하는 것으로 볼 여지도 있다.

공공기관의 운영에 관한 법률

제24조(임원) ① 공기업·준정부기관에 임원으로 기관장을 포함한 이사와 감사를 둔다. 다만, 제20조 제2항 및 제3항의 규정에 따라 감사위원회를 두는 경우에는 감사를 두지 아니한다.

⑤ 감사는 다른 법령이나 정관으로 정하는 바에 따라 상임 또는 비상임으로 한다. 〈신설 2009.12.29.〉

제25조(공기업 임원의 임면) ① 공기업의 장은 제29조의 규정에 따른 임원추천위원회(이하 "임원추천위원회"라 한다)가 복수로 추천하여 운영위원회의 심의·의결을 거친 사람 중에서 주무기관의 장의 제청으로 대통령이 임명한다. 다만, 기관 규모가 대통령령이 정하는 기준 이하인 공기업의 장은 임원추천위원회가 복수로 추천하여 운영위원회의 심의·의결을 거친 사람 중에서 주무기관의 장이 임명한다.

④ 공기업의 감사는 임원추천위원회가 복수로 추천하여 운영위원회의 심의·의결을 거친 사람 중에서 기획재정부장관의 제청으로 대통령이 임명한다. 다만, 기관 규모가 대통령령이 정하는 기준 이하인 공기업의 감사는 임원추천위원회가 복수로 추천하여 운영위원회의 심의·의결을 거친 사람 중에서 기획재정부장관이 임명한다. 〈개정 2008.2.29.〉

한국은행법

제3장 집행기관 및 감사 〈개정 2016.3.29.〉

제1절 집행기관 〈개정 2016.3.29.〉

제32조(집행간부) 한국은행에 집행간부로서 총재 및 부총재 각 1명과 부총재보 5명 이내를 둔다. [전문개정 2016.3.29.]

제33조(총재) ① 총재는 국무회의 심의와 국회 인사청문을 거쳐 대통령이 임명한다.

② 총재의 임기는 4년으로 하며, 한 차례만 연임할 수 있다.

[전문개정 2016.3.29.]

제36조(부총재) ① 부총재는 총재가 추천하여 대통령이 임명한다.

② 부총재의 임기는 3년으로 하며, 한 차례만 연임할 수 있다.

[전문개정 2016.3.29.]

제2절 감사 〈개정 2016.3.29.〉

제43조(임명) ① 한국은행에 감사(監事) 1명을 둔다.

② 감사는 기획재정부장관의 추천으로 대통령이 임명한다. [전문개정 2016.3.29.]

제44조(임기) 감사의 임기는 3년으로 하며, 한 차례만 연임할 수 있다. [전문개정 2016.3.29.]

제2장 금융통화위원회 〈개정 2016.3.29.〉

제1절 금융통화위원회의 구성 〈개정 2016.3.29.〉

제13조(구성) ① 금융통화위원회는 다음의 7명의 위원으로 구성한다.

1. 한국은행 총재
2. 한국은행 부총재
3. 기획재정부장관이 추천하는 위원 1명
4. 한국은행 총재가 추천하는 위원 1명
5. 금융위원회 위원장이 추천하는 위원 1명
6. 대한상공회의소 회장이 추천하는 위원 1명
7. 사단법인 전국은행연합회 회장이 추천하는 위원 1명

② 한국은행 총재(이하 "총재"라 한다)는 금융통화위원회 의장(이하 "의장"이라 한다)을 겸임한다.

③ 제1항 제3호부터 제7호까지의 위원은 금융·경제 또는 산업에 관하여 풍부한 경험이 있거나 탁월한 지식을 가진 사람으로서 대통령령으로 정하는 바에 따라 추천기관의 추천을 받아 대통령이 임명한다.

④ 금융통화위원회 위원(이하 "위원"이라 한다)은 상임으로 한다.

[전문개정 2016.3.29.]

금융위원회의 설치 등에 관한 법률

제3장 금융감독원 〈개정 2012.3.21.〉

제1절 통칙 〈개정 2012.3.21.〉

제29조(집행간부 등) ① 금융감독원에 원장 1명, 부원장 4명 이내, 부원장보 9명 이내와 감사 1명을 둔다.

② 금융감독원의 원장(이하 "원장"이라 한다)은 금융위원회의 의결을 거쳐 금융위원회 위원장의 제청으로 대통령이 임명한다.

③ 금융감독원의 부원장(이하 "부원장"이라 한다)은 원장의 제청으로 금융위원회가 임명하고, 금융감독원의 부원장보(이하 "부원장보"라 한다)는 원장이 임명한다.

④ 감사는 금융위원회의 의결을 거쳐 금융위원회 위원장의 제청으로 대통령이 임명한다.

⑤ 원장·부원장·부원장보 및 감사의 임기는 3년으로 하며, 한 차례만 연임할 수 있다.

⑥ 원장·부원장·부원장보와 감사에 결원이 생겼을 때에는 새로 임명하되, 그 임기는 임명된 날부터 기산한다.

[전문개정 2012.3.21.]

농업협동조합법

제3절 임원과 직원 〈개정 2009.6.9.〉

제126조(임원) ① 중앙회에 임원으로 회장 1명, 상호금융대표이사 1명 및 전무이사 1명을 포함한 이사 28명 이내와 감사위원 5명을 둔다. 〈개정 2011.3.31., 2016.12.27.〉

② 제1항의 임원 중 상호금융대표이사 1명, 전무이사 1명과 감사위원장은 상임으로 한다. 〈개정 2011.3. 31., 2016.12.27.〉

[전문개정 2009.6.9.]

수산업협동조합법

제3절 임원과 직원 〈개정 2010.4.12.〉

제129조(임원) ① 중앙회에 임원으로 회장 1명 및 사업전담대표이사 1명(지도경제사업대표이사)을 포함하여 22명 이내의 이사와 감사위원 3명을 둔다. 〈개정 2016.5.29.〉

② 제1항의 임원 중 다음 각 호의 자는 상임으로 한다. 〈개정 2016.5.29.〉

  1. 사업전담대표이사

  2. 제138조제1항제2호에 따른 경제사업을 담당하는 이사

  3. 감사위원장

  [전문개정 2010.4.12.]

12. 그 밖에 대통령령으로 정하는 정부의 공무원 및 공직유관단체의 임원

대통령령으로 정하는 정부의 공무원에 관해서는 공직자윤리법 시행령 제24조 제

3항에서 규정되고 있다. 뒤(Ⅱ.2)에서 보기로 한다. 대통령령으로 정하는 공직유관단체의 임원에 관해서는 공직자윤리법 시행령 제24조 제4항에서 규정되고 있다. 뒤(Ⅱ.3)에서 보기로 한다. 공직자윤리법에서 공직유관단체에 관한 규정은 2007. 6. 29. 시행 개정 공직자윤리법에서 비롯된다.

13. 제1호부터 제12호까지의 직(職)에서 퇴직한 사람(제6조 제2항의 경우에만 공개한다)

이에 관해서는 뒤(Ⅲ.)에서 보기로 한다.

Ⅱ. 대통령령으로 정하는 공직자

공직자윤리법은 재산공개대상자를 명시적으로 규정하면서 몇몇 공직자의 경우에는 대통령령에 위임하고 있다. 즉, 공직자윤리법 제10조 제1항 제4호는 대통령령으로 정하는 외무공무원, 제10조 제1항 제12호는 대통령령으로 정하는 정부의 공무원 및 공직유관단체의 임원도 등록재산의 공개대상자로 규정하고 있다. 이 조항이 정하는 공직자도 주식백지신탁을 하여야 한다.

1. 대통령령으로 정하는 외무공무원

공직자윤리법 제10조 제1항 제4호에 근거하여 공직자윤리법 시행령 제24조 제2항은 등록재산의 공개대상자가 되는 외무공무원으로 ① 직무등급이 12등급 이상 14등급 이하의 직위의 외무공무원과 ② 고위공무원단에 속하는 외무공무원 중 가등급의 직위에 보직된 공무원을 규정하고 있다. 이들은 주식백지신탁을 하여야 한다.

> **공직자윤리법 시행령**
> 제24조(재산공개대상자) ② 공직자윤리법 제10조 제1항 제4호에서 "대통령령으로 정하는 외무공무원"이란 「공무원보수규정」 제51조에 따른 직무등급이 12등급 이상 14등급 이하의 직위의 외무공무원 또는 고위공무원단에 속하는 외무공무원 중 가등급의 직위에 보직된 사람을 말한다.
>
> **공무원보수규정**
> 제51조(정의) ② 이 장 및 제7장에서 "등급"이란 「외무공무원법」 제20조의2 및 「외무공무원임용령」 제32조의2에 따라 외교부와 그 소속기관의 직위(고위공무원단 직위는 제외한다)에 배정된 직무등급을 말한다. 〈개정 2013.3.23.〉 [전문개정 2007.11.13.]

외무공무원법

제20조의2(직위의 정급) ① 외교부장관은 행정안전부장관 및 인사혁신처장과 협의하여 외교부와 그 소속 기관의 직위분류제를 적용받는 모든 직위를 어느 하나의 직무등급에 배정하여야 한다. 〈개정 2013.3.23., 2014.11.19., 2017.7.26.〉

② 제1항에 따른 직무등급의 배정에 필요한 사항은 대통령령으로 정한다. [전문개정 2011.4.4.]

외무공무원임용령

제32조의2(직무등급의 배정 및 개정) ① 외교부장관은 법 제20조의2에 따라 외교부와 그 소속기관의 직위에 대한 직무등급을 배정함에 있어 직무분석 실시결과를 기초로 하여 직무의 곤란성 및 책임도의 차이에 따라 그 직무등급을 배정하여야 한다. 〈개정 2013.3.23.〉

② 외교부와 그 소속기관의 직위분류제의 적용을 받는 직위에 대한 직무등급은 1등급부터 14등급까지로 하되, 고위공무원단 직위는 가등급과 나등급으로 구분한다. 〈개정 2008.12.31., 2013.3.23.〉
(제3항 이하 생략)

2. 대통령령으로 정하는 정부의 공무원

공직자윤리법 제10조 제1항 제12호에 근거하여 공직자윤리법 시행령 제24조 제2항은 ① 공직자윤리법 제10조 제1항의 고위공무원단에 속하는 일반직 및 별정직공무원에 상당하는 직위에 보직된 연구관·지도관 및 장학관·교육연구관과 ② 앞의 ①의 공무원으로 임명할 수 있는 직위에 채용된 임기제공무원을 등록재산의 공개대상자로 규정하고 있다. 이들은 주식백지신탁을 하여야 한다.

공직자윤리법 시행령

제24조(재산공개대상자) ③ 법 제10조 제1항 제12호에 따라 등록재산을 공개하는 정부의 공무원은 다음 각 호와 같다. 〈개정 2013.11.20.〉
1. 제1항의 고위공무원단에 속하는 일반직 및 별정직공무원에 상당하는 직위에 보직된 연구관·지도관 및 장학관·교육연구관
2. 제1호의 공무원으로 임명할 수 있는 직위에 채용된 임기제공무원

교육공무원법

제2조(정의) ① 이 법에서 "교육공무원"이란 다음 각 호의 어느 하나에 해당하는 사람을 말한다.
1. 교육기관에 근무하는 교원 및 조교
2. 교육행정기관에 근무하는 장학관 및 장학사
3. 교육기관, 교육행정기관 또는 교육연구기관에 근무하는 교육연구관 및 교육연구사

국가공무원법

제2조(공무원의 구분) ② "경력직공무원"이란 실적과 자격에 따라 임용되고 그 신분이 보장되며 평생 동안(근무기간을 정하여 임용하는 공무원의 경우에는 그 기간 동안을 말한다) 공무원으로 근무할 것이 예정되는 공무원을 말하며, 그 종류는 다음 각 호와 같다. 〈개정 2012.12.11.〉
1. 일반직공무원: 기술·연구 또는 행정 일반에 대한 업무를 담당하는 공무원
③ "특수경력직공무원"이란 경력직공무원 외의 공무원을 말하며, 그 종류는 다음 각 호와 같다. 〈개

정 2012.12.11., 2013.3.23.〉

　　2. 별정직공무원: 비서관·비서 등 보좌업무 등을 수행하거나 특정한 업무 수행을 위하여 법령에

　　　서 별정직으로 지정하는 공무원

제2조의2(고위공무원단) ① 국가의 고위공무원을 범정부적 차원에서 효율적으로 인사관리하여 정부

의 경쟁력을 높이기 위하여 고위공무원단을 구성한다.

② 제1항의 "고위공무원단"이란 직무의 곤란성과 책임도가 높은 다음 각 호의 직위(이하 "고위공무원

단 직위"라 한다)에 임용되어 재직 중이거나 파견·휴직 등으로 인사관리되고 있는 일반직공무원, 별

정직공무원 및 특정직공무원(특정직공무원은 다른 법률에서 고위공무원단에 속하는 공무원으로 임용

할 수 있도록 규정하고 있는 경우만 해당한다)의 군(群)을 말한다. 〈개정 2012.12.11.〉

　　1. 「정부조직법」 제2조에 따른 중앙행정기관의 실장·국장 및 이에 상당하는 보좌기관

　　2. 행정부 각급 기관(감사원은 제외한다)의 직위 중 제1호의 직위에 상당하는 직위

　　3. 「지방자치법」 제110조 제2항·제112조 제5항 및 「지방교육자치에 관한 법률」 제33조 제2항에

　　　따라 국가공무원으로 보하는 지방자치단체 및 지방교육행정기관의 직위 중 제1호의 직위에

　　　상당하는 직위

　　4. 그 밖에 다른 법령에서 고위공무원단에 속하는 공무원으로 임용할 수 있도록 정한 직위

제26조의5(근무기간을 정하여 임용하는 공무원) ① 임용권자는 전문지식·기술이 요구되거나 임용관

리에 특수성이 요구되는 업무를 담당하게 하기 위하여 경력직공무원을 임용할 때에 일정기간을 정하

여 근무하는 공무원(이하 "임기제공무원"이라 한다)을 임용할 수 있다.

3. 대통령령으로 정하는 공직유관단체의 임원

　　공직자윤리법 제10조 제1항 제12호에 근거하여 공직자윤리법 시행령 제24조 제4항

이 등록재산을 공개하여야 할 공직유관단체의 임원의 범위를 규정하고 있다. 공직유관

단체의 구체적인 명단은 공공기관 지정에 관한 기획재정부 고시에서 볼 수 있다(☞ 부록).

이러한 기관의 임원들은 주식백지신탁을 하여야 한다.

공직자윤리법 시행령

제24조(재산공개대상자) ④ 법 제10조 제1항 제12호에 따라 등록재산을 공개하는 공직유관단체의

임원은 다음 각 호와 같다. 〈개정 2009.11.23.〉

　　1. 제3조의2 제1항에 해당하는 기관·단체 중 정부 및 지방자치단체의 출자·출연·보조액 또는

　　　재출자·재출연액이 200억원 이상인 기관·단체의 장

　　2. 중앙행정기관의 장이나 지방자치단체의 장이 임원을 승인·선임하는 공직유관단체 중 정부 및

　　　지방자치단체의 출자·출연·보조액이 100억원 이상인 기관·단체의 장

　　3. 중앙행정기관의 장이나 지방자치단체의 장이 임원을 승인·선임하는 공직유관단체 중 대통령

　　　이 임면(任免)하는 기관·단체의 장

제3조의2(공직유관단체의 범위 등) ① 법 제3조의2 제1항에 따라 공직유관단체로 지정할 수 있는

기관·단체의 범위는 다음 각 호와 같다. 〈개정 2009.11.23., 2011.10.28., 2015.3.30.〉

　　1. 법 제3조의2 제1항 제1호·제2호 및 제5호에 따른 기관·단체

　　2. 법 제3조의2 제1항 제4호에 따른 지방공사 및 지방공단

3. 정부나 지방자치단체로부터 연간 10억원 이상 출자·출연·보조를 받는 기관·단체

4. 정부나 지방자치단체의 업무를 위탁받아 수행하거나 대행하는 기관·단체 중 예산 규모가 100억원 이상인 기관·단체

5. 정부나 지방자치단체로부터 출자·출연을 받은 기관·단체가 단독 또는 공동으로 재출자·재출연한 금액이 자본금의 전액이 되는 기관·단체

6. 「공공기관의 운영에 관한 법률」 제4조에 따른 공공기관 중 제3호부터 제5호까지의 규정에 해당하지 아니하는 공공기관

(제2항 이하 생략)

공직자윤리법

제3조의2(공직유관단체) ① 제9조 제2항 제8호에 따른 정부 공직자윤리위원회는 정부 또는 지방자치단체의 재정지원 규모, 임원선임 방법 등을 고려하여 다음 각 호에 해당하는 기관·단체를 공직유관단체로 지정할 수 있다. 〈개정 2014.12.30.〉

1. 한국은행

2. 공기업

3. 정부의 출자·출연·보조를 받는 기관·단체(재출자·재출연을 포함한다), 그 밖에 정부 업무를 위탁받아 수행하거나 대행하는 기관·단체

4. 「지방공기업법」에 따른 지방공사·지방공단 및 지방자치단체의 출자·출연·보조를 받는 기관·단체(재출자·재출연을 포함한다), 그 밖에 지방자치단체의 업무를 위탁받아 수행하거나 대행하는 기관·단체

5. 임원 선임 시 중앙행정기관의 장 또는 지방자치단체의 장의 승인·동의·추천·제청 등이 필요한 기관·단체나 중앙행정기관의 장 또는 지방자치단체의 장이 임원을 선임·임명·위촉하는 기관·단체

공공기관의 운영에 관한 법률

제4조(공공기관) ① 기획재정부장관은 국가·지방자치단체가 아닌 법인·단체 또는 기관(이하 "기관"이라 한다)으로서 다음 각 호의 어느 하나에 해당하는 기관을 공공기관으로 지정할 수 있다. 〈개정 2008.2.29.〉

1. 다른 법률에 따라 직접 설립되고 정부가 출연한 기관

2. 정부지원액(법령에 따라 직접 정부의 업무를 위탁받거나 독점적 사업권을 부여받은 기관의 경우에는 그 위탁업무나 독점적 사업으로 인한 수입액을 포함한다. 이하 같다)이 총수입액의 2분의 1을 초과하는 기관

3. 정부가 100분의 50 이상의 지분을 가지고 있거나 100분의 30 이상의 지분을 가지고 임원 임명권한 행사 등을 통하여 당해 기관의 정책 결정에 사실상 지배력을 확보하고 있는 기관

4. 정부와 제1호 내지 제3호의 어느 하나에 해당하는 기관이 합하여 100분의 50 이상의 지분을 가지고 있거나 100분의 30 이상의 지분을 가지고 임원 임명권한 행사 등을 통하여 당해 기관의 정책 결정에 사실상 지배력을 확보하고 있는 기관

5. 제1호 내지 제4호의 어느 하나에 해당하는 기관이 단독으로 또는 두개 이상의 기관이 합하여 100분의 50 이상의 지분을 가지고 있거나 100분의 30 이상의 지분을 가지고 임원 임명권한 행사 등을 통하여 당해 기관의 정책 결정에 사실상 지배력을 확보하고 있는 기관

6. 제1호 내지 제4호의 어느 하나에 해당하는 기관이 설립하고, 정부 또는 설립 기관이 출연한 기관

② 제1항의 규정에 불구하고 기획재정부장관은 다음 각 호의 어느 하나에 해당하는 기관을 공공기관

으로 지정할 수 없다. 〈개정 2007.12.14., 2008.2.29.〉

1. 구성원 상호 간의 상호부조·복리증진·권익향상 또는 영업질서 유지 등을 목적으로 설립된 기관
2. 지방자치단체가 설립하고, 그 운영에 관여하는 기관
3. 「방송법」에 따른 한국방송공사와 「한국교육방송공사법」에 따른 한국교육방송공사

제5조(공공기관의 구분) ① 기획재정부장관은 공공기관을 공기업·준정부기관과 기타공공기관으로 구분하여 지정하되, 공기업과 준정부기관은 직원 정원이 50인 이상인 공공기관 중에서 지정한다. 〈개정 2008.2.29.〉

② 기획재정부장관은 제1항의 규정에 따라 공기업과 준정부기관을 지정하는 경우 공기업은 자체수입액이 총수입액의 2분의 1 이상인 기관 중에서 지정하고, 준정부기관은 공기업이 아닌 공공기관 중에서 지정한다. 〈개정 2008.2.29.〉

③ 기획재정부장관은 제1항 및 제2항의 규정에 따른 공기업과 준정부기관을 다음 각 호의 구분에 따라 세분하여 지정한다. 〈개정 2008.2.29.〉

1. 공기업
   가. 시장형 공기업 : 자산규모가 2조원 이상이고, 총수입액 중 자체수입액이 대통령령이 정하는 기준 이상인 공기업
   나. 준시장형 공기업 : 시장형 공기업이 아닌 공기업
2. 준정부기관
   가. 기금관리형 준정부기관 : 「국가재정법」에 따라 기금을 관리하거나 기금의 관리를 위탁받은 준정부기관
   나. 위탁집행형 준정부기관 : 기금관리형 준정부기관이 아닌 준정부기관

④ 기획재정부장관은 공공기관 중 제2항의 규정에 따른 공기업과 준정부기관을 제외한 기관을 기타공공기관으로 지정한다. 〈개정 2008.2.29.〉

Ⅲ. 퇴직한 공직자

공직자윤리법 제10조 제1항 제13호는 "제1호부터 제12호까지의 직(職)에서 퇴직한 사람(제6조 제2항의 경우에만 공개한다)"도 등록재산의 공개대상자로 규정하고 있다. 그러나 공직자가 퇴직하면, 공무수행의 문제가 소멸되는바 공무수행과 관련하여 발생할 수 있는 공익과 사익의 충돌문제는 예상하기 어렵다.

▌제2절 기획재정부 및 금융위원회 소속 공무원 중 대통령령으로 정하는 사람

공직자윤리법 제14조의4 제1항은 "기획재정부 및 금융위원회 소속 공무원 중 대통령령으로 정하는 사람"을 주식백지신탁 의무자의 두 번째 유형으로 규정하고 있다. 이 조항에 근거한 대통령령이 공직자윤리법 시행령 제27조의3이다. 이 조항이 정하는 공직자는 주식백지신탁을 하여야 한다.

공직자윤리법

　제14조의4(주식의 매각 또는 신탁) ① 등록의무자 중 제10조 제1항에 따른 공개대상자와 기획재정부 및 금융위원회 소속 공무원 중 대통령령으로 정하는 사람(이하 "공개대상자등"이라 한다)은 … 한다. ….

공직자윤리법 시행령

　제27조의3(기획재정부와 금융위원회 소속 공무원의 범위) 법 제14조의4 제1항 각 호 외의 부분 본문에서 "대통령령으로 정하는 사람"이란 기획재정부의 금융정책·은행·증권·보험 등 금융에 관한 사무를 관장하는 국(본부·단·부·팀을 포함한다) 소속 고위공무원단에 속하는 공무원 및 4급 이상 공무원(이에 상당하는 공무원을 포함한다)과 금융위원회 소속 고위공무원단에 속하는 공무원 및 4급 이상 공무원(이에 상당하는 공무원을 포함한다)을 말한다. [전문개정 2009.2.3.]

---

1. 기획재정부 소속 공무원 중 대통령령으로 정하는 사람

(1) 공직자윤리법 제14조의4 제1항의 위임에 따라 대통령령(공직자윤리법 시행령)은 기획재정부 소속 공무원 중 기획재정부의 금융정책·은행·증권·보험 등 금융에 관한 사무를 관장하는 국(본부·단·부·팀을 포함한다) 소속 고위공무원단에 속하는 공무원 및 4급 이상 공무원(이에 상당하는 공무원을 포함한다)을 주식백지신탁 의무자로 규정하고 있다.

(2) 기획재정부의 관장사무 중 「금융정책·은행·증권·보험 등 금융에 관한 사무」가 아닌 사무를 관장하는 국(본부·단·부·팀을 포함한다) 소속 고위공무원단에 속하는 공무원 및 4급 이상 공무원(이에 상당하는 공무원을 포함한다)은 백지신탁 의무자가 아니다.

기획재정부와 그 소속기관 직제

　제4조(하부조직) ①　기획재정부에 차관보 1명, 국제경제관리관 1명 및 재정관리관 1명을 두되, 차관보는 경제정책·정책조정 및 미래경제전략업무에 관하여 장관과 제1차관을, 국제경제관리관은 국제금융 및 대외경제업무에 관하여 장관과 제1차관을, 재정관리관은 국고·재정기획·재정관리 및 공공정책업무에 관하여 장관과 제2차관을 보좌한다. 〈개정 2011.9.29., 2012.1.31., 2013.3.23., 2013.12.11.,

---

2014.12.30.〉

② 기획재정부에 인사과·운영지원과·예산실·세제실·경제정책국·미래경제전략국·정책조정국·국고국·재정기획국·재정관리국·공공정책국·국제금융정책국·국제금융협력국 및 대외경제국을 둔다. 〈개정 2009.5.28., 2011.9.29., 2012.1.31., 2013.3.23., 2013.9.26., 2014.12.30.〉

③ 장관 밑에 대변인 1명, 감사담당관 1명, 장관비서관 1명 및 장관정책보좌관 3명을 두고, 제2차관 밑에 기획조정실장 1명을 둔다. 〈개정 2010.12.27., 2011.9.29., 2013.3.23., 2014.12.30., 2016.11.1.〉

국가공무원법

제2조의2(고위공무원단) ① 국가의 고위공무원을 범정부적 차원에서 효율적으로 인사관리하여 정부의 경쟁력을 높이기 위하여 고위공무원단을 구성한다.

② 제1항의 "고위공무원단"이란 직무의 곤란성과 책임도가 높은 다음 각 호의 직위(이하 "고위공무원단 직위"라 한다)에 임용되어 재직 중이거나 파견·휴직 등으로 인사관리되고 있는 일반직공무원, 별정직공무원 및 특정직공무원(특정직공무원은 다른 법률에서 고위공무원단에 속하는 공무원으로 임용할 수 있도록 규정하고 있는 경우만 해당한다)의 군(群)을 말한다. 〈개정 2012.12.11.〉

   1. 「정부조직법」 제2조에 따른 중앙행정기관의 실장·국장 및 이에 상당하는 보좌기관
   2. 행정부 각급 기관(감사원은 제외한다)의 직위 중 제1호의 직위에 상당하는 직위
   3. 「지방자치법」 제110조 제2항·제112조 제5항 및 「지방교육자치에 관한 법률」 제33조 제2항에 따라 국가공무원으로 보하는 지방자치단체 및 지방교육행정기관의 직위 중 제1호의 직위에 상당하는 직위
   4. 그 밖에 다른 법령에서 고위공무원단에 속하는 공무원으로 임용할 수 있도록 정한 직위

2. 금융위원회 소속 공무원 중 대통령령으로 정하는 사람

(1) 공직자윤리법 제14조의4 제1항의 위임에 따라 대통령령(공직자윤리법 시행령)은 금융위원회 소속 고위공무원단에 속하는 공무원 및 4급 이상 공무원(이에 상당하는 공무원을 포함한다)을 주식백지신탁 의무자로 규정하고 있다.

(2) 금융위원회 소속 고위공무원단에 속하는 공무원 및 4급 이상 공무원 담당사무에는 제한이 없다.

금융위원회의 설치 등에 관한 법률

제3절 금융위원회의 소관 사무 등 〈개정 2012.3.21.〉

제17조(금융위원회의 소관 사무) 금융위원회의 소관 사무는 다음 각 호와 같다. 〈개정 2014.5.28.〉

   1. 금융에 관한 정책 및 제도에 관한 사항
   2. 금융기관 감독 및 검사·제재(制裁)에 관한 사항
   3. 금융기관의 설립, 합병, 전환, 영업의 양수·양도 및 경영 등의 인가·허가에 관한 사항
   4. 자본시장의 관리·감독 및 감시 등에 관한 사항
   5. 금융소비자의 보호와 배상 등 피해구제에 관한 사항
   6. 금융중심지의 조성 및 발전에 관한 사항
   7. 제1호부터 제6호까지의 사항에 관련된 법령 및 규정의 제정·개정 및 폐지에 관한 사항

8. 금융 및 외국환업무 취급기관의 건전성 감독에 관한 양자 간 협상, 다자 간 협상 및 국제협력에 관한 사항
9. 외국환업무 취급기관의 건전성 감독에 관한 사항
10. 그 밖에 다른 법령에서 금융위원회의 소관으로 규정한 사항
[전문개정 2012.3.21.]

제18조(금융감독원에 대한 지도 · 감독) 금융위원회는 이 법 또는 다른 법령에 따라 금융감독원의 업무·운영·관리에 대한 지도와 감독을 하며, 다음 각 호의 사항을 심의·의결한다.
1. 금융감독원의 정관 변경에 대한 승인
2. 금융감독원의 예산 및 결산 승인
3. 그 밖에 금융감독원을 지도·감독하기 위하여 필요한 사항

[전문개정 2012.3.21.]

국가공무원법

제2조의2(고위공무원단) ① 국가의 고위공무원을 범정부적 차원에서 효율적으로 인사관리하여 정부의 경쟁력을 높이기 위하여 고위공무원단을 구성한다.

② 제1항의 "고위공무원단"이란 직무의 곤란성과 책임도가 높은 다음 각 호의 직위(이하 "고위공무원단 직위"라 한다)에 임용되어 재직 중이거나 파견·휴직 등으로 인사관리되고 있는 일반직공무원, 별정직공무원 및 특정직공무원(특정직공무원은 다른 법률에서 고위공무원단에 속하는 공무원으로 임용할 수 있도록 규정하고 있는 경우만 해당한다)의 군(群)을 말한다. 〈개정 2012.12.11.〉
1. 「정부조직법」 제2조에 따른 중앙행정기관의 실장·국장 및 이에 상당하는 보좌기관
2. 행정부 각급 기관(감사원은 제외한다)의 직위 중 제1호의 직위에 상당하는 직위
3. 「지방자치법」 제110조 제2항·제112조 제5항 및 「지방교육자치에 관한 법률」 제33조 제2항에 따라 국가공무원으로 보하는 지방자치단체 및 지방교육행정기관의 직위 중 제1호의 직위에 상당하는 직위
4. 그 밖에 다른 법령에서 고위공무원단에 속하는 공무원으로 임용할 수 있도록 정한 직위

제3장   주식백지신탁의 대상인 주식

공직자윤리법은 공직자 본인과 이해관계자가 보유하는 주식 중 일정한 주식을 주식백지신탁의 대상으로 규정하고 있다. 따라서 주식백지신탁의 대상이 되는 주식의 범위를 명확히 한정하기 위해서는 ① 주식백지신탁의 대상이 되는 주식을 보유하는 자(본인과 이해관계자)의 범위를 명확히 하여야 하고, 아울러 ② 주식백지신탁의 대상이 되는 주식 그 자체의 범위를 명확하게 할 필요가 있다. 나누어서 살피기로 한다.

▌제1절   주식백지신탁 대상 주식 보유자의 범위

공직자윤리법은 공직자(공직자윤리법 제14조의4 제1항의 표현상 "공개대상자등") 본인이 보유하는 주식과 공직자의 이해관계자가 보유하는 주식을 주식백지신탁의 대상으로 규정하고 있는바(공직자윤리법 제14조의4 제1항 본문), 주식백지신탁의 대상이 되는 주식의 보유자에는 본인과 이해관계자가 있다(공직자윤리법 제14조의4 제1항 본문). 아래에서 나누어서 보기로 한다.

공직자윤리법

제14조의4(주식의 매각 또는 신탁) ① …"공개대상자등"…은 본인 및 그 이해관계자(제4조 제1항 제2호 또는 제3호에 해당하는 사람을 말하되, 제4조 제1항 제3호의 사람 중 제12조 제4항에 따라 재산등록사항의 고지를 거부한 사람은 제외한다. 이하 같다) 모두가 보유한 주식…(에 대하여) 다음 각 호의 어느 하나에 해당하는 행위를 직접 하거나 이해관계자로 하여금 하도록 하고 …하여야 한다. ….

입법정책적 관점에서 주식백지신탁 대상 주식 보유자의 범위에 관하여 본다면, ① 공직자 본인만을 대상자로 하는 방안, ② 공직자 본인, 배우, 자녀를 대상자로 하는 방안, ③ 공직자 본인, 배우, 자녀 외에 일정 친족도 대상자에 포함시키는 방안을 생각할 수 있다. ②와 ③의 경우도 독립하여 생계를 유지하는 자녀나 친족을 제외하는 방안 등을 생각할 수 있다. 현행법은 ③을 채택하면서 「혼인한 직계비속인 여성 등」과 「재산신고사항의 고지를 거부한 자」를 적용대상에서 제외하는 방식을 취하고 있다.

Ⅰ. 본인

주식백지신탁 의무자 본인이 보유하고 있는 주식은 제1차적인 주식백지신탁의 대상이다(공직자윤리법 제14조의4 제1항 본문). 주식백지신탁 의무자 본인이 보유하고 있는 주식이란 주식백지신탁 의무자 본인 명의의 주식을 말한다. 타인의 명의의 주식일지라도 사실상 주식백지신탁 의무자가 소유하는 것이라면, 공직자윤리법 제4조 제1항 본문 괄호부분에 비추어 주식백지신탁 의무자 본인이 보유하고 있는 주식으로 볼 것이다.

> **공직자윤리법**
> 제14조의4(주식의 매각 또는 신탁) ① … 본인(은) …보유한 주식…(에 대하여) 다음 각 호의 어느 하나에 해당하는 행위를 …한다. …
> 제4조(등록대상재산) ① 등록의무자가 등록할 재산은 다음 각 호의 어느 하나에 해당하는 사람의 재산(소유 명의와 관계없이 사실상 소유하는 재산, 비영리법인에 출연한 재산과 외국에 있는 재산을 포함한다. 이하 같다)으로 한다. 〈개정 2011.7.29.〉
> 1. 본인

Ⅱ. 이해관계자

공직자윤리법은 이해관계자를 "제4조 제1항 제2호 또는 제3호에 해당하는 사람을 말하되, 제4조 제1항 제3호의 사람 중 제12조 제4항에 따라 재산등록사항의 고지를 거부한 사람은 제외한다."고 규정하고 있다(공직자윤리법 제14조의4 제1항 본문). 나누어서 보기로 한다.

1. 배우자

공직자윤리법 제14조의4 제1항이 정하는 이해관계자의 첫 번째 유형은 배우자이다. 공직자윤리법은 사실상의 혼인관계에 있는 사람도 배우자에 포함된다는 것을 명시적으로 밝히고 있다. 공직자윤리법 제14조의4 제1항과 제4조 제1항 제2호에 따라 배우자의 보유주식도 주식백지신탁의 대상이 되는 주식에 속한다.

공직자윤리법

제4조(등록대상재산) ① 등록의무자가 등록할 재산은 다음 각 호의 어느 하나에 해당하는 사람의 재산(소유 명의와 관계없이 사실상 소유하는 재산, 비영리법인에 출연한 재산과 외국에 있는 재산을 포함한다. 이하 같다)으로 한다. 〈개정 2011.7.29.〉

  2. 배우자(사실상의 혼인관계에 있는 사람을 포함한다. 이하 같다)

---

2. 본인의 직계존속·직계비속

(1) 원칙 — 백지신탁 대상주식 보유자에 포함

공직자윤리법 제14조의4 제1항이 정하는 이해관계자의 두 번째 유형은 본인의 직계존속·직계비속이다. 여기서 **직계존속**이란 주식백지신탁 의무자를 중심으로 수직으로 연결된 부모, 조부모 등의 윗세대를 말하고, **직계비속**이란 주식백지신탁 의무자를 중심으로 수직으로 연결된 아래 세대에 속하는 자녀, 손자녀 등을 말한다. 직계비속에는 양자도 포함된다. 공직자윤리법 제14조의4 제1항과 제4조 제1항 제3호 본문에 따라 본인의 직계존속·직계비속의 보유주식도 주식백지신탁의 대상이 되는 주식에 속한다.

공직자윤리법

제4조(등록대상재산) ① 등록의무자가 등록할 재산은 다음 각 호의 어느 하나에 해당하는 사람의 재산(소유 명의와 관계없이 사실상 소유하는 재산, 비영리법인에 출연한 재산과 외국에 있는 재산을 포함한다. 이하 같다)으로 한다. 〈개정 2011.7.29.〉

  3. 본인의 **직계존속·직계비속.** 다만, 혼인한 직계비속인 여성과 외증조부모, 외조부모, 외손자녀 및 외증손자녀는 제외한다.

---

(2) 예외 1: 백지신탁 대상주식 보유자에서 당연 제외

공직자윤리법 제14조의4 제1항과 제4조 제3호 단서에 따라 혼인한 직계비속인 여성과 외증조부모, 외조부모, 외손자녀 및 외증손자녀가 보유하는 주식은 주식백지신탁의 대상에서 제외된다.[1] 여기서 **혼인한 직계비속인 여성**이란 주식백지신탁 의무자를 중심으로 수직으로 연결된 아래 세대에 속하는 딸이나 손녀, 또는 증손녀로서 혼인한

---

1) 재산상속과 관련하여 아들과 딸 사이에 차별이 없는 오늘날의 상황에 비추어보면, 혼인한 직계비속 인 여성 등을 예외로 하는 것은 문제가 있다고 할 것이다.

여성, 외증조부모란 어머니의 할아버지와 할머니, 외조부모란 어머니의 아버지와 어머니, 외손자녀란 딸이 낳은 아들과 딸, 외증손자녀란 손녀가 낳은 아들과 딸을 말한다.

> **공직자윤리법**
>
> 제4조(등록대상재산) ① 등록의무자가 등록할 재산은 다음 각 호의 어느 하나에 해당하는 사람의 재산(소유 명의와 관계없이 사실상 소유하는 재산, 비영리법인에 출연한 재산과 외국에 있는 재산을 포함한다. 이하 같다)으로 한다. 〈개정 2011.7.29.〉
>
>   3. 본인의 직계존속·직계비속. 다만, 혼인한 직계비속인 여성과 외증조부모, 외조부모, 외손자녀 및 외증손자녀는 제외한다.

(3) 예외 2: 고지거부에 따른 백지신탁 대상주식 보유자에서 제외

(가) **규정내용**　　공직자윤리법 제4조 제1항 제3호의 사람 중 세12조 제4항에 따라 재산등록사항의 고지를 거부한 사람이 보유하는 주식은 주식백지신탁의 대상에서 제외된다(공직자윤리법 제14조의4 제1항 본문 괄호).

> **공직자윤리법**
>
> 제14조의4(주식의 매각 또는 신탁) ① … 본인 및 그 이해관계자(제4조 제1항 제2호 또는 제3호에 해당하는 사람을 말하되, 제4조 제1항 제3호의 사람 중 제12조 제4항에 따라 재산등록사항의 고지를 거부한 사람은 제외한다. 이하 같다) 모두가 보유한 주식…(에 대하여) 다음 각 호의 어느 하나에 해당하는 행위를 …한다. …
>
> 제4조(등록대상재산) ① 등록의무자가 등록할 재산은 다음 각 호의 어느 하나에 해당하는 사람의 재산(소유 명의와 관계없이 사실상 소유하는 재산, 비영리법인에 출연한 재산과 외국에 있는 재산을 포함한다. 이하 같다)으로 한다. 〈개정 2011.7.29.〉
>
>   3. 본인의 직계존속·직계비속. 다만, 혼인한 직계비속인 여성과 외증조부모, 외조부모, 외손자녀 및 외증손자녀는 제외한다.
>
> 제12조(성실등록의무 등) ③ 제4조 제1항 제2호 또는 제3호의 사람은 등록의무자의 재산등록이나 공직자윤리위원회 등의 등록사항의 심사에 성실하게 응하여야 한다.
>
> ④ 제3항에도 불구하고 제4조 제1항 제3호의 사람 중 피부양자가 아닌 사람은 관할 공직자윤리위원회의 허가를 받아 자신의 재산신고사항의 고지를 거부할 수 있으며 3년마다 재심사를 받아야 한다. 이 경우 등록의무자는 고지거부 사유를 밝혀 허가를 신청하여야 한다.

(나) **고지 거부 대상자의 범위**　　① 공직자윤리법 제4조 제1항 제3호 본문은 본인의 직계존속·직계비속을, 단서는 혼인한 직계비속인 여성과 외증조부모, 외조부모, 외손자녀 및 외증손자녀에 관해 규정하고 있으나, 단서는 이들이 보유하는 주식이 백지신탁 대상주식에서 제외된다고 하는 것이므로, 공직자윤리법 제12조 제4항에 따라 재산등록사항의 고지를 거부할 수 있는 사람은 공직자윤리법 제4조 제1항 제3호 본문에서

규정하는 본인의 직계존속·직계비속에 한정된다고 볼 것이다. ② 공직자윤리법 제12조 제4항은 피부양자가 아닌 사람이 자신의 재산신고사항의 고지를 거부할 수 있음을 규정하고 있다. ③ 이상을 종합하면, 공직자윤리법 제4조 제1항 제3호의 사람 중 제12조 제4항에 따라 재산등록사항의 고지를 거부할 수 있는 사람은 본인의 직계존속·직계비속으로서 피부양자가 아닌 자에 한정된다.

(다) **절차**　　주식백지신탁의 의무자인 본인의 직계존속·직계비속 중 피부양자가 아닌 사람은 관할 공직자윤리위원회의 허가를 받아 자신의 재산신고사항의 고지를 거부할 수 있으며 3년마다 재심사를 받아야 한다. 이 경우 등록의무자는 고지거부 사유를 밝혀 허가를 신청하여야 한다(공직자윤리법 제12조 제4항).[1] 허가요건에 관해서는 공직자윤리법 시행령 제2조의2에서 규정되고 있다.

공직자윤리법 시행령

　제27조의2(재산등록 고지거부 허가요건) ① 법 제12조 제4항 전단에서 "피부양자"란 소득이 없거나 저소득으로 인하여 독립적인 생계를 유지하지 못하고 등록의무자의 부양을 받는 직계존속·직계비속을 말한다.
　② 공직자윤리위원회는 제1항에 따른 독립적인 생계유지 여부를 판단할 때 다음 각 호의 사항을 종합적으로 고려하여야 한다.
　　1. 직계존속의 경우: 나이, 취업 등 직업 유무, 보유재산의 정도 및 취업·사업 또는 재산을 통하여 발생하는 정기적인 소득의 정도 등
　　2. 직계비속의 경우: 나이, 주민등록표상 별도의 세대 구성 여부, 취업 등 직업 유무, 취업 등의 기간 및 취업·사업을 통하여 발생하는 정기적인 소득의 정도 등
　③ 공직자윤리위원회는 제2항 각 호에 따른 정기적인 소득의 정도를 판단할 때「국민기초생활 보장법」제6조에 따라 공표한 최저생계비, 가족 수, 거주지역, 물가수준, 그 밖에 필요한 사항을 고려하여야 한다.
[전문개정 2009.2.3.]

(라) **고지 거부 제도의 한계**　　보유주식의 총 가액이 대통령령으로 정하는 금액을 초과하는 주식을 가진 공직자(A)가 고지를 거부할 수 있는 자(B)에게 거짓으로 명의변경을 한 후, B가 거부사유를 입증하면서 고지를 거부하면, 실제상으로 A는 보유 주식을 계속 보유하는 것이 된다. B가 미성년자가 아니라면 공직자윤리위원회가 고지의 거부를 배척하기는 어려울 것이다. 이에 대한 효과적인 대비책도 필요할 것이다.

---

1) 이러한 예외를 인정하는 것은, 공직자의 모든 직계존비속이 보유하는 주식에 대해서 매각이나 백지신탁 계약을 체결하도록 하면, 공직자로부터 독립하여 생계를 꾸려가는 직계존비속의 재산권과 프라이버시권의 침해가 수반될 수 있고, 그러한 자의 의무불이행으로 공직자가 처벌을 받게 하면, 연좌제 금지 위반의 문제가 발생할 수도 있는바, 이러한 침해나 위반 등을 방지하기 위함이라 하겠다.

▌제2절 주식백지신탁 대상 주식의 의의

Ⅰ. 일반론

1. 주식의 의의

주식백지신탁의 대상은 주식이다. 공직자윤리법에는 주식의 개념에 관해 언급하는 바가 없다. 주식이라는 용어가 공법에서 나타나기도 하지만(예: 한국도로공사법 제5조), 일반적인 주식 개념은 「상법 제4장 주식회사」에서 나온다. 주식은 주식회사에 있어서 사원의 지위를 의미하기도 하고, 주식회사의 자본에 대한 주주의 참가비율을 뜻하기도 한다. 주식은 주식회사의 자본구성 후에는 주주권의 단위를 이룬다.[1] 오늘날 주식은 주식회사라는 사단법인의 사원의 지위를 뜻하는 사원권(주주권)이라고 보는 견해가 통설이다.[2]

> **한국도로공사법**
> 제5조(주식의 발행 등) 공사가 발행하는 주식의 종류, 1주(株)의 금액, 주식 발행의 시기, 발행 주식의 총수, 주금(株金)의 납입액, 납입 시기 및 방법은 대통령령으로 정한다. 다만, 정부가 자본금을 출자하는 경우 주금의 납입 시기 및 방법은 기획재정부장관이 정한다.

2. 주식의 종류

상법상 주식은 ① 액면주식·무액면주식, ② 기명주식·무기명주식, ③ 이익배당이나 잔여재산의 분배에 관한 종류주식(상법 제344조 제1항, 제344조의2), 의결권행사에 관한 종류주식(상법 제344조 제1항, 제344조의3), 상환에 관한 종류주식(상법 제345조), 전환에 관한 종류주식(상법 제346조) 등으로 나누어 볼 수 있다.

> **상법**
> 제344조(종류주식) ① 회사는 이익의 배당, 잔여재산의 분배, 주주총회에서의 의결권의 행사, 상환 및 전환 등에 관하여 내용이 다른 종류의 주식(이하 "종류주식"이라 한다)을 발행할 수 있다.
> 제344조의2(이익배당, 잔여재산분배에 관한 종류주식) ① 회사가 이익의 배당에 관하여 내용이 다른 종류주식을 발행하는 경우에는 정관에 그 종류주식의 주주에게 교부하는 배당재산의 종류, 배당재산의 가액의 결정방법, 이익을 배당하는 조건 등 이익배당에 관한 내용을 정하여야 한다.
> 제344조의3(의결권의 배제·제한에 관한 종류주식) ① 회사가 의결권이 없는 종류주식이나 의결권이 제한되는 종류주식을 발행하는 경우에는 정관에 의결권을 행사할 수 없는 사항과, 의결권행사 또는

---

1) 이철송, 회사법강의(제22판), 박영사, 2014, 267쪽, 269쪽.
2) 정동윤, 상법(上), 법문사, 2012, 434쪽.

부활의 조건을 정한 경우에는 그 조건 등을 정하여야 한다.

제345조(주식의 상환에 관한 종류주식) ① 회사는 정관으로 정하는 바에 따라 회사의 이익으로써 소각할 수 있는 종류주식을 발행할 수 있다. 이 경우 회사는 정관에 상환가액, 상환기간, 상환의 방법과 상환할 주식의 수를 정하여야 한다.

제346조(주식의 전환에 관한 종류주식) ① 회사가 종류주식을 발행하는 경우에는 정관으로 정하는 바에 따라 주주는 인수한 주식을 다른 종류주식으로 전환할 것을 청구할 수 있다. 이 경우 전환의 조건, 전환의 청구기간, 전환으로 인하여 발행할 주식의 수와 내용을 정하여야 한다.

3. 주식백지신탁 대상 주식의 범위 설정 방법

주식백지신탁 대상 주식의 범위를 설정하는 방법에 관해 본다면, 상장주식의 경우 ① 모든 주식을 주식백지신탁 대상으로 하는 방안과 ② 특정 공직자의 직무 관련 주식만을 주식백지신탁 대상으로 하는 방안을 생각할 수 있다. 주식백지신탁제도가 이해충돌방지를 위한 것이라는 점에서 본다면, ②의 방안이 일단 타당하다고 말할 수 있다. 그러나 모든 공직자가 담당하는 직무를 세분화하고 그 직무의 내용을 분명히 한다는 것은 현실적으로 불가능에 가깝다고 볼 것이므로 ②의 방안을 채택하기는 어렵다. ① 방안을 채택하면서 이해충돌의 문제가 없거나 미약한 경우를 예외로 하여 주식백지신탁대상 주식에서 제외하는 방안이 현실적이다. 아래에서 보는 현행법은 이러한 방안을 채택하였다고 하겠다.

Ⅱ. 공직자윤리법령상 주식의 범위

1. 공직자윤리법의 규정 내용

주식백지신탁의 대상이 되는 주식이란 모든 주식이 아니라, 공직자윤리법에 따라 등록의무자가 등록기관에 신고하여야 하는 주식을 말한다. 등록의무자가 등록기관에 신고하여야 하는 주식에 관해서는 공직자윤리법 제6조의2 제2항을 참고할 수 있다. 공직자윤리법 제6조의2 제2항은 구체적인 사항을 대통령령으로 정하도록 규정하고 있다.

공직자윤리법

제6조의2(주식거래내역의 신고) ① 제10조 제1항 각 호의 공개대상자에 해당하는 등록의무자는 제6조 또는 제11조 제1항에 따른 재산 변동사항 신고 시에 제4조 제1항 각 호의 어느 하나에 해당하는 사람의 주식의 취득 또는 양도에 관한 주식거래 내용을 등록기관에 신고하여야 한다.

② 제1항에 따른 주식거래내역 신고 시 신고대상 주식거래의 범위, 신고의 방법 등에 관하여 **필요한**

사항은 대통령령으로 정한다.

③ 제1항에 따른 주식거래의 신고내용은 공개하지 아니한다.

④ 제1항에 따른 신고와 신고사항의 심사 및 관리에 관하여는 제8조, 제8조의2, 제12조부터 제14조까지 및 제14조의3을 준용한다.

[전문개정 2009.2.3.]

2. 공직자윤리법 시행령의 규정 내용

(1) 의의

공직자윤리법 제6조의2 제2항에 따른 공직자윤리법 시행령 제5조의2 제1항은 등록의무자가 등록기관에 신고하여야 하는 주식으로 자본시장과 금융투자업에 관한 법률」 제373조에 따른 한국거래소에 상장된 주식과 같은 법 세166조에 따라 장외거래되는 주식 중 유가증권시장과 유사한 방법으로 거래되는 주식을 규정하고 있다.

공직자윤리법 시행령

제5조의2(주식거래내역 신고의 범위 및 방법) ① 법 제6조의2 제1항에 따라 거래내용을 신고하여야 할 주식은 다음 각 호와 같다.

1. 「자본시장과 금융투자업에 관한 법률」 제373조에 따른 한국거래소에 상장된 주식
2. 「자본시장과 금융투자업에 관한 법률」 제166조에 따라 장외거래되는 주식 중 유가증권시장과 유사한 방법으로 거래되는 주식

② 신고대상 주식거래의 범위는 제1항에 따른 주식에 대한 신고대상기간 중의 모든 주식거래로 한다.

③ 주식거래내역의 신고는 주식변동사항신고서에 금융기관이 발급하는 위탁계좌번호, 주식 거래일, 종목, 수량, 실거래액 등이 기재된 주식거래내역서 또는 위탁계좌원장 사본을 첨부하는 방법으로 한다.

[전문개정 2009.2.3.]

자본시장과 금융투자업에 관한 법률

제373조(무허가 시장개설행위 금지) 누구든지 이 법에 따른 거래소허가를 받지 아니하고는 금융투자상품시장을 개설하거나 운영하여서는 아니 된다. 다만, 다음 각 호의 어느 하나에 해당하는 경우에는 그러하지 아니하다.

1. 다자간매매체결회사가 제78조에 따라 다자간매매체결업무를 하는 경우
2. 협회가 제286조 제1항 제5호에 따라 증권시장에 상장되지 아니한 주권의 장외매매거래에 관한 업무를 하는 경우
3. 그 밖에 거래소 외의 자가 금융투자상품의 매매체결에 관한 업무를 수행하더라도 공정한 가격 형성, 매매 그 밖의 거래의 안정성 및 효율성의 도모 및 투자자의 보호에 우려가 없는 경우로서 대통령령으로 정하는 경우

[전문개정 2013.5.28]

제166조(장외거래) 거래소시장 또는 다자간매매체결회사 외에서 금융투자상품을 매매, 그 밖의 거래를 하는 경우 그 매매, 그 밖의 거래방법 및 결제의 방법 등 필요한 사항은 대통령령으로 정한다. 〈개정 2009.2.3., 2013.5.28〉

(2) 비상장주식의 주식백지신탁 대상 주식 포함 여부

비상장주식을 주식백지신탁 대상 주식에 포함시킬 것인가의 여부는 입법정책적 판단의 문제이다. ① 비상장주식의 존재 여부를 확인하기도 어렵고, 비상장주식의 실제 거래 가격을 확인하기도 어렵다는 점에 초점을 맞추면, 주식백지신탁 대상 주식에 비상장주식은 제외하여야 할 것이다. 그러나 ② 비상장주식을 발행한 대기업이 적지 아니하고, 비상장주식도 공직자윤리법상 등록대상이고, 비상장주식과 관련 있는 직무를 수행하는 공직자가 직무상 정보를 이용하여 비상장주식을 취득한 후 그 비상장주식에 관련된 정책을 결정할 수도 있다는 점에 초점을 맞추면 주식백지신탁 대상 주식에 비상장주식을 포함시켜야 할 것이다. 현행법은 ②의 입장을 따른 것이라 하겠다.

Ⅲ. 특수한 주식의 경우

공직자윤리법 제14조의6 제2항에 근거한 공직자윤리법 시행령 제27조의9는 특정한 주식이 주식백지신탁의 대상이 됨을 명시하고 있다. 나누어서 살펴본다.

공직자윤리법

제14조의6(주식취득의 제한) ② 공개대상자등은 본인 또는 이해관계자가 제1항에 따라 주식취득이 제한되는 기간에 상속이나 그 밖에 대통령령으로 정하는 사유로 주식을 취득하게 된 경우에는 취득한 날(상속의 경우에는 상속 개시를 알게 된 날을 말한다)부터 1개월 이내에 그 주식을 직접 매각 또는 백지신탁을 하거나 이해관계자로 하여금 그 주식을 매각 또는 백지신탁을 하도록 하고 그 사실을 등록기관에 신고하여야 한다. 다만, 주식백지신탁 심사위원회로부터 직무관련성이 없다는 결정을 통지받은 경우에는 그러하지 아니하다.

공직자윤리법 시행령

제27조의9(주식취득 사유) 법 제14조의6 제2항 본문에서 "대통령령으로 정하는 사유"란 다음 각 호의 사유를 말한다.

1. 증여(유증을 포함한다), 담보권 행사 또는 대물변제의 수령 등으로 주식을 취득하는 경우
2. 전환사채, 신주인수권부사채 또는 교환사채의 권리행사로 주식을 취득하는 경우
3. 우리사주 조합원이 우리사주 조합을 통하여 주식을 취득하는 경우
4. 주식매수선택권의 행사로 주식을 취득하는 경우
5. 법 제14조의4 제1항에 따른 공개대상자등이 되기 전에 유가증권 옵션거래의 권리를 행사하여 주식을 취득하는 경우
6. 제1호부터 제4호까지의 규정에 따라 취득한 주식에 대한 신주인수권을 행사하여 주식을 취득하는 경우

[전문개정 2009.2.3.]

---

1. 전환사채·신주인수권부사채·교환사채의 권리행사로 취득한 주식

(1) 전환사채의 권리행사로 취득한 주식

전환사채란 발행회사의 주식으로 전환할 수 있는 권리가 부여되어 있는 사채를 말한다(상법 제513조 이하). 전환사채는 주식으로 전환되기 전까지는 사채일 뿐이다. 전환의 청구가 있어 전환사채가 주식으로 전환되면, 그러한 주식은 주식백지신탁의 대상이 된다(공직자윤리법 시행령 제27조의9 제2호).

(2) 신주인수권부사채의 권리행사로 취득한 주식

신주인수권부사채란 사채 발행 후 그 사채를 발행한 회사가 신주를 발행하는 경우, 사채권자가 미리 약정된 가격으로 그 회사에 일정한 수 또는 금액에 해당하는 신주의 인수(교부)를 청구할 수 있는 권리가 부여된 사채를 말한다(상법 제516조의2 이하). 신주인수권부사채 그 자체는 주식이 아니다. 신주인수권부사채에 부여된 신주인수권의 행사로 인하여 주식이 발행되면, 그 주식은 주식백지신탁의 대상이 된다(공직자윤리법 시행령 제27조의9 제2호).

(3) 교환사채의 권리행사로 취득한 주식

교환사채란 사채권자가 회사 소유의 주식이나 그 밖의 다른 유가증권으로 교환할 수 있는 사채를 말한다(상법 제469조 제2항 제2호, 상법 시행령 제22조). 교환이 이루어지기 전까지 교환사채는 사채일 뿐이다. 그러나 주식으로 교환이 이루어지면, 그 주식은 주식백지신탁의 대상이 된다(공직자윤리법 시행령 제27조의9 제2호).

2. 우리사주 조합원이 우리사주 조합을 통하여 취득한 주식

(1) 우리사주제도의 취지

근로복지기본법은 "근로자로 하여금 우리사주조합을 통하여 해당 우리사주조합이 설립된 주식회사(이하 "우리사주제도 실시회사"라 한다)의 주식을 취득·보유하게 함으로써 근로자의 경제·사회적 지위향상과 노사협력 증진을 도모함을 목적"으로 우리사주제도를 도입하고 있다(근로복지기본법 제32조).

(2) 우리사주의 의의

"우리사주"란 주식회사의 소속 근로자 등이 그 주식회사에 설립된 우리사주조합을 통하여 취득하는 그 주식회사의 주식을 말한다(근로복지기본법 제2조 제5호). 우리사주는 대통령령으로 정하는 수탁기관에 예탁하여야 한다(근로복지기본법 제43조 제1항). 따라서 우리사주란 근로자 등이 우리사주조합을 통해 취득하여 대통령령으로 정하는 수탁기관(현재는 한국증권금융주식회사)에 예탁하고 있는 자기 회사의 주식을 말한다. 우리사주를 한국증권금융에 예탁하였다가 인출하였다면, 그것은 우리사주가 아니고 자사주일 뿐이다. 그 주식을 증권시장에서 매입한 경우에도 우리사주가 아니고 자사주일 뿐이다.

근로복지기본법

　제43조(우리사주의 예탁 등) ① 우리사주조합은 우리사주를 취득하는 경우 대통령령으로 정하는 수탁기관에 예탁하여야 한다.

근로복지기본법 시행령

　제22조(수탁기관) ① 법 제43조 제1항에서 "대통령령으로 정하는 수탁기관"이란 「자본시장과 금융투자업에 관한 법률」 제324조에 따라 인가를 받은 증권금융회사 중 고용노동부령으로 정하는 회사를 말한다.

근로복지기본법 시행규칙

　제15조(수탁기관) 영 제22조 제1항에서 "고용노동부령으로 정하는 회사"란 한국증권금융주식회사를 말한다.

---

(3) 우리사주의 주식백지신탁 대상 여부

　　우리사주는 일정 기간 의무적으로 대통령령으로 정하는 수탁기관에 예탁하여야 하고, 예탁기간 중에는 매각이 제한된다(근로복지기본법 제43조 제2항). 예탁기간 중에는 우리사주조합의 대표가 의결권을 행사한다(근로복지기본법 제46조). 따라서 의무예탁기간 중인 우리사주는 백지신탁 대상 주식에 해당하지 않는다고 볼 것이다.[1] 한편, 의무예탁기간이 만료된 우리사주는 언제든지 인출이 가능하므로 주식백지신탁 대상 주식에 해당한다고 볼 것이다(공직자윤리법 시행령 제27조의9 제3호).[2] 의무예탁기간이 만료되었다면, 인출 여부는 문제되지 아니한다. 따라서 의무예탁기간이 지났지만 인출하지 않고 장기간 보유만 하고 있는 우리사주도 당연히 백지신탁 대상 주식에 해당한다.

---

1) 실무상 백지신탁의무자는 예탁기간이 명시된 예탁확인서를 주식백지신탁 심사위원회에 제출하여야 할 것이다.
2) 공직자윤리법 시행령 제27조의9 제3호가 우리사주 조합원이 우리사주 조합을 통하여 주식을 취득하는 경우에 그 주식을 주식백지신탁의 대상으로 규정하고 있으나, 예탁기간 만료 전후로 나누어서 주식백지신탁의 대상 여부를 판단하는 것이 필요한 것으로 보인다.

3. 주식매수선택권의 행사로 취득한 주식(상법상 주식매수선택권, 스톡옵션)

　　주식매수선택권이란 회사의 임원 또는 직원이 장래 일정한 시기에 예정된 가격으로 회사가 보유하고 있는 자기주식을 매수하거나 새로 발행하는 신주를 인수하거나 포기할 수 있는 권리를 말한다. 스톡옵션(stock option)이라고도 한다. 상법 제340조의 2 이하에서 규정되고 있다. 주식매수선택권을 실제로 행사하기 전까지는 주식으로 존재하는 것이 아니다. 따라서 주식매수선택권을 주식백지신탁의 대상이 되는 주식으로 보기 어렵다.[1] 그러나 주식매수선택권의 행사로 취득하는 주식은 주식백지신탁의 대상이 된다(공직자윤리법 시행령 제27조의9 제4호).

---

1) 정동윤, 상법(上), 법문사, 2012년, 700−703쪽 참고.

Ⅳ. 랩어카운트

1. 의의

랩어카운트(wrap account)란 증권사가 고객에게 투자자문·일임 및 중개(Brokerage) 서비스를 제공하고 단일의 수수료(Wrap Fee)를 수취하는 종합자산관리계좌를 말한다. 랩어카운트는 자산운용방식에 따라 자문형 랩과 일임형 랩으로 구분할 수 있다.

2. 자문형랩

자문형랩은 일반적으로 증권회사가 고객에게 포트폴리오[1] 및 투자시기 등을 자문하고, 투자결정은 고객이 하는 형태의 랩어카운트이다(자본시장과 금융투자에 관한 법률 제6조 제1항 제4호 등). 자문형랩은 통상의 주식의 경우와 다를 바 없다. 말하자면 자문형랩의 모든 계좌에 있는 주식의 총 가액이 대통령령으로 정하는 금액을 초과하면 주식백지신탁의 대상이 된다.

[참고] 증권사가 외부 투자자문사로부터 종목을 추천받아 운용하는 랩어카운트도 업계에서 흔히 자문형랩이라고 부르는 경우가 많으나, 엄밀하게 보면 최종 투자결정을 증권사가 하므로 이는 일임형랩의 특수한 형태라고 말할 수 있다.

자본시장과 금융투자업에 관한 법률

제6조(금융투자업) ① 이 법에서 "금융투자업"이란 이익을 얻을 목적으로 계속적이거나 반복적인 방법으로 행하는 행위로서 다음 각 호의 어느 하나에 해당하는 업(業)을 말한다.

4. 투자자문업

⑥ 이 법에서 "투자자문업"이란 금융투자상품, 그 밖에 대통령령으로 정하는 투자대상자산(이하 "금융투자상품등"이라 한다)의 가치 또는 금융투자상품등에 대한 투자판단(종류, 종목, 취득·처분, 취득·처분의 방법·수량·가격 및 시기 등에 대한 판단을 말한다. 이하 같다)에 관한 자문에 응하는 것을 영업으로 하는 것을 말한다. 〈개정 2013.5.28.〉 (기타 조항 생략)

[사례]

(1) 자문형랩의 총 가액이 대통령령으로 정하는 금액을 초과하는 경우

甲이 乙증권회사에 자문형랩을 A계좌, B계좌, C계좌로 개설하였다. A계좌에 1,000만원, B계좌에 1,500만원, C계좌에 1,000만원이 있다면, 甲이 보유하는 계좌의 총액이 3,000만원을 초

---

1) 포트폴리오란 주식의 투자에서 발생할 수 있는 위험을 줄이면서 동시에 이익의 극대화를 위해 여러 종목의 주식에 분산하여 투자하는 방법을 말한다. 주식 투자자가 보유하는 유가증권(주식·채권 등)의 명세표라 말할 수도 있다.

과하므로 주식백지신탁의 대상이 된다. 甲이 보유하고 있는 계좌를 계속하여 보유하려고 하면, 주식백지신탁 심사위원회로부터 직무관련성 없음의 결정을 받아야 한다.

(2) 자문형랩과 일반 주식의 총 가액이 대통령령으로 정하는 금액을 초과하는 경우

甲이 일반 주식으로 1,000만원, 자문형랩으로 2,500만원을 보유하고 있다면, 甲이 보유하는 주식 관련 총액이 3,000만원을 초과하므로 백지신탁의 대상이 된다. 甲이 보유하고 있는 계좌를 계속하여 보유하려고 하면, 주식백지신탁 심사위원회로부터 직무관련성 없음의 결정을 받아야 한다.

3. 일임형랩

일임형랩은 증권회사가 고객으로부터 포트폴리오 및 투자시기 등을 일임 받아 증권회사가 최종 투자결정을 하는 형태의 랩어카운트이다(자본시장과 금융투자에 관한 법률 제6조 제1항 제5호 등). 일임형은 투자일임계약에 따라 주식의 실제 운용은 증권회사가 한다. 물론 소유권은 고객에게 있다. 소유권은 고객에 있지만, 투자의 성질은 직접투자가 아니라 간접투자에 가깝다. 소유권에 초점을 맞추면 일임형랩의 모든 계좌에 있는 주식의 총 가액이 대통령령으로 정하는 금액을 초과하면 백지신탁의 대상이 된다고 할 것이고, **간접투자의 성질**에 초점을 맞추면 백지신탁의 대상이 아니라 할 것이다. 주식백지신탁 심사위원회가 선택할 문제이다. 주식백지신탁 심사위원회는 일임형랩도 종목당 3천만 원을 초과한 경우에 주식백지신탁 대상 주식이 된다고 결정하였는데,[1] 그러한 결정은 「일임형랩은 양면성을 갖는다」는 점을 바탕으로 한 것으로 보인다.

자본시장과 금융투자업에 관한 법률

　제6조(금융투자업) ① 이 법에서 "금융투자업"이란 이익을 얻을 목적으로 계속적이거나 반복적인 방법으로 행하는 행위로서 다음 각 호의 어느 하나에 해당하는 업(業)을 말한다.

　　5. 투자일임업

　⑦ 이 법에서 "투자일임업"이란 투자자로부터 금융투자상품등에 대한 투자판단의 전부 또는 일부를 일임받아 투자자별로 구분하여 그 투자자의 재산상태나 투자목적 등을 고려하여 금융투자상품등을 취득·처분, 그 밖의 방법으로 운용하는 것을 영업으로 하는 것을 말한다. 〈개정 2013.5.28.〉 (기타 조항 생략)

---

1) 2011. 5. 19. 제42차 회의에서 결정하였다고 한다(주식백지신탁 심사위원회 제4기 신임위원 설명자료, 2012. 9. 24, 행정안전부, 13쪽).

▌제3절 백지신탁대상에서 제외되는 주식

Ⅰ. 보유 주식 총액이 대통령령으로 정하는 금액 이하인 경우(현재 3천만원)

1. 기준금액

주식백지신탁은 본인과 이해관계자 모두가 보유하는 주식의 총 가액이 「1천만원 이상 5천만원 이하의 범위에서 대통령령으로 정하는 금액」을 초과하는 경우에만 적용된다(공직자윤리법 제14조의4 제1항). 따라서 총 가액이 「1천만원 이상 5천만원 이하의 범위에서 대통령령으로 정하는 금액」 이하인 경우에는 주식백지신탁의 의무가 없다. 「1천만원 이상 5천만원 이하의 범위에서 대통령령으로 정하는 금액」 이하인 경우에 주식백지신탁의 의무가 없도록 한 것은 그 주식이 직무와 이해충돌의 가능성이 없다고 보았기 때문이 아니라 그 정도 금액의 주식은 우리의 공동체가 수용할 수 있는 이해충돌의 범위 안에 있다고 보았기 때문이다.[1] 현재 대통령령으로 정하는 금액은 3천만원이다(공직자윤리법 시행령 제27조의4).

공직자윤리법

제14조의4(주식의 매각 또는 신탁) ①… 본인 및 그 이해관계자(제4조 제1항 제2호 또는 제3호에 해당하는 사람을 말하되, 제4조 제1항 제3호의 사람 중 제12조 제4항에 따라 재산등록사항의 고지를 거부한 사람은 제외한다. 이하 같다) 모두가 보유한 주식의 총 가액이 1천만원 이상 5천만원 이하의 범위에서 대통령령으로 정하는 금액을 초과할 때에는 … 주식백지신탁…을 하여야 한다.….

공직자윤리법 시행령

제27조의4(주식백지신탁대상 주식의 하한가액) 법 제14조의4 제1항 각 호 외의 부분 본문 및 제14조의5 제6항에서 "대통령령으로 정하는 금액"과 법률 제7493호 공직자윤리법중개정법률 부칙 제2항에서 "대통령령이 정하는 금액"이란 각각 3천만원을 말한다.

[전문개정 2009.2.3.]

---

2. 주식백지신탁 후 대통령령으로 정하는 금액 이하로 가액 하락의 경우

백지신탁기준일 현재 「1천만원 이상 5천만원 이하의 범위에서 대통령령으로 정하는 금액」을 초과하여 주식백지신탁을 하였다고 하여도 그 주식이 처분되기 전에 「1천만원 이상 5천만원 이하의 범위에서 대통령령으로 정하는 금액」 이하로 떨어진다

---

1) 대상 주식의 총 가액이 소액이어서 백지신탁계약을 체결하는 경우에 수익을 전혀 기대할 수 없다고 하면, 신탁기관이 신탁계약체결을 하지 아니하려고 할 것이다. 이러한 점도 현행법이 "총 가액이 1천만원 이상 5천만원 이하의 범위에서 대통령령으로 정하는 금액 이하인 경우에는 주식백지신탁의 의무가 없다"고 정한 사유의 하나가 될 수 있을 것이다.

면, 백지신탁계약을 해지할 수 있어야 할 것이다. 이러한 취지에서 공직자윤리법은 주식백지신탁의 수탁기관이 금액 하락 사실이 신탁자에게 통지되도록 하는 규정을 두고 (공직자윤리법 제14조의8 제2항 제2호). 아울러 이러한 통지를 받은 신탁자는 주식백지신탁계약의 해지를 청구하도록 규정하고 있다(공직자윤리법 제14조의10 제2항 제1호). 현재로서 백지신탁계약 후 해당 주식 매각 전에 그 가액이 3천만원 이하로 하락하면 신탁계약을 해지하고 계속하여 그 주식을 보유할 수 있다.

공직자윤리법

제14조의8(신탁상황의 보고 등) ② 주식백지신탁의 수탁기관은 다음 각 호의 어느 하나에 해당하는 경우에는 이 사실을 관할 공직자윤리위원회에 통보하여야 하며, 공직자윤리위원회는 이를 신탁자에게 통지하여야 한다. 〈개정 2015.12.29.〉
　　2. 신탁재산의 가액이 1천만원 이상 5천만원 이하의 범위에서 대통령령으로 정하는 금액 이하가 된 경우

제14조의10(주식의 매각요구 및 신탁의 해지) ② 주식백지신탁의 신탁자는 다음 각 호의 어느 하나에 해당하는 사유가 발생하면 수탁기관에 주식백지신탁계약의 해지를 청구할 수 있다. 다만, 제2호의 경우에는 반드시 주식백지신탁계약의 해지를 청구하여야 한다.
　　1. 제14조의8 제2항 제2호에 따른 사항을 통지받은 경우

Ⅱ. 주식백지신탁 심사위원회가 직무관련성이 없다고 결정한 주식

1. 의무자의 신청에 대하여 직무관련성 없음으로 결정한 주식

주식백지신탁 의무자가 주식백지신탁 심사위원회에 대하여 본인과 이해관계자가 보유하는 주식이 직무관련성이 없음에 대한 심사청구를 하고 이에 대하여 주식백지신탁 심사위원회가 의무자 본인의 직무와 관련성이 없다는 결정을 한 경우, 그 주식은 백지신탁 대상에서 제외된다. 직무관련성이 없는 주식을 제외하고 본인과 이해관계자가 보유하는 주식의 총 가액이 1천만원 이상 5천만원 이하의 범위에서 대통령령으로 정하는 금액을 초과한다면 백지신탁을 하여야 한다(공직자윤리법 제14조의4 제1항).

공직자윤리법

제14조의4(주식의 매각 또는 신탁) ① … 다음 각 호의 어느 하나에 해당하는 행위를 직접 하거나 이해관계자로 하여금 하도록 하고 그 행위를 한 사실을 등록기관에 신고하여야 한다. 다만, 제14조의 5제7항에 따라 주식백지신탁 심사위원회로부터 직무관련성이 없다는 결정을 통지받은 경우에는 그러하지 아니하다.
　　1. 해당 주식의 매각

---

2. 다음 각 목의 요건을 갖춘 신탁 또는 투자신탁(이하 "주식백지신탁"이라 한다)에 관한 계약의 체결 (각목 생략)

2. 직무관련성 없음으로 결정·고시한 주식

(1) 의의

공직자윤리법은 주식백지신탁 심사위원회가 일정 주식에 대하여 직무관련성이 없는 것으로 고시할 수 있음을 규정하고 있다(공직자윤리법 시행령 제27조의8 제2항). 이 조항에 따라 고시된 주식은 백지신탁의 대상에서 제외된다.

공직자윤리법 시행령

　제27조의8(직무관련성의 판단기준) ② 심사위원회는 일정한 유형이나 종목의 주식을 정하여 직무관련성이 없는 것으로 고시할 수 있다.

[전문개정 2009.2.3.]

(2) 고시한 주식의 종류

주식백지신탁 심사위원회가 직무관련성 없음으로 결정·고시한 주식으로 다음을 볼 수 있다.[1]

2005.12.16. 고시한 주식

　① 자본시장과 금융투자업에 관한 법률상 투자회사(뮤추얼펀드) 주식

　② 부동산투자회사법상 **부동산투자회사** 주식

　③ 선박투자회사법상 **선박투자회사** 주식

　④ 외국에 주된 영업소의 소재지를 두고 국내시장에 그 주식이 상장되지 아니한 **외국기업의 주식**

2006.11.22. 고시한 주식

　해외자원개발사업법상 **해외자원개발투자회사** 주식

2011.9.20. 고시한 주식

　문화산업진흥기본법상 **문화산업전문회사** 주식

[참고] 뮤추얼펀드

뮤추얼펀드(mutual fund)란 일반적으로 상법상 주식회사 형태의 집합투자기구를 의미한다. 자본시장과 금융투자업에 관한 법률상의 투자회사(자본시장과 금융투자업에 관한 법률 제9조 제18항 제2호 등)뿐만 아니라 이른바 "리츠(REITs)"라고 불리는 부동산투자회사법상 부동산투자회사(부동산투자회사법 제2조 제1호, 제3조 제1항), 선박투자회사법상 선박투자회사(선박투자

---

1) 주식백지신탁 심사위원회 제4기 신임위원 설명자료, 2012.9.24., 행정안전부, 12쪽에서 옮겨온 것이다.

회사법 제2조 1호, 제3항 제1항 등) 등도 상법상 주식회사 형태의 집합투자기구이므로 뮤추얼펀드의 일종에 속한다. 뮤추얼펀드는 투자를 목적으로 하는 서류상 주식회사(페이퍼 컴퍼니)로서, 자산운용사 등이 발기인이 되어 주식회사를 설립한 후 자산운용사가 법인이사로서 투자회사 재산을 운용하며, 투자자들은 뮤추얼펀드의 주주가 된다. 뮤추얼펀드에 가입한자는 펀드의 투자에 직접 관여할 수 없다는 점에서 간접투자 금융상품인바, 주식백지신탁의 대상이 되는 주식으로 보기 어렵다. 투자자들은 필요한 경우, 뮤추얼펀드의 주식을 매도할 수 있다.

자본시장과 금융투자업에 관한 법률

제9조(그 밖의 용어의 정의) (18) 이 법에서 "집합투자기구"란 집합투자를 수행하기 위한 기구로서 다음 각 호의 것을 말한다.

　2.「상법」에 따른 주식회사 형태의 집합투자기구(이하 "투자회사"라 한다)

제181조(관련 법률의 적용) 집합투자기구는 이 법에서 특별히 정한 경우를 제외하고는「상법」및「민법」의 적용을 받는다.

제182조(집합투자기구의 등록) (조문 내용 생략)

제184조(집합투자기구의 업무수행 등) (조문 내용 생략)　(이하 관련 조문 생략)

부동산투자회사법

제2조(정의) 이 법에서 사용하는 용어의 뜻은 다음과 같다.

　1. "부동산투자회사"란 자산을 부동산에 투자하여 운용하는 것을 주된 목적으로 제3조부터 제8조까지, 제11조의2, 제45조 및 제49조의2 제1항에 적합하게 설립된 회사로서 다음 각 목의 회사를 말한다.(이하 각목 생략)

제3조(법인격) ① 부동산투자회사는 주식회사로 한다.

선박투자회사법

제2조(정의) 이 법에서 사용하는 용어의 뜻은 다음과 같다.

　1. "선박투자회사"란 자산을 선박(「선박안전법」제2조 제1호에 따른 선박을 말한다. 이하 같다)에 투자하여 그 수익을 주주에게 분배하는 것을 목적으로 이 법에 따라 설립된 회사를 말한다.

제3조(법인격) ① 선박투자회사는 주식회사로 한다.

---

(3) 2005. 12. 16. 고시한 투자회사의 주식의 특성

주식백지신탁 심사위원회가 각종 투자회사의 주식(2005. 12. 16. 고시한 주식 중 ①, ②, ③)을 직무관련성 없는 주식으로 고시한 것은, ⓐ 투자회사의 설립목적은 자본시장, 부동산, 선박, 해외자원 및 문화사업 등에 대한 간접투자 활성화를 위한 것이라는 점, ⓑ 투자회사의 주식과 투자의 수익증권은 모두 집합투자기구의 지분을 표시하는 증서이며 투자신탁과 투자회사는 법적 형태에 따른 구조적 차이가 있을 뿐 실질은 모두 간접투자상품으로서 동일하다는 점, ⓒ 투자회사는 상근 임직원이 없는 paper company로서 투자자산은 별도의 자산운용회사가 관리하므로 이에 투자한 공직자가 관련정보에 접근하거나 영향력을 행사할 가능성은 희박하다는 점을 논거로 한다,

(4) 외국기업의 주식

본사의 주소지가 외국이면서 우리나라에 주식시장에 상장을 하지 아니한 외국회사의 주식도 주식임은 분명하다. 그러나 그러한 회사의 주식의 평가는 어렵고, 또한 그러한 주식에 대하여 백지신탁계약을 체결할 경우에는 관리도 어려울 것이다. 뿐만 아니라 공직자가 공무를 수행하면서 이해충돌을 발생시킬 소지도 크지 않다고 볼 여지가 있다. 이러한 연유로 주식백지신탁 심사위원회는 2005. 12. 16. 외국에 본사를 두고 국내시장에 상장하지 아니한 외국기업의 주식은 직무관련성이 없다고 결정·고시한 것으로 판단된다. 만약 그러한 회사 주식의 평가가 어렵지 않고, 또한 그러한 주식에 대하여 백지신탁계약을 체결할 경우에 관리도 어렵지 아니한 시기가 되면, 주식백지신탁의 대상으로 하여야 할 것이다.

▌제4절 직무관련성 심사 관련 특수문제

I. 「직무관련성 없음 결정」 받은 후 새로운 주식을 취득하는 경우

1. 문제상황

직무관련성 심사를 청구한 자가 주식백지신탁 심사위원회로부터 「직무관련성 없음」의 결정을 받은 후, 본인 등이 새로운 주식을 취득할 수도 있다. 여기서 「새로운 주식」이란 「직무관련성 없음의 결정을 받은 주식」이 아닌 주식을 말한다. 이러한 경우와 관련하여 새로운 주식에 대한 심사문제가 발생한다. 경우를 나누어서 살피기로 한다.

2. 새로운 취득 주식의 총 가액이 대통령령으로 정하는 금액을 초과하는 경우

이러한 경우에는 공직자윤리법 제14조의5 제6항이 그대로 적용되어 당연히 심사대상이 된다. 따라서 새로이 취득한 주식의 총 가액이 대통령령으로 정하는 금액(현재 3,000만원)을 초과한다면, 초과하게 된 날부터 1개월 이내에 다시 직무관련성 심사를 청구하여야 한다고 볼 것이다.

> **공직자윤리법**
> 제14조의5(주식백지신탁 심사위원회의 직무관련성 심사) ⑥ 공개대상자등은 … 보유한 주식의 총 가액이 1천만원 이상 5천만원 이하의 범위에서 대통령령으로 정하는 금액을 초과하게 된 날(… 주식

의 총가액이 1천만원 이상 5천만원 이하의 범위에서 대통령령으로 정하는 금액을 초과할 때에는 …)부
터 1개월 이내에 주식백지신탁 심사위원회에 보유 주식의 직무관련성 유무에 관한 심사를 청구하여
야 한다. 〈개정 2015.12.29.〉

3. 새로운 취득 주식의 총 가액이 대통령령으로 정하는 금액 이하인 경우

이러한 경우에는 직무관련성 심사를 다시 청구할 필요는 없다. 왜냐하면 이미
「직무관련성 없음 결정」을 받은 주식은 공직자윤리법 제14조의6 제2항 단서에 의해
보유가 허용되는 것이고, 따라서 신규주식의 가액에 포함시킬 수 없기 때문이다. 예를
들면, 새로운 주식의 총 가액이 대통령령으로 정하는 금액(현재 3,000만원)을 초과하는
것이 아니라면, 직무관련성 없음의 결정을 받은 주식을 아무리 많이 추가적으로 취득
한다고 한다고 하여도 공개대상자등은 직무관련성 심사를 다시 청구할 필요는 없다.

공직자윤리법

제14조의6(주식취득의 제한) ② 공개대상자등은 … 부터 1개월 이내에 그 주식을 직접 매각 또는 백
지신탁을 하거나 이해관계자로 하여금 그 주식을 매각 또는 백지신탁을 하도록 하고 그 사실을 등록
기관에 신고하여야 한다. 다만, 주식백지신탁 심사위원회로부터 직무관련성이 없다는 결정을 통지받
은 경우에는 그러하지 아니하다.

Ⅱ. 「직무관련성 있음 결정」 후 새로이 주식을 취득하는 경우

1. 주식의 신규 취득가능성

직무관련성 심사를 청구한 자가 주식백지신탁 심사위원회로부터 「직무관련성 있
음」의 결정을 받은 후, 주식백지신탁계약이 체결되면, 새로 주식을 취득할 수 없다(공
직자윤리법 제14조의6 제1항). 그러나 예외적으로 상속 등의 경우에는 새로이 주식을 취
득할 수도 있다. 이러한 경우에는 새로운 주식에 대한 심사문제가 발생한다.

공직자윤리법

제14조의6(주식취득의 제한) ① 제14조의4 제1항에 따라 주식백지신탁계약이 체결된 경우에는 그
신탁계약이 해지될 때까지는 공개대상자등과 이해관계자 중 어느 누구도 새로 주식을 취득하여서는
아니 된다.

---

2. 심사의 신청

주식백지신탁계약이 체결된 후 예외적으로 본인 또는 이해관계자가 상속 등으로 새로이 주식을 취득하면, 그리고 그 주식을 계속 보유하려고 하면 주식백지신탁 의무자인 공개대상자등은 본인 또는 이해관계자가 그 주식을 취득한 날(상속의 경우에는 상속 개시를 알게 된 날을 말한다)부터 1개월 이내에 주식백지신탁 심사위원회에 직무관련성 심사를 신청하여 직무관련성이 없다는 결정을 통지받아야 한다(공직자윤리법 제14조의6 제2항).

공직자윤리법

제14조의6(주식취득의 제한) ② 공개대상자등은 본인 또는 이해관계자가 제1항에 따라 주식취득이 제한되는 기간에 상속이나 그 밖에 대통령령으로 정하는 사유로 주식을 취득하게 된 경우에는 취득한 날(상속의 경우에는 상속 개시를 알게 된 날을 말한다)부터 1개월 이내에 그 주식을 직접 매각 또는 백지신탁을 하거나 이해관계자로 하여금 그 주식을 매각 또는 백지신탁을 하도록 하고 그 사실을 등록기관에 신고하여야 한다. 다만, 주식백지신탁 심사위원회로부터 직무관련성이 없다는 결정을 통지받은 경우에는 그러하지 아니하다.
③ 제2항에 따른 주식백지신탁 및 직무관련성 심사에 관하여는 제14조의4 제3항부터 제6항까지 및 제14조의5를 준용한다.

Ⅲ. 「직무관련성 있음 결정」 후 주식의 가격이 상승하여 대통령령으로 정하는 금액을 초과하게 된 경우

공직자윤리법 제14조의4 제1항 본문에 비추어 주식백지신탁 심사위원회로부터 「직무관련성 있음」의 결정을 받은 시점에 해당 주식의 금액이 대통령령으로 정하는 금액을 초과하지 아니하면, 매각이나 주식백지신탁을 하지 아니하고 보유할 수 있다. 그러나 그 후 주식의 가격이 변동하여 총 가액이 대통령령으로 정하는 금액을 초과하게 되면, 매각이나 주식백지신탁을 하여야 한다.

공직자윤리법

제14조의4(주식의 매각 또는 신탁) ① 등록의무자 중 제10조제1항에 따른 공개대상자와 기획재정부 및 금융위원회 소속 공무원 중 대통령령으로 정하는 사람(이하 "공개대상자등"이라 한다)은 …주식의 총 가액이 1천만원 이상 5천만원 이하의 범위에서 대통령령으로 정하는 금액을 초과할 때에는…다음 각 호의 어느 하나에 해당하는 행위를 직접 하거나 이해관계자로 하여금 하도록 하고 그 행위를 한 사실을 등록기관에 신고하여야 한다.….

Ⅳ. 직무관련성 심사 전·후 사정변경이 있는 경우

1. 문제 상황

공개대상자등이 주식을 매각하지 않거나 주식백지신탁에 관한 계약을 체결하지 않으려면, 주식백지신탁 심사위원회로부터 직무관련성이 없다는 결정을 통지받아야 한다(공직자윤리법 제14조의4 제1항 단서). 주식백지신탁 심사위원회에 대한 직무관련성 심사의 청구는 "… 대통령령으로 정하는 금액을 초과하게 된 날(공개대상자등이 된 날, …)부터 1개월 이내에 이루어져야 한다. 주식백지신탁 심사위원회는 이러한 기간 안에 이루어진 신청에 대하여 공개대상자등의 직무, 해당 주식을 발행한 기업의 상황 등을 기준으로 직무관련성 유무를 판단하게 된다.

> **공직자윤리법**
> 제14조의6(주식취득의 제한) ② 공개대상자등은 … 부터 1개월 이내에 그 주식을 직접 매각 또는 백지신탁을 하거나 이해관계자로 하여금 그 주식을 매각 또는 백지신탁을 하도록 하고 그 사실을 등록기관에 신고하여야 한다. 다만, 주식백지신탁 심사위원회로부터 직무관련성이 없다는 결정을 통지받은 경우에는 그러하지 아니하다.

공개대상자등의 직무관련성 심사청구의 시점, 주식백지신탁 심사위원회의 결정 시점, 그리고 결정 후 사이에 시간적 간격이 존재한다. 여기서 공개대상자등의 직무나 주식 발행 기업의 상황 변화가 주식백지신탁 심사위원회의 결정 전에 발생하는 경우와 결정 후에 발생하는 경우가 있을 수 있다. 이에 관해 나누어서 살피기로 한다.

2. 직무관련성 심사청구 후, 주식백지신탁 심사위원회의 결정시까지의 상황변화
(1) 공개대상자등의 직위변경

공개대상자등이 직무관련성 심사를 청구하였으나 주식백지신탁 심사위원회의 결정이 있기 전에 그 공개대상자의 직위에 변경이 발생하면, 새로운 직위가 부여된 날이 공개대상자등이 된 날이라 할 것이다. 따라서 종전의 직위를 기준으로 한 청구를 철회하고 새로운 직위를 기준으로 한 직무관련성 심사를 청구하여야 한다.

> **공직자윤리법**
> 제14조의4(주식의 매각 또는 신탁) ① …사람(이하 "공개대상자등"이라 한다)은… (…공개대상자등이 된 날…)부터 1개월 이내에 다음 각 호의 어느 하나에 해당하는 행위를 직접 하거나 이해관계자로 하여금 하도록 하고 그 행위를 한 사실을 등록기관에 신고하여야 한다. 다만, 제14조의5 제7항 또는

제14조의12에 따라 주식백지신탁 심사위원회로부터 직무관련성이 없다는 결정을 통지받은 경우에는 그러하지 아니하다. (각호 생략) 〈개정 2015.12.29.〉

(2) 공개대상자등의 직위변경의 신청

(가) **의의**　보유주식이 직무관련성이 있는 경우, 공개대상자등은 주식 매각의무 또는 주식백지신탁의무가 발생한 날부터 1개월 이내에 소속기관의 장에게 직위변경을 신청할 수 있고, 신청이 받아들여지면, 주식백지신탁 심사위원회의 직무관련성 없음의 결정을 거쳐 그 주식을 보유할 수 있다.

공직자윤리법

제14조의13(주식과 직무관련성 없는 직위로의 변경 신청)　① 제14조의4 제1항에 따라 주식 매각의무 또는 주식백지신탁의무가 발생한 공개대상자등은 그 의무가 발생한 날부터 1개월 이내에 공개대상자등 또는 그 이해관계자가 보유하고 있는 주식과 관련성이 있는 직무사항을 명시하여 소속 기관의 장 등에게 직위 **변경을 신청**할 수 있고, 신청을 받은 소속 기관의 장 등은 신청일부터 1개월 이내에 해당 직무사항과 무관한 직위로 변경할 수 있다.

② 제1항에 따라 직위가 변경된 공개대상자등이 제14조의5 제6항에 따른 직무관련성 유무에 관한 심사를 청구하여 같은 조 제7항에 따라 직무관련성이 없다는 결정을 통지받은 경우에는 제14조의4 제1항에도 불구하고 주식의 매각 또는 주식백지신탁에 관한 계약을 체결하지 아니할 수 있다.

③ 제1항에 따른 신청일부터 1개월 이내에 직위 변경이 완료되지 아니한 경우에는 제14조의4 제1항 본문에 따른 의무 이행기간은 직위 변경 신청일부터 1개월이 경과한 날부터 기산한다.

(나) **직무회피의무**

(a) **의의**　공개대상자등은 직위 변경을 신청한 날부터 변경된 직위에서 직무관련성 심사를 받아 주식백지신탁 심사위원회로부터 직무관련성 없음 결정을 통보받은 날까지 백지신탁한 주식이나 보유하고 있는 주식과 관련하여 해당 주식을 발행한 기업의 경영 또는 재산상 권리에 영향을 미칠 수 있는 직무에 결재, 지시, 의견표명 등의 방법을 통하여 관여해서는 아니 된다(공직자윤리법 제14조의11 제1항 제2호). 필요한 경우에는 해당 직무를 다른 사람으로 하여금 처리하게 하여야 한다(공직자윤리법 제14조의11 제2항).

공직자윤리법

제14조의11(이해충돌 직무에 대한 관여 금지)　① 공개대상자등은 다음 각 호의 기간 동안 공개대상자등 또는 그 이해관계자가 백지신탁한 주식이나 보유하고 있는 주식과 관련하여 해당 주식을 발행한 기업의 경영 또는 재산상 권리에 영향을 미칠 수 있는 직무에 결재, 지시, 의견표명 등의 방법을 통하여 관여해서는 아니 된다.

1. 제14조의4 제1항 제2호에 따라 주식백지신탁에 관한 계약을 체결한 경우: 처음 신탁된 주식의

처분이 완료될 때까지

　2. 제14조의13 제1항에 따라 직위 변경을 신청한 경우: 직위 변경을 신청한 날부터 변경된 직위
에서 직무관련성 심사를 받아 주식백지신탁 심사위원회로부터 직무관련성 없음 결정을 통보받
은 날까지

② 공개대상자등은 제1항에 따라 직무를 회피하기 위하여 필요한 경우에는 해당 직무를 다른 사람으
로 하여금 처리하게 하는 등의 조치를 하여야 한다.

　　(b) **예외**　　직무회피가 불가능한 경우에는 백지신탁한 주식 또는 보유하고 있는
주식과 관련한 직무에 관여할 수 있지만(공직자윤리법 제14조의11 제3항), 관여한 내역을
매 분기 말일부터 10일 이내에 관할 공직자윤리위원회에 신고하여야 하고, 관할 공직
자윤리위원회는 그 신고사항을 관보 또는 공보에 게재하여야 한다(공직자윤리법 제14조
의11 제4항).

공직자윤리법

제14조의11(이해충돌 직무에 대한 관여 금지) ③ 제1항에도 불구하고 공개대상자등은 법령에서 해당
직무를 직접 수행하도록 규정하고 있는 경우 등 직무회피가 불가능한 경우에는 백지신탁한 주식 또
는 보유하고 있는 주식과 관련한 직무에 관여할 수 있다.

④ 제3항에 따라 공개대상자등이 백지신탁한 주식 또는 보유하고 있는 주식과 관련한 직무에 관여한
경우에는 매 분기 동안 해당 주식과 관련한 직무에 직접적 또는 간접적으로 관여한 내역을 매 분기
말일부터 10일 이내에 관할 공직자윤리위원회에 신고하여야 하며, 관할 공직자윤리위원회는 그 신고
사항을 관보 또는 공보에 게재하여야 한다.

[본조신설 2015.12.29.]

---

(3) 관할구역 안으로 기업의 이주 등

　　공개대상자등이 직무관련성 심사를 청구한 후, ① 공개대상자 등이 보유하는 주
식의 발행기업이 공개대상자등의 직무관할 구역(지역) 안으로 이주해오거나, ② 공개
대상자등이 소속하는 기관과 공개대상자 등이 보유하는 주식의 발행기업 사이에 거래
계약이 이루어지는 경우에는 주식백지신탁 심사위원회가 이러한 사실을 놓치지 아니
하고 챙겨야 한다. 그러나 주식백지신탁 심사위원회가 이를 확인하기는 쉽지 아니할
것이다.

3. 주식백지신탁 심사위원회의 결정 이후의 상황변화
(1) 문제 상황

　　공개대상자등이 직무관련성 심사를 청구하여 주식백지신탁 심사위원회로부터 직
무관련성 없음의 결정을 받은 후, ① 공개대상자등이 소속하는 기관과 공개대상자 등

이 보유하는 주식의 발행기업 사이에 거래계약이 이루어지거나, ② 공개대상자 등이 보유하는 주식의 발행기업이 공개대상자등의 직무관할 구역(지역) 안으로 이주해오면, 이해충돌이 현실화될 수 있다. 이에 대한 대비책이 필요하다.

(2) 대책

위의 ① 또는 ②가 현실화되면, 이해충돌이 현실화될 것이라 판단될 수 있는 경우에는 결정주문에서 「추후 공개대상자등이 소속하는 기관과 공개대상자 등이 보유하는 주식의 발행기업 사이에 거래계약이 이루어지면, 재심사를 청구하여야 한다」, 또는 「공개대상자 등이 보유하는 주식의 발행기업이 공개대상자등의 직무관할 구역(지역)안으로 이주해오면, 재심사를 청구하여야 한다」는 문구(조건)를 부가하는 것이 필요하다 (조건부 결정).

4. 사실상 직무 변경
(1) 의의

행정의 실제상 주식백지신탁 심사위원회의 결정 전후를 불문하고, 공개대상자등이 법령에서 정하는 바에 따라 부여된 직 외에 사실상 부여된 직을 수행하는 경우도 있을 수 있다. 주식백지신탁 심사위원회가 「공개대상자등이 사실상 부여된 직을 수행하는 것」을 확인한다면, 직무관련성 유무의 심사에 반영하여야 할 것이다.

(2) 보완

주식백지신탁 심사위원회가 공개대상자등이 사실상 부여된 직을 수행하는 것을 확인하기는 어려울 것이다. 이 때문에 ① 공개대상자등이 직무관련성 심사 청구 시에 일정 기간(예: 1개월) 이상 사실상 부여된 직을 수행하는 경우라면 직무관련성 심사를 청구할 때에 그 사실을 신고토록 하고, ② 직무관련성 없음의 결정 후에 일정 기간(예: 1개월) 이상 사실상 부여된 직을 수행하는 경우라면 직무관련성 심사를 재청구하도록 하는 제도의 마련이 필요할 것이다.

V. 종목별 소액 주식의 심사 제외 문제

1. 문제 상황

공직자윤리법상 공개대상자등이 보유하는 여러 주식의 총 가액이 대통령령으로 정하는 금액(현재는 3,000만원)을 초과하면, 공개대상자등은 주식백지신탁 심사위원회에 직무관련성 심사를 청구할 수 있고, 심사결과 직무관련성 있는 주식의 총 가액이 대통령령으로 정하는 금액(현재 3,000만원)을 초과하면 그 주식을 보유할 수 없다(공직자윤리법 제14조의4 제1항). 현행 공직자윤리법은 직무관련성 유무의 심사대상과 보유의 가부를 보유 주식 가액의 총액을 기준으로 규정하고 있을 뿐, 주식의 종류별 가액의 총액에 관해서는 아무런 제약을 가하고 있지 않다.

> [예] 특정 공직자가 하나의 주식(A회사 주식)만 보유하고 있고, 그 주식이 직무와 관련이 있다고 할 때, 그 가액이 2,900만원이라면 그 공직자는 A주식을 보유할 수 있다. 그러나 그 공직자가 두 개의 주식(A회사 주식, B회사 주식)을 보유하고 있고, 그 주식의 가액이 각각 1550만원, 1500만원이라면 총액이 3,000만원을 초과하므로, 그 공직자는 A회사 주식과 B회사 주식 모두를 매각하거나 백지신탁을 하여야 한다.

주식백지신탁제도가 이해충돌의 방지를 목적으로 하지만, 직무관련성 유무를 심사하는 주식백지신탁 심사위원회의 효율적 운용도 도외시할 수는 없다. 양자의 절충을 위해 다음의 두 가지 방안을 생각해 볼 수 있다.

2. 소액 주식을 심사대상에서 제외하는 방안

공개대상자등이 보유하는 여러 주식 중 종류별 가액 총액이 30만원(예시) 미만인 주식은 '대통령령으로 정하는 금액(현재는 3,000만원)'의 계산에 제외하는 방안을 도입하는 것도 의미가 있을 것이다. 이렇게 되면 공직대상자등은 소액 주식을 자유롭게 보유할 수 있게 된다.

> [예] 이 방안을 따르게 되면, 공직자 甲이 A회사 주식(가액 총액 25만원), B회사 주식(가액 총액 28만원), C회사 주식(가액 총액 2,980만원)을 보유하고 있다고 할 때, 종류별 주식 가액의 총액이 30만원 미만인 A회사 주식과 B회사 주식은 소액 주식이므로 심사대상에 제외되고, C회사 주식도 '대통령령으로 정하는 금액(현재는 3,000만원)'미만이므로, 甲은 주식백지신탁 심사위원회에 직무관련성 심사를 청구할 필요가 없다.

공직자윤리법을 다음과 같이 개정한다면, 이러한 제도의 도입이 가능할 것이다.

현행법

제14조의4(주식의 매각 또는 신탁) ① … "공개대상자등"…은 본인 및 그 이해관계자(…) 모두가 보유한 주식의 총 가액이 1천만원 이상 5천만원 이하의 범위에서 대통령령으로 정하는 금액을 초과할 때에는 … .

개정안

제14조의4(주식의 매각 또는 신탁) ① … "공개대상자등"…은 본인 및 그 이해관계자(…) 모두가 보유한 주식(**종류별 가액 총액이 30만 원 미만인 주식은 제외한다**)의 총 가액이 1천만원 이상 5천만원 이하의 범위에서 대통령령으로 정하는 금액을 초과할 때에는 … .

---

3. 소액 주식의 보유를 허용하는 방안

공개대상자등이 보유하는 여러 주식의 가액 총액이 대통령령으로 정하는 금액(현재는 3,000만원)을 초과하여, 공개대상자등이 주식백지신탁 심사위원회에 직무관련성 심사를 청구한 결과 주식백지신탁 심사위원회가 심사결과 직무관련성이 있다고 판단한 주식의 총 가액이 대통령령으로 정하는 금액(현재는 3,000만원)을 초과하였다고 하여도, 그러한 판단을 받은 주식 중 종류별 가액 총액이 30만원(예시) 미만인 주식은 보유할 수 있도록 하는 방안을 도입하는 것도 의미가 있을 것이다. 이렇게 되면 공직대상자등은 소액 주식을 자유롭게 보유할 수 있게 될 것이다.

[예] 이 방안을 따르게 되면, 공직자 甲이 보유하는 A회사 주식(가액 총액 25만원), B회사 주식(가액 총액 28만원), C회사 주식(가액 총액 2,980만원)의 가액 총액이 3,000만원을 초과하여 주식백지신탁 심사위원회에 직무관련성 유무의 심사를 받은 결과, 모든 주식이 직무관련성이 있음의 결정을 받았다고 할 때. 주식 종류별 가액 총액이 30만원 미만인 A회사 주식과 B회사 주식은 甲이 보유할 수 있고, 30만을 초과하는 C회사 주식만 매각이나 백지신탁하게 된다.

공직자윤리법을 다음과 같이 개정한다면, 이러한 제도의 도입이 가능할 것이다.

현행법

제14조의4(주식의 매각 또는 신탁) ① … 등록기관에 신고하여야 한다. 다만, 제14조의5 제7항 또는 제14조의12에 따라 주식백지신탁 심사위원회로부터 직무관련성이 없다는 결정을 통지받은 경우에는 그러하지 아니하다. (각호 생략)

개정안

제14조의4(주식의 매각 또는 신탁) ① … 등록기관에 신고하여야 한다. 다만, 제14조의5 제7항 또는

제14조의12에 따라 주식백지신탁 심사위원회로부터 직무관련성이 없다는 결정을 통지받은 경우에는 그러하지 아니하다(종류별 주식 가액의 총액이 30만원 미만임에도 직무관련성이 있다는 결정의 통지를 받은 경우에도 같다). (각호 생략)

▌제5절 주식 가액의 산정방법

주식가액의 산정방법은 공직자윤리법 제4조 제3항 제7호에서 규정되고 있다. 그 내용을 보면 다음과 같다.

Ⅰ. 거래소 상장 주식

주식 중 「자본시장과 금융투자업에 관한 법률」에 따라 거래소허가를 받은 거래소에 상장된 주권은 재산등록 기준일의 최종거래가격(거래가 재산등록 기준일 전에 마감된 경우에는 마감일의 최종거래가격)으로 한다(공직자윤리법 제4조 제3항).

공직자윤리법
제4조(등록대상재산) ③ 제1항에 따라 등록할 재산의 종류별 가액(價額)의 산정방법 또는 표시방법은 다음과 같다. 〈개정 2013.5.28., 2016.1.19.〉
　　7. 주식 중 「자본시장과 금융투자업에 관한 법률」에 따라 거래소허가를 받은 거래소에 상장된 주권…은 재산등록 기준일의 최종거래가격, ….

자본시장과 금융투자업에 관한 법률
제373조(무허가 시장개설행위 금지) 누구든지 이 법에 따른 거래소허가를 받지 아니하고는 금융투자상품시장을 개설하거나 운영하여서는 아니 된다. 다만, 다음 각 호의 어느 하나에 해당하는 경우에는 그러하지 아니하다.….
제373조의2(거래소의 허가) ① 금융투자상품시장을 개설하거나 운영하려는 자는 다음 각 호의 사항을 구성요소로 하여 대통령령으로 정하는 시장개설 단위의 전부나 일부를 선택하여 금융위원회로부터 하나의 거래소허가를 받아야 한다.
　　1. 매매의 대상이 되는 금융투자상품의 범위(증권 및 장내파생상품을 말하되, 증권 중 주권, 그 밖에 대통령령으로 정하는 것을 포함한다)
　　2. 회원(거래소시장에서의 거래에 참가할 수 있는 자로서 제387조 제1항의 회원관리규정에 따른 자를 말한다. 이하 같다)이 되는 자의 범위

Ⅱ. 증권시장에서 거래와 유사한 방식으로 거래되는 비상장주식(장외거래주식 1)

「자본시장과 금융투자업에 관한 법률」 제166조에 따라 장외거래되는 주식 중 증권시장과 유사한 방법으로 거래되는 주식은 재산등록 기준일의 최종거래가격(… 다만, 「자본시장과 금융투자업에 관한 법률」 제166조에 따라 장외거래되는 주식 중 증권시장과 유사한 방법으로 거래되는 주식의 경우에는 대통령령으로 정하는 거래가격을 말한다)(공직자윤리법 제4조 제3항).

공직자윤리법

제4조(등록대상재산) ③ 제1항에 따라 등록할 재산의 종류별 가액(價額)의 산정방법 또는 표시방법은 다음과 같다. 〈개정 2013.5.28., 2016.1.19.〉

  7. 주식 중 … 「자본시장과 금융투자업에 관한 법률」 제166조에 따라 장외거래되는 주식 중 증권시장과 유사한 방법으로 거래되는 주식은 재산등록 기준일의 최종거래가격(거래가 재산등록 기준일 전에 마감된 경우에는 마감일의 최종거래가격. 다만, 「자본시장과 금융투자업에 관한 법률」 제166조에 따라 장외거래되는 주식 중 증권시장과 유사한 방법으로 거래되는 주식의 경우에는 대통령령으로 정하는 거래가격을 말한다), ….

공직자윤리법 시행령

제4조(등록대상재산의 표시방법 등) ⑤ 법 제4조 제3항 제7호 단서에서 "대통령령으로 정하는 거래가격"이란 재산등록기준일의 기준가(거래량가중평균가를 말한다. 이하 같다)를 말한다. 다만, 거래가 재산등록기준일 전에 마감된 경우에는 그 마감일의 기준가로 한다. 〈개정 2009.2.3.〉

자본시장과 금융투자업에 관한 법률

제166조(장외거래) 거래소시장 또는 다자간매매체결회사 외에서 금융투자상품을 매매, 그 밖의 거래를 하는 경우 그 매매, 그 밖의 거래방법 및 결제의 방법 등 필요한 사항은 대통령령으로 정한다. 〈개정 2009.2.3., 2013.5.28〉

자본시장과 금융투자업에 관한 법률 시행령

제177조(장외거래 방법) 법 제166조에 따라 거래소시장 및 다자간매매체결회사 외에서 증권이나 장외파생상품을 매매하는 경우에는 제178조 제1항 및 제179조에 따른 매매거래를 제외하고는 단일의 매도자와 매수자 간에 매매하는 방법으로 하여야 한다.〈개정 2013.8.27.〉

제178조(협회를 통한 장외거래) ① 협회가 법 제286조 제1항 제5호에 따라 증권시장에 상장되지 아니한 주권의 장외매매거래에 관한 업무를 수행하거나 종합금융투자사업자가 제77조의6 제1항 제1호에 따라 증권시장에 상장되지 아니한 주권의 장외매매거래에 관한 업무를 수행하는 경우에는 다음 각 호의 기준을 준수하여야 한다. 〈개정 2010.6.11., 2017.5.8.〉

  1. 동시에 다수의 자를 각 당사자로 하여 당사자가 매매하고자 제시하는 주권의 종목, 매수하고자 제시하는 가격(이하 "매수호가"라 한다) 또는 매도하고자 제시하는 가격(이하 "매도호가"라 한다)과 그 수량을 공표할 것

  2. 주권의 종목별로 금융위원회가 정하여 고시하는 단일의 가격 또는 당사자 간의 매도호가와 매수호가가 일치하는 경우에는 그 가격으로 매매거래를 체결시킬 것

  3. 매매거래대상 주권의 지정·해제기준, 매매거래방법, 결제방법 등에 관한 업무기준을 정하여

금융위원회에 보고하고, 이를 일반인이 알 수 있도록 공표할 것

4. 금융위원회가 정하여 고시하는 바에 따라 재무상태·영업실적 또는 자본의 변동 등 발행인의 현황을 공시할 것

Ⅲ. 그 외의 주식(장외거래주식 2)

1. 의의

「자본시장과 금융투자업에 관한 법률」 제166조에 따라 장외거래되는 주식 중 증권시장과 유사한 방법으로 거래되는 주식이 아닌 주식은 기준일의 액면가로 한다(공직자윤리법 제4조 제3항 제7호).

공직자윤리법

제4조(등록대상재산) ③ 제1항에 따라 등록할 재산의 종류별 가액(價額)의 산정방법 또는 표시방법은 다음과 같다. 〈개정 2013.5.28., 2016.1.19.〉

7. 주식 중 … 그 외의 주식은 액면가

---

2. 문제점

「장외거래되는 주식 중 증권시장과 유사한 방법으로 거래되는 주식이 아닌 주식」의 경우, 액면상 가격과 실제의 거래상 가격 사이에 상당한 차이가 나는 경우도 있을 수 있다. 이러한 경우에 액면가격을 심사기준으로 한다는 것은 정의롭지 않다. 「장외거래되는 주식 중 증권시장과 유사한 방법으로 거래되는 주식이 아닌 주식」의 경우, 실제 거래가격을 적용하는 것이 타당하다. 그러나 ① 심사 신청 시까지 거래가 전혀 없는 경우에는 실제 거래가격을 정한다는 자체가 곤란하고, 아울러 ② 설령 거래가 있었다고 하여도 그 거래는 순수 개인적인 것이어서 공인된 가액으로 인정하기 어려운 면이 있다.

3. 대책

상속세 및 증여세법 제63조 제1항 제1호 다목은 「장외거래되는 주식 중 증권시장과 유사한 방법으로 거래되는 주식이 아닌 주식」의 경우의 시세평가에 관한 규정을 두고 있다. 이러한 조항을 활용한다면, 다음의 지적이 가능할 것이다. 즉, 주식백지신탁 심사위원회가 국세청장에게 「장외거래되는 주식 중 증권시장과 유사한 방법으로 거래되는 주식이 아닌 주식」의 시세에 대한 평가를 의뢰하고, 주식백지신탁 심사위원회는 그 평가에 따라 심사하는 방안의 도입을 검토할 필요가 있을 것이다. 이러한 제

도의 도입은 공직자윤리법 제4조 제3항 제7호의 개정문제가 된다. 이러한 제도를 도입하는 경우에도 심사를 신청한 의무자에게 평가비용을 부과시키는 것은 아니 된다고 볼 것이다.

상속세 및 증여세법

제63조(유가증권 등의 평가) ① 유가증권 등의 평가는 다음 각 호의 어느 하나에서 정하는 방법으로 한다. 〈개정 2013.5.28., 2016.12.20.〉

　1. 주식등의 평가

　가. 「자본시장과 금융투자업에 관한 법률」에 따른 증권시장으로서 대통령령으로 정하는 증권시장에서 거래되는 주권상장법인의 주식등 중 대통령령으로 정하는 주식등(이하 이 호에서 "상장주식"이라 한다)은 평가기준일(평가기준일이 공휴일 등 대통령령으로 정하는 매매가 없는 날인 경우에는 그 전일을 기준으로 한다) 이전·이후 각 2개월 동안 공표된 매일의 「자본시장과 금융투자업에 관한 법률」에 따라 거래소허가를 받은 거래소(이하 "거래소"라 한다) 최종 시세가액(거래실적 유무를 따지지 아니한다)의 평균액(평균액을 계산할 때 평가기준일 이전·이후 각 2개월 동안에 증자·합병 등의 사유가 발생하여 그 평균액으로 하는 것이 부적당한 경우에는 평가기준일 이전·이후 각 2개월의 기간 중 대통령령으로 정하는 바에 따라 계산한 기간의 평균액으로 한다). 다만, 제38조에 따라 합병으로 인한 이익을 계산할 때 합병(분할합병을 포함한다)으로 소멸하거나 흡수되는 법인 또는 신설되거나 존속하는 법인이 보유한 상장주식의 시가는 평가기준일 현재의 거래소 최종 시세가액으로 한다.

　나. 가목 외의 주식등은 해당 법인의 자산 및 수익 등을 고려하여 대통령령으로 정하는 방법으로 평가한다.

　다. 삭제 〈2016.12.20.〉

상속세 및 증여세법 시행령

제54조(비상장주식의 평가) ① 법 제63조 제1항 제1호 나목에 따른 주식등(이하 이 조에서 "비상장주식등"이라 한다)은 1주당 다음의 계산식에 따라 평가한 가액(이하 "순손익가치"라 한다)과 1주당 순자산가치를 각각 3과 2의 비율[부동산과다보유법인(「소득세법」 제94조 제1항 제4호 다목에 해당하는 법인을 말한다)의 경우에는 1주당 순손익가치와 순자산가치의 비율을 각각 2와 3으로 한다]로 가중평균한 가액으로 한다. 다만, 그 가중평균한 가액이 1주당 순자산가치에 100분의 80을 곱한 금액보다 낮은 경우에는 1주당 순자산가치에 100분의 80을 곱한 금액을 비상장주식등의 가액으로 한다. 〈개정 1999.12.31., 2002.12.30., 2003.12.30., 2005.8.5., 2008.2.22., 2010.2.18., 2015.2.3., 2016.2.5., 2017.2.7.〉

　1주당 가액 = 1주당 최근 3년간의 순손익액의 가중평균액 ÷ 3년 만기 감안하여 기획재정부령으로 정하는 이자율

② 제1항의 규정에 의한 1주당 순자산가치는 다음의 산식에 의하여 평가한 가액으로 한다. 〈개정 1999.12.31, 2003.12.30〉

　1주당 가액 = 당해법인의 순자산가액 ÷ 발행주식총수 (이하 "순자산가치"라 한다)

제4장 주식백지신탁의무의 이행

주식백지신탁의 의무가 있는 자는 의무의 발생일부터 일정 기간 내에 해당 주식을 매각하지 아니하면 법정의 요건을 갖춘 자와 신탁 또는 투자신탁(이하 "주식백지신탁"이라 한다)에 관한 계약을 체결하여야 한다. 주식백지신탁 의무자의 주식 매각과 주식백지신탁은 개념상 구분되지만, 주식백지신탁은 주식의 매각 여부와 관련성을 갖는다. 이하에서는 먼저 양자에 공통하는 내용을 주식백지신탁의무 일반론으로 살피고(제1절 부분), 이어서 주식 매각(제2절 부분)과 주식백지신탁(제3절 부분)을 차례로 살피기로 한다.

▌제1절 주식백지신탁의무 일반론

Ⅰ. 주식백지신탁의무의 성질(법정의무)

주식백지신탁의 의무가 있는 자는 의무의 발생일부터 일정 기간 내에 해당 주식을 매각하지 아니하면 법정의 요건을 갖춘 자와 신탁 또는 투자신탁(이하 "주식백지신탁"이라 한다)에 관한 계약을 체결하여야 하는 의무를 부담한다. 이러한 주식백지신탁의무는 공직자윤리법 제14조의4 제1항에서 바로 나온다. 말하자면 주식백지신탁의무는 법정의무이며, 백지신탁의무를 부과하는 처분은 요하지 아니한다.

> **공직자윤리법**
>
> **제14조의4(주식의 매각 또는 신탁)** ① 등록의무자 중 제10조 제1항에 따른 공개대상자와 기획재정부 및 금융위원회 소속 공무원 중 대통령령으로 정하는 사람(이하 "공개대상자등"이라 한다)은 본인 및 그 이해관계자(…) 모두가 보유한 주식의 총 가액이 1천만원 이상 5천만원 이하의 범위에서 대통령령으로 정하는 금액을 초과할 때에는 초과하게 된 날(…)부터 1개월 이내에 다음 각 호의 어느 하나에 해당하는 행위를 **직접 하거나** 이해관계자로 하여금 **하도록 하고** 그 행위를 한 사실을 등록기관에 신고하여야 한다. ….
> 1. 해당 주식의 매각
> 2. 다음 각 목의 요건을 갖춘 신탁 또는 투자신탁(이하 "주식백지신탁"이라 한다)에 관한 계약의 체결
> (각목 생략)

Ⅱ. 주식백지신탁의무의 발생일

공직자윤리법상 주식백지신탁의무의 발생일은 여러 가지이다(공직자윤리법 제14조의4 제1항). 나누어 살펴보기로 한다.

> **공직자윤리법**
>
> **제14조의4(주식의 매각 또는 신탁)** ① … 대통령령으로 정하는 금액을 초과할 때에는 초과하게 된 날(공개대상자등이 된 날 또는 제6조의3 제1항·제2항에 따른 유예사유가 소멸된 날 현재 주식의 총 가액이 1천만원 이상 5천만원 이하의 범위에서 대통령령으로 정하는 금액을 초과할 때에는 **공개대상자등이 된 날** 또는 유예사유가 소멸된 날을, 제14조의5 제6항에 따라 주식백지신탁 심사위원회에 직무관련성 유무에 관한 심사를 청구할 때에는 **직무관련성이 있다는 결정을 통지받은 날을**, 제14조의12에 따른 **직권 재심사** 결과 직무관련성이 있다는 결정을 통지받은 경우에는 그 통지를 받은 날을 말한다)부터 1개월 이내에 … 한다. ….

1. 공개대상자등이 된 날

공개대상자등이 된 날 현재 주식의 총 가액이 1천만원 이상 5천만원 이하의 범위에서 대통령령으로 정하는 금액을 초과할 때에는 주식백지신탁의무가 발생한다(공직자윤리법 제14조의4 제1항).

> **공직자윤리법**
>
> **제14조의4(주식의 매각 또는 신탁)** ① …모두가 보유한 주식의 총 가액이 1천만원 이상 5천만원 이하의 범위에서 대통령령으로 정하는 금액을 초과할 때에는 초과하게 된 날(**공개대상자등이 된 날** …)부터 … 한다. ….

2. 유예사유가 소멸된 날

공직자윤리법 제6조의3 제1항·제2항에 따른 유예사유가 소멸된 날 현재 주식의 총 가액이 1천만원 이상 5천만원 이하의 범위에서 대통령령으로 정하는 금액을 초과할 때에는 유예사유가 소멸된 날에 주식백지신탁의무가 발생한다(공직자윤리법 제14조의4 제1항).

공직자윤리법

제14조의4(주식의 매각 또는 신탁) ① …모두가 보유한 주식의 총 가액이 1천만원 이상 5천만원 이하의 범위에서 대통령령으로 정하는 금액을 초과할 때에는 초과하게 된 날(…제6조의3 제1항·제2항에 따른 유예사유가 소멸된 날 현재 주식의 총 가액이 1천만원 이상 5천만원 이하의 범위에서 대통령령으로 정하는 금액을 초과할 때에는 … 유예사유가 소멸된 날…)부터 … 한다. ….

제6조의3(변동사항 신고의 유예 등) ① 등록기관의 장은 등록의무자가 다음 각 호의 어느 하나에 해당하여 변동사항 신고의 유예신청을 하는 경우에는 3년의 범위에서 제6조 제1항 또는 제11조 제1항에 따른 변동사항 신고를 유예할 수 있다.

    1. 법령의 규정에 따라 외국에 파견근무하게 된 경우

    2. 법령의 규정에 따라 휴직하게 된 경우

    3. 재외공관 또는 해외 주재 사무소에서 근무하게 된 경우

    4. 그 밖에 대통령령으로 정하는 사유에 해당하는 경우

② 등록기관의 장은 등록의무자가 다음 각 호의 어느 하나에 해당하는 경우에는 제9조 제1항에 따른 공직자윤리위원회(이하 "공직자윤리위원회"라 한다)의 의결로 제6조 또는 제11조에 따른 변동사항 신고를 유예하거나 면제할 수 있다. 이 경우 등록기관의 장은 그 명단 및 사유 등을 관리하여야 한다. 〈개정 2015.12.29.〉

    1. 구금 등으로 신고가 곤란하다고 인정된 경우

    2. 실종 등으로 행방이 불분명한 경우

    3. 제1호 및 제2호에 상당하는 사유로 사실상 신고가 곤란하다고 인정된 경우

---

3. 직무관련성이 있다는 결정을 통지받은 날

주식백지신탁 심사위원회에 직무관련성 유무에 관한 심사를 청구하여 직무관련성이 있다는 결정을 통지받은 경우에는 통지받은 날에 주식백지신탁의무가 발생한다(공직자윤리법 제14조의4 제1항).

공직자윤리법

제14조의4(주식의 매각 또는 신탁) ① … 모두가 보유한 주식의 총 가액이 1천만원 이상 5천만원 이하의 범위에서 대통령령으로 정하는 금액을 초과할 때에는 초과하게 된 날(… 제14조의5 제6항에 따라 주식백지신탁 심사위원회에 직무관련성 유무에 관한 심사를 청구할 때에는 직무관련성이 있다는 결정을 통지받은 날을 말한다)부터 … 한다. ….

제14조의5(주식백지신탁 심사위원회의 직무관련성 심사) ⑥ 공개대상자등은 본인 및 그 이해관계자가 보유한 주식이 직무관련성이 없다는 이유로 제14조의4 제1항에 따른 주식 매각의무 또는 주식백지신탁의무를 면제받으려는 경우 또는 전보 등의 사유로 직위가 변경되어 직무관련성 심사를 받으려는 경우에는 본인 및 그 이해관계자 모두가 보유한 주식의 총 가액이 1천만원 이상 5천만원 이하의 범위에서 대통령령으로 정하는 금액을 초과하게 된 날(공개대상자등이 된 날, 제6조의3 제1항·제2항에 따른 신고유예 사유가 소멸된 날 또는 공개대상자등의 직위가 변경된 날 현재 주식의 총가액이 1천만원 이상 5천만원 이하의 범위에서 대통령령으로 정하는 금액을 초과할 때에는 공개대상자등이 된 날, 신고유예 사유가 소멸된 날 또는 공개대상자등의 직위가 변경된 날을 말한다)부터 1개월 이내에 주식백지신탁 심사위원회에 보유 주식의 직무관련성 유무에 관한 심사를 청구하여야 한다. 〈개정 2015.12.29.〉

4. 직권 재심사 결과 직무관련성이 있다는 결정을 통지받은 날

공직자윤리법 제14조의12에 따른 직권 재심사 결과 직무관련성이 있다는 결정을 통지받은 경우에는 그 통지를 받은 날에 주식백지신탁의무가 발생한다(공직자윤리법 제14조의4 제1항).

공직자윤리법

제14조의4(주식의 매각 또는 신탁) ① … 모두가 보유한 주식의 총 가액이 1천만원 이상 5천만원 이하의 범위에서 대통령령으로 정하는 금액을 초과할 때에는 초과하게 된 날(… 제14조의12에 따른 **직권 재심사 결과 직무관련성이 있다는 결정을 통지받은 경우에는 그 통지를 받은 날**을 말한다)부터 …한다. ….

제14조의12(주식백지신탁 심사위원회 직권 재심사) 제14조의5에 따른 주식백지신탁 심사위원회는 제14조의5 제7항에 따른 결정사항이 다음 각 호의 어느 하나에 해당하는 경우로서 재적위원 과반수가 재심사할 공익상의 필요가 크다고 인정하는 경우에는 최초 결정이 있은 날부터 3년 이내, 직권 재심사 사유가 있음을 안 날부터 6개월 이내에 직권으로 재심사할 수 있다. 이 경우 주식백지신탁 심사위원회의 회의는 재적위원 3분의 2 이상의 찬성으로 의결한다.
   1. 결정의 기초가 된 증거자료가 위조·변조 또는 고의로 누락된 사실이 밝혀진 경우
   2. 심사과정에서 조사가 이루어지지 아니한 중요한 증거가 새로 발견된 경우
   3. 심사과정의 심의·의결 절차 등에 관한 위법이 발견되었을 경우
   [본조신설 2015.12.29.]
제14조의5(주식백지신탁 심사위원회의 직무관련성 심사) ⑦ 주식백지신탁 심사위원회는 제6항에 따른 심사청구일부터 1개월 이내에 해당 주식의 직무관련성 유무를 심사·결정하고 그 결과를 청구인에게 통지하여야 한다. 다만, 주식백지신탁 심사위원회는 필요하다고 인정될 때에는 그 의결로써 심사기간을 1개월의 범위에서 연장할 수 있다.
   [전문개정 2009.2.3.]

5. 공직자 등의 직위가 변경된 날

공직자의 직위(직무)가 변경되면(예: 보건복지부장관 A가 기획재정부장관으로 임용된 경우), 그 변경된 날에 주식백지신탁의무가 발생한다고 볼 것이다(공직자윤리법 제14조의5 제6항). 물론 직위(직무)의 변경이 있는 공직자등은 주식백지신탁 심사위원회에 직무관련성 유무에 관한 심사를 청구할 수 있다. 이러한 경우에는 위의 「3. 직무관련성이 있다는 결정을 통지받은 날」에 주식백지신탁의무가 발생한다(공직자윤리법 제14조의5 제6항).

공직자윤리법

제14조의5(주식백지신탁 심사위원회의 직무관련성 심사) ⑥ 공개대상자등은 본인 및 그 이해관계자가 보유한 주식이 직무관련성이 없다는 이유로 제14조의4 제1항에 따른 주식 매각의무 또는 주식백지신탁의무를 면제받으려는 경우 또는 **전보 등의 사유로 직위가 변경**되어 직무관련성 심사를 받으려는 경우에는 본인 및 그 이해관계자 모두가 보유한 주식의 총 가액이 1천만원 이상 5천만원 이하의 범위에서 대통령령으로 정하는 금액을 초과하게 된 날(공개대상자등이 된 날, 제6조의3 제1항·제2항에 따른 신고유예 사유가 소멸된 날 또는 **공개대상자등의 직위가 변경된 날** 현재 주식의 총가액이 1천만원 이상 5천만원 이하의 범위에서 대통령령으로 정하는 금액을 초과할 때에는 공개대상자등이 된 날, 신고유예 사유가 소멸된 날 또는 공개대상자등의 직위가 변경된 날을 말한다)부터 1개월 이내에 주식백지신탁 심사위원회에 보유 주식의 직무관련성 유무에 관한 심사를 청구하여야 한다. 〈개정 2015.12.29.〉

---

6. 주식백지신탁계약 체결 후 상속·증여 등이 있는 날

주식백지신탁계약이 체결된 경우에는 그 신탁계약이 해지될 때까지는 공개대상자등과 이해관계자 중 어느 누구도 새로 주식을 취득할 수 없지만, 상속이나 그 밖에 대통령령으로 정하는 사유로 주식을 취득한 경우에는 취득한 날에 주식백지신탁의무가 발생한다(공직자윤리법 제14조의6 제2항).

공직자윤리법

제14조의6(주식취득의 제한) ① 제14조의4 제1항에 따라 주식백지신탁계약이 체결된 경우에는 그 신탁계약이 해지될 때까지는 공개대상자등과 이해관계자 중 어느 누구도 새로 주식을 취득하여서는 아니 된다.

② 공개대상자등은 본인 또는 이해관계자가 제1항에 따라 주식취득이 제한되는 기간에 상속이나 그 밖에 대통령령으로 정하는 사유로 주식을 취득하게 된 경우에는 취득한 날(**상속의 경우에는 상속 개시를 알게 된 날**을 말한다)부터 1개월 이내에 그 주식을 직접 매각 또는 백지신탁을 하거나 이해관계자로 하여금 그 주식을 매각 또는 백지신탁을 하도록 하고 그 사실을 등록기관에 신고하여야 한다. 다만, 주식백지신탁 심사위원회로부터 직무관련성이 없다는 결정을 통지받은 경우에는 그러하지 아니하다.

③ 제2항에 따른 주식백지신탁 및 직무관련성 심사에 관하여는 제14조의4 제3항부터 제6항까지 및

제14조의5를 준용한다.

　　[전문개정 2009.2.3.]

7. 주식의 가액이 상승하여　대통령령으로 정하는 금액을 초과한 날

　　공직자윤리법 제14조의4 제1항의 해석상 공개대상자등이 된 날 현재 주식의 총 가액이 대통령령으로 정하는 금액에 미달하였으나, 그 후 보유하고 있는 주식의 가액이 상승하여 대통령령으로 정하는 금액을 초과하게 되면, 그 날 주식백지신탁의무가 발생한다고 볼 것이다.

공직자윤리법

　　제14조의4(주식의 매각 또는 신탁) ① …모두가 보유한 주식의 총 가액이 1천만원 이상 5천만원 이하의 범위에서 대통령령으로 정하는 금액을 초과할 때에는 **초과하게 된 날**(공개대상자등이 된 날 …)부터 … 한다. ….

Ⅲ. 주식백지신탁의무의 이행 기간

　　주식백지신탁의무는 주식백지신탁의무의 발생일로부터 1개월 이내에 이행하여야 한다(공직자윤리법 제14조의4 제1항). 이행기간을 1개월의 단기로 한 것은 이행 기간을 장기로 하는 경우에 해당 공직자가 직위 또는 직무상 알게 된 정보를 이용하여 사적 이익을 추구할 가능성이 증대할 수 있음을 고려한 것으로 보인다.

공직자윤리법

　　제14조의4(주식의 매각 또는 신탁) ① … 대통령령으로 정하는 금액을 초과할 때에는 초과하게 된 날(…)부터 **1개월 이내에** … 하여야 한다. …

Ⅳ. 주식백지신탁의무의 내용

　　의무자는 ① 해당 주식을 매각하거나 ② 법정의 요건을 갖는 자와 신탁 또는 투자신탁(이하 "주식백지신탁"이라 한다)에 관한 계약을 체결하여야 한다(공직자윤리법 제14조의4 제1항). 이에 관해 자세한 것은 아래(제2절 해당 주식의 매각, 제3절 주식백지신탁의 계약)에서 살피기로 한다.

▌제2절 해당 주식의 매각

Ⅰ. 매각의 이행

① 주식백지신탁의 의무자는 직접 또는 이해관계자로 하여금 의무이행기간 안에 보유주식을 전부 매각하거나 아니면 일부를 매각하여 보유하는 주식의 총 가액을 대통령령으로 정하는 금액(현재는 3천만원) 이하로 하여야 한다(공직자윤리법 제14조의4 제1항). ② 공직자윤리법 제14조의4 제1항에 따라 주식백지신탁계약이 체결된 경우에는 그 신탁계약이 해지될 때까지는 공개대상자등과 이해관계자 중 어느 누구도 새로 주식을 취득하여서는 아니 됨에도 불구하고 상속 등으로 주식을 취득하게 되는 경우에도 또한 ①의 경우와 같다(공직자윤리법 제14조의6 제2항).

공직자윤리법

제14조의4(주식의 매각 또는 신탁) ① … 다음 각 호의 어느 하나에 해당하는 행위를 직접 하거나 이해관계자로 하여금 하도록 … 하여야 한다. ….

　　1. 해당 주식의 매각

제14조의6(주식취득의 제한) ② 공개대상자등은 본인 또는 이해관계자가 제1항에 따라 주식취득이 제한되는 기간에 상속이나 그 밖에 대통령령으로 정하는 사유로 주식을 취득하게 된 경우에는 취득한 날(상속의 경우에는 상속 개시를 알게 된 날을 말한다)부터 1개월 이내에 그 주식을 직접 매각 또는 백지신탁을 하거나 이해관계자로 하여금 그 주식을 **매각**…하고 그 사실을 등록기관에 신고하여야 한다. ….

Ⅱ. 매각의 신고와 등록기관

1. 매각의 신고
(1) 원칙

① 주식백지신탁의 의무자는 보유주식을 매각하면, 그 사실을 등록기관에 신고하여야 한다(공직자윤리법 제14조의4 제1항). ② 공직자윤리법 제14조의4 제1항에 따라 주식백지신탁에 관한 계약이 체결된 경우에는 그 계약이 해지될 때까지는 공개대상자등과 이해관계자 중 어느 누구도 새로 주식을 취득하여서는 아니 됨에도 불구하고, 상속 등으로 주식을 취득하게 되는 경우에도 ①의 경우와 같다(공직자윤리법 제14조의6 제2항). ③ 신고서에 거짓을 기재하여서는 아니 된다(공직자윤리법 제14조의4 제6항, 제12조 제1항).

> **공직자윤리법**
>
> 제14조의4(주식의 매각 또는 신탁) ① … 다음 각 호의 어느 하나에 해당하는 행위를 직접 하거나 이해관계자로 하여금 하도록 하고 그 행위를 한 사실을 등록기관에 신고하여야 한다. ….
>
> 1. 해당 주식의 매각
>
> ⑤ 제1항에 따라 주식을 매각하거나 백지신탁을 한 사실의 신고방법은 대통령령으로 정한다.
>
> ⑥ 제1항에 따른 신고와 신고사항의 심사 및 관리에 관하여는 제6조의2 제3항, 제7조, **제8조**, 제8조의2, 제12조부터 제14조까지 및 제14조의3을 준용한다.
>
> 제14조의6(주식취득의 제한) ② 공개대상자등은 본인 또는 이해관계자가 제1항에 따라 주식취득이 제한되는 기간에 상속이나 그 밖에 대통령령으로 정하는 사유로 주식을 취득하게 된 경우에는 취득한 날(상속의 경우에는 상속 개시를 알게 된 날을 말한다)부터 1개월 이내에 그 주식을 직접 매각 또는 백지신탁을 하거나 이해관계자로 하여금 그 주식을 매각…하고 그 사실을 등록기관에 신고하여야 한다. ….
>
> 제12조(성실등록의무 등) ① 등록의무자는 제4조에서 규정하는 등록대상재산과 그 가액, 취득일자, 취득경위, 소득원 등을 재산등록 서류에 거짓으로 기재하여서는 아니 된다.

(2) 매각신고와 재산등록을 동시에 하는 경우 주식 가액 산정 방법

해당 주식을 매각한 사실을 신고하면서 재산등록을 동시에 하는 경우에는 그 주식의 가액은 재산등록 기준일의 최종거래가격 등이 아니라 해당 주식을 매각한 날을 기준으로 한다(공직자윤리법 제14조의4 제2항). 따라서 공직자윤리법 제14조의4 제2항은 재산등록을 할 때 주식의 가액 산정은 재산등록 기준일의 최종거래가격 등을 기준으로 한다는 같은 법 제4조 제3항 제7호에 대한 특례규정이 된다.

> **공직자윤리법**
>
> 제14조의4(주식의 매각 또는 신탁) ① … 다음 각 호의 어느 하나에 해당하는 행위를 직접 하거나 이해관계자로 하여금 하도록 하고 그 행위를 한 사실을 등록기관에 신고하여야 한다. ….
>
> 1. 해당 주식의 매각
>
> ② 제1항에 따른 신고와 제5조에 따른 등록을 함께 하는 경우 등록하여야 하는 주식의 종류와 가액은 제1항에 따라 주식을 **매각한 날** 또는 주식백지신탁계약을 체결한 날을 기준으로 한다.
>
> 제4조(등록대상재산) ③ 제1항에 따라 등록할 재산의 종류별 가액(價額)의 산정방법 또는 표시방법은 다음과 같다. 〈개정 2013.5.28., 2016.1.19.〉
>
> 7. 주식 중 「자본시장과 금융투자업에 관한 법률」에 따라 거래소허가를 받은 거래소에 상장된 주권과 「자본시장과 금융투자업에 관한 법률」 제166조에 따라 장외거래되는 주식 중 증권시장과 유사한 방법으로 거래되는 주식은 재산등록 기준일의 최종거래가격(거래가 재산등록 기준일 전에 마감된 경우에는 마감일의 최종거래가격. 다만, 「자본시장과 금융투자업에 관한 법률」 제166조에 따라 장외거래되는 주식 중 증권시장과 유사한 방법으로 거래되는 주식의 경우에는 대통령령으로 정하는 거래가격을 말한다), 그 외의 주식은 액면가

(3) 신고방법

신고방법은 대통령령으로 정한다(공직자윤리법 제14조의4 제5항). 신고는 신고서에 증빙서류를 첨부하여 등록기관에 제출하여야 한다(공직자윤리법 시행령 제27조의12 제1항). 세부적인 사항은 공직자윤리법 시행규칙에서 규정하고 있다(공직자윤리법 시행규칙 제12 조의2 제2항).

공직자윤리법

제14조의4(주식의 매각 또는 신탁) ⑤ 제1항에 따라 주식을 매각하거나 백지신탁을 한 사실의 신고 방법은 대통령령으로 정한다.

공직자윤리법 시행령

제27조의12(백지신탁계약 체결사실 등의 신고 및 공개의 방법) ① 법 제14조의4 제1항 또는 제14조 의6 제2항에 따라 주식매각 또는 주식백지신탁계약 체결사실을 신고하려는 사람은 신고서에 증빙자 료를 첨부하여 등록기관에 제출하여야 한다.

공직자윤리법 시행규칙

제12조의2(주식의 매각신고 등) ② 법 제14조의4 제1항 및 제14조의6 제2항에 따른 **주식 매각** 또는 백지신탁 사실의 신고는 별지 제14호의3 서식에, 주식 매각 또는 백지신탁 사실의 공개는 별지 제14 호의4 서식에 따른다.… . 〈개정 2016.6.30.〉

---

(4) 신고기간의 연장

주식백지신탁의 의무자가 부득이한 사유로 보유주식 매각 사실의 신고 기간연장을 신청하면, 등록기관의 장은 경우에 따라 신고기간을 연장할 수 있다(공직자윤리법 제14조의4 제6항, 제7조). 이 경우 주식백지신탁의 의무자는 연장된 기간 내에 신고를 하여야 한다(공직자윤리법 제14조의4 제6항, 제7조).

공직자윤리법

제14조의4(주식의 매각 또는 신탁) ⑥ 제1항에 따른 신고와 신고사항의 심사 및 관리에 관하여는 제 6조의2 제3항, **제7조**, 제8조, 제8조의2, 제12조부터 제14조까지 및 제14조의3을 준용한다.

제7조(등록기간의 연장) 등록기관의 장은 등록의무자(제6조 제2항의 퇴직공직자를 포함한다. 이하 제 8조·제10조·제12조·제13조 및 제24조에서 같다)가 부득이한 사유로 재산등록(신고를 포함한다. 이 하 같다)의 기간 연장을 신청한 경우에 그 사유가 타당하다고 인정할 때에는 재산의 전부 또는 일부 에 대한 등록기간을 연장할 수 있다. 이 경우 등록의무자는 연장된 기간 내에 등록을 하여야 한다. [전문개정 2009.2.3.]

---

(5) 신고자의 보호(불이익처분금지)

신고자(등록의무자)는 공직자윤리법상 등록된 사항으로 인하여 불이익을 받아서는 아니 된다. 물론 허위등록의 경우는 사정이 다르다(공직자윤리법 제14조의4 제6항, 제13조).

공직자윤리법

제14조의4(주식의 매각 또는 신탁) ⑥ 제1항에 따른 신고와 신고사항의 심사 및 관리에 관하여는 제6조의2 제3항, 제7조, 제8조, 제8조의2, 제12조부터 제14조까지 및 제14조의3을 준용한다.

제13조(재산등록사항의 목적 외 이용금지 등) 등록의무자는 허위등록이나 그 밖에 이 법에서 정한 사유 외에 등록된 사항을 이유로 불리한 처우나 처분을 받지 아니…한다.

[전문개정 2009.2.3.]

---

2. 매각의 등록기관

해당 주식을 매각한 사실을 등록기관에 신고하여야 한다(공직자윤리법 제14조의4 제1항). 재산의 등록기관은 공직자윤리법 제5조 제1항에서 규정하고 있다.

공직자윤리법

제14조의4(주식의 매각 또는 신탁) ① 등록의무자 중 제10조 제1항에 따른 공개대상자와 기획재정부 및 금융위원회 소속 공무원 중 대통령령으로 정하는 사람(이하 "공개대상자등"이라 한다)은 … 다음 각 호의 어느 하나에 해당하는 행위를 직접 하거나 이해관계자로 하여금 하도록 하고 그 행위를 한 사실을 등록기관에 신고하여야 한다. … .

  1. 해당 주식의 매각

제5조(재산의 등록기관과 등록시기 등) ① 공직자는 등록의무자가 된 날부터 2개월 이내에 등록의무자가 된 날 현재의 재산을 다음 각 호의 구분에 따른 기관(이하 "등록기관"이라 한다)에 등록하여야 한다. … 〈개정 2011.7.29., 2013.3.23., 2014.11.19.〉

  1. 국회의원과 그 밖의 국회 소속 공무원: **국회사무처**

  2. 법관과 그 밖의 법원 소속 공무원: **법원행정처**

  3. 헌법재판소장, 헌법재판소재판관 및 헌법재판소 소속 공무원: **헌법재판소사무처**

  4. 중앙선거관리위원회 및 각급 선거관리위원회 소속 공무원: **중앙선거관리위원회사무처**

  5. 정부의 부·처·청(대통령령으로 정하는 위원회 등의 행정기관을 포함한다. 이하 같다) 소속 공무원: 그 부·처·청

  6. 감사원 소속 공무원: **감사원사무처**

  7. 국가정보원 소속 공무원: **국가정보원**

  8. 지방자치단체 소속 공무원: 그 **지방자치단체**

  9. 지방의회의원과 지방의회 소속 공무원: 그 **지방의회**

  10. 특별시·광역시·특별자치시·도·특별자치도교육청 소속 공무원: 그 **특별시·광역시·특별자치시·도·특별자치도교육청**

  11. 특별시·광역시·특별자치시·도·특별자치도교육위원회의 교육위원과 그 소속 공무원: 그 **교육위원회**

  12. 공직유관단체의 임직원: 그 공직유관단체를 감독하는 부·처·청. 다만, 특별시·광역시·특별자치시·도·특별자치도 및 시·군·구(자치구를 말한다. 이하 같다)의 감독을 받는 공직유관단체의 임직원은 특별시·광역시·특별자치시·도·특별자치도 및 시·군·구에 등록한다.

---

13. 그 밖의 등록의무자, 제5호부터 제7호까지 및 제12호 본문에도 불구하고 정부의 부·처·청 소속 공무원과 감사원·국가정보원 소속 공무원 및 공직유관단체의 임원으로서 제10조 제1 항에 따라 재산등록사항을 공개하는 공직자: **인사혁신처**

Ⅲ. 매각의 공개

주식 매각 사실을 신고받은 등록기관의 장은 해당 사실을 공개하여야 한다(공직자윤리법 제14조의14 제1항). 세부적인 사항은 공직자윤리법 시행령과 시행규칙에서 규정하고 있다.

공직자윤리법

제14조의14(주식의 매각 또는 신탁 사실의 공개) ① 제14조의4 제1항 또는 제14조의6 제2항에 따라 주식 매각 …사실을 신고받은 등록기관의 장은 해당 사실을 공개하여야 한다.

③ 제1항 및 제2항에 따른 공개 방법 등에 필요한 사항은 국회규칙, 대법원규칙, 헌법재판소규칙, 중앙선거관리위원회규칙 또는 대통령령으로 정한다.

[본조신설 2015.12.29.]

공직자윤리법 시행령

제27조의12(백지신탁계약 체결사실 등의 신고 및 공개의 방법) ② 법 제14조의4 제1항 또는 제14조의6 제2항에 따라 주식매각 또는 주식백지신탁계약 체결사실 신고를 받은 등록기관의 장은 법 제14조의14 제1항 따라 신고를 받은 날부터 1개월 이내에 그 내용을 관보나 공보에 게재하여 공개하여야 한다. 다만, 제27조의3에 따른 기획재정부 및 금융위원회 소속 공무원의 경우에는 신고를 받은 기획재정부장관 및 금융위원회가 소속 공무원이 신고한 주식매각 또는 주식백지신탁계약 체결사실을 지체 없이 인사혁신처장에게 통보하여야 하고, 인사혁신처장은 통보를 받은 날부터 1개월 이내에 그 내용을 관보나 공보에 게재하여 공개하여야 한다. 〈개정 2013.3.23., 2014.11.19., 2016.6.28.〉

③ 법 제14조의14 제2항에 따라 처음 신탁된 주식의 처분이 완료된 사실을 통보받은 관할 공직자윤리위원회는 통보를 받은 날부터 1개월 이내에 그 사실을 관보나 공보에 게재하여 공개하여야 한다. 〈신설 2016.6.28.〉

[전문개정 2009.2.3.]

[제목개정 2016.6.28.]

제27조의3(기획재정부와 금융위원회 소속 공무원의 범위) 법 제14조의4 제1항 각 호 외의 부분 본문에서 "대통령령으로 정하는 사람"이란 기획재정부의 금융정책·은행·증권·보험 등 금융에 관한 사무를 관장하는 국(본부·단·부·팀을 포함한다) 소속 고위공무원단에 속하는 공무원 및 4급 이상 공무원(이에 상당하는 공무원을 포함한다)과 금융위원회 소속 고위공무원단에 속하는 공무원 및 4급 이상 공무원(이에 상당하는 공무원을 포함한다)을 말한다.

[전문개정 2009.2.3.]

공직자윤리법 시행규칙

제12조의2(주식의 매각신고 등) ② … 주식 매각 또는 백지신탁 사실의 공개는 별지 제14호의4서식에 따른다.

Ⅳ. 신고사항의 심사

매각에 관한 신고와 신고사항에 대하여 주식백지신탁 심사위원회의 심사가 이루어진다(공직자윤리법 제14조의4 제6항). 그 내용은 주식백지신탁 계약의 심사의 경우와 같다. 구체적인 내용은 주식백지신탁 계약의 심사부분에서 보기로 한다.

공직자윤리법

　제14조의4(주식의 매각 또는 신탁) ⑥ 제1항에 따른 신고와 신고사항의 심사 및 관리에 관하여는 제6조의2 제3항, 제7조, 제8조, 제8조의2, 제12조부터 제14조까지 및 제14조의3을 준용한다.
　[전문개정 2009.2.3.]

Ⅴ. 매각 신고제도의 오용방지

1. 재산등록사항의 목적 외 이용금지 등

누구든지 공직자윤리법에 따라 등록된 재산에 관한 사항을 공직자윤리법이 정한 목적 외의 용도로 사용할 수 없다(공직자윤리법 제14조의4 제6항, 제13조). 목적 외의 사용은 공직자윤리법의 의미를 무력화시키는 것이 된다.

공직자윤리법

　제14조의4(주식의 매각 또는 신탁) ⑥ 제1항에 따른 신고와 신고사항의 심사 및 관리에 관하여는 제6조의2 제3항, 제7조, 제8조, 제8조의2, 제12조부터 제14조까지 및 제14조의3을 준용한다.
　제13조(재산등록사항의 목적 외 이용금지 등) 등록의무자는 허위등록이나 그 밖에 이 법에서 정한 사유 외에 등록된 사항을 이유로 불리한 처우나 처분을 받지 아니하며, 누구든지 재산등록사항을 이 법에서 정한 목적 외의 용도로 이용하여서는 아니 된다.
　[전문개정 2009.2.3.]

---

2. 재산등록업무 종사자의 비밀엄수의무

재산등록업무에 종사하는 사람 등은 직무상 알게 된 등록사항을 타인에게 누설할 수 없다(공직자윤리법 제14조의4 제6항, 제14조). 누설은 신고의무자 등의 프라이버시를 침해하는 것이 된다.

공직자윤리법

　제14조의4(주식의 매각 또는 신탁) ⑥ 제1항에 따른 신고와 신고사항의 심사 및 관리에 관하여는 제

6조의2 제3항, 제7조, 제8조, 제8조의2, 제12조부터 **제14조**까지 및 제14조의3을 준용한다.

제14조(비밀엄수) 재산등록업무에 종사하거나 종사하였던 사람 또는 직무상 재산등록사항을 알게 된 사람은 다른 사람에게 이를 누설하여서는 아니 된다.

[전문개정 2009.2.3.]

3. 금융거래자료의 제공·누설 등 금지

공직자윤리법이 정하는 바에 따라 금융거래 관련 자료를 제공받은 사람은 타인에게 제공하거나 누설할 수 없고, 목적 외의 용도로 이용할 수도 없다(공직자윤리법 제14조의4 제6항, 제14조의3).

> **공직자윤리법**
>
> **제14조의4(주식의 매각 또는 신탁)** ⑥ 제1항에 따른 신고와 신고사항의 심사 및 관리에 관하여는 제6조의2 제3항, 제7조, 제8조, 제8조의2, 제12조부터 **제14조**까지 및 **제14조의3**을 준용한다.
>
> **제14조의3(금융거래자료의 제공·누설 등 금지)** 제8조 제5항에 따라 금융거래의 내용에 관한 자료를 제공받은 사람은 그 자료를 타인에게 제공 또는 누설하거나 그 목적 외의 용도로 이용하여서는 아니 된다.
>
> [전문개정 2009.2.3.]

▌제3절   주식백지신탁에 관한 계약

Ⅰ. 주식백지신탁에 관한 계약의 체결

1. 체결시기

주식백지신탁에 관한 계약(이하, 주식백지신탁계약이라 한다)은 주식백지신탁의무의 발생일로부터 1개월 이내에 이루어져야 한다(공직자윤리법 제14조의4 제1항).

> **공직자윤리법**
>
> **제14조의4(주식의 매각 또는 신탁)** ① 등록의무자 … 사람(이하 "공개대상자등"이라 한다)은 … 초과하게 된 날(…)부터 **1개월 이내에** 다음 각 호의 어느 하나에 해당하는 행위를 직접 하거나 이해관계자로 하여금 하도록 하고 그 행위를 한 사실을 등록기관에 신고하여야 한다. …. 〈개정 2015.12.29.〉
>   1. … .
>   2. 다음 각 목의 요건을 갖춘 신탁 또는 투자신탁(이하 "주식백지신탁"이라 한다)에 관한 계약의 체결(각 목 생략)

2. 체결요건

공직자윤리법은 주식백지신탁계약 체결에 관하여 요건을 직접 규정하고 있다(공직자윤리법 제14조의4 제1항 제2호). 주식백지신탁계약은 이 조항이 정하는 요건들을 모두 구비하여야 한다.

> **공직자윤리법**
>
> **제14조의4(주식의 매각 또는 신탁)** ① 등록의무자 … 사람(이하 "공개대상자등"이라 한다)은 … 다음 각 호의 어느 하나에 해당하는 행위를 직접 하거나 이해관계자로 하여금 하도록 하고 그 행위를 한 사실을 등록기관에 신고하여야 한다. …. 〈개정 2015.12.29.〉
>
> 1. …
> 2. 다음 각 목의 요건을 갖춘 신탁 또는 투자신탁(이하 "주식백지신탁"이라 한다)에 관한 계약의 체결(각 목 생략)

(1) 수탁기관은 「자본시장과 금융투자업에 관한 법률」에 따른 신탁업자 또는 집합투자업자일 것

공개대상자등이 체결할 주식백지신탁계약의 상대방은 신탁업무를 수행하는 기관으로서 「자본시장과 금융투자업에 관한 법률」에 따른 신탁업자 또는 집합투자업자이어야 한다(공직자윤리법 제14조의4 제1항 제2호 바목 본문). 다만, 공개대상자등 또는 그 이해관계자가 최근 3년 이내에 그 회사의 임직원으로 재직하였다면 그 회사는 계약의 상대방이 될 수 없다(공직자윤리법 제14조의4 제1항 제2호 바목 단서).

> **공직자윤리법**
>
> **제14조의4(주식의 매각 또는 신탁)** ① 등록의무자 … 사람(이하 "공개대상자등"이라 한다)은 … 다음 각 호의 어느 하나에 해당하는 행위를 … 한다. …. 〈개정 2015.12.29.〉
>
> 1. (생략)
> 2. 다음 각 목의 요건을 갖춘 신탁 또는 투자신탁(이하 **"주식백지신탁"**이라 한다)에 관한 계약의 체결
>   바. 수탁기관은 신탁업무를 수행하는 기관으로서 「자본시장과 금융투자업에 관한 법률」에 따른 **신탁업자 또는 집합투자업자**일 것. 다만, 공개대상자등 또는 그 이해관계자가 최근 3년 이내에 임직원으로 재직한 회사는 제외한다.

[참고] 수탁기관이 될 수 있는 기관

• 금융기관(은행 · 증권사 등)도 「자본시장과 금융투자업에 관한 법률」에 따라 신탁업을 겸영한다면, 신탁업자로서 수탁기관이 될 수 있다.

• 투자자문업자와 투자일임업자는 수탁기관이 되지 아니한다. 자산운용사나 자본시장법상 집합투자업자는 집합투자(펀드)의 성질상 특정 주식에 대한 정보의 접근 또는 영향력 행사의 가능성이 희박하므로 수탁기관이 될 수 있다. 물론 「자본시장과 금융투자업에 관한 법률」에

따라 신탁업을 경영하는 것이어야 한다. 투자자문사는 투자자문업자·투자일임업자로서 투자운용에 대하여 고객과의 긴밀한 협조가 필요하기 때문에 수탁기관으로서 부적합하다.[1]

• 개인으로서 공인회계사나 변호사는 수탁기관이 아니다. 이들에게 신탁을 허용하지 아니한 것은, 이들에 대한 신탁은 신탁업자 또는 집합투자업자에 대한 신탁에 비해 은밀한 거래가 있을 가능성이 보다 높다고 보았기 때문일 것이다.

(2) 수탁기관은 60일내 주식을 처분할 것

수탁기관은 주식백지신탁계약 체결일부터 60일 이내에 처음 신탁된 주식을 처분하여야 한다(공직자윤리법 제14조의4 제1항 제2호 가목 본문). 다만, 60일 이내에 주식을 처분하기 어려운 사정이 있는 경우로서 수탁기관이 공직자윤리위원회의 승인을 받은 때에는 주식의 처분시한을 연장할 수 있으며, 이 경우 1회의 연장기간은 30일 이내로 하여야 한다(공직자윤리법 제14조의4 제1항 제2호 가목).

공직자윤리법

제14조의4(주식의 매각 또는 신탁) ① 등록의무자 ⋯ 사람(이하 "공개대상자등"이라 한다)은 ⋯ 다음 각 호의 어느 하나에 해당하는 행위를 ⋯ 한다. ⋯. 〈개정 2015.12.29.〉

　1. (생략)

　2. 다음 각 목의 요건을 갖춘 신탁 또는 투자신탁(이하 "**주식백지신탁**"이라 한다)에 관한 계약의 체결

　가. 수탁기관은 신탁계약이 체결된 날부터 **60일** 이내에 처음 신탁된 주식을 처분할 것. 다만, 60일 이내에 주식을 처분하기 어려운 사정이 있는 경우로서 수탁기관이 공직자윤리위원회의 승인을 받은 때에는 주식의 처분시한을 연장할 수 있으며, 이 경우 1회의 연장기간은 30일 이내로 하여야 한다.

---

(3) 공개대상자 등이 신탁재산의 처분 등에 관여하는 것을 금지할 것

주식백지신탁제도의 취지에 비추어 공개대상자등 또는 그 이해관계자는 신탁재산의 관리·운용·처분에 관여할 수 없어야 한다(공직자윤리법 제14조의4 제1항 제2호 나목). 만약 관여를 허용한다면, 주식백지신탁제도의 취지는 몰각될 것이다.

공직자윤리법

제14조의4(주식의 매각 또는 신탁) ① 등록의무자 ⋯ 사람(이하 "공개대상자등"이라 한다)은 ⋯ 다음 각 호의 어느 하나에 해당하는 행위를 ⋯ 한다. ⋯. 〈개정 2015.12.29.〉

　1. (생략)

　2. 다음 각 목의 요건을 갖춘 신탁 또는 투자신탁(이하 "**주식백지신탁**"이라 한다)에 관한 계약의 체결

　나. 공개대상자등 또는 그 이해관계자는 **신탁재산의 관리·운용·처분**에 관여하지 아니할 것

---

1) 행정안전부, 주식백지신탁 심사위원회 제4기 신임위원 설명자료, 17쪽.

(4) 공개대상자 등의 정보제공 요구 금지 및 수탁기관의 정보제공 금지

공개대상자등 또는 그 이해관계자는 신탁재산의 관리·운용·처분에 관한 정보의 제공을 요구하지 아니하며, 수탁기관은 정보를 제공하지 아니하여야 한다(공직자윤리법 제14조의4 제1항 제2호 다목 본문). 만약 정보의 제공을 요구할 수도 있고, 정보를 제공할 수도 있다고 하면, 이해충돌의 방지를 주요한 목적으로 하는 주식백지신탁제도의 의미는 상당히 상실될 것이다. 주식백지신탁계약을 체결할 시점에 신탁재산의 기본적인 운용방법을 미리 알려주는 것은 무관하다(공직자윤리법 제14조의4 제1항 제2호 다목 단서).

공직자윤리법

제14조의4(주식의 매각 또는 신탁) ① 등록의무자 … 사람(이하 "공개대상자등"이라 한다)은 … 다음 각 호의 어느 하나에 해당하는 행위를 … 한다. …. 〈개정 2015.12.29.〉
 1. (생략)
 2. 다음 각 목의 요건을 갖춘 신탁 또는 투자신탁(이하 "**주식백지신탁**"이라 한다)에 관한 계약의 체결
  다. 공개대상자등 또는 그 이해관계자는 신탁재산의 관리·운용·처분에 관한 **정보의 제공을 요구**하지 아니하며, 수탁기관은 **정보를 제공**하지 아니할 것. 다만, 수탁기관은 신탁계약을 체결할 때에 대통령령으로 정하는 범위에서 미리 신탁재산의 기본적인 운용방법을 제시할 수 있다.

---

(5) 주식백지신탁 사유 소멸 시, 신탁계약해지가 가능하여야 할 것

공직자윤리법 제14조의10 제2항 각 호가 정하는 사유가 발생하면, 주식백지신탁계약을 계속 유지시킬 이유가 없다. 이러한 경우에는 신탁자가 주식백지신탁계약을 해지할 수 있도록 하여야 한다(공직자윤리법 제14조의4 제1항 제2호 라목).

공직자윤리법

제14조의4(주식의 매각 또는 신탁) ① 등록의무자 … 사람(이하 "공개대상자등"이라 한다)은 … 다음 각 호의 어느 하나에 해당하는 행위를 … 한다. …. 〈개정 2015.12.29.〉
 1. (생략)
 2. 다음 각 목의 요건을 갖춘 신탁 또는 투자신탁(이하 "**주식백지신탁**"이라 한다)에 관한 계약의 체결
  라. 제14조의10 제2항 각 호의 어느 하나에 해당하는 사유가 발생하는 경우에는 신탁자가 신탁계약을 해지할 수 있을 것
제14조의10(주식의 매각요구 및 신탁의 해지) ② 주식백지신탁의 신탁자는 다음 각 호의 어느 하나에 해당하는 사유가 발생하면 수탁기관에 주식백지신탁계약의 해지를 청구할 수 있다. 다만, 제2호의 경우에는 반드시 주식백지신탁계약의 해지를 청구하여야 한다. 〈개정 2015.12.29.〉
 1. 제14조의8 제2항 제2호에 따른 사항을 통지받은 경우
 2. 제1항에 따른 매각요구를 받아 수탁기관이 신탁재산을 모두 매각한 경우
 3. 퇴직·전보 등의 사유로 해당 공개대상자등이 공개대상자등에서 제외된 경우
 4. 주식백지신탁 신탁자의 직위가 전보 등의 사유로 변경된 경우로서 제14조의5 제7항에 따라 주식백지신탁 심사위원회로부터 변경된 직위와 백지신탁 관리·운용 중인 주식간에 직무관련성

이 없다는 결정을 통지받은 경우

제14조의8(신탁상황의 보고 등) ② 주식백지신탁의 수탁기관은 다음 각 호의 어느 하나에 해당하는 경우에는 이 사실을 관할 공직자윤리위원회에 통보하여야 하며, 공직자윤리위원회는 이를 신탁자에게 통지하여야 한다. 〈개정 2015.12.29.〉

　1. 처음 신탁된 주식의 처분이 완료된 경우

　2. 신탁재산의 가액이 1천만원 이상 5천만원 이하의 범위에서 대통령령으로 정하는 금액 이하가 된 경우

(6) 수탁기관이 선관의무를 이행하는 경우에 면책을 보장할 것

수탁인(수임인)이 수탁사무를 처리할 때 선량한 관리자의 주의를 다하여야 한다는 것은 우리 민법상 원칙이다. 선량한 관리자의 주의를 다하였음에도 불구하고 발생하는 손해에 대하여 수탁인(수임인)에 대하여 책임을 물을 수 있다고 하면, 그것은 위탁 제도(위임 제도) 자체를 불안정한 것으로 만들 것이다. 공직자윤리법 제14조의4 제1항 제2호 마목은 이러한 취지를 확인하는 조항이라 하겠다.

공직자윤리법

　제14조의4(주식의 매각 또는 신탁) ① 등록의무자 … 사람(이하 "공개대상자등"이라 한다)은 … 다음 각 호의 어느 하나에 해당하는 행위를 … 한다. …. 〈개정 2015.12.29.〉

　　1. (생략)

　　2. 다음 각 목의 요건을 갖춘 신탁 또는 투자신탁(이하 "**주식백지신탁**"이라 한다)에 관한 계약의 체결

　　마. 수탁기관이 선량한 관리자의 주의의무로써 신탁업무를 수행한 경우에는 이로 인한 일체의 손해에 대하여 책임을 지지 아니할 것

민법

　제681조(수임인의 선관의무) 수임인은 위임의 본지에 따라 선량한 관리자의 주의로써 위임사무를 처리하여야 한다.

3. 체결 사실의 신고

(1) 원칙

① "공개대상자등"은 본인 및 그 이해관계자(…) 모두가 보유한 주식의 총 가액이 1천만원 이상 5천만원 이하의 범위에서 대통령령으로 정하는 금액을 초과할 때에는 초과하게 된 날(…)부터 1개월 이내에 수탁기관과 주식백지신탁계약을 체결하고 그 사실을 등록기관에 신고하여야 한다(공직자윤리법 제14조의4 제1항). ② 공직자윤리법 제14조의4 제1항에 따라 주식백지신탁계약이 체결된 경우에는 그 주식백지신탁계약이 해지될 때까지는 공개대상자등과 이해관계자 중 어느 누구도 새로 주식을 취득하여서는 아니 됨에도 불구하고, 상속 등으로 주식을 취득하게 되는 경우도 또한 ①의 경우

와 같다(공직자윤리법 제14조의6 제2항). ③ 신고서에 거짓을 기재하여서는 아니 된다(공직자윤리법 제14조의4 제6항, 제12조 제1항). 이를 위반하면 징계처분이 가해진다.

공직자윤리법

　제14조의4(주식의 매각 또는 신탁) ① … 다음 각 호의 어느 하나에 해당하는 행위를 직접 하거나 이해관계자로 하여금 하도록 하고 그 행위를 한 사실을 등록기관에 신고하여야 한다. ….

　　2. 다음 각 목의 요건을 갖춘 신탁 또는 투자신탁(이하 "주식백지신탁"이라 한다)에 관한 계약의 체결

　　(각목 생략)

　⑤ 제1항에 따라 주식을 매각하거나 백지신탁을 한 사실의 신고방법은 대통령령으로 정한다.

　제14조의6(주식취득의 제한) ② 공개대상자등은 본인 또는 이해관계자가 제1항에 따라 주식취득이 제한되는 기간에 상속이나 그 밖에 대통령령으로 정하는 사유로 주식을 취득하게 된 경우에는 취득한 날(상속의 경우에는 상속 개시를 알게 된 날을 말한다)부터 1개월 이내에 그 주식을 직접 매각 또는 는 백지신탁을 하거나 이해관계자로 하여금 그 주식을 백지신탁…하고 그 사실을 등록기관에 신고하여야 한다. ….

　제14조의4(주식의 매각 또는 신탁) ⑥ 제1항에 따른 신고와 신고사항의 심사 및 관리에 관하여는 제6조의2 제3항, 제7조, 제8조, 제8조의2, 제12조부터 제14조까지 및 제14조의3을 준용한다.

　제12조(성실등록의무 등) ① 등록의무자는 제4조에서 규정하는 등록대상재산과 그 가액, 취득일자, 취득경위, 소득원 등을 재산등록 서류에 거짓으로 기재하여서는 아니 된다.

　제22조(징계 등) 공직자윤리위원회는 공무원 또는 공직유관단체의 임직원이 다음 각 호의 어느 하나에 해당하면 이를 사유로 해임 또는 징계의결을 요구할 수 있다. 〈개정 2011.7.29., 2015.12.29.〉

　　7. 제12조 제2항(제6조의2 제4항 및 제11조 제2항에서 준용하는 경우를 포함한다)을 위반하여 공직자윤리위원회 등의 등록사항 심사에 응하지 아니한 경우

---

(2) 주식백지신탁계약 체결의 신고에 따르는 특례

⑺ 주식백지신탁계약체결 신고와 재산등록을 동시에 하는 경우, 주식 가액 산정 방법

주식백지신탁계약을 체결한 사실을 신고하면서 재산등록을 동시에 하는 경우에는 그 주식의 가액은 재산등록 기준일의 최종거래가격 등이 아니라 주식백지신탁계약을 체결한 날을 기준으로 한다(공직자윤리법 제14조의4 제2항). 따라서 공직자윤리법 제14조의4 제2항은 재산등록을 할 때 주식의 가액 산정은 재산등록 기준일의 최종거래가격 등을 기준으로 한다는 같은 법 제4조 제3항 제7호에 대한 특례규정이 된다.

공직자윤리법

　제14조의4(주식의 매각 또는 신탁) ① … 다음 각 호의 어느 하나에 해당하는 행위를 직접 하거나 이해관계자로 하여금 하도록 하고 그 행위를 한 사실을 등록기관에 신고하여야 한다. ….

　　2. 다음 각 목의 요건을 갖춘 신탁 또는 투자신탁(이하 "주식백지신탁"이라 한다)에 관한 계약의 체결

　　(각목 생략)

　② 제1항에 따른 신고와 제5조에 따른 등록을 함께 하는 경우 등록하여야 하는 주식의 종류와 가액

은 제1항에 따라 주식을 매각한 날 또는 **주식백지신탁계약을 체결한 날**을 기준으로 한다.

제4조(등록대상재산) ③ 제1항에 따라 등록할 재산의 종류별 가액(價額)의 산정방법 또는 표시방법은 다음과 같다. 〈개정 2013.5.28., 2016.1.19.〉

7. 주식 중 「자본시장과 금융투자업에 관한 법률」에 따라 거래소허가를 받은 거래소에 상장된 주권과 「자본시장과 금융투자업에 관한 법률」 제166조에 따라 장외거래되는 주식 중 증권시장과 유사한 방법으로 거래되는 주식은 재산등록 기준일의 최종거래가격(거래가 재산등록 기준일 전에 마감된 경우에는 마감일의 최종거래가격. 다만, 「자본시장과 금융투자업에 관한 법률」 제166조에 따라 장외거래되는 주식 중 증권시장과 유사한 방법으로 거래되는 주식의 경우에는 대통령령으로 정하는 거래가격을 말한다), 그 외의 주식은 액면가

(내) 재산변동사항의 신고　① 등록의무자의 재산에 변동사항이 있거나 등록의무가 면제되는 직으로 전보발령을 받는 경우 재산등록의무자는 재산변동사항을 신고하여야 한다(공직자윤리법 제6조, 제11조). ② 공개대상자등이 주식백지신탁계약의 체결 또는 해지로 인한 재산변동사항이 있으면 ①의 신고에 포함하여 함께 신고하여야 한다(공직자윤리법 제14조의4 제3항). ②는 변동신고의 간소화를 위한 것이다.

공직자윤리법

제14조의4(주식의 매각 또는 신탁) ① … 다음 각 호의 어느 하나에 해당하는 행위를 직접 하거나 이해관계자로 하여금 하도록 하고 그 행위를 한 사실을 등록기관에 신고하여야 한다. ….

2. 다음 각 목의 요건을 갖춘 신탁 또는 투자신탁(이하 "주식백지신탁"이라 한다)에 관한 계약의 체결 (각목 생략)

③ 공개대상자등은 주식백지신탁계약의 체결 또는 해지로 인한 재산변동사항을 **제6조 및 제11조에 따른 신고**에 포함하여 함께 신고하여야 한다.

제6조(변동사항 신고) ① 등록의무자는 매년 1월 1일부터 12월 31일까지의 재산 변동사항을 다음 해 2월 말일까지 등록기관에 신고하여야 한다. 다만, 최초의 등록 후 또는 제5조 제1항 단서에 따른 신고 후 최초의 변동사항 신고의 경우에는 등록의무자가 된 날부터 그 해 12월 31일까지의 **재산 변동사항**을 등록기관에 신고하여야 한다.

(제2항 이하 생략)

제11조(전보된 사람 등의 재산신고) ① 등록의무자가 공무원 또는 공직유관단체 임직원의 신분을 보유하면서(퇴직일부터 2개월이 되는 날이 속하는 달의 말일까지 다시 공무원 또는 공직유관단체 임직원이 되는 경우를 포함한다) 전보 등으로 인하여 등록의무를 면제받았을 때에는 전보 등이 된 날부터 2개월이 되는 날이 속하는 달의 말일까지 그 해 1월 1일(1월 1일 이후에 등록의무자가 된 경우에는 등록의무자가 된 날) 이후 전보 등이 된 날까지의 재산변동사항을 종전의 등록기관에 신고하여야 하며, 그 다음 해 전보 등의 사유가 생긴 달에 그 전 1년간의 **재산변동사항**을 신고하여야 한다. 다만, 재산변동사항 신고 의무기간에 퇴직한 경우에는 제6조 제2항을 준용한다. 〈개정 2015.12.29.〉

(다) 신고대상에서 신탁재산의 제외　등록의무자가 공직자윤리법이 정하는 주식백지신탁계약의 체결을 신고하면, 그 계약을 해지할 때까지는 이익충돌의 문제가 없으므

로 그 기간 동안 신탁재산은 재산 변동사항의 신고대상이 아니다(공직자윤리법 제14조의4 제4항).

공직자윤리법

　제14조의4(주식의 매각 또는 신탁) ① … 다음 각 호의 어느 하나에 해당하는 행위를 직접 하거나 이해관계자로 하여금 하도록 하고 그 행위를 한 사실을 등록기관에 신고하여야 한다. ….

　　2. 다음 각 목의 요건을 갖춘 신탁 또는 투자신탁(이하 "주식백지신탁"이라 한다)에 관한 계약의 체결
　　(각목 생략)

　④ 제1항에 따라 주식백지신탁계약의 체결을 신고한 경우에는 그 신탁계약을 해지할 때까지 그 신탁재산은 제6조 및 제6조의2 제1항에 따른 신고대상에서 제외한다.

　제6조(변동사항 신고) ① 등록의무자는 매년 1월 1일부터 12월 31일까지의 **재산 변동사항**을 다음 해 2월 말일까지 등록기관에 신고하여야 한다. 다만, 최초의 등록 후 또는 제5조 제1항 단서에 따른 신고 후 최초의 변동사항 신고의 경우에는 등록의무자가 된 날부터 그 해 12월 31일까지의 재산 변동사항을 등록기관에 신고하여야 한다.

　　(제2항 이하 생략)

　제6조의2(주식거래내역의 신고) ① 제10조 제1항 각 호의 공개대상자에 해당하는 등록의무자는 제6조 또는 제11조 제1항에 따른 재산 변동사항 신고 시에 제4조 제1항 각 호의 어느 하나에 해당하는 사람의 주식의 취득 또는 양도에 관한 주식거래 내용을 등록기관에 신고하여야 한다.

---

　　(3) 신고방법 　신고방법은 대통령령으로 정한다(공직자윤리법 제14조의4 제5항). 신고는 신고서에 증빙서류를 첨부하여 등록기관에 제출하여야 한다(공직자윤리법 시행령 제27조의12 제1항). 세부적인 사항은 공직자윤리법 시행규칙에서 규정하고 있다(공직자윤리법 시행규칙 제12조의2 제2항). 백지신탁을 한 사실의 신고에는 신탁된 주식의 내역의 공개도 포함된다고 볼 것이다. 단순히 신탁된 주식의 총액만을 공개하는 것은 아닐 것이다.

공직자윤리법

　제14조의4(주식의 매각 또는 신탁) ⑤ 제1항에 따라 주식을 매각하거나 백지신탁을 한 사실의 신고방법은 대통령령으로 정한다.

공직자윤리법 시행령

　제27조의12(백지신탁계약 체결사실 등의 신고 및 공개의 방법) ① 법 제14조의4 제1항 또는 제14조의6 제2항에 따라 주식매각 또는 주식백지신탁계약 체결사실을 신고하려는 사람은 신고서에 증빙자료를 첨부하여 등록기관에 제출하여야 한다.

공직자윤리법 시행규칙

　제12조의2(주식의 매각신고 등) ② 법 제14조의4 제1항 및 제14조의6 제2항에 따른 **주식 매각** 또는 백지신탁 사실의 신고는 별지 제14호의3서식에, 주식 매각 또는 백지신탁 사실의 공개는 별지 제14호의4서식에 따른다.… . 〈개정 2016.6.30.〉

---

(4) 신고기간의 연장　　주식백지신탁 의무자가 부득이한 사유로 백지신탁계약 체결 사실 신고의 기간연장을 신청하면, 등록기관의 장은 경우에 따라 재산의 전부 또는 일부에 대한 등록기간을 연장할 수 있다(공직자윤리법 제14조의4 제6항, 제7조).

> **공직자윤리법**
>
> **제14조의4(주식의 매각 또는 신탁)** ⑥ 제1항에 따른 신고와 신고사항의 심사 및 관리에 관하여는 제6조의2 제3항, 제7조, 제8조, 제8조의2, 제12조부터 제14조까지 및 제14조의3을 준용한다.
>
> **제7조(등록기간의 연장)** 등록기관의 장은 등록의무자(제6조 제2항의 퇴직공직자를 포함한다. 이하 제8조·제10조·제12조·제13조 및 제24조에서 같다)가 부득이한 사유로 재산등록(신고를 포함한다. 이하 같다)의 기간 연장을 신청한 경우에 그 사유가 타당하다고 인정할 때에는 재산의 전부 또는 일부에 대한 등록기간을 연장할 수 있다. 이 경우 등록의무자는 연장된 기간 내에 등록을 하여야 한다.
>
> [전문개정 2009.2.3.]

(5) 신고자의 보호　　신고자(등록의무자)는 공직자윤리법상 등록된 사항으로 인하여 불이익을 받아서는 아니 된다. 물론 허위등록의 경우는 사정이 다르다(공직자윤리법 제14조의4 제6항, 제13조).

> **공직자윤리법**
>
> **제14조의4(주식의 매각 또는 신탁)** ⑥ 제1항에 따른 신고와 신고사항의 심사 및 관리에 관하여는 제6조의2 제3항, 제7조, 제8조, 제8조의2, 제12조부터 제14조까지 및 제14조의3을 준용한다.
>
> **제13조(재산등록사항의 목적 외 이용금지 등)** 등록의무자는 허위등록이나 그 밖에 이 법에서 정한 사유 외에 등록된 사항을 이유로 불리한 처우나 처분을 받지 아니…한다.
>
> [전문개정 2009.2.3.]

(6) 신고기관　　해당 주식에 대하여 공직자윤리법이 정하는 주식백지신탁계약을 체결하면, 그 사실을 등록기관에 신고하여야 한다(공직자윤리법 제14조의4 제1항). 재산의 등록기관은 공직자윤리법 제5조 제1항에서 규정되고 있다.

> **공직자윤리법**
>
> **제14조의4(주식의 매각 또는 신탁)** ① 등록의무자 중 제10조 제1항에 따른 공개대상자와 기획재정부 및 금융위원회 소속 공무원 중 대통령령으로 정하는 사람(이하 "공개대상자등"이라 한다)은 … 다음 각 호의 어느 하나에 해당하는 행위를 직접 하거나 이해관계자로 하여금 하도록 하고 그 행위를 한 사실을 등록기관에 신고하여야 한다. … .
>
> 2. 다음 각 목의 요건을 갖춘 신탁 또는 투자신탁(이하 "주식백지신탁"이라 한다)에 관한 계약의 체결 (각 목 생략)

제5조(재산의 등록기관과 등록시기 등) ① 공직자는 등록의무자가 된 날부터 2개월 이내에 등록의무자가 된 날 현재의 재산을 다음 각 호의 구분에 따른 기관(이하 "등록기관"이라 한다)에 등록하여야 한다. … 〈개정 2011.7.29., 2013.3.23., 2014.11.19.〉

  (각호 생략)

4. 체결 사실의 공개

(1) 공개의 원칙

주식백지신탁계약의 체결 사실을 신고받은 등록기관의 장은 해당사실을 공개하여야 한다(공직자윤리법 제14조의14 제1항). 세부적인 사항은 공직자윤리법 시행령과 시행규칙 등에서 규정하고 있다.

공직자윤리법

제14조의14(주식의 매각 또는 신탁 사실의 공개) ① 제14조의4 제1항 또는 제14조의6 제2항에 따라 … 주식백지신탁 계약의 체결 사실을 신고받은 등록기관의 장은 해당 사실을 공개하여야 한다.
③ 제1항 및 제2항에 따른 공개 방법 등에 필요한 사항은 국회규칙, 대법원규칙, 헌법재판소규칙, 중앙선거관리위원회규칙 또는 대통령령으로 정한다.
[본조신설 2015.12.29.]

공직자윤리법 시행령

제27조의12(백지신탁계약 체결사실 등의 신고 및 공개의 방법) ② 법 제14조의4 제1항 또는 제14조의6 제2항에 따라 주식매각 또는 주식백지신탁계약 체결사실 신고를 받은 등록기관의 장은 법 제14조의14 제1항 따라 신고를 받은 날부터 1개월 이내에 그 내용을 관보나 공보에 게재하여 공개하여야 한다. 다만, 제27조의3에 따른 기획재정부 및 금융위원회 소속 공무원의 경우에는 신고를 받은 기획재정부장관 및 금융위원회가 소속 공무원이 신고한 주식매각 또는 주식백지신탁계약 체결사실을 지체 없이 인사혁신처장에게 통보하여야 하고, 인사혁신처장은 통보를 받은 날부터 1개월 이내에 그 내용을 관보나 공보에 게재하여 공개하여야 한다. 〈개정 2013.3.23., 2014.11.19., 2016.6.28.〉
③ 법 제14조의14 제2항에 따라 처음 신탁된 주식의 처분이 완료된 사실을 통보받은 관할 공직자윤리위원회는 통보를 받은 날부터 1개월 이내에 그 사실을 관보나 공보에 게재하여 공개하여야 한다. 〈신설 2016.6.28.〉 [전문개정 2009.2.3.]
[제목개정 2016.6.28.]

제27조의3(기획재정부와 금융위원회 소속 공무원의 범위) 법 제14조의4 제1항 각 호 외의 부분 본문에서 "대통령령으로 정하는 사람"이란 기획재정부의 금융정책·은행·증권·보험 등 금융에 관한 사무를 관장하는 국(본부·단·부·팀을 포함한다) 소속 고위공무원단에 속하는 공무원 및 4급 이상 공무원(이에 상당하는 공무원을 포함한다)과 금융위원회 소속 고위공무원단에 속하는 공무원 및 4급 이상 공무원(이에 상당하는 공무원을 포함한다)을 말한다.
[전문개정 2009.2.3.]

공직자윤리법 시행규칙

제12조의2(주식의 매각신고 등) ② … 주식 매각 또는 백지신탁 사실의 공개는 별지 제14호의4서식에 따른다.

---

(2) 비공개의 예외 — 변동신고의 경우

공개대상자에 해당하는 등록의무자가 재산 변동사항 신고를 한 경우, 주식거래의 신고내용은 공개대상이 아니다(공직자윤리법 제6조의2 제1항, 제3항).

공직자윤리법

제6조의2(주식거래내역의 신고) ① 제10조 제1항 각 호의 공개대상자에 해당하는 등록의무자는 제6조 또는 제11조 제1항에 따른 재산 변동사항 신고 시에 제4조 제1항 각 호의 어느 하나에 해당하는 사람의 주식의 취득 또는 양도에 관한 주식거래 내용을 등록기관에 신고하여야 한다.

③ 제1항에 따른 주식거래의 신고내용은 **공개하지 아니한다.**

제10조(등록재산의 공개) ① 공직자윤리위원회는 관할 등록의무자 중 다음 각 호의 어느 하나에 해당하는 공직자 본인과 배우자 및 본인의 직계존속·직계비속의 재산에 관한 등록사항과 제6조에 따른 변동사항 신고내용을 등록기간 또는 신고기간 만료 후 1개월 이내에 관보 또는 공보에 게재하여 공개하여야 한다. 〈개정 2010.3.22., 2011.7.29., 2012.12.11., 2015.12.29.〉

  1. 대통령, 국무총리, 국무위원, 국회의원, 국가정보원의 원장 및 차장 등 국가의 정무직공무원

  2. 지방자치단체의 장, 지방의회의원 등 지방자치단체의 정무직공무원

  (제2호 이하 생략)

제6조(변동사항 신고) ① 등록의무자는 매년 1월 1일부터 12월 31일까지의 재산 변동사항을 다음 해 2월 말일까지 등록기관에 신고하여야 한다. 다만, 최초의 등록 후 또는 제5조 제1항 단서에 따른 신고 후 최초의 변동사항 신고의 경우에는 등록의무자가 된 날부터 그 해 12월 31일까지의 재산 변동사항을 등록기관에 신고하여야 한다.

(이하 생략)

제11조(전보된 사람 등의 재산신고) ① 등록의무자가 공무원 또는 공직유관단체 임직원의 신분을 보유하면서(퇴직일부터 2개월이 되는 날이 속하는 달의 말일까지 다시 공무원 또는 공직유관단체 임직원이 되는 경우를 포함한다) 전보 등으로 인하여 등록의무를 면제받았을 때에는 전보 등이 된 날부터 2개월이 되는 날이 속하는 달의 말일까지 그 해 1월 1일(1월 1일 이후에 등록의무자가 된 경우에는 등록의무자가 된 날) 이후 전보 등이 된 날까지의 재산변동사항을 종전의 등록기관에 신고하여야 하며, 그 다음 해 전보 등의 사유가 생긴 달에 그 전 1년간의 재산변동사항을 신고하여야 한다. 다만, 재산변동사항 신고 의무기간에 퇴직한 경우에는 제6조 제2항을 준용한다. 〈개정 2015.12.29.〉

제4조(등록대상재산) ① 등록의무자가 등록할 재산은 다음 각 호의 어느 하나에 해당하는 사람의 재산(소유 명의와 관계없이 사실상 소유하는 재산, 비영리법인에 출연한 재산과 외국에 있는 재산을 포함한다. 이하 같다)으로 한다. 〈개정 2011.7.29.〉

  1. 본인

  2. 배우자(사실상의 혼인관계에 있는 사람을 포함한다. 이하 같다)

  3. 본인의 직계존속·직계비속. 다만, 혼인한 직계비속인 여성과 외증조부모, 외조부모, 외손자녀 및 외증손자녀는 제외한다.

---

5. 체결 사실 신고제도의 오용방지

(1) 재산등록사항의 목적 외 이용금지 등

누구든지 공직자윤리법에서 따라 등록된 재산에 관한 사항을 공직자윤리법이 정한 목적 외의 용도로 사용할 수는 없다(공직자윤리법 제14조의4 제6항, 제13조). 목적 외의 사용은 공직자윤리법의 의미를 무력화시키는 것이 된다.

> **공직자윤리법**
>
> **제14조의4(주식의 매각 또는 신탁)** ⑥ 제1항에 따른 신고와 신고사항의 심사 및 관리에 관하여는 제6조의2 제3항, 제7조, 제8조, 제8조의2, 제12조부터 제14조까지 및 제14조의3을 준용한다.
>
> **제13조(재산등록사항의 목적 외 이용금지 등)** … 누구든지 재산등록사항을 이 법에서 정한 목적 외의 용도로 이용하여서는 아니 된다.
>
> [전문개정 2009.2.3.]

(2) 재산등록업무 종사자의 비밀엄수의무

재산등록업무에 종사하는 사람 등은 직무상 알게 된 등록사항을 타인에게 누설할 수 없다(공직자윤리법 제14조의4 제6항, 제14조). 누설은 신고의무자 등의 프라이버시를 침해하는 것이 된다.

> **공직자윤리법**
>
> **제14조의4(주식의 매각 또는 신탁)** ⑥ 제1항에 따른 신고와 신고사항의 심사 및 관리에 관하여는 제6조의2 제3항, 제7조, 제8조, 제8조의2, 제12조부터 **제14조**까지 및 제14조의3을 준용한다.
>
> **제14조(비밀엄수)** 재산등록업무에 종사하거나 종사하였던 사람 또는 직무상 재산등록사항을 알게 된 사람은 다른 사람에게 이를 누설하여서는 아니 된다.
>
> [전문개정 2009.2.3.]

(3) 금융거래자료의 제공·누설 등 금지

공직자윤리법이 정하는 바에 따라 금융거래 관련 자료를 제공받은 사람은 타인에게 제공하거나 누설도 할 수 없고, 목적 외의 용도로 이용할 수도 없다(공직자윤리법 제14조의4 제6항, 제14조의3).

> **공직자윤리법**
>
> **제14조의4(주식의 매각 또는 신탁)** ⑥ 제1항에 따른 신고와 신고사항의 심사 및 관리에 관하여는 제6조의2 제3항, 제7조, 제8조, 제8조의2, 제12조부터 제14조까지 및 **제14조의3**을 준용한다.
>
> **제14조의3(금융거래자료의 제공·누설 등 금지)** 제8조 제5항에 따라 금융거래의 내용에 관한 자료를 제공받은 사람은 그 자료를 타인에게 제공 또는 누설하거나 그 목적 외의 용도로 이용하여서는 아니 된다.
>
> [전문개정 2009.2.3.]

> **제8조(등록사항의 심사)** ⑤ 공직자윤리위원회는 제1항에 따른 심사를 위하여 금융거래의 내용(신용 정보를 포함한다. 이하 같다)에 관한 확인이 필요하다고 인정될 때에는 「금융실명거래 및 비밀보장에 관한 법률」 제4조 및 「신용정보의 이용 및 보호에 관한 법률」 제33조에도 불구하고 국회규칙, 대법 원규칙, 헌법재판소규칙, 중앙선거관리위원회규칙 또는 대통령령으로 정하는 기준에 따라 인적사항 을 기재한 문서 또는 정보통신망에 의하여 금융기관의 장에게 금융거래의 내용에 관한 자료 제출을 요구할 수 있으며 그 금융기관에 종사하는 사람은 이를 거부하지 못한다. 〈개정 2009.4.1.〉

Ⅱ. 주식백지신탁계약의 적정성 심사

주식백지신탁계약이 체결된 후 공개대상자 등이 그 사실을 등록기관에 신고를 하면 신고와 신고사항에 대하여 심사가 이루어진다(공직자윤리법 제14조의4 제6항). 여기서의 심사는 주식백지신탁계약의 적정성 심사의 성질을 갖는다.

> **공직자윤리법**
> **제14조의4(주식의 매각 또는 신탁)** ⑥ 제1항에 따른 신고와 신고사항의 심사 및 관리에 관하여는 제 6조의2 제3항, 제7조, 제8조, 제8조의2, 제12조부터 제14조까지 및 제14조의3을 준용한다.

1. 심사의 주체

심사의 주체는 주식백지신탁 심사위원회가 아니라 공직자윤리위원회이다(공직자윤리법 제14조의4 제6항, 제8조 제1항). 공직자윤리위원회는 공직자의 재산등록사항의 심사 등을 심사·결정하기 위해 설치된 위원회이다(공직자윤리법 제9조). 주식백지신탁 심사위원회는 주식의 직무관련성에 대한 심사와 결정을 행할 뿐이다(공직자윤리법 제14조의5 제1항).

> **공직자윤리법**
> **제14조의4(주식의 매각 또는 신탁)** ⑥ 제1항에 따른 신고와 신고사항의 심사 및 관리에 관하여는 제 6조의2 제3항, 제7조, **제8조**, 제8조의2, 제12조부터 제14조까지 및 제14조의3을 준용한다.
> **제8조(등록사항의 심사)** ① 공직자윤리위원회는 등록된 사항을 심사하여야 한다.
> **제9조(공직자윤리위원회)** ① 다음 각 호의 사항을 심사·결정하기 위하여 국회·대법원·헌법재판소· 중앙선거관리위원회·정부·지방자치단체 및 특별시·광역시·특별자치시·도·특별자치도교육청에 각각 공직자윤리위원회를 둔다. 〈개정 2011.7.29.〉
>   1. 재산등록사항의 심사와 그 결과의 처리
>   2. 제8조 제12항 후단에 따른 승인
>   3. 제18조에 따른 취업제한 여부의 확인 및 취업승인과 제18조의2 제3항에 따른 업무취급의 승인
>   4. 그 밖에 이 법 또는 다른 법령에 따라 공직자윤리위원회의 권한으로 정한 사항

> 제14조의5(주식백지신탁 심사위원회의 직무관련성 심사) ① 공개대상자등 및 그 이해관계인이 보유
> 하고 있는 주식의 직무관련성을 심사·결정하기 위하여 인사혁신처에 주식백지신탁 심사위원회를 둔
> 다. 〈개정 2013.3.23., 2014.11.19.〉

2. 심사의 기한

주식백지신탁계약의 적정성 심사는 등록사항의 공개 등이 있은 후 3개월 내에 이루어져야 한다. 3개월까지의 기간 연장도 가능하다(공직자윤리법 제14조의4 제6항, 제8조 제10항). 연장 횟수에 관하여 규정하는 바가 없다. 부득이한 경우에는 2회의 연장도 가능할 것이다. 연장 횟수가 많아지면, 적정성 심사의 의미는 퇴색할 것이다.

> **공직자윤리법**
> 제14조의4(주식의 매각 또는 신탁) ⑥ 제1항에 따른 신고와 신고사항의 심사 및 관리에 관하여는 제6조의2 제3항, 제7조, 제8조, 제8조의2, 제12조부터 제14조까지 및 제14조의3을 준용한다.
> 제8조(등록사항의 심사) ⑩ 공직자윤리위원회는 제5조 제1항에 따른 등록사항 또는 제6조에 따른 변동신고사항을 제10조 제1항에 따라 공개한 후 3개월 이내에 재산공개대상 공직자 전원에 대한 심사를 완료하여야 한다. 다만, 공직자윤리위원회는 필요하다고 인정되면 그 의결로써 심사기간을 3개월의 범위에서 연장할 수 있다.

3. 심사의 방법
(1) 누락·오류에 대한 보완명령

공직자윤리위원회는 등록사항에 누락된 등록재산이 있거나, 가액의 합산에 잘못이 있을 때에는 등록의무자에게 보완을 명할 수 있다(공직자윤리법 제14조의4 제6항, 제8조 제2항). 법문에서는 「명할 수 있다」고 규정하고 있지만, 누락된 등록재산에 대하여는 보완을 명하여야 할 것이다. 그리고 가액 합산의 잘못을 공직자윤리위원회가 스스로 바로잡을 수 있는 경우가 아니라면 합산 잘못을 기재한 부분을 의무자에게 보완할 것을 명하여야 할 것이다.

> **공직자윤리법**
> 제14조의4(주식의 매각 또는 신탁) ⑥ 제1항에 따른 신고와 신고사항의 심사 및 관리에 관하여는 제6조의2 제3항, 제7조, 제8조, 제8조의2, 제12조부터 제14조까지 및 제14조의3을 준용한다.
> 제8조(등록사항의 심사) ② 공직자윤리위원회는 등록의무자가 등록재산의 일부를 과실로 빠트리거나 가액합산 등을 잘못 기재한 부분이 있다고 인정될 때에는 등록의무자에게 기간을 정하여 재산등록서류의 보완을 명할 수 있다.

(2) 자료제출의 요구 등

㈎ 등록의무자에 요구　공직자윤리위원회는 심사에 필요하면 등록의무자에게 자료의 제출요구, 서면질의 등을 할 수 있다. 그 대신 등록의무자에게 반드시 해명 기회, 소명자료제출 기회를 주어야 한다(공직자윤리법 제14조의4 제6항, 제8조 제3항). 공직자윤리위원회가 등록의무자에게 해명 기회, 소명자료제출 기회를 주는 것은 의무적이지만, 등록의무자는 그 기회를 활용하지 아니할 수도 있다.

> **공직자윤리법**
> 　제14조의4(주식의 매각 또는 신탁) ⑥ 제1항에 따른 신고와 신고사항의 심사 및 관리에 관하여는 제6조의2 제3항, 제7조, **제8조**, 제8조의2, 제12조부터 제14조까지 및 제14조의3을 준용한다.
> 　제8조(등록사항의 심사) ③ 공직자윤리위원회는 제1항에 따른 심사를 위하여 필요하면 등록의무자에게 자료의 제출요구 또는 서면질의를 하거나 사실 확인을 위한 조사를 할 수 있다. 이 경우 공직자윤리위원회는 등록의무자에게 해명 및 소명자료를 제출할 기회를 주어야 한다.

㈏ 국가기관 등에 요구　공직자윤리위원회는 심사에 필요하면 국가, 지방자치단체, 공직유관단체의 장 등에게 보고나 자료 제출을 요구할 수 있고, 그 기관의 장은 이를 거부할 수 없다(공직자윤리법 제8조 제4항). 그 기관의 장의 보고나 자료제출은 의무적이다. 공직자윤리위원회는 자료제출 요구를 정부 공직자윤리위원회에 위탁할 수 있고, 정부 공직자윤리위원회는 위탁받은 명의인에 대한 자료를 관계 기관의 장에게 요구할 수 있다(공직자윤리법 제14조의4 제6항, 제8조 제16항).

> **공직자윤리법**
> 　제14조의4(주식의 매각 또는 신탁) ⑥ 제1항에 따른 신고와 신고사항의 심사 및 관리에 관하여는 제6조의2 제3항, 제7조, **제8조**, 제8조의2, 제12조부터 제14조까지 및 제14조의3을 준용한다.
> 　제8조(등록사항의 심사) ④ 공직자윤리위원회는 국가기관, 지방자치단체, 공직유관단체, 그 밖의 공공기관의 장에게 제1항에 따른 심사를 위하여 필요한 보고나 자료 제출 등을 요구할 수 있으며, 이 경우 그 기관·단체의 장은 다른 법률에도 불구하고 보고나 자료 제출 등을 거부할 수 없다.
> 　⑯ 공직자윤리위원회는 제4항 및 제5항에 따른 자료제출 요구를 제9조 제2항 제8호에 따른 정부 공직자윤리위원회에 위탁할 수 있으며, 정부 공직자윤리위원회는 위탁받은 명의인에 대한 자료를 관계 기관의 장에게 요구할 수 있다. 이 경우 「금융실명거래 및 비밀보장에 관한 법률」 제4조의2 및 「신용정보의 이용 및 보호에 관한 법률」 제35조에 따른 비용은 해당 사무를 위탁한 공직자윤리위원회가 부담한다. 〈신설 2015.12.29.〉
> [전문개정 2009.2.3.]
> [시행일 : 2017.7.7.]

(다) **금융기관의 장에 요구**　공직자윤리위원회는 심사를 위해 금융거래의 내용(신용정보를 포함)에 관한 확인이 필요하면, 대통령령 등으로 정하는 기준에 따라 인적사항을 기재한 문서, 금융기관의 장에게 금융거래의 내용에 관한 자료 제출을 요구할 수 있고, 그 금융기관에 종사하는 사람은 이를 거부할 수 없다(공직자윤리법 제14조의4 제6항, 제8조 제5항). 금융기관에 종사하는 자의 자료제출은 의무적이다. 공직자윤리위원회는 자료제출 요구를 정부 공직자윤리위원회에 위탁할 수 있고, 정부 공직자윤리위원회는 위탁받은 명의인에 대한 자료를 관계 기관의 장에게 요구할 수 있다(공직자윤리법 제14조의4 제6항, 제8조 제16항).

공직자윤리법

　제14조의4(주식의 매각 또는 신탁) ⑥ 제1항에 따른 신고와 신고사항의 심사 및 관리에 관하여는 제6조의2 제3항, 제7조, **제8조**, 제8조의2, 제12조부터 제14조까지 및 제14조의3을 준용한다.

　제8조(등록사항의 심사) ⑤ 공직자윤리위원회는 제1항에 따른 심사를 위하여 금융거래의 내용(신용정보를 포함한다. 이하 같다)에 관한 확인이 필요하다고 인정될 때에는 「금융실명거래 및 비밀보장에 관한 법률」 제4조 및 「신용정보의 이용 및 보호에 관한 법률」 제33조에도 불구하고 국회규칙, 대법원규칙, 헌법재판소규칙, 중앙선거관리위원회규칙 또는 대통령령으로 정하는 기준에 따라 인적사항을 기재한 문서 또는 정보통신망에 의하여 금융기관의 장에게 금융거래의 내용에 관한 자료 제출을 요구할 수 있으며 그 금융기관에 종사하는 사람은 이를 거부하지 못한다. 〈개정 2009.4.1.〉

　⑯ 공직자윤리위원회는 제4항 및 제5항에 따른 자료제출 요구를 제9조 제2항 제8호에 따른 정부 공직자윤리위원회에 위탁할 수 있으며, 정부 공직자윤리위원회는 위탁받은 명의인에 대한 자료를 관계 기관의 장에게 요구할 수 있다. 이 경우 「금융실명거래 및 비밀보장에 관한 법률」 제4조의2 및 「신용정보의 이용 및 보호에 관한 법률」 제35조에 따른 비용은 해당 사무를 위탁한 공직자윤리위원회가 부담한다. 〈신설 2015.12.29.〉

[전문개정 2009.2.3.]

[시행일 : 2017.7.7.]

(라) **등록의무자 등에 대한 출석요구 등**　공직자윤리위원회는 심사를 위해 등록의무자와 그 배우자 등에게 출석을 요구하고 진술을 들을 수 있다(공직자윤리법 제14조의4 제6항, 제8조 제6항). 출석을 요구하고 진술을 들을 것인지의 여부는 공직자윤리위원회가 재량적으로 판단할 사항이다.

공직자윤리법

　제14조의4(주식의 매각 또는 신탁) ⑥ 제1항에 따른 신고와 신고사항의 심사 및 관리에 관하여는 제6조의2 제3항, 제7조, **제8조**, 제8조의2, 제12조부터 제14조까지 및 제14조의3을 준용한다.

　제8조(등록사항의 심사) ⑥ 공직자윤리위원회는 등록의무자와 그 배우자, 등록의무자의 직계존속·직계비속, 그 밖의 재산등록사항 관계인에게 출석을 요구하고 진술을 받을 수 있다.

(마) **재산형성과정의 소명 요구**　공직자윤리위원회는 심사를 위한 필요하면 등록한 재산의 소유자별로 재산형성과정의 소명을 요구할 수 있다(공직자윤리법 제14조의4 제6항, 제8조 제13항). 소명을 요구받은 사람은 정당한 사유가 없으면 소명 및 자료 제출을 거부할 수 없다(공직자윤리법 제14조의4 제6항, 제8조 제14항).

공직자윤리법

제14조의4(주식의 매각 또는 신탁) ⑥ 제1항에 따른 신고와 신고사항의 심사 및 관리에 관하여는 제6조의2 제3항, 제7조, **제8조**, 제8조의2, 제12조부터 제14조까지 및 제14조의3를 준용한다.

제8조(등록사항의 심사) ⑬ 공직자윤리위원회는 제10조 제1항 각 호에 해당하는 공개대상자 및 제10조의2에 해당하는 공직선거후보자 등의 재산등록사항을 심사할 때 필요한 경우 제4조에 따라 등록한 재산의 소유자별 취득일자, 취득경위 및 소득원 등(이하 이 조에서 "재산형성과정"이라 한다)을 소명하게 할 수 있다. 이때 재산형성과정의 소명을 요구받은 사람은 소명내용에 대한 재산등록 기준일부터 과거 3년간의 증빙자료를 제출하여야 한다.

⑭ 제13항에 따라 재산형성과정의 소명을 요구받은 사람은 정당한 사유가 없으면 소명 및 자료 제출을 거부할 수 없다.

⑮ 제13항 및 제14항에 따른 재산형성과정의 소명 및 자료 제출에 필요한 사항은 대통령령으로 정한다.

---

(3) 등록의무자 등의 성실의무와 고지의 거부

(가) **성실의무**　등록의무자, 배우자 그리고 제4조 제1항 제2호 또는 제3호의 사람은 공직자윤리위원회의 심사에 성실하게 임하여야 한다(공직자윤리법 제14조의4 제6항, 제12조).

공직자윤리법

제14조의4(주식의 매각 또는 신탁) ⑥ 제1항에 따른 신고와 신고사항의 심사 및 관리에 관하여는 제6조의2 제3항, 제7조, 제8조, 제8조의2, **제12조**부터 제14조까지 및 제14조의3을 준용한다.

제12조(성실등록의무 등) ② 등록의무자는 공직자윤리위원회 등의 등록사항에 대한 심사에 성실하게 응하여야 한다.

③ 제4조 제1항 제2호 또는 제3호의 사람은 등록의무자의 재산등록이나 공직자윤리위원회 등의 등록사항의 심사에 성실하게 응하여야 한다.

제4조(등록대상재산) ① 등록의무자가 등록할 재산은 다음 각 호의 어느 하나에 해당하는 사람의 재산(소유 명의와 관계없이 사실상 소유하는 재산, 비영리법인에 출연한 재산과 외국에 있는 재산을 포함한다. 이하 같다)으로 한다. 〈개정 2011.7.29.〉

　1. 본인

　2. 배우자(사실상의 혼인관계에 있는 사람을 포함한다. 이하 같다)

　3. 본인의 직계존속·직계비속. 다만, 혼인한 직계비속인 여성과 외증조부모, 외조부모, 외손자녀 및 외증손자녀는 제외한다.

(나) **고지의 거부**   본인의 직계존속·직계비속 중 피부양자가 아닌 사람은 관할 공직자윤리위원회의 허가를 받아 자신의 재산신고사항의 고지를 거부할 수 있다(공직자윤리법 제14조의4 제6항, 제12조 제4항). 이것은 성실의무에 반하는 것이 아니다.

공직자윤리법

제14조의4(주식의 매각 또는 신탁) ⑥ 제1항에 따른 신고와 신고사항의 심사 및 관리에 관하여는 제6조의2 제3항, 제7조, 제8조, 제8조의2, 제12조부터 제14조까지 및 제14조의3을 준용한다.

제12조(성실등록의무 등) ④ 제3항에도 불구하고 제4조 제1항 제3호의 사람 중 피부양자가 아닌 사람은 관할 공직자윤리위원회의 허가를 받아 자신의 재산신고사항의 고지를 거부할 수 있으며 3년마다 재심사를 받아야 한다. 이 경우 등록의무자는 고지거부 사유를 밝혀 허가를 신청하여야 한다.

⑤ 제4항에 따른 고지거부에 관한 허가신청 및 심사에 필요한 사항은 대통령령으로 정한다.

[전문개정 2009.2.3.]

---

4. 심사의 위임

(1) 의의

공직자윤리위원회는 필요한 경우, 신고와 신고사항의 심사를 등록기관의 장이나 그 밖의 관계 기관의 장에게 위임할 수 있다(공직자윤리법 제14조의4 제6항, 제8조 제11항). 이것은 심사의 효율성을 위한 것으로 보인다. 심사를 위임받은 장은 심사결과를 공직자윤리위원회에 보고하여야 한다(공직자윤리법 제8조 제11항).

공직자윤리법

제14조의4(주식의 매각 또는 신탁) ⑥ 제1항에 따른 신고와 신고사항의 심사 및 관리에 관하여는 제6조의2 제3항, 제7조, 제8조, 제8조의2, 제12조부터 제14조까지 및 제14조의3을 준용한다.

제8조(등록사항의 심사) ⑪ 공직자윤리위원회는 필요한 경우 재산공개대상자가 아닌 등록의무자의 등록사항에 대한 심사를 등록기관의 장이나 그 밖의 관계 기관의 장에게 위임할 수 있으며, 위임을 받은 기관의 장은 심사결과를 관할 공직자윤리위원회에 보고하여야 한다.

---

(2) 준용규정

공직자윤리법 제8조 제11항에 따라 공직자윤리위원회가 필요한 경우 신고와 신고사항에 대한 심사를 등록기관의 장이나 그 밖의 관계 기관의 장에게 위임하는 경우, 제2항부터 제9항까지의 규정을 준용한다(공직자윤리법 제14조의4 제6항, 제8조 제12항). 다만, 제5항과 제7항의 경우에는 공직자윤리위원회의 사전 승인을 받아 자료 제출을 요구하거나 조사의뢰를 하여야 한다(공직자윤리법 제8조 제12항).

5. 심사결과의 처리

(1) 거짓 등록자, 불법이득자에 대한 형사절차상 조사

공직자윤리법은 거짓으로 신고하였거나 직무상 비밀을 이용하여 재물 또는 재산상 이익을 취득한 혐의가 있다고 의심되는 신고의무자에 대한 조사·수사 절차에 관해 규정하고 있다.

(개) **공직자윤리위원회의 조사의뢰**　공직자윤리위원회는 거짓으로 신고하였거나 직무상 비밀을 이용하여 재물 또는 재산상 이익을 취득한 혐의가 있다고 의심되는 신고의무자에 대하여 법무부장관(군인 또는 군무원의 경우에는 국방부장관)에게 조사를 의뢰하여야 한다(공직자윤리법 제14조의4 제6항, 제8조 제7항). 조사의뢰에는 증명서류를 첨부하고, 기간을 정하여야 한다(공직자윤리법 제14조의4 제6항, 제8조 제7항).

(나) **법무장관 등의 조사의뢰·조사결과의 통보**　조사의뢰를 받은 법무부장관 또는 국방부장관은 지체 없이 검사(檢事) 또는 검찰관에게 조사를 하게 하고, 그 조사 결과를 공직자윤리위원회에 통보하여야 한다(공직자윤리법 제14조의4 제6항, 제8조 제8항). 검사나 군검사의 조사에는 형사소송에 관한 법령 중 수사에 관한 규정(인신에 구속에 관한 규정은 제외한다)을 적용한다(공직자윤리법 제14조의4 제6항, 제8조 제9항).

6조의2 제3항, 제7조, **제8조**, 제8조의2, 제12조부터 제14조까지 및 제14조의3을 준용한다.

제8조(등록사항의 심사) ⑧ 법무부장관 또는 국방부장관은 제7항에 따라 조사의뢰를 받으면 지체 없이 검사(檢事) 또는 군검사에게 조사를 하게 하고 그 조사 결과를 공직자윤리위원회에 통보하여야 한다. 〈개정 2016.1.6.〉

⑨ 제8항에 따른 검사나 군검사의 조사에 관하여는 형사소송에 관한 법령(「군사법원법」을 포함한다) 중 수사에 관한 규정을 준용한다. 다만, 인신구속에 관한 규정은 그러하지 아니하다. 〈개정 2016.1.6.〉

(2) 거짓 등록자, 불법이득자에 대한 행정상 조치

(가) 행정상 조치의 종류   공직자윤리위원회는 거짓으로 신고하거나, 중대한 과실로 빠트리거나, 직무상 비밀을 이용하여 재물 또는 재산상 이익을 취득한 자 등에 대하여 경고, 과태료 부과, 허위등록사실의 공표, 해임 또는 징계(파면을 포함한다) 의결 요청을 할 수 있다(공직자윤리법 제14조의4 제6항, 제8조의2 제1항). 중대한 과실의 유무 판단은 신고과정의 종합적인 관점에서 판단되어야 한다(공직자윤리법 제14조의4 제6항, 제8조의2 제2항).

공직자윤리법

제14조의4(주식의 매각 또는 신탁) ⑥ 제1항에 따른 신고와 신고사항의 심사 및 관리에 관하여는 제6조의2 제3항, 제7조, 제8조, **제8조의2**, 제12조부터 제14조까지 및 제14조의3을 준용한다.

제8조의2(심사결과의 처리) ① 공직자윤리위원회는 제8조에 따른 등록사항의 심사(제9조의2에 따른 재심사를 포함한다) 결과 등록대상재산을 거짓으로 기재하거나 중대한 과실로 빠트리거나 잘못 기재하거나 직무상 알게 된 비밀을 이용하여 재물 또는 재산상 이익을 취득한 사실이 인정되면 다음 각 호의 어느 하나의 조치를 하여야 한다. 〈개정 2015.12.29.〉

　　1. 경고 및 시정조치

　　2. 제30조에 따른 과태료 부과

　　3. 일간신문 광고란을 통한 허위등록사실의 공표

　　4. 해임 또는 징계(파면을 포함한다) 의결요청

② 제1항의 중대한 과실이 있는지를 인정하려면 등록된 재산과 등록에서 빠진 재산의 규모·종류 및 가액과 빠트리거나 잘못 기재한 경위 등을 종합적으로 고려하여야 한다.

(나) 제3호(「일간신문 광고란을 통한 허위등록사실의 공표」) 조치의 이중성

「일간신문 광고란을 통한 허위등록사실의 공표」는 그 자체로서 독립적인 행정상 조치이지만, 다른 행정조치에 함께 가해질 수도 있다(공직자윤리법 제14조의4 제6항, 제8조의2 제3항). 예를 들어, 「경고 조치 및 시정조치」를 하면서 동시에 「일간신문 광고란을 통한 허위등록사실의 공표」를 하는 것도 가능하다.

> **공직자윤리법**
>
> 제14조의4(주식의 매각 또는 신탁) ⑥ 제1항에 따른 신고와 신고사항의 심사 및 관리에 관하여는 제6조의2 제3항, 제7조, 제8조, **제8조의2**, 제12조부터 제14조까지 및 제14조의3을 준용한다.
>
> 제8조의2(심사결과의 처리) ③ 공직자윤리위원회는 제1항 각 호의 조치 중 제3호의 조치는 다른 조치에 부수하여 함께 할 수 있다.

⒟ **등록기관의 장 등에 통지**　공직자윤리위원회가 공직자윤리법 제8조의2 제1항이 정하는 행정상 조치를 하면, 등록기관의 장 등에게도 이를 알려야 한다(공직자윤리법　제14조의4 제6항, 제8조의2 제4항).

> **공직자윤리법**
>
> 제14조의4(주식의 매각 또는 신탁) ⑥ 제1항에 따른 신고와 신고사항의 심사 및 관리에 관하여는 제6조의2 제3항, 제7조, 제8조, **제8조의2**, 제12조부터 제14조까지 및 제14조의3을 준용한다.
>
> 제8조의2(심사결과의 처리) ④ 공직자윤리위원회는 제1항에 따른 조치를 하였을 때에는 등록기관의 장이나 그 밖의 관계 기관의 장에게 통보하여야 한다.

⒠ **다른 법령 위반시 법무부장관 등에 통지**　공직자윤리위원회가 공직자윤리법 제8조의2 제1항이 정하는 행정상 조치를 할 때, 다른 법령을 위반하여 재물 또는 재산상 이익을 취득한 혐의가 있다고 인정되면 법무부장관에게 통보할 수 있고, 조세관련의 경우에는 국세청장, 관세청장 또는 해당 지방자치단체의 장에게 통보할 수 있다(공직자윤리법 제14조의4 제6항, 제8조의2 제5항). 통보받은 법무부장관 등은 관련 법령에 따라 적절한 조치를 하여야 할 것이다.

> **공직자윤리법**
>
> 제14조의4(주식의 매각 또는 신탁) ⑥ 제1항에 따른 신고와 신고사항의 심사 및 관리에 관하여는 제6조의2 제3항, 제7조, 제8조, **제8조의2**, 제12조부터 제14조까지 및 제14조의3을 준용한다.
>
> 제8조의2(심사결과의 처리) ⑤ 공직자윤리위원회는 제1항에 따른 조치를 하는 경우에 제4조 제1항 각 호의 어느 하나에 해당하는 사람이 다른 법령을 위반하여 부정한 방법으로 재물 또는 재산상 이익을 취득한 혐의가 있다고 인정되면 이를 법무부장관(군인 또는 군무원의 경우에는 국방부장관을 말한다)에게 통보할 수 있다. 다만, 조세 관련 법령의 경우에는 국세는 국세청장 또는 관세청장에게, 지방세는 해당 지방자치단체의 장에게 각각 통보할 수 있다.

Ⅲ. 주식백지신탁계약 체결 후 주식취득의 제한

1. 신규취득의 제한

주식백지신탁계약이 체결되면, 그 신탁계약이 해지될 때까지는 공개대상자등과 이해관계자는 새로 주식을 취득할 수 없다(공직자윤리법 제14조의6 제1항). 체결된 주식백지신탁계약이 해지되기 전에 주식을 매입할 수 있다면, 주식백지신탁제도의 의미는 상실될 것이다.

공직자윤리법

제14조의6(주식취득의 제한) ① 제14조의4 제1항에 따라 주식백지신탁계약이 체결된 경우에는 그 신탁계약이 해지될 때까지는 공개대상자등과 이해관계자 중 어느 누구도 새로 주식을 취득하여서는 아니 된다.

제14조의4(주식의 매각 또는 신탁) ① 등록의무자 중 제10조 제1항에 따른 공개대상자와 기획재정부 및 금융위원회 소속 공무원 중 대통령령으로 정하는 사람(이하 "공개대상자등"이라 한다)은 … 신탁 또는 투자신탁(이하 "주식백지신탁"이라 한다)에 관한 계약의 체결…을 직접 하거나 이해관계자로 하여금 하도록 하고 그 행위를 한 사실을 등록기관에 신고하여야 한다. …

---

2. 상속 등의 경우

(1) 매각 또는 백지신탁

공개대상자등은 본인 또는 이해관계자가 주식취득이 제한되는 기간에 상속이나 대통령령으로 정하는 사유로 주식을 취득하면, 취득한 날(상속의 경우에는 상속 개시를 알게 된 날을 말한다)부터 1개월 이내에 그 주식을 직접 또는 이해관계자로 하여금 그 주식을 매각 또는 백지신탁을 하도록 하고 그 사실을 등록기관에 신고하여야 한다. 주식백지신탁 심사위원회로부터 직무관련성 없음 결정을 받은 경우는 계속 보유할 수 있다(공직자윤리법 제14조의6 제2항).

공직자윤리법

제14조의6(주식취득의 제한) ① 제14조의4 제1항에 따라 주식백지신탁계약이 체결된 경우에는 그 신탁계약이 해지될 때까지는 공개대상자등과 이해관계자 중 어느 누구도 새로 주식을 취득하여서는 아니 된다.

② 공개대상자등은 본인 또는 이해관계자가 **제1항에 따라 주식취득이 제한되는** 기간에 상속이나 그 밖에 대통령령으로 정하는 사유로 주식을 취득하게 된 경우에는 취득한 날(상속의 경우에는 상속 개시를 알게 된 날을 말한다)부터 1개월 이내에 그 주식을 직접 매각 또는 백지신탁을 하거나 이해관계자로 하여금 그 주식을 매각 또는 백지신탁을 하도록 하고 그 사실을 등록기관에 신고하여야 한다. 다만, 주식백지신탁 심사위원회로부터 직무관련성이 없다는 결정을 통지받은 경우에는 그러하지 아니하다.

> **공직자윤리법 시행령**
>
> 제27조의9(주식취득 사유) 법 제14조의6 제2항 본문에서 "대통령령으로 정하는 사유"란 다음 각 호의 사유를 말한다.
>
> 1. 증여(유증을 포함한다), 담보권 행사 또는 대물변제의 수령 등으로 주식을 취득하는 경우
> 2. 전환사채, 신주인수권부사채 또는 교환사채의 권리행사로 주식을 취득하는 경우
> 3. 우리사주 조합원이 우리사주 조합을 통하여 주식을 취득하는 경우
> 4. 주식매수선택권의 행사로 주식을 취득하는 경우
> 5. 법 제14조의4 제1항에 따른 공개대상자등이 되기 전에 유가증권 옵션거래의 권리를 행사하여 주식을 취득하는 경우
> 6. 제1호부터 제4호까지의 규정에 따라 취득한 주식에 대한 신주인수권을 행사하여 주식을 취득하는 경우
>
> [전문개정 2009.2.3.]

[참고] 상속 등으로 주식 취득 시, 금액 관계없이 매각 등을 하여야 하는지 여부

주식취득이 제한되는 기간에 상속 등으로 주식을 취득한 경우, 주식의 총 가액이 대통령령으로 정하는 금액에 미달하여도 매각 또는 백지신탁하거나 직무관련성 유무의 심사를 청구하여야 할 것이다. 왜냐하면 공직자윤리법 제14조의6 제2항은 주식취득이 제한되는 기간에 상속 등으로 주식을 취득한 경우, 금액에 제한을 가하지 않고 매각 또는 백지신탁하거나 직무관련성 유무의 심사를 청구하도록 규정하고 있기 때문이다.

(2) 준용규정

주식취득이 제한되는 기간에 취득한 주식에 대한 주식백지신탁 및 직무관련성 심사에는 일반적인 주식백지신탁 및 직무관련성 심사에 적용하는 공직자윤리법의 규정이 준용된다(공직자윤리법 제14조의6 제3항). 준용되는 규정에 관해서는 이미 살펴본 바 있다.

> **공직자윤리법**
>
> 제14조의6(주식취득의 제한) ③ 제2항에 따른 주식백지신탁 및 직무관련성 심사에 관하여는 제14조의4제3항부터 제6항까지 및 제14조의5를 준용한다.
>
> [전문개정 2009.2.3.]
>
> 제14조의4(주식의 매각 또는 신탁) ③ 공개대상자등은 주식백지신탁계약의 체결 또는 해지로 인한 재산변동사항을 제6조 및 제11조에 따른 신고에 포함하여 함께 신고하여야 한다.
>
> ④ 제1항에 따라 주식백지신탁계약의 체결을 신고한 경우에는 그 신탁계약을 해지할 때까지 그 신탁재산은 제6조 및 제6조의2 제1항에 따른 신고대상에서 제외한다.
>
> ⑤ 제1항에 따라 주식을 매각하거나 백지신탁을 한 사실의 신고방법은 대통령령으로 정한다. 〈개정 2015.12.29.〉
>
> ⑥ 제1항에 따른 신고와 신고사항의 심사 및 관리에 관하여는 제6조의2 제3항, 제7조, 제8조, 제8조의2, 제12조부터 제14조까지 및 제14조의3을 준용한다.
>
> [전문개정 2009.2.3.]

현행 공직자윤리법은 주식백지신탁계약이 체결된 후에는 주식의 신규취득을 금지하지만, 매각 및 신탁계약 해지 후에 주식의 신규취득을 금지하는 규정은 보이지 아니한다. 따라서 매각 및 신탁계약 해지 후에 주식의 신규취득은 가능하다고 볼 것이다. 취득하는 주식의 가액이 대통령령으로 정하는 금액을 초과하게 되면, 매각 또는 주식백지신탁계약을 체결하여야 한다.

Ⅳ. 주식백지신탁계약의 해지

1. 신탁계약해지의 청구

주식백지신탁의 신탁자는 공직자윤리법 제10조의10 제2항이 정하는 다음의 사유가 있는 경우에 수탁기관에 주식백지신탁계약의 해지를 청구할 수 있다.[1]

> **공직자윤리법**
>
> 제14조의10(주식의 매각요구 및 신탁의 해지) ② 주식백지신탁의 신탁자는 다음 각 호의 어느 하나에 해당하는 사유가 발생하면 수탁기관에 주식백지신탁계약의 해지를 청구할 수 있다. 다만, 제2호의 경우에는 반드시 주식백지신탁계약의 해지를 청구하여야 한다. 〈개정 2015.12.29.〉
> 1. 제14조의8 제2항 제2호에 따른 사항을 통지받은 경우
> 2. 제1항에 따른 매각요구를 받아 수탁기관이 신탁재산을 모두 매각한 경우
> 3. 퇴직·전보 등의 사유로 해당 공개대상자등이 공개대상자등에서 제외된 경우
> 4. 주식백지신탁 신탁자의 직위가 전보 등의 사유로 변경된 경우로서 제14조의5 제7항에 따라 주식백지신탁 심사위원회로부터 변경된 직위와 백지신탁 관리·운용 중인 주식간에 직무관련성이 없다는 결정을 통지받은 경우

(1) 공직자윤리법 제14조의8 제2항 제2호에 따른 통지를 받은 경우(공직자윤리법 제14조의10 제2항 제1호)

신탁재산의 가액이 1천만원 이상 5천만원 이하의 범위에서 대통령령으로 정하는 금액 이하가 된 경우, 주식백지신탁의 수탁기관은 이 사실을 관할 공직자윤리위원회에 통보하여야 하며, 공직자윤리위원회는 이를 신탁자에게 통지하여야 한다. 이러한 경우는 주식백지신탁의 요건이 해소되었기 때문에 주식백지신탁을 계속하여야 할 이유가 없는 경우에 해당한다. 따라서 신탁자가 주식백지신탁계약의 해지를 청구할 수 있게 할 필요가 있는바, 이러한 것이 이 조항의 취지라 하겠다. 이러한 경우, 주식백지신탁의 신탁자는 반드시 주식백지신탁계약의 해지를 청구할 수 있다. 법문은 신탁자의 주

---

1) 수탁기관에 대한 주식백지신탁계약 해지청구의 서식은 별지 제14호의15서식에 따른다(공직자윤리법 시행규칙 제12조 제7항).

식백지신탁계약의 해지 청구를 임의적인 것으로 규정하고 있다. 따라서 제1호의 경우에 신탁자는 반드시 주식백지신탁계약의 해지를 청구하여야 하는 것은 아니다.

공직자윤리법

　제14조의10(주식의 매각요구 및 신탁의 해지) ② 주식백지신탁의 신탁자는 다음 각 호의 어느 하나에 해당하는 사유가 발생하면 수탁기관에 주식백지신탁계약의 해지를 청구할 수 있다. 다만, 제2호의 경우에는 반드시 주식백지신탁계약의 해지를 청구하여야 한다. 〈개정 2015.12.29.〉

　　1. 제14조의8 제2항 제2호에 따른 사항을 통지받은 경우

　제14조의8(신탁상황의 보고 등) ② 주식백지신탁의 수탁기관은 다음 각 호의 어느 하나에 해당하는 경우에는 이 사실을 관할 공직자윤리위원회에 통보하여야 하며, 공직자윤리위원회는 이를 신탁자에게 통지하여야 한다. 〈개정 2015.12.29.〉

　　2. 신탁재산의 가액이 1천만원 이상 5천만원 이하의 범위에서 대통령령으로 정하는 금액 이하가 된 경우

　③ 제2항에 따른 수탁기관의 통보시기 및 방법은 대통령령으로 정한다.

공직자윤리법 시행령

　제27조의10(신탁재산의 평가 및 통보) 법 제14조의8 제2항에 따라 주식백지신탁의 수탁기관은 매 분기 말일(말일이 공휴일이거나 수탁기관의 휴무일인 경우에는 그 전날을 말한다)을 기준으로 신탁재산을 평가하여 신탁재산의 총가액이 3천만원 이하로 하락하였을 때에는 매 분기 말일 경과 후 1개월 이내에 관할 공직자윤리위원회에 그 사실을 통보하여야 한다. 다만, 매 년도 마지막 분기의 경우에는 법 제14조의8 제1항에 따른 신탁상황의 보고와 함께 통보할 수 있다. [전문개정 2009.2.3]

---

(2) 공직자윤리법 제14조의10 제1항에 따른 매각요구를 받아 수탁기관이 신탁재산을 모두 매각한 경우(공직자윤리법 제14조의10 제2항 제2호)

　신탁자는 관할 공직자윤리위원회의 허가를 받아 수탁기관에 신탁재산을 모두 매각할 것을 서면으로 요구할 수 있고, 이 요구에 따라 매각이 완료되었다면, 더 이상 주식백지신탁을 유지시킬 의미가 없다. 말하자면 주식백지신탁의 요건이 해소된 것이다. 신탁자가 매각을 요구하였으니, 이러한 경우에 신탁자는 반드시 주식백지신탁계약의 해지를 청구하여야 한다.

공직자윤리법

　제14조의10(주식의 매각요구 및 신탁의 해지) ① 주식백지신탁의 신탁자는 관할 공직자윤리위원회의 허가를 받아 수탁기관에 신탁재산을 모두 **매각할 것을 서면으로** 요구할 수 있다.

　② 주식백지신탁의 신탁자는 다음 각 호의 어느 하나에 해당하는 사유가 발생하면 수탁기관에 주식백지신탁계약의 해지를 청구할 수 있다. 다만, **제2호의 경우에는 반드시 주식백지신탁계약의 해지를 청구하여야 한다.** 〈개정 2015.12.29.〉

　　2. 제1항에 따른 매각요구를 받아 수탁기관이 신탁재산을 모두 매각한 경우

(3) 퇴직·전보 등의 사유로 해당 공개대상자등이 공개대상자등에서 제외된 경우(공 직자윤리법 제14조의10 제2항 제3호)

퇴직·전보 등의 사유로 해당 공개대상자등이 공개대상자등에서 제외되면, 이들 은 더 이상 주식백지신탁 의무자가 아니다. 따라서 이들을 더 이상 주식백지신탁의 구 속 하에 둘 이유가 없다. 이에 신탁자가 주식백지신탁계약의 해지를 청구할 수 있게 할 필요가 있는바, 이러한 것이 이 조항의 취지라 하겠다.

공직자윤리법

제14조의10(주식의 매각요구 및 신탁의 해지) ② 주식백지신탁의 신탁자는 다음 각 호의 어느 하나 에 해당하는 사유가 발생하면 수탁기관에 주식백지신탁계약의 해지를 청구할 수 있다. 다만, 제2호의 경우에는 반드시 주식백지신탁계약의 해지를 청구하여야 한다. 〈개정 2015.12.29.〉
　　3. 퇴직·전보 등의 사유로 해당 공개대상자등이 공개대상자등에서 제외된 경우

[참고] 국회의원·지방의회의원 소속 상임위원회의 변경이 해지청구 사유인지 여부
국회의원이나 지방의회의원의 경우, 소속 상임위원회가 변경되는 것은 주식백지신탁계약의 해 지의 사유가 아니다. 왜냐하면 공개대상자등의 신분은 유지되기 때문이다.

(4) 직위가 전보 등의 사유로 변경된 경우, 변경된 직위와 백지신탁 관리·운용 중인 주식 간에 직무관련성이 없다는 결정을 받은 때(공직자윤리법 제14조의10 제2항 제4호)

주식백지신탁제도는 공개대상자등의 이해충돌방지를 위한 것이므로, 신탁자의 변 경된 직위와 주식백지신탁 관리·운용중인 주식 간에 직무관련성이 없다면 주식백지 신탁을 그대로 유지할 의미가 없어진 것이 된다. 따라서 신탁자가 주식백지신탁계약의 해지를 청구할 수 있게 할 필요가 있는바, 이러한 것이 이 조항의 취지라 하겠다.

공직자윤리법

제14조의10(주식의 매각요구 및 신탁의 해지) ② 주식백지신탁의 신탁자는 다음 각 호의 어느 하나 에 해당하는 사유가 발생하면 수탁기관에 주식백지신탁계약의 해지를 청구할 수 있다. 다만, 제2호의 경우에는 반드시 주식백지신탁계약의 해지를 청구하여야 한다. 〈개정 2015.12.29.〉
　　4. 주식백지신탁 신탁자의 직위가 전보 등의 사유로 변경된 경우로서 **제14조의5 제7항**에 따라 주식백지신탁 심사위원회로부터 변경된 직위와 백지신탁 관리·운용 중인 주식간에 직무관련 성이 없다는 결정을 통지받은 경우
제14조의5(주식백지신탁 심사위원회의 직무관련성 심사) ⑦ 주식백지신탁 심사위원회는 제6항에 따 른 심사청구일부터 1개월 이내에 해당 주식의 직무관련성 유무를 심사·결정하고 그 결과를 청구인 에게 통지하여야 한다. 다만, 주식백지신탁 심사위원회는 필요하다고 인정될 때에는 그 의결로써 심 사기간을 1개월의 범위에서 연장할 수 있다.

---

2. 수탁자의 주식백지신탁계약 해지 보고

주식백지신탁계약이 해지되면, 수탁기관은 이를 관할 공직자윤리위원회에 보고하여야 한다. 보고에는 해지사유와 1월 1일부터 해지된 날까지 신탁재산을 관리·운용·처분한 내용이 포함되어야 한다(공직자윤리법 제14조의10 제3항).[1]

공직자윤리법

제14조의10(주식의 매각요구 및 신탁의 해지) ③ 주식백지신탁의 수탁기관은 제2항에 따라 주식백지신탁계약이 해지되면 해지된 날부터 1개월 이내에 해지사유 및 그 해 1월 1일(주식백지신탁이 설정된 해에 해지된 경우에는 주식백지신탁이 설정된 날)부터 해지된 날까지 신탁재산을 관리·운용·처분한 내용을 관할 공직자윤리위원회에 보고하여야 한다. 이 경우 주식백지신탁계약이 1월 중에 해지되었으면 전년도의 관리·운용·처분에 관한 내용과 함께 보고할 수 있다.

[전문개정 2009.2.3.]

▍제4절 신탁재산의 처분 및 운영

Ⅰ. 신탁자의 권리와 의무

1. 신탁재산 매각 요구

(1) 의의

주식백지신탁의 신탁자는 수탁기관에 신탁재산을 모두 매각할 것을 요구할 수 있다. 매각요구를 위해서는 먼저 공직자윤리위원회의 허가를 받아야 한다. 매각 요구는 서면으로 한다(공직자윤리법 제14조의10 제1항). 신탁자의 매각 요구는 신탁재산 모두를 대상으로 하여야 하며, 일부를 대상으로 할 수는 없다고 볼 것이다.

공직자윤리법

제14조의10(주식의 매각요구 및 신탁의 해지) ① 주식백지신탁의 신탁자는 관할 공직자윤리위원회의 허가를 받아 수탁기관에 신탁재산을 모두 매각할 것을 서면으로 요구할 수 있다.

[전문개정 2009.2.3.]

---

1) 수탁기관의 관할 공직자윤리위원회에 대한 해지사유 및 신탁재산의 관리·운용·처분에 관한 내용의 보고는 별지 제14호의16서식에 따른다. 다만, 주식백지신탁계약이 1월 중에 해지되어 그 해지사유 및 신탁재산의 관리·운용·처분에 관한 내용의 보고를 법 제14조의8 제1항에 따른 보고에 포함하여 할 경우에는 별지 제14호의12서식에 따라 보고할 수 있다(공직자윤리법 시행규칙 제12조 제7항). <개정 2011.10.28., 2016.6.30.>

(2) 가능 시기

공직자윤리법에는 '신탁자의 매각 요구는 언제부터 가능한가?'에 관해 명시적으로 규정하는 바가 없다. 생각건대 수탁기관은 원칙적으로 신탁일부터 60일 이내에 매각하여야 하는바(공직자윤리법 제14조의4 제1항 제2호 가목), 매각의 요구는 그 기간이 경과한 후에 가능하다고 볼 것이다. 수탁기관이 공직자윤리위원회로부터 처분시한의 연장을 승인받았으면, 그 처분시한이 경과한 후에 가능하다고 볼 것이다.

공직자윤리법
제14조의4(주식의 매각 또는 신탁) ① …공개대상자등은 … 초과하게 된 날 … 부터 1개월 이내에 다음 각 호의 어느 하나에 해당하는 행위를 직접 하거나 이해관계자로 하여금 하도록 하고 그 행위를 한 사실을 등록기관에 신고하여야 한다. ….
1. 해당 주식의 매각
2. 다음 각 목의 요건을 갖춘 신탁 또는 투자신탁(이하 "주식백지신탁"이라 한다)에 관한 계약의 체결
가. 수탁기관은 신탁계약이 체결된 날부터 **60일 이내**에 **처음 신탁된 주식을 처분할 것**. 다만, 60일 이내에 주식을 처분하기 어려운 사정이 있는 경우로서 수탁기관이 공직자윤리위원회의 승인을 받은 때에는 주식의 처분시한을 연장할 수 있으며, 이 경우 1회의 연장기간은 30일 이내로 하여야 한다.

(3) 서식

공직자윤리법 제14조의10 제1항에 따른 신탁자의 관할 공직자윤리위원회에 대한 매각허가 신청은 별지 제14호의1서식(신탁재산 매각허가신청서)에 의한다(공직자윤리법 시행규칙 제14조의10 제5항).

2. 신탁재산에 관한 정보제공 요구의 금지

주식백지신탁계약이 체결된 경우, 공개대상자등 또는 그 이해관계자는 「자본시장과 금융투자업에 관한 법률」 제91조 및 제113조에도 불구하고 신탁업자등에 대하여 신탁재산의 관리·운용·처분에 관한 내용의 공개 등 정보의 제공을 요구할 수 없다(공직자윤리법 제14조의7 제1항). 이해충돌방지를 위한 것으로 이해된다.

공직자윤리법
제14조의7(신탁재산에 관한 정보제공금지 등) ① 제14조의4 제1항 또는 제14조의6 제2항에 따라 주

식백지신탁계약이 체결된 경우 공개대상자등 및 그 이해관계자는「자본시장과 금융투자업에 관한 법률」제91조 및 제113조에도 불구하고 신탁업자·집합투자업자·투자회사·투자매매업자 또는 투자중개업자에 대하여 신탁재산의 관리·운용·처분에 관한 내용의 공개 등 정보의 제공을 요구할 수 없…다.

> **자본시장과 금융투자업에 관한 법률**
>
> 제91조(장부·서류의 열람 및 공시 등) ① 투자자는 집합투자업자(투자신탁이나 투자익명조합의 집합투자업자에 한하며, 해당 집합투자증권을 판매한 투자매매업자 및 투자중개업자를 포함한다. 이하 이 조에서 같다)에게 영업시간 중에 이유를 기재한 서면으로 그 투자자에 관련된 집합투자재산에 관한 장부·서류의 열람이나 등본 또는 초본의 교부를 청구할 수 있다. 이 경우 그 집합투자업자는 대통령령으로 정하는 정당한 사유가 없는 한 이를 거절하여서는 아니 된다.
> ② 제1항에 따른 열람이나 등본 또는 초본의 교부 청구의 대상이 되는 장부·서류의 범위 등에 관하여 필요한 사항은 대통령령으로 정한다.
> ③ 집합투자업자는 집합투자규약을 인터넷 홈페이지 등을 이용하여 공시하여야 한다.
> 제113조(장부·서류의 열람 및 공시 등) ① 수익자는 신탁업자에게 영업시간 중에 이유를 기재한 서면으로 그 수익자에 관련된 신탁재산에 관한 장부·서류의 열람이나 등본 또는 초본의 교부를 청구할 수 있다. 이 경우 그 신탁업자는 대통령령으로 정하는 정당한 사유가 없는 한 이를 거절하여서는 아니 된다.
> ② 제1항에 따른 열람이나 등본 또는 초본의 교부 청구의 대상이 되는 장부·서류의 범위 등에 관하여 필요한 사항은 대통령령으로 정한다.

3. 신탁재산의 관리·운용·처분 관여 금지

주식백지신탁계약이 체결된 경우, 공개대상자등 또는 그 이해관계자는 신탁재산의 관리·운용·처분에 관여할 수 없다(공직자윤리법 제14조의7 제2항). 왜냐하면 공개대상자등 또는 그 이해관계자가 관여할 수 있다고 하면, 이해충돌방지라는 주식백지신탁의 취지는 상실될 것이기 때문이다. 이에 위반하면 벌칙이 가해진다(공직자윤리법 제28조의2).

> **공직자윤리법**
>
> 제14조의7(신탁재산에 관한 정보제공금지 등) ② 제14조의4 제1항 또는 제14조의6 제2항에 따라 주식백지신탁계약이 체결된 경우 공개대상자등 또는 그 이해관계자는 신탁재산의 관리·운용·처분에 관여하여서는 아니 된다.
> [전문개정 2009.2.3.]
> 제28조의2(주식백지신탁 관여금지 위반의 죄) 공개대상자등 또는 그 이해관계자가 제14조의7 제2항을 위반하여 신탁재산의 관리·운용·처분에 관여하면 1년 이하의 징역 또는 1천만원 이하의 벌금에 처한다.
> [전문개정 2009.2.3.]

4. 신탁자의 직무회피의무

(1) 의의

　　주식백지신탁에 관한 계약의 체결이 있으면, 처음 신탁된 주식의 처분이 완료될 때까지 신탁자는 백지신탁한 주식이나 보유하고 있는 주식과 관련하여 해당 주식을 발행한 기업의 경영 또는 재산상 권리에 영향을 미칠 수 있는 직무에 결재, 지시, 의견표명 등의 방법을 통하여 관여해서는 아니 된다(공직자윤리법 제14조의11 제1항). 필요한 경우에는 해당 직무를 다른 사람으로 하여금 처리하게 하여야 한다(공직자윤리법 제14조의11 제2항).

공직자윤리법

　제14조의11(이해충돌 직무에 대한 관여 금지) ① 공개대상자등은 다음 각 호의 기간 동안 공개대상자등 또는 그 이해관계자가 백지신탁한 주식이나 보유하고 있는 주식과 관련하여 해당 주식을 발행한 기업의 경영 또는 재산상 권리에 영향을 미칠 수 있는 직무에 결재, 지시, 의견표명 등의 방법을 통하여 관여해서는 아니 된다.

　　　1. 제14조의4 제1항 제2호에 따라 주식백지신탁에 관한 계약을 체결한 경우: 처음 신탁된 주식의 처분이 완료될 때까지

　　　2. 제14조의13 제1항에 따라 직위 변경을 신청한 경우: 직위 변경을 신청한 날부터 변경된 직위에서 직무관련성 심사를 받아 주식백지신탁 심사위원회로부터 직무관련성 없음 결정을 통보받은 날까지

　② 공개대상자등은 제1항에 따라 직무를 회피하기 위하여 필요한 경우에는 해당 직무를 다른 사람으로 하여금 처리하게 하는 등의 조치를 하여야 한다.

---

(2) 예외

　　직무회피가 불가능한 경우에는 백지신탁한 주식 또는 보유하고 있는 주식과 관련한 직무에 관여할 수 있지만(공직자윤리법 제14조의11 제3항), 관여한 내역을 매 분기 말일부터 10일 이내에 관할 공직자윤리위원회에 신고하여야 하고, 관할 공직자윤리위원회는 그 신고사항을 관보 또는 공보에 게재하여야 한다(공직자윤리법 제14조의11 제4항).

공직자윤리법

　제14조의11(이해충돌 직무에 대한 관여 금지) ③ 제1항에도 불구하고 공개대상자등은 법령에서 해당 직무를 직접 수행하도록 규정하고 있는 경우 등 직무회피가 불가능한 경우에는 백지신탁한 주식 또는 보유하고 있는 주식과 관련한 직무에 관여할 수 있다.

　④ 제3항에 따라 공개대상자등이 백지신탁한 주식 또는 보유하고 있는 주식과 관련한 직무에 관여한 경우에는 매 분기 동안 해당 주식과 관련한 직무에 직접적 또는 간접적으로 관여한 내역을 매 분기 말일부터 10일 이내에 관할 공직자윤리위원회에 신고하여야 하며, 관할 공직자윤리위원회는 그 신고사항을 관보 또는 공보에 게재하여야 한다.

　[본조신설 2015.12.29.]

Ⅱ. 수탁기관의 권리와 의무

1. 처음 신탁된 주식의 처분

수탁기관은 주식백지신탁계약이 체결된 날부터 60일 이내에 처음 신탁된 주식을 처분하여야 한다(공직자윤리법 제14조 제1항 제2호 가목 단서). 30일 이내로 하지 않고 60일 이내로 한 것은, 주가의 일시적인 변동에 따라 의무자가 불합리하게 손실을 받을 수도 있다는 점을 고려한 결과로 보인다. 한편, 60일 이내에 주식을 처분하기 어려운 사정이 있으면 공직자윤리위원회의 승인을 받아 주식의 처분시한을 연장할 수 있으며, 1회의 연장기간은 30일 이내로 한다(공직자윤리법 제14조 제1항 제2호 가목 단서). 공직자윤리법상 연장 횟수에는 제한이 없다. 따라서 재연장도 가능하다. 그러나 반복되는 심사기간의 연장은 주식백지신탁제도의 취지를 약화시키는 효과를 가져올 것이다.

공직자윤리법

제14조의4(주식의 매각 또는 신탁) ① …공개대상자등은 … 초과하게 된 날 … 부터 1개월 이내에 다음 각 호의 어느 하나에 해당하는 행위를 직접 하거나 이해관계자로 하여금 하도록 하고 그 행위를 한 사실을 등록기관에 신고하여야 한다. ….
  1. 해당 주식의 매각
  2. 다음 각 목의 요건을 갖춘 신탁 또는 투자신탁(이하 "주식백지신탁"이라 한다)에 관한 계약의 체결
  가. 수탁기관은 신탁계약이 체결된 날부터 **60일 이내에 처음 신탁된 주식을 처분**할 것. 다만, 60일 이내에 주식을 처분하기 어려운 사정이 있는 경우로서 수탁기관이 공직자윤리위원회의 승인을 받은 때에는 주식의 처분시한을 연장할 수 있으며, 이 경우 1회의 연장기간은 30일 이내로 하여야 한다.

[문제점] 장기간 처분(매각)이 안 될 가능성

수탁기관이 '60일 이내'에 처분(매각)하여야 하지만, 처분이 되지 아니하면 연장이 가능하다. 그런데 문제는 1회 연장은 30일 이내라고 제한하고 있지만, 연장 횟수에 관해서는 규정하는 바가 없다. 현행법은 강제처분(강제매각)에 관해 규정하는 바가 없다. 따라서 무제한 연장도 가능한 셈이다. 이 때문에 선출직인 국회의원의 경우, 임기만료 시까지 매각되지 아니하면, 임기 만료 후 계속하여 보유할 수 있는 가능성이 있다. 이에 대한 보완책의 검토가 필요하다.

2. 선량한 관리자로서의 의무(면책)

수탁기관은 선량한 관리자의 주의의무(선관의무)를 다하여야 한다. 수탁기관이 선관의무를 다하였다면, 신탁업무의 수행과 관련한 일체의 손해에 대하여 책임을 지지 아니한다(공직자윤리법 제14조 제1항 제2호 마목). 이러한 선관의무 규정이 있음으로 인해, 수탁기관이 신탁재산을 처분·운용할 때에 백지신탁의무자에게 손실을 발생시켰다

고 하여도 수탁기관이 선관의무를 이행하였다면, 그 책임을 면하게 된다. 선관의무의 규정은 수탁기관의 해이한 사무처리를 예방하는 효과도 갖는다. 왜냐하면 수탁자의 해이한 사무처리는 선관의무 위반이고, 그로 인한 손해는 수탁기관이 부담하여야 하기 때문이다.

공직자윤리법

제14조의4(주식의 매각 또는 신탁) ① …공개대상자등은 … 초과하게 된 날 … 부터 1개월 이내에 다음 각 호의 어느 하나에 해당하는 행위를 직접 하거나 이해관계자로 하여금 하도록 하고 그 행위를 한 사실을 등록기관에 신고하여야 한다. ….
    1. 해당 주식의 매각
    2. 다음 각 목의 요건을 갖춘 신탁 또는 투자신탁(이하 "주식백지신탁"이라 한다)에 관한 계약의 체결
    마. 수탁기관이 **선량한 관리지의 주의의무**로써 신탁업무를 수행한 경우에는 이로 인한 일체의 손해에 대하여 **책임을 지지 아니할 것**

---

3. 신탁재산에 관한 정보제공 금지

㈎ 원칙적 금지　　신탁업자 등은 공개대상자등 및 그 이해관계자의 정보 제공 요구에 응하여서는 아니 된다(공직자윤리법 제14조의7 제1항 제2문). 요구에 응하게 되면, 그 순간 이해충돌방지의 의미는 사라지게 될 것이다. 이에 위반하면 벌칙이 가해진다(공직자윤리법 제28조의2).

공직자윤리법

제14조의7(신탁재산에 관한 정보제공금지 등) ① … 공개대상자등 및 그 이해관계자는 … 신탁업자·집합투자업자·투자회사·투자매매업자 또는 투자중개업자에 대하여 신탁재산의 관리·운용·처분에 관한 내용의 공개 등 정보의 제공을 요구할 수 없으며, 신탁업자·집합투자업자·투자회사·투자매매업자 또는 투자중개업자는 공개대상자등 또는 그 이해관계자의 정보 제공 요구에 응하여서는 아니 된다.
제28조의2(주식백지신탁 관여금지 위반의 죄) ① 공개대상자등 또는 그 이해관계자가 제14조의7 제1항 본문을 위반하여 신탁재산의 관리·운용·처분에 관한 정보제공을 요구하거나, 신탁업자·집합투자업자·투자회사·투자매매업자 또는 투자중개업자의 임직원이 정보제공 요구에 응하면 각각 1년 이하의 징역 또는 1천만원 이하의 벌금에 처한다.
② 공개대상자등 또는 그 이해관계자가 제14조의7 제2항을 위반하여 신탁재산의 관리·운용·처분에 관여하면 1년 이하의 징역 또는 1천만원 이하의 벌금에 처한다.
[전문개정 2009.2.3.]

㈏ 예외적 허용　　신탁업자 등이 공개대상자등 및 그 이해관계자의 납세의무 이행에 필요한 정보를 공개대상자등 및 그 이해관계자에게 통지하는 것은 허용된다(공직자윤리법 제14조의7 제1항 단서).

4. 공직자윤리위원회에 신탁상황의 보고

(1) 관리·운용·처분 내용 보고

주식백지신탁의 수탁기관은 연 단위로 신탁재산을 관리·운용·처분한 내용을 다음 해 1월 중에 관할 공직자윤리위원회에 보고하여야 하며, 12월 중에 체결된 것은 다음 해의 내용과 함께 보고할 수 있다(공직자윤리법 제14조의8 제1항).

(2) 처음 신탁 주식 처분 완료 또는 신탁재산 가액 3천만원 이하 하락 통보

주식백지신탁의 수탁기관은 ① 처음 신탁된 주식의 처분이 완료된 경우, 또는 ② 신탁재산의 가액이 대통령령으로 정하는 금액 이하가 되면 이러한 사실을 관할 공직자윤리위원회에 통보하여야 하며, 공직자윤리위원회는 이를 신탁자에게 통지하여야 한다(공직자윤리법 제14조의8 제2항). 수탁기관의 통보시기 및 방법은 대통령령으로 정한다(공직자윤리법 제14조의8 제3항). 세부적인 사항은 공직자윤리법 시행령 제27조의10에서 규정되고 있다.

(3) 백지신탁계약 해지 보고

주식백지신탁의 수탁기관은 제2항에 따라 주식백지신탁계약이 해지되면 해지된 날부터 1개월 이내에 해지사유 및 그 해 1월 1일(주식백지신탁이 설정된 해에 해지된 경우에는 주식백지신닥이 설정된 날)부터 해지된 날까지 신탁재산을 관리·운용·처분한 내용을 관할 공직자윤리위원회에 보고하여야 한다. 이 경우 주식백지신탁계약이 1월 중에 해지되었으면 전년도의 관리·운용·처분에 관한 내용과 함께 보고할 수 있다(공직자윤리법 제14조의10 제3항).

Ⅲ. 공직자윤리위원회의 조치

1. 신탁된 주식 처분 완료의 공고

주식백지신탁의 수탁기관은 처음 신탁된 주식의 처분을 완료하면, 이를 관할 공직자윤리위원회에 통보하게 되고, 통보를 받은 공직자윤리위원회는 한편으로는 이것을 신탁자에게 통지하고(공직자윤리법 제14조의8 제2항), 또 한편으로는 해당 사실을 공개하여야 한다(공직자윤리법 제14조의14 제2항). 공개 방법 등에 필요한 사항은 국회규칙 등으로 정한다(공직자윤리법 제14조의14 제3항). 공개는 공직자에 대한 국민의 신뢰확보에 기여할 것이다.

식의 처분이 완료된 사실을 통보받은 관할 공직자윤리위원회는 해당 사실을 공개하여야 한다.
③ 제1항 및 제2항에 따른 공개 방법 등에 필요한 사항은 국회규칙, 대법원규칙, 헌법재판소규칙, 중앙선거관리위원회규칙 또는 대통령령으로 정한다.
[본조신설 2015.12.29.]
제14조의8(신탁상황의 보고 등) ② 주식백지신탁의 수탁기관은 다음 각 호의 어느 하나에 해당하는 경우에는 이 사실을 관할 공직자윤리위원회에 통보하여야 하며, 공직자윤리위원회는 이를 신탁자에게 통지하여야 한다. 〈개정 2015.12.29.〉
  1. 처음 신탁된 주식의 처분이 완료된 경우

2. 수탁기관에 대한 시정요구

주식백지신탁계약이 제대로 체결되고 이행되기 위해서는 수탁기관의 임·직원이 공직자윤리법을 제대로 준수하여야 한다. 수탁기관의 구성원이 공직자윤리법이나 공직자윤리법에 따른 명령이나 처분을 위반하는 경우, 공직자윤리위원회는 금융감독원장에게 적절한 조치를 취할 것을 요청할 수 있다(공직자윤리법 제14조의9). 공직자윤리위원회의 요청은 비구속적이지만, 공직자윤리위원회의 요청이 적법하고 타당한 것인 한, 금융감독원장은 그 요청을 거부하기 어려울 것이다.

공직자윤리법
제14조의9(수탁기관에 대한 감독) 공직자윤리위원회는 수탁기관의 임직원이 이 법 또는 이 법에 따른 명령이나 처분을 위반하면 그 임직원에게 시정명령 또는 징계처분 등 적절한 조치를 취하도록 금융감독원장에게 요청할 수 있다.
[전문개정 2009.2.3.]

Ⅳ. 국가기관 등의 조치

1. 등록기관에 통지

국가기관 및 공직유관단체의 장은 공무원 또는 공직유관단체 임직원이 신규채용, 승진, 전보, 전직 또는 퇴직 등의 사유로 등록의무자가 되거나 등록의무를 면하게 되면, 해당 등록기관에 통보하여야 한다(공직자윤리법 시행령 제6조).

공직자윤리법 시행령
제6조(등록의무자 변동사항 통보) 국가기관 및 공직유관단체의 장은 소속 공무원 또는 임직원이 신규채용, 승진, 전보, 전직 또는 퇴직 등의 사유로 등록의무자가 되거나 등록의무를 면하게 되었을 때에는 해당 인사발령과 동시에 그 발령사항을 법 제5조 제1항·제3항 및 제6조 제2항에 따른 해당 등록기관에 지체 없이 통보하여야 한다.

2. 공직자윤리위원회에 통보

① 등록기관에서는 국가기관 및 공직유관단체의 장으로부터 공직자가 타 기관으로 전보되거나 직위 또는 직급의 변동이 있음을 통지받으면, 이를 즉시 관할 공직자윤리위원회에 통보하여야 할 것이다. ② 등록기관으로부터 통보를 받은 공직자윤리위원회는 해당 공직자의 변동 내용을 수탁기관에 통보하여야 할 것이다.

제5장 주식백지신탁 심사위원회의 직무관련성 심사

공직자 등의 직무와 공직자등의 본인 및 그 이해관계자가 보유 주식 사이의 이해 충돌을 방지하는 것을 목적으로 하는 주식백지신탁제도의 취지에 비추어, 본인 및 그 이해관계자가 보유한 주식이 공직자등의 직무와 관련성이 없는 경우에는 그러한 주식을 보유할 수 있도록 함이 타당하다. 이에 공직자윤리법은 공직자등의 본인 및 그 이해관계자가 보유하는 주식이 공직자 등의 직무와 관련이 있는지의 여부를 심사하는 제도를 두고 있다.

▌제1절 심사의 주체(주식백지신탁 심사위원회)

Ⅰ. 주식백지신탁 심사위원회의 법적 지위

공개대상자등 및 그 이해관계인이 보유하고 있는 주식의 직무관련성을 심사·결정하는 기관으로 주식백지신탁 심사위원회가 있다. 주식백지신탁 심사위원회는 인사혁신처에 둔다(공직자윤리법 제14조의5 제1항). 그 법적 지위를 보기로 한다.

> **공직자윤리법**
> 제14조의5(주식백지신탁 심사위원회의 직무관련성 심사) ① 공개대상자등 및 그 이해관계인이 보유하고 있는 주식의 직무관련성을 심사·결정하기 위하여 인사혁신처에 주식백지신탁 심사위원회를 둔다. 〈개정 2013.3.23., 2014.11.19.〉

1. 합의제 행정청

① 주식백지신탁 심사위원회는 자문기관도 아니고 의결기관도 아니다. 주식백지신탁 심사위원회는 공직자윤리법이 부여한 사무에 관한 의사를 결정하고 표시하는 권한을 가진 행정청이다.[1] ② 주식백지신탁 심사위원회는 9명의 위원으로 구성되는 합의제 행정청이다. 직무관련성심사는 분쟁해결의 성격을 갖는 것이므로, 심사의 신중을 위해 심사기관을 단독제가 아니라 합의제로 할 필요가 있고, 이러한 시각에서 공직자윤리법은 직무관련성심사기관을 합의제인 주식백지신탁 심사위원회제도를 채택하였다.

2. 독립기관

주식백지신탁 심사위원회를 인사혁신처에 둔다고 하여, 주식백지신탁 심사위원회가 인사혁신처장의 지휘·감독을 받는 것은 아니다. 주식백지신탁 심사위원회를 인사혁신처에 둔다는 것은 주식백지신탁 심사위원회의 사무를 인사혁신처가 지원한다는 것을 의미할 뿐이다. 주식백지신탁 심사위원회는 직무상 독립성을 갖는다.

3. 유일의 직무관련성 심사기관

주식백지신탁 심사위원회는 정부의 인사혁신처에 두지만, 주식백지신탁 심사위원회는 소속을 불문하고 공직자윤리법의 적용을 받는 모든 기관의 해당 공직자등을 대상으로 한다. 공직자윤리법상 재산의 등록기관은 다음과 같이 다양하지만, 보유주식의 직무관련성 심사기관은 주식백지신탁 심사위원회뿐이다.[2]

공직자윤리법

제5조(재산의 등록기관과 등록시기 등) ① 공직자는… 다음 각 호의 구분에 따른 기관(이하 "등록기관"이라 한다)에 등록하여야 한다. …
1. 국회의원과 그 밖의 국회 소속 공무원: **국회사무처**
2. 법관과 그 밖의 법원 소속 공무원: **법원행정처**
3. 헌법재판소장, 헌법재판소재판관 및 헌법재판소 소속 공무원: **헌법재판소사무처**
4. 중앙선거관리위원회 및 각급 선거관리위원회 소속 공무원: **중앙선거관리위원회사무처**
5. 정부의 부·처·청(대통령령으로 정하는 위원회 등의 행정기관을 포함한다. 이하 같다) 소속 공무원: **그 부·처·청**
6. 감사원 소속 공무원: **감사원사무처**
7. 국가정보원 소속 공무원: **국가정보원**

---

1) 행정청의 개념에 관해 자세한 것은 졸저, 행정법원론(하), 옆번호 33 이하 참조.
2) 직무관련성 심사를 공직자윤리위원회별로 하지 않고 주식백지신탁 심사위원회가 하도록 한 것은 단일의 일관된 심사기준을 확보하고, 공직자윤리위원회별로 할 때 나타날 수 있는 온정주의를 배제하기 위한 것으로 이해된다.

8. 지방자치단체 소속 공무원: 그 **지방자치단체**

9. 지방의회의원과 지방의회 소속 공무원: 그 **지방의회**

10. 특별시·광역시·특별자치시·도·특별자치도교육청 소속 공무원: 그 **특별시·광역시·특별자치시·도·특별자치도교육청**

11. 특별시·광역시·특별자치시·도·특별자치도교육위원회의 교육위원과 그 소속 공무원: 그 **교육위원회**

12. 공직유관단체의 임직원: 그 **공직유관단체를 감독하는 부·처·청**. 다만, 특별시·광역시·특별자치시·도·특별자치도 및 시·군·구(자치구를 말한다. 이하 같다)의 감독을 받는 공직유관단체의 임직원은 **특별시·광역시·특별자치시·도·특별자치도 및 시·군·구**에 등록한다.

13. 그 밖의 등록의무자, 제5호부터 제7호까지 및 제12호 본문에도 불구하고 정부의 부·처·청 소속 공무원과 감사원·국가정보원 소속 공무원 및 공직유관단체의 임원으로서 제10조 제1항에 따라 재산등록사항을 공개하는 공직자: **인사혁신처**

[참고] 주식백지신탁 심사위원회의 개편 필요성

주식백지신탁 심사위원회를 인사혁신처에 두고, 주식백지신탁 심사위원회가 인사혁신처의 지원을 받아 사무를 수행하는 현행의 제도는 다음의 여러 가지 문제점을 갖는다.[1]

• 첫째, 주식백지신탁 심사위원회는 행정부 소속 공직자뿐만 아니라 국회·법원·헌법재판소 등 다른 국가기관 소속 공직자의 직무관련성도 심사한다. 그럼에도 주식백지신탁 심사위원회를 행정부 소속의 인사혁신처에 둔다는 것은 국가기관의 조직법상 체계적인 것으로 보이지 아니한다. 논자에 따라서는 공직자윤리위원회마다 주식백지신탁 심사위원회를 둘 수 없기 때문에 인사혁신처에 주식백지신탁 심사위원회를 두는 것은 불가피하다고 주장할지 모른다. 그러나 주식백지신탁 심사위원회가 자체 독자적인 인적 자원을 갖는 조직으로 전환되면, 이러한 주장의 근거는 의미를 잃을 것이다.

• 둘째, 현재로서 주식백지신탁 심사위원회의 사무를 실무적으로 지원하는 인사혁신처의 공무원의 수는 소수에 불과하지만, 심사대상인 공직자의 수는 무척 많을 것이다. 적은 수의 실무 담당 공무원들이 많은 공직자를 상대로 공직자마다 자세한 심사보고서를 작성한다는 것은 처음부터 기대하기 어렵다. 심사를 보다 강화하려면, 실무를 담당하는 공무원의 수를 늘려야 할 것이다.

• 셋째, 주식백지신탁 심사위원회의 사무를 실무적으로 지원하는 정부 소속 공무원은 직무상 주식백지신탁 심사위원회 위원장의 지휘·명령에 따라야 한다. 그런데 정부의 의견이 주식백지신탁 심사위원회 위원장의 의견과 다른 경우에는 실무 지원 공무원들이 주식백지신탁 심사위원회 위원장의 지휘·명령에 순응하지 아니하는 경우도 있을 수 있다. 이러한 사정은 주식백지신탁 심사위원회의 기능수행의 약화를 가져올 수도 있다.

• 넷째, 주식백지신탁 심사위원회가 자체 독자적인 인적 자원을 갖는 조직으로 전환되고, 주식백지신탁 심사위원회 소속 공무원들이 실무를 담당하게 되면, 정부 소속 공무원들이 실무를 지원하는 경우보다 더 책임감을 갖고 실무에 응할 것이다.

---

1) 이 부분은 저자가 과거 주식백지신탁 심사위원회 위원장(2012. 9. – 2014. 9.)의 직을 수행하면서 생각하였던 점과 경험을 바탕으로 기술한 것이다.

• 결론적으로 말해, 주식백지신탁 심사위원회를 설치 목적에 보다 더 충실한 기구로 만들려고 하면, ① 주식백지신탁 심사위원회를 정부에 두지 아니하고, 별도의 독립된 독자적인 기구로 하고, ② 주식백지신탁 심사위원회에 실무 공무원들로 구성되는 하부조직을 두고, ③ 주식백지신탁 심사위원회의 위원 중에 상임위원을 두는 등의 조직 개편이 필요하다고 본다.

Ⅱ. 주식백지신탁 심사위원회의 구성과 운영

1. 위원

(1) 위원의 수와 자격

주식백지신탁 심사위원회 위원의 수는 위원장을 포함하여 9명이다. 여기에는 위원장 1명도 포함된다(공직자윤리법 제14조의5 제2항). 주식백지신탁 심사위원회 위원은 공직자윤리위원회의 위원, 법관, 교육자, 주식 관련 금융전문가나 그 밖에 백지신탁에 관한 학식과 덕망이 있는 사람으로 한다(공직자윤리법 제14조의5 제4항).

> **공직자윤리법**
> 제14조의5(주식백지신탁 심사위원회의 직무관련성 심사) ② 주식백지신탁 심사위원회는 위원장 1명을 포함한 9명의 위원으로 구성한다.
> ④ 주식백지신탁 심사위원회의 위원은 공직자윤리위원회의 위원, 법관, 교육자, 주식 관련 금융전문가나 그 밖에 백지신탁에 관한 학식과 덕망이 있는 사람이어야 한다.

(2) 위원의 임용·위촉, 임기

① 주식백지신탁 심사위원회의 위원 9명은 대통령이 임명하거나(공무원의 경우) 위촉하지만(공무원이 아닌 경우), 3명은 국회가, 3명은 대법원장이 추천하는 자를 임명하거나 위촉하여야 한다. 대통령이 독자적으로 임명하거나 위촉하는 위원은 3명이다. (공직자윤리법 제14조의5 제3항).[1] ② 주식백지신탁 심사위원회 위원의 임기는 2년이다. 1차례만 연임할 수 있다(공직자윤리법 제14조의5 제5항).

> **공직자윤리법**
> 제14조의5(주식백지신탁 심사위원회의 직무관련성 심사) ③ 주식백지신탁 심사위원회의 위원장 및 위원은 대통령이 임명하거나 위촉한다. 이 경우 위원 중 3명은 국회가, 3명은 대법원장이 추천하는 자를 각각 임명하거나 위촉한다.

---

1) 위원회 구성에 입법부·행정부·사법부의 협력을 요하게 한 것은 위원회의 중립성을 확보하고, 아울러 유일한 심사기관으로서의 주식백지신탁 심사위원회의 위상을 확보하기 위한 것이라 하겠다.

2. 위원장 · 부위원장

(1) 위원장의 임용 · 위촉, 임기

① 주식백지신탁 심사위원회의 위원장은 대통령이 임명하거나 위촉하지만(공직자윤리법 제14조의5 제3항 본문), 그렇다고 대통령이 반드시 독자적으로 임명하거나 위촉하는 위원 3명의 위원 중에서 1명을 위원장으로 임명하거나 위촉하여야 하는 것은 아닐 것이다. 국회나 대법원장이 추천하는 위원 중 한 명을 위원장으로 임명할 수도 있을 것이다.
② 위원장의 임기는 2년이고, 1차례만 연임할 수 있다(공직자윤리법 제14조의5 제5항).

공직자윤리법

제14조의5(주식백지신탁 심사위원회의 직무관련성 심사) ③ 주식백지신탁 심사위원회의 위원장 및 위원은 대통령이 임명하거나 위촉한다. 이 경우 위원 중 3명은 국회가, 3명은 대법원장이 추천하는 자를 각각 임명하거나 위촉한다.
⑤ 위원장 및 위원의 임기는 2년으로 하되, 1차례만 연임할 수 있다.

---

(2) 위원장의 직무

공직자윤리법은 위원장의 직무에 관하여 특별히 규정하는 바는 없고, 주식백지신탁 심사위원회의 운영에 관한 사항을 대통령령으로 정하도록 규정하고 있다(공직자윤리법 제14조의5 제11항). 이에 근거한 공직자윤리법 시행령은 위원장에 관해 주식백지신탁 심사위원회의 대표자, 회의 소집권자, 직무 총괄자로서의 지위를 규정하고 있다(공직자윤리법 시행령 제27조의7 제1항).

공직자윤리법

제14조의5(주식백지신탁 심사위원회의 직무관련성 심사) ⑪ 주식백지신탁 심사위원회의 심사절차 및 운영 등에 필요한 사항은 대통령령으로 정한다.
[전문개정 2009.2.3.]

공직자윤리법 시행령

제27조의7(주식백지신탁 심사위원회의 운영 등) ① 법 제14조의5에 따른 주식백지신탁 심사위원회(이하 "심사위원회"라 한다)의 위원장은 심사위원회를 대표하고, 심사위원회의 회의를 소집하여 그 의장이 되는 등 심사위원회의 직무를 총괄한다.

---

(3) 부위원장

① 공직자윤리법에는 부위원장에 관한 규정이 없다. 공직자윤리법상 부위원장을

반드시 두어야 하는 것은 아닐 것이다. 그러나 주식백지신탁 심사위원회의 운영에 관한 사항을 대통령령으로 정하도록 하는 공직자윤리법에 근거하여(공직자윤리법 제14조의5 제11항) 공직자윤리법 시행령은 부위원장 1명을 둘 것을 규정하고 있다(공직자윤리법 시행령 제27조의7 제1항). ② 부위원장은 위원 중에서 호선(互選)한다(공직자윤리법 시행령 제27조의7 제1항). ③ 부위원장은 위원장이 부득이한 사유로 직무를 수행할 수 없을 때에는 그 직무를 대행한다(공직자윤리법 시행령 제27조의7 제2항).

공직자윤리법

　제14조의5(주식백지신탁 심사위원회의 직무관련성 심사) ⑪ 주식백지신탁 심사위원회의 심사절차 및 운영 등에 필요한 사항은 대통령령으로 정한다.
　[전문개정 2009.2.3.]

공직자윤리법 시행령

　제27조의7(주식백지신탁 심사위원회의 운영 등) ② 심사위원회에 부위원장 1명을 두되, 부위원장은 위원 중에서 호선(互選)하며 위원장이 부득이한 사유로 직무를 수행할 수 없을 때에는 부위원장이 그 직무를 대행한다.

---

3. 운영

(1) 입법상황

　공직자윤리법은 주식백지신탁 심사위원회의 운영에 관하여 특별히 규정하지 아니한다. 공직자윤리법은 주식백지신탁 심사위원회의 운영에 관한 사항을 대통령령으로 정하도록 규정하고 있다(공직자윤리법 제14조의5 제11항). 이에 근거한 공직자윤리법 시행령은 정족수 등 운영에 관하여 몇몇 규정을 두고 있다.

공직자윤리법

　제14조의5(주식백지신탁 심사위원회의 직무관련성 심사) ⑪ 주식백지신탁 심사위원회의 심사절차 및 운영 등에 필요한 사항은 대통령령으로 정한다.
　[전문개정 2009.2.3.]

공직자윤리법 시행령

　제27조의7(주식백지신탁 심사위원회의 운영 등) ① 법 제14조의5에 따른 주식백지신탁 심사위원회(이하 "심사위원회"라 한다)의 위원장은 심사위원회를 대표하고, 심사위원회의 회의를 소집하여 그 의장이 되는 등 심사위원회의 직무를 총괄한다.
　② 심사위원회에 부위원장 1명을 두되, 부위원장은 위원 중에서 호선(互選)하며 위원장이 부득이한 사유로 직무를 수행할 수 없을 때에는 부위원장이 그 직무를 대행한다.
　③ 심사위원회의 회의는 재적위원 과반수의 출석으로 개의하고, 출석위원 과반수의 찬성으로 의결한다.
　④ 제1항부터 제3항까지에서 규정한 사항 외에 **심사위원회의 운영**에 관하여는 제19조 제4항·제5항,

제19조의2, 제19조의3 및 제20조부터 제22조까지의 규정을 각각 **준용**한다. 〈개정 2016.6.28〉
[전문개정 2009.2.3]

(2) 정족수

주식백지신탁 심사위원회의 회의의 정족수는 회의체의 일반적인 정족수와 동일하다. 말하자면 개의에는 재적위원 과반수의 출석이 필요하고, 의결에는 출석위원 과반수의 찬성이 필요하다(공직자윤리법 시행령 제27조의7 제3항).

> **공직자윤리법 시행령**
> 제27조의7(주식백지신탁 심사위원회의 운영 등) ③ 심사위원회의 회의는 재적위원 과반수의 출석으로 개의하고, 출석위원 과반수의 찬성으로 의결한다.

(3) 제척 · 회피

주식백지신탁 심사위원회 위원이 심의안건과 관련이 있으면, 그러한 위원은 심의에서 배제된다. 배제의 유형으로 제척(공직자윤리법 시행령 제27조의7 제4항, 제19조의2 제1항) · 회피(공직자윤리법 시행령 제27조의7 제4항, 제19조의2 제2항)가 있다. 제척은 의원이 심의에서 당연히 배제되는 것을 말하고, 회피는 위원에게 제척사유가 있거나 위원 자신에게 심사의 공정성을 기대하기 어려운 사정이 있다고 판단하는 경우에 위원 스스로 안건의 심사에서 물러나는 것을 말한다. 청구인이 주식백지신탁 심사위원회에 특정 위원이 심의에서 배제되어야 함을 신청하여 그 특정 위원이 심의에서 물러나는 기피제도는 없다.

제척과 회피의 제도는 공정한 심의 · 의결을 위한 것이다. 제척이나 회피를 위반하여 이루어진 위원회 결정은 위법한 것으로 볼 것이다.

> **공직자윤리법 시행령**
> 제27조의7(주식백지신탁 심사위원회의 운영 등) ④ 제1항부터 제3항까지에서 규정한 사항 외에 심사위원회의 운영에 관하여는 제19조 제4항·제5항, 제19조의2, 제19조의3 및 제20조부터 제22조까지의 규정을 각각 준용한다. 〈개정 2016.6.28.〉
> [전문개정 2009.2.3.]
> ④ 제19조의2에 따라 정부윤리위원회의 심사·의결에서 제척(除斥)되거나 회피(回避)하는 위원은 제2항의 재적위원 수 계산에서 제외한다. 〈개정 2011.10.28., 2016.6.28.〉
> 제19조의2(정부윤리위원회 위원의 제척 및 회피) ① 정부윤리위원회 위원은 다음 각 호의 어느 하나에 해당하는 경우에는 해당 안건의 심사·의결에서 제척된다.
>   1. 위원이나 그 배우자 또는 배우자였던 사람이 해당 안건의 당사자이거나 그 안건의 당사자와 공동권리자 또는 공동의무자인 경우
>   2. 위원이 해당 안건의 당사자와 친족이거나 친족이었던 경우

3. 위원이 해당 안건에 대하여 증언, 진술, 자문, 연구, 용역 또는 감정을 한 경우

4. 위원이나 위원이 속한 법인이 해당 안건의 당사자의 대리인이거나 대리인이었던 경우

5. 위원이 해당 안건의 당사자의 직근 상급자 또는 하급자이거나 직근 상급자 또는 하급자였던 경우

② 정부윤리위원회 위원은 제1항 각 호에 따른 제척 사유에 해당하거나 본인에게 심사의 공정성을 기대하기 어려운 사정이 있다고 판단되는 경우에는 스스로 해당 안건의 심사에서 회피하여야 한다. [본조신설 2016.6.28.]

(4) 회의의 비공개

주식백지신탁 심사위원회의 회의는 공개하지 아니한다(공직자윤리법 시행령 제27조의7 제4항, 제19조 제5항). 이것은 주식백지신탁 심사위원회에 심사를 신청한 공직자 개인의 정보보호 및 아울러 원활한 회의운영을 위한 것으로 볼 것이다.

공직자윤리법 시행령

제27조의7(주식백지신탁 심사위원회의 운영 등) ④ 제1항부터 제3항까지에서 규정한 사항 외에 심사위원회의 운영에 관하여는 제19조 제4항·제5항, 제19조의2, 제19조의3 및 제20조부터 제22조까지의 규정을 각각 준용한다. 〈개정 2016.6.28〉

[전문개정 2009.2.3.]

제19조(정부윤리위원회의 회의 등) ⑤ 정부윤리위원회의 회의는 공개하지 아니한다.

〈개정 2011.10.28.〉 [전문개정 2009.2.3.] [제목개정 2011.10.28]

(5) 위원의 해임과 해촉

주식백지신탁 심사위원회의 위원이 정상적으로 직무를 수행할 수 없는 경우, 임명 또는 위촉권자인 대통령은 그 위원을 해임 또는 해촉할 수 있다. 그 시유는 공직자윤리법 시행령에서 규정되고 있다(공직자윤리법 시행령 제27조의7 제4항, 제19조의3).

공직자윤리법 시행령

제27조의7(주식백지신탁 심사위원회의 운영 등) ④ 제1항부터 제3항까지에서 규정한 사항 외에 심사위원회의 운영에 관하여는 제19조 제4항·제5항, 제19조의2, 제19조의3 및 제20조부터 제22조까지의 규정을 각각 준용한다. 〈개정 2016.6.28〉

[전문개정 2009.2.3.]

제19조의3(정부윤리위원회 위원의 해임 및 해촉) 대통령은 정부윤리위원회 위원이 다음 각 호의 어느 하나에 해당하는 경우에는 해당 위원을 해임 또는 해촉(解囑)할 수 있다.

1. 심신장애로 인하여 직무를 수행할 수 없게 된 경우

2. 직무와 관련된 비위사실이 있는 경우

3. 직무를 소홀히 하거나, 그 품위를 손상하는 행위 또는 그 밖의 사유로 인하여 위원으로 적합하지 아니하다고 인정되는 경우

4. 제19조의2 제1항 각 호의 어느 하나에 해당하는 데에도 불구하고 회피하지 아니한 경우

5. 위원 스스로 직무를 수행하는 것이 곤란하다고 의사를 밝히는 경우
[본조신설 2016.6.28.]

(6) 위원회의 간사·사무직원

주식백지신탁 심사위원회의 사무처리를 위하여 간사 약간 명과 사무직원을 두며, 간사는 인사혁신처 소속 직원 중에서 인사혁신처장이 임명한다(공직자윤리법 시행령 제27조의7 제4항, 제20조 제1항, 제2항). 그러나 사무직원은 반드시 인사혁신처 소속 직원이어야 하는 것은 아닐 것이다.

> **공직자윤리법 시행령**
>
> **제27조의7(주식백지신탁 심사위원회의 운영 등)** ④ 제1항부터 제3항까지에서 규정한 사항 외에 심사위원회의 운영에 관하여는 제19조 제4항·제5항, 제19조의2, 제19조의3 및 제20조부터 제22조까지의 규정을 각각 준용한다. 〈개정 2016.6.28〉
> [전문개정 2009.2.3.]
> **제20조(정부윤리위원회의 간사 등)** ① 정부윤리위원회의 사무를 처리하고 사실조사 등을 하기 위하여 정부윤리위원회에 간사 약간 명과 사무직원을 둔다. 〈개정 2011.10.28.〉
> ② 간사는 인사혁신처 소속 직원 중에서 인사혁신처장이 임명한다. 〈개정 2013.3.23., 2014.11.19.〉
> [전문개정 2009.2.3.]
> [제목개정 2011.10.28.]

(7) 수당 등

주식백지신탁 심사위원회의 위원장과 위원은 수당, 여비와 그 밖에 필요한 경비를 지급받을 수 있다(공직자윤리법 시행령 제27조의7 제4항, 제21조).

> **공직자윤리법 시행령**
>
> **제27조의7(주식백지신탁 심사위원회의 운영 등)** ④ 제1항부터 제3항까지에서 규정한 사항 외에 심사위원회의 운영에 관하여는 제19조 제4항·제5항, 제19조의2, 제19조의3 및 제20조부터 제22조까지의 규정을 각각 준용한다. 〈개정 2016.6.28〉
> [전문개정 2009.2.3.]
> **제21조(수당 등)** 정부윤리위원회의 위원장, 위원에게 예산의 범위에서 수당, 여비와 그 밖에 필요한 경비를 지급할 수 있다. 〈개정 2011.10.28.〉
> [전문개정 2009.2.3.]

(8) 주식백지신탁 심사위원회의 운영규정

주식백지신탁 심사위원회는 주식백지신탁 심사위원회의 운영에 필요한 운영규정을 정할 수 있다. 운영규정은 주식백지신탁 심사위원회의 의결을 거쳐야 한다(공직자윤

리법 시행령 제27조의7 제4항, 제22조). 주식백지신탁 심사위원회의 운영규정에 포함될 사항은 정부 공직자윤리위원회(정부윤리위원회)의 운영규정에 포함될 사항과 동일하다고 보기 어렵다.

공직자윤리법 시행령

제27조의7(주식백지신탁 심사위원회의 운영 등) ④ 제1항부터 제3항까지에서 규정한 사항 외에 심사위원회의 운영에 관하여는 제19조 제4항·제5항, 제19조의2, 제19조의3 및 제20조부터 제22조까지의 규정을 각각 준용한다. 〈개정 2016.6.28〉

[전문개정 2009.2.3.]

제22조(정부윤리위원회의 운영규정) 다음 각 호의 사항은 정부윤리위원회의 의결을 거쳐 정부윤리위원회의 규정으로 정한다. 〈개정 2016.6.28.〉

1. 법 제9조 제1항에 따른 심사(법 제9조의2에 따른 재심사를 포함한다)·결정을 하기 위하여 필요한 기준에 관한 사항

2. 법 및 이 영에서 규정한 사항 외에 정부윤리위원회, 법 제9조 제5항에 따라 정부윤리위원회에 두는 분과위원회(이하 "분과위원회"라 한다) 및 전문위원의 운영에 관한 사항

[전문개정 2011.10.28.]

▌제2절 직무관련성 심사의 청구와 철회

주식백지신탁 의무자인 공개대상자등은 본인 및 그 이해관계자가 보유한 주식이 직무관련성이 없다는 이유로 제14조의4 제1항에 따른 주식 매각 의무 또는 주식백지신탁의무를 면제받으려면, 주식백지신탁 심사위원회에 보유 주식의 직무관련성 유무에 관한 심사를 청구하고, 주식백지신탁 심사위원회부터 직무관련성 없음의 결정을 받아야 한다(공직자윤리법 제14조의4 제1항). 이하에서 주식백지신탁 심사위원회의 직무관련성 유무의 심사절차에 관해 살펴보기로 한다.

공직자윤리법

제14조의4(주식의 매각 또는 신탁) ① 등록의무자 중 … 사람(…)…은 … 다음 각 호의 어느 하나에 해당하는 행위를 직접 하거나 이해관계자로 하여금 하도록 하고 그 행위를 한 사실을 등록기관에 신고하여야 한다. 다만, 제14조의5 제7항 또는 제14조의12에 따라 주식백지신탁 심사위원회로부터 **직무관련성이 없다는 결정**을 통지받은 경우에는 그러하지 아니하다. 〈개정 2015.12.29.〉

1. 해당 주식의 매각

2. 다음 각 목의 요건을 갖춘 신탁 또는 투자신탁(이하 "주식백지신탁"이라 한다)에 관한 계약의 체결 (각 목 생략)

Ⅰ. 심사청구의 요건

직무관련성 유무의 심사청구는 ① 심사청구를 할 이익이 있는 사람(심사청구인)이 ② 심사청구를 할 수 있는 사유가 발생한 경우(심사청구사유), ③ 일정한 기간(심사청구기간) 내에 ④ 일정한 절차(심사청구절차)를 거쳐 이루어져야 한다. 나누어서 살펴보기로 한다. 다만, ④ 심사청구절차는 항을 바꾸어서 살핀다.

1. 심사청구인

심사청구인이란 공개대상자등 중에서 본인 및 그 이해관계자가 보유한 주식이 직무관련성이 없다는 이유로 공직자윤리법 제14조의4 제1항에 따른 주식 매각의무 또는 주식백지신탁의무를 면제받으려는 사람을 말한다(공직자윤리법 제14조의5 제6항). 공개대상자등이란 공직자윤리법상 재산을 등록하여야 하는 공직자(등록의무자) 중 제10조 제1항에 따른 공개대상자와 기획재정부 및 금융위원회 소속 공무원 중 대통령령으로 정하는 사람을 말한다(공직자윤리법 제14조의4 제1항).[1]

공직자윤리법

제14조의5(주식백지신탁 심사위원회의 직무관련성 심사) ⑥ 공개대상자등은 …주식백지신탁 심사위원회에 보유 주식의 직무관련성 유무에 관한 심사를 청구하여야 한다. 〈개정 2015.12.29.〉

제14조의4(주식의 매각 또는 신탁) ① 등록의무자 중 제10조 제1항에 따른 공개대상자와 기획재정부 및 금융위원회 소속 공무원 중 대통령령으로 정하는 사람(이하 "공개대상자등"이라 한다)은 … 다음 각 호의 어느 하나에 해당하는 행위를 직접 하거나 이해관계자로 하여금 하도록 하고 그 행위를 한 사실을 등록기관에 신고하여야 한다. 다만, 제14조의5 제7항 또는 제14조의12에 따라 주식백지신탁 심사위원회로부터 직무관련성이 없다는 결정을 통지받은 경우에는 그러하지 아니하다. 〈개정 2015.12.29.〉

(각 호 생략)

---

2. 심사청구사유

① 심사청구인 본인 및 그 이해관계자 모두가 보유한 주식의 총 가액이 1천만원 이상 5천만원 이하의 범위에서 대통령령으로 정하는 금액을 초과하여 재산등록대상자가 되었거나, ② 전보 등의 사유로 직위가 변경되었고 심사청구인 본인 및 그 이해관계자 모두가 보유한 주식의 총 가액이 1천만원 이상 5천만원 이하의 범위에서 대통령령으로 정하는 금액을 초과하는 경우에 심사청구를 할 수 있다(공직자윤리법 제14조의5 제6항).

---

1) 이에 관해 상세는 「제2장 주식백지신탁의 주체」 참조.

> **공직자윤리법**
>
> 제14조의5(주식백지신탁 심사위원회의 직무관련성 심사) ⑥ 공개대상자등은 본인 및 그 이해관계자가 보유한 주식이 직무관련성이 없다는 이유로 제14조의4 제1항에 따른 주식 매각의무 또는 주식백지신탁의무를 면제받으려는 경우 또는 전보 등의 사유로 직위가 변경되어 직무관련성 심사를 받으려는 경우에는 본인 및 그 이해관계자 모두가 보유한 주식의 총 가액이 1천만원 이상 5천만원 이하의 범위에서 대통령령으로 정하는 금액을 초과하게 된 날(…)부터 1개월 이내에 주식백지신탁 심사위원회에 보유 주식의 직무관련성 유무에 관한 심사를 청구하여야 한다. 〈개정 2015.12.29.〉

3. 심사청구기간

심사청구는 "공개대상자등이 된 날, 제6조의3 제1항·제2항에 따른 신고유예 사유가 소멸된 날 또는 공개대상자등의 직위가 변경된 날 현재 수식의 총가액이 1천만원 이상 5천만원 이하의 범위에서 대통령령으로 정하는 금액을 초과할 때에는 공개대상자등이 된 날, 신고유예 사유가 소멸된 날 또는 공개대상자등의 직위가 변경된 날"부터[1] 1개월 이내에 이루어져야 한다(공직자윤리법 제14조의5 제6항).

> **공직자윤리법**
>
> 제14조의5(주식백지신탁 심사위원회의 직무관련성 심사) ⑥ 공개대상자등은 … 주식의 총 가액이 1천만원 이상 5천만원 이하의 범위에서 대통령령으로 정하는 금액을 초과하게 된 날(공개대상자등이 된 날, 제6조의3 제1항·제2항에 따른 신고유예 사유가 소멸된 날 또는 공개대상자등의 직위가 변경된 날 현재 주식의 총가액이 1천만원 이상 5천만원 이하의 범위에서 대통령령으로 정하는 금액을 초과할 때에는 공개대상자등이 된 날, 신고유예 사유가 소멸된 날 또는 공개대상자등의 직위가 변경된 날을 말한다)부터 **1개월 이내**에 주식백지신탁 심사위원회에 보유 주식의 직무관련성 유무에 관한 심사를 청구하여야 한다. 〈개정 2015.12.29.〉

Ⅱ. 심사청구의 절차

1. 직무관련성 심사청구서의 작성

심사청구는 심사청구인이 심사청구서를 작성함으로써 개시된다. 공직자윤리법 제14조의5 제6항에 따른 보유주식의 직무관련성 유무에 관한 심사청구의 서식은 공직자윤리법 시행규칙에서 규정하고 있다(공직자윤리법 시행규칙 제12조의2 제3항).

---

1) 이에 관해 상세한 내용은 「제4장 주식백지신탁의 이행, Ⅱ. 의무의 발생일」 참조.

2. 직무관련성 심사청구서 등의 제출

(1) 심사청구서의 제출

심사청구인은 직무관련성 심사청구서를 심사청구인의 재산등록기관에 제출하고 (경유조치) 재산등록기관은 주식백지신탁 심사위원회에 청구서를 접수시킨다(공직자윤리법 시행규칙 [별지 제14호의6 서식에서 기재된 업무처리절차]에 따름).

(2) 증거서류 등의 제출

청구인은 직무관련성이 없다는 것을 구체적으로 주장하고 아울러 그 주장을 입증하는 증거를 제출하여야 할 것이다. 실무상 다음의 자료들의 제출이 요구되고 있다.[1]

(가) **담당직무 관련 자료** 청구인은 청구인의 소속기관의 직제, 사무분장, 위임전결규정 등을 제출하여야 한다. 국회의원이나 지방의회의원의 경우에는 소속 상임위원회 위원의 명단, 위원회 관련 규칙이나 조례 등을 제출하여야 하다.

(나) **보유주식 관련 자료** 청구인은 직무관련성 유무의 심사의 대상으로 한 주식을 발행한 기업의 전반적 사항을 파악할 수 있는 자료를 제출하여야 한다. 상장주식의 경우에는 잔고증명서, 비상장주식의 경우에는 기업등기부등본, 주주명부, 재무제표 등을 제출하여야 한다. 우리사주의 경우에는 의무예탁기간이 명시된 예탁확인서를 제출하여야 한다.

(다) **청구사유 관련 자료** 청구인은 직무관련성 유무의 심사의 대상으로 한 주식이 직무관련성을 갖지 아니한다는 것을 입증할 수 있는 자료를 제출하여야 한다. 특히 최근 3년간 소속기관과 주식발행기업 사이에 공사·물품·용역계약, 보조금지원, 인·허가, 수사·재판 등의 실적이 없는 경우에는 소속기관의 확인서 등을 제출하여야 한다.

---

1) 행정안전부, 주식백지신탁 심사위원회 제4기 신임위원 설명자료, 2012. 9. 24., 23쪽의 내용을 옮긴 것이다.

Ⅲ. 심사청구 후 주식을 취득하는 경우

1. 필요한 조치

청구인이 심사청구를 한 후, 새로이 주식을 취득하였다면, 청구인은 이미 이루어진 심사청구와 별도로 새로이 취득한 주식을 매각하거나 백지신탁을 하거나, 아니면 추가적으로 직무관련성 유무의 심사를 청구하여야 한다.

2. 동일 종목의 주식을 추가 취득한 경우

청구인이 심사청구를 한 후, 새로이 취득한 주식의 종목이 이미 심사청구를 한 주식과 동일한 주식이라면, 직무관련성 심사청구서의 기재사항 중 보유주식 내역 부분만 추가로 제출하면 될 것이다.

Ⅳ. 심사청구의 철회와 각하

1. 철회의 가능성

청구인은 심사청구를 한 후 주식백지신탁 심사위원회의 결정이 있기 전에 퇴직·전보 등의 사유로 공개대상자등의 지위에서 벗어난 경우, 또는 본인 또는 그 이해관계자가 보유하는 주식을 매각하여 본인과 그 이해관계자가 보유하는 주식의 총 가액이 대통령령으로 정하는 가액 이하로 줄어든 경우에는 주식백지신탁 심사위원회에 심사청구를 철회할 수 있다.

2. 철회요청서의 제출

공직자윤리법 시행규칙은 청구인의 심사철회를 「직무관련성 심사청구 철회요청서」라는 명칭의 서면으로 할 것을 규정하고, 그 서면을 주식백지신탁 심사위원회에 제출하도록 규정하고 있다(공직자윤리법 시행규칙 제12조의2 제3항).

공직자윤리법 시행규칙

제12조의2(주식의 매각신고 등) ③ 법 제14조의5 제6항에 따른 보유주식의 직무관련성 유무에 관한 심사청구는 별지 제14호의6서식(백지신탁 관리·운영 중인 주식의 직무관련성 심사청구는 별지 제14호의7서식)에 따르되, 심사청구 기간이 지난 이후에 심사청구를 하는 경우에는 별지 제14호의5서식을 함께 제출하여야 하고, 심사청구의 **철회요청**은 별지 제14호의8서식에 따른다. 〈개정 2016.6.30.〉

---

3. 증빙서류 등의 제출

청구인은 철회요청서를 제출할 때에 인사명령서, 잔고증명서 등 필요한 각종 증빙서류를 제출하여야 할 것이다.

4. 각하결정

청구인에게 철회사유가 발생하였음에도 불구하고, 청구인이 심사위원회에 심사청구를 철회하지 아니하면 주식백지신탁 심사위원회는 직권으로 각하결정을 할 수 있다.

▌제3절 직무관련성 유무의 심사

Ⅰ. 심사기간

1. 의의

주식백지신탁 심사위원회는 심사청구일부터 1개월 이내에 직무관련성 유무를 심사·결정하고 그 결과를 청구인에게 통지하여야 한다. 필요하다고 인정될 때에는 그 의결로써 심사기간을 1개월의 범위에서 연장할 수 있다(공직자윤리법 제14조의5 제7항).

> **공직자윤리법**
> **제14조의5(주식백지신탁 심사위원회의 직무관련성 심사)** ⑦ 주식백지신탁 심사위원회는 제6항에 따른 심사청구일부터 1개월 이내에 해당 주식의 직무관련성 유무를 심사·결정하고 그 결과를 청구인에게 통지하여야 한다. 다만, 주식백지신탁 심사위원회는 필요하다고 인정될 때에는 그 의결로써 심사기간을 1개월의 범위에서 연장할 수 있다.

2. 실무

심사기간의 연장은 심사기간(심사청구일부터 1개월 이내)에 심사가 어려운 사건에 적용된다. 예컨대 심사기준일이 2014. 9. 15.일 경우, 2014. 8. 15.까지 신청된 사건 중에서 심사가 어려운 경우에 심사기간의 연장이 활용된다.

II. 심사기준[1]

1. 관련 정보 접근 가능성과 영향력 행사가능성

주식의 직무관련성은 주식 관련 정보에 관한 직접적·간접적인 접근 가능성과 영향력 행사 가능성을 기준으로 판단하여야 한다(공직자윤리법 제14조의5 제8항).

(1) 관련 정보에 대한 직접적·간접적인 접근 가능성

주식 관련 정보에 관한 직접적 접근 가능성이란 공직자등의 직무내용에 비추어 주식 관련 정보에 바로 접근할 수 있는 경우를 말하고, 주식 관련 정보에 관한 간접적인 접근 가능성이란 공직자등의 직무내용에 비추어 우회적인 경로를 통해 주식 관련 정보에 접근 가능한 경우를 말한다.

(2) 기업 경영 등에 대한 직접적·간접적인 영향력 행사 가능성

주식 관련 정보에 관한 영향력 행사 가능성이란 공직자등의 직무내용에 비추어 기업의 경영이나 기업의 재산권에 대한 공직자등의 영향력 행사 가능성을 말하고, 그러한 가능성이 현실화되는 경우, 그 기업의 주식 가액에 등락을 가져올 수 있다면, 영향력 행사가능성이 있다고 볼 것이다. 그 영향력 행사가능성은 해당 기업에 대하여 직접적인 경우뿐만 아니라 우회적인 경로를 통한 간접적인 경우까지 포함한다. 이러한 가능성의 존부의 판단은 일반인(국민)의 눈높이에서 이루어져야 할 것이다.

2. 고려요소로서 공개대상자의 직무

관련 정보에 관한 직접적·간접적인 접근 가능성과 영향력 행사 가능성을 판단할 때에는 공개대상자등의 직무의 내용을 고려하여야 한다. 이와 관련하여 공직자윤리법 시행령은 고려하여야 할 직무의 내용과 관련하여 다음을 규정하고 있다.[2]

공직자윤리법 시행령

제27조의8(직무관련성의 판단기준) ① 법 제14조의5 제8항에 따른 주식의 직무관련성을 판단할 때에는 법 제14조의4 제1항에 따른 공개대상자등이 본인이나 그 이해관계자가 보유한 주식을 발행한 기업의 경영 또는 재산상 권리에 관한 상당한 정보를 입수하거나 영향을 미칠 수 있는 직무로서 다음 각 호의 어느 하나에 해당하는 직무에 종사하거나 그 직무를 지휘·감독하는지를 고려하여야 한다.

---

1) 직무관련성 유무 심사기준에 관해서는 「2부 직무관련성 심사방법」에서 상론한다.
2) 이에 관한 상세는 「2부 직무관련성 심사방법, 제1장 직무관련성 유무 심사기준의 법적 근거, 제1절 근거 규정으로서 공직자윤리법령, II. 공직자윤리법 시행령 제27조의8 제1항의 내용」참조.

1. 관련 업종에 관한 정책 또는 법령의 입안·집행 등에 관련되는 직무

2. 각종 수사·조사·감사 및 검사에 관련되는 직무

3. 인가·허가·면허 및 특허 등에 관련되는 직무

4. 조세의 조사·부과 및 징수에 관련되는 직무

5. 법령상 지도·감독에 관련되는 직무

6. 예산의 편성·심의·집행 또는 공사와 물품의 계약에 관련되는 직무

7. 법령상 사건의 심리 또는 심판 등에 관련되는 직무

8. 그 밖에 심사위원회가 직무관련성이 있는 것으로 인정하는 직무

② 심사위원회는 일정한 유형이나 종목의 주식을 정하여 직무관련성이 없는 것으로 고시할 수 있다.

[전문개정 2009.2.3.]

Ⅲ. 자료 제출의 요구 등

1. 공개대상자등에 자료 제출 요구 등

(1) 의의

주식백지신탁 심사위원회는 필요한 경우에 공개대상자등에게 자료 제출을 요구하거나 서면질의를 할 수 있다(공직자윤리법 제14조의5 제9항). 공개대상자등에는 공개대상자 외에 보유주식과 관련하여 공개대상자와 이해관계가 있는 자를 포함하는 것으로 이해될 수 있을 것이다.[1] 한편, 자료제출 요구 또는 서면질의의 서식은 공직자윤리법 시행규칙에서 규정되고 있다.

공직자윤리법

제14조의5(주식백지신탁 심사위원회의 직무관련성 심사) ⑨ 주식백지신탁 심사위원회는 주식의 직무관련성 유무를 심사하기 위하여 필요하면 공개대상자등에게 자료 제출을 요구하거나 서면질의를 할 수 있다.

공직자윤리법 시행규칙

제12조의2(주식의 매각신고 등) ④ 법 … 제14조의5 제9항에 따른 자료제출 요구 또는 서면질의는 별지 제14호의10서식에, 같은 조 제10항에 따른 자료제출 요구는 별지 제14호의11서식에 따른다. 〈신설 2016.6.30.〉

---

[1] 공직자윤리법 제4조 제1항은 재산등록의무자가 등록할 재산으로 본인 외에 배우자(사실상의 혼인관계에 있는 사람을 포함한다)와 본인의 직계존속·직계비속(다만, 혼인한 직계비속인 여성과 외증조부모, 외조부모, 외손자녀 및 외증손자녀는 제외한다)의 재산을 규정하고 있으므로, 재산등록의무자의 배우자와 본인의 직계존속·직계비속 등이 이에 해당할 것이다.

(2) 자료·질의사항의 범위

⑺ 사항적 범위　　주식백지신탁 심사위원회가 공개대상자등에게 제출을 요구할 수 있는 자료 또는 서면으로 질의할 수 있는 사항은 공개대상자등이 현실적으로 제출할 수 있거나 답변할 수 있는 것이어야 한다. 공개대상자등이 현실적으로 제출할 수 있는가 또는 답변할 수 있는가의 판단은 객관적으로 이루어져야 한다.

⑻ 시간적 범위　　주식백지신탁 심사위원회가 공개대상자등에게 제출을 요구할 수 있는 자료 또는 서면으로 질의하고자 하는 사항은 심사청구일을 기준으로 소급하여 몇 년 정도의 자료 또는 사항까지로 할 것인가도 문제된다. 심사청구일로부터 몇 년 이내에 생성된 자료 또는 사항만으로 한정하기는 어려울 것이다. 공개대상자등이 현실적으로 제출할 수 있다면, 시간적 범위를 엄격하게 설정할 필요는 없을 것이다.

(3) 실효성확보

주식백지신탁 심사위원회가 주식의 직무관련성 유무를 심사하기 위하여 공개대상자등에게 필요한 자료 제출을 요구하였거나 서면질의를 하였음에도 공개대상자등이 이에 응하지 아니한 경우, 그 이행을 강제하는 수단은 공직자윤리법에는 보이지 아니한다. 자료제출이나 서면답변행위는 일신전속적인 것으로서 비대체적인 것이어서 강제가 곤란하다고 보았기 때문일 것이다. 한편, 허위의 자료를 제출하거나 답변을 거부하는 경우에 대한 벌칙규정도 공직자윤리법에는 보이지 아니한다. 다른 법령에서 정하는 바가 있다면, 그에 따라 벌칙이 가해질 수도 있을 것이다.

2. 유관기관에 자료 제출 요구 등

(1) 의의

주식백지신탁 심사위원회는 필요한 경우에 관련 기관·단체 및 업체에 자료 제출을 요구할 수 있고, 해당 기관·단체 및 업체는 정당한 사유가 없으면 요구에 따라야 한다(공직자윤리법 제14조의5 제10항). 관련 기관·단체 및 업체란 심사대상 주식과 관련성이 있다고 판단되는 공법·사법상 모든 기관·단체와 업체를 뜻하는 것으로 볼 것이다. 경우에 따라 사법상 기관·단체와 업체는 공직자윤리법 제14조의5 제9항에서 말하는 공직자등의 "등"에 해당할 수도 있을 것이다.

공직자윤리법

제14조의5(주식백지신탁 심사위원회의 직무관련성 심사) ⑩ 주식백지신탁 심사위원회는 주식의 직무관련성 유무를 심사하기 위하여 필요하면 관련 기관·단체 및 업체에 자료 제출을 요구할 수 있으며,

---

해당 기관·단체 및 업체는 정당한 사유가 없으면 요구에 응하여야 한다.

공직자윤리법 시행규칙

제12조의2(주식의 매각신고 등) ④ 법 … 제14조의5 제9항에 따른 자료제출 요구 또는 서면질의는 별지 제14호의10서식에, 같은 조 제10항에 따른 자료제출 요구는 별지 제14호의11서식에 따른다. 〈신설 2016.6.30.〉

(2) 자료의 범위

(개) **사항적 범위**　　주식백지신탁 심사위원회가 관련 기관·단체 및 업체에 제출을 요구할 수 있는 자료는 공개대상자등이 현실적으로 제출할 수 있거나 답변할 수 있는 것이어야 할 것이다. 관련 기관·단체 및 업체 현실적으로 제출할 수 있는가의 여부는 객관적으로 이루어져야 할 것이다.

(내) **시간적 범위**　　주식백지신탁 심사위원회가 관련 기관·단체 및 업체에 제출을 요구할 수 있는 자료는 심사청구일을 기준으로 소급하여 몇 년 정도의 자료까지로 할 것인가의 문제가 있다. 먼저 공공기관과 비공공기관으로 나누어서 보기로 한다.

(a) **공공기관**

(i) **기록물 보존기간**　　공공기록물 관리에 관한 법령은 공공기관의 기록물의 보존기간을 기록물의 유형에 따라 영구, 준영구, 30년, 10년, 5년, 3년, 1년으로 구분하여 규정하고 있다.

공공기록물 관리에 관한 법률

제19조(기록물의 관리 등) ① 공공기관은 대통령령으로 정하는 바에 따라 기록물의 보존기간, 공개 여부, 비밀 여부 및 접근권한 등을 분류하여 관리하여야 한다.

공공기록물 관리에 관한 법률 시행령

제26조(보존기간) ① 기록물의 보존기간은 영구, 준영구, 30년, 10년, 5년, 3년, 1년으로 구분하며, 보존기간별 책정기준은 별표 1과 같다. 다만, 「대통령기록물 관리에 관한 법률」 제2조 제1호에 따른 대통령기록물, 수사·재판·정보·보안 관련 기록물은 소관 중앙행정기관의 장이 중앙기록물관리기관의 장과 협의하여 보존기간의 구분 및 그 책정기준을 달리 정할 수 있다.

[별표 1] 기록물의 보존기간별 책정 기준(제26조 제1항 관련)

보존기간 영구　　(내용 생략)

보존기간 준영구　　(내용 생략)

보존기간 30년　　(내용 생략)

보존기간 10년　　(내용 생략)

보존기간 5년　　1. 처리과 수준의 주요한 업무와 관련된 기록물로서 3년 이상 5년 미만의 기간 동안 업무에 참고하거나 기관의 업무 수행 내용을 증명할 필요가 있는 기록물

2. 기관을 유지하는 일반적 사항에 관한 예산·회계 관련 기록물(10년 이상 보존 대상에 해당하는 주요 사업 관련 단위과제에 포함되는 예산·회계 관련 기록물의

	보존기간은 해당 단위과제의 보존기간을 따른다)
	3. 관계법령에 따라 3년 이상 5년 미만의 기간 동안 민사상·형사상 책임 또는 시효가 지속되거나, 증명자료로서의 가치가 지속되는 사항에 관한 기록물
	4. 다른 법령에 따라 3년 이상 5년 미만의 기간 동안 보존할 필요가 있다고 인정되는 기록물
	5. 그 밖에 3년 이상 5년 미만의 기간 동안 보존할 필요가 인정되는 기록물
보존기간 3년	1. 처리과 수준의 일상적인 업무를 수행하면서 생산한 기록물로서 1년 이상 3년 미만의 기간 동안 업무에 참고하거나 기관의 업무 수행 내용을 증명할 필요가 있는 기록물
	2. 행정업무의 참고 또는 사실의 증명을 위하여 1년 이상 3년 미만의 기간 동안 보존할 필요가 인정되는 기록물
	3. 관계법령에 따라 1년 이상 3년 미만의 기간 동안 민사상·형사상 책임 또는 시효가 지속되거나, 증명자료로서의 가치가 지속되는 사항에 관한 기록물
	4. 다른 법령에 따라 1년 이상 3년 미만의 기간 동안 보존할 필요하도록 규정한 기록물
	5. 그 밖에 1년 이상 3년 미만의 기간 동안 보존할 필요가 인정되는 기록물
	6. 각종 증명서 발급과 관련된 기록물(다만, 다른 법령에 증명서 발급 관련 기록물의 보존기간이 별도로 규정된 경우에는 해당 법령에 따름)
	7. 처리과 수준의 주간·월간·분기별 업무계획 수립과 관련된 기록물
보존기간 1년	1. 행정적·법적·재정적으로 증명할 가치가 없으며, 역사적으로 보존하여야 할 필요가 없는 단순하고 일상적인 업무를 수행하면서 생산한 기록물
	2. 기관 내 처리과 간에 접수한 일상적인 업무와 관련된 사항을 전파하기 위한 지시공문
	3. 행정기관 간의 단순한 자료요구, 업무연락, 통보, 조회 등과 관련된 기록물
	4. 상급기관(부서)의 요구에 따라 처리과의 현황, 업무수행 내용 등을 단순히 보고한 기록물(취합부서에서는 해당 단위과제의 보존기간 동안 보존하여야 한다)

(ii) **기간 제한의 필요성**　　　논리상 공공기록물 관리에 관한 법령에 따라 보존되고 있는 모든 기록물이 공공기관이 현실적으로 제출할 수 있는 자료라고 말할 수 있다. 그러나 주식백지신탁 심사위원회가 공공기관에 자료제출을 요구할 수 있도록 한 취지는 심사대상이 된 주식에 대하여 직무관련성을 갖는가의 여부에 대한 판단을 위한 것이라는 점을 고려할 때, 생산된 후 상당한 기간이 경과하여 직무관련성 심사에 별다른 의미를 갖는다고 보기 어려운 자료는 주식백지신탁 심사위원회가 제출을 요구하기 어려운 것으로 볼 것이다.

(iii) **적당한 기간**　　　선거직을 제외한다면, 주식백지신탁 의무자가 특정의 직위에 재직하는 기간이 3~4년에 이르는 것은 찾아보기 어렵다. 따라서 주식백지신탁 심사위원회가 공공기관에 제출을 요구할 수 있는 자료는 심사청구일로부터 소급하여 4년 이내로 제한하는 것이 바람직할 것이다. 물론 4년간의 자료제출을 요구한다고 하여도 공공기록물 관리에 관한 법령에서 보존기간을 3년으로 정하고 있는 기록물은 제출

할 수가 없을 것이다.

(b) **비공공기관**   공개대상자등에 대한 자료제출요구의 경우와 마찬가지로 심사청구일로부터 몇 년 이내에 생성된 자료 또는 사항만으로 한정하기는 어려울 것이다. 공개대상자등이 현실적으로 제출할 수 있다면, 시간적 범위를 엄격하게 설정할 필요는 없을 것이다. 다만, 비공공기관이 법령이나 내규에 따라 기록물을 보관하는 제도가 있다면, 그 제도를 참고하여 제한기간을 설정할 수 있을 것이다.

(3) 실효성확보

주식백지신탁 심사위원회가 주식의 직무관련성 유무를 심사하기 위하여 관련 기관·단체 및 업체에 자료 제출을 요구한 데 대하여 거짓자료를 제출하거나 자료를 제출하지 아니하면 공직자윤리법이 정하는 벌칙이 가해진다(공직자윤리법 제25조).

공직자윤리법

제25조(거짓 자료 제출 등의 죄) 공직자윤리위원회(제8조 제11항에 따라 공직자윤리위원회로부터 재산등록사항에 관한 권한을 위임받은 등록기관의 장 등을 포함한다. 이하 제26조에서 같다) 또는 **주식백지신탁 심사위원회로부터** 제8조 제4항 및 제5항(제6조의2 제4항, 제11조 제2항 및 제14조의4 제6항에서 준용하는 경우를 포함한다) 또는 **제14조의5 제10항**에 따른 보고나 자료 제출 등을 요구받은 각 기관·단체·업체의 장이 거짓 보고나 거짓 자료를 제출하거나 정당한 사유 없이 보고 또는 자료 제출을 거부하면 1년 이하의 징역 또는 1천만원 이하의 벌금에 처한다.

제4절 직무관련성 유무의 결정과 통지

I. 결정의 유형

주식백지신탁 심사위원회의 결정은 크게 보아 ① 본안판단의 전제요건이 미비된 경우, 심사를 거부하는 각하결정과 ② 본안판단의 전제요건을 구비한 경우, 본안에 대한 판단으로서 「직무관련성 있음 결정」과 「직무관련성 없음 결정」이 있다. 이하에서 ②의 경우를 보기로 한다,

[참고] 각하 대상의 예
가액을 3천만 원 이상으로 잘못 기재하였으나 정정시 보유가액 3천만원 미만이 되는 경우, 평가가액이 아닌 매입단가를 기입하였다가 평가가액으로 정정하여 3천만원 미만이 되는 경우,

합자회사의 주식은 직무관련성심사 대상 주식이 아닌데 심사를 신청한 경우에는 청구인의 요청과 관계없이 주식백지신탁 심사위원회는 각하를 결정한다.

1. 직무관련성 있음 결정, 직무관련성 없음 결정

공직자윤리법에 주식백지신탁 심사위원회의 결정의 유형에 관해 규정하는 바가 없다. 그러나 주식백지신탁 심사위원회의 결정은 직무관련성 유무의 심사를 위한 것이므로, 주식백지신탁 심사위원회의 결정은 ① 「직무관련성 있음 결정」과 ② 「직무관련성 없음 결정」으로 나눌 수 있다.

2. 조건부 결정

직무관련성 있음 결정 또는 직무관련성 없음 결정 후에 발생할지도 모를 공·사익의 충돌을 미연에 방지하거나, 심사신청인을 보호하기 위해 「직무관련성 있음 결정」또는 「직무관련성 없음 결정」을 할 때에 일정한 제약을 부가할 수도 있다고 볼 것이다. 여기서 일정한 제약이 부가된 「직무관련성 있음 결정」또는 「직무관련성 없음 결정」을 조건부 결정으로 부르기로 한다. 조건부 결정은 보다 합리적인 결정을 위한 것으로 이해할 수 있을 것이다.

Ⅱ. 결정의 통지

1. 통지방식

주식백지신탁 심사위원회는 결정사항을 청구인에게 통지하여야 한다. 공직자윤리법 시행규칙은 결정내용의 통지를 「직무관련성 심사·결정서」에 의하도록 규정하고 있다(공직자윤리법 시행규칙 제12조의2 제4항).

공직자윤리법 시행규칙

제12조의2(주식의 매각신고 등) ④ 법 제14조의5 제7항에 따른 직무관련성 유무에 관한 심사·결정은 별지 제14호의9서식에 … 따른다. 〈신설 2016.6.30.〉

---

2. 통지의 성질

주식백지신탁 심사위원회가 청구인에게 결정사항을 통지하는 것은 그 자체 행정행위가 아니다. 그것은 주식백지신탁 심사위원회의 결정이 행정행위로서 갖추어야 할 적법요건 중의 하나이다(통지요건).

Ⅲ. 통지된 결정의 법적 성질

1. 준법률행위적 행정행위로서 확인행위

주식백지신탁 심사위원회의 결정을 신청인에게 통지하면, 그 결정은 처분(행정행위)의 성질을 갖는다. 신청인에 통지된 결정은 준법률행위적 행정행위인 확인행위로서의 성질을 갖는다.

[참고] 확인행위의 의의
확인행위란 진위가 미확정적인 특정의 사실 또는 법률관계의 존재 여부를 공권적으로 확정하는 행위를 말한다. 확인행위는 준사법적 성질을 갖는 행위이다. 확인에는 사실에 관한 확인행위와 법관계에 관한 확인행위가 있으나, 주식백지신탁 심사위원회의 결정은 사실에 관한 확인행위로 볼 것이다.[1]

2. 행정소송의 대상인 처분

신청인에 통지된 주식백지신탁 심사위원회의 결정은 행정소송법 제2조가 정하는 처분에 해당한다고 볼 것이므로, 행정소송법이 정하는 항고소송의 대상이 된다.

> **행정소송법**
> 제2조(정의) ① 이 법에서 사용하는 용어의 정의는 다음과 같다.
> 1. "처분등"이라 함은 행정청이 행하는 구체적 사실에 관한 법집행으로서의 공권력의 행사 또는 그 거부와 그 밖에 이에 준하는 행정작용(이하 "처분"이라 한다) 및 행정심판에 대한 재결을 말한다.
> 제4조(항고소송) 항고소송은 다음과 같이 구분한다.
> 1. 취소소송: 행정청의 위법한 처분등을 취소 또는 변경하는 소송
> 2. 무효등 확인소송: 행정청의 처분등의 효력 유무 또는 존재여부를 확인하는 소송
> 3. 부작위위법확인소송: 행정청의 부작위가 위법하다는 것을 확인하는 소송

Ⅳ. 통지 후의 조치

1. 주식백지신탁 심사위원회

(1) 이행상황의 확인

실무상 주식백지신탁 심사위원회는 결정사항을 통지한 후 일정기간(실무상 2주~3주) 경과 후에 의무이행 여부를 확인하고, 이행하지 아니한 공직자 및 그 소속기관에 이행

---

1) 졸저, 행정법원론(상), 박영사, 옆번호 985 이하 참조.

을 촉구하는 공문을 발송한다.

(2) 직권재심사

주식백지신탁 심사위원회의 결정에 중대한 문제점이 있는 경우, 주식백지신탁 심사위원회는 직권으로 재심사를 할 수 있다(공직자윤리법 제14조의12).

공직자윤리법

제14조의12(주식백지신탁 심사위원회 직권 재심사) 제14조의5에 따른 주식백지신탁 심사위원회는 제14조의5 제7항에 따른 결정사항이 다음 각 호의 어느 하나에 해당하는 경우로서 재적위원 과반수가 재심사할 공익상의 필요가 크다고 인정하는 경우에는 최초 결정이 있은 날부터 3년 이내, 직권 재심사 사유가 있음을 안 날부터 6개월 이내에 직권으로 재심사할 수 있다. 이 경우 주식백지신탁 심사위원회의 회의는 재적위원 3분의 2 이상의 찬성으로 의결한다.

　　1. 결정의 기초가 된 증거자료가 위조·변조 또는 고의로 누락된 사실이 밝혀진 경우
　　2. 심사과정에서 조사가 이루어지지 아니한 중요한 증거가 새로 발견된 경우
　　3. 심사과정의 심의·의결 절차 등에 관한 위법이 발견되었을 경우

[본조신설 2015.12.29.]

(개) **직권재심사의 사유**　　공직자윤리법은 제14조의12는 직권재심사를 할 수 있는 사유를 ① 결정의 기초가 된 증거자료가 위조·변조 또는 고의로 누락된 사실이 밝혀진 경우, ② 심사과정에서 조사가 이루어지지 아니한 중요한 증거가 새로 발견된 경우, ③ 심사과정의 심의·의결 절차 등에 관한 위법이 발견되었을 경우를 들고 있다. ①은 결정에 중요한 역할을 한 증거자료가 진실에 반하는 경우를 규정한 것이고, ②는 심사과정에서 몰랐던 중요한 사유가 사후에 발견된 경우를 규정한 것이고, ③ 절차의 위법을 규정한 것이다.

(내) **직권재심사의 정족수**　　① 주식백지신탁 심사위원회가 이미 결정된 사항을 직권으로 재심사에 부의하기 위해서는 재적위원 과반수가 재심사할 공익상의 필요가 크다고 인정하여야 한다. ② 직권재심사에서 의결은 재적위원 3분의 2 이상의 찬성이 있어야 한다.

(다) **직권재심사의 제척기간**　　주식백지신탁 심사위원회의 직권재심사는 최초 결정이 있은 날부터 3년 이내, 직권 재심사 사유가 있음을 안 날부터 6개월 이내에 이루어져야 한다. 이 기간 내에 의결이 있으면 문제가 없다. 이 기간 내에 재적위원 과반수가 재심사할 공익상의 필요가 크다고 인정하여 직권으로 재심사에 부의하기로 결정하였다면, 직권재심사의 기간은 준수한 것으로 볼 것이다. 왜냐하면 심의 그 자체는 상당한 기간 지속될 수도 있기 때문이다.

2. 신청인

(1) 「직무관련성 없음」을 통지받은 경우

(가) **처분의 자유**　신청인은 그 주식을 매각할 필요도 없고, 주식백지신탁에 관한 계약을 체결할 필요도 없다(공직자윤리법 제14조의4 제1항 단서). 말하자면 그 주식을 그 대로 보유할 수 있다. 그 주식을 추가로 매입할 수도 있고, 매각할 수도 있다. 「직무관련성 없음」의 결정을 받은 주식의 추가매입은 제한이 없다. 매각하는 경우에 재산등록 기관에 매각신고를 하지 않아도 된다.

> **공직자윤리법**
>
> 제14조의4(주식의 매각 또는 신탁) ① … "공개대상자등"…은 … 다음 각 호의 어느 하나에 해당하는 행위를 직접 하거나 이해관계자로 하여금 하도록 하고 그 행위를 한 사실을 등록기관에 신고하여야 한다. 다만, 제14조의5 제7항 또는 제14조의12에 따라 주식백지신탁 심사위원회로부터 **직무관련성이** 없다는 결정을 통지받은 경우에는 그러하지 아니하다. 〈개정 2015.12.29.〉

(나) **재심사의 청구**

(a) **가액 3,000만원 초과하는 주식을 새로 매입한 경우**　심사를 받지 아니한 주식 을 3천만원 초과하여 취득한 경우에는 새로 취득한 주식에 대해서 재심사 청구, 매각 또는 백지신탁을 하여야 한다. 심사를 받지 아니한 주식을 3천만원 이하로 구입하였다 면, 심사청구의 대상이 되지 아니한다(공직자윤리법 제14조의4 제1항).

> **공직자윤리법**
>
> 제14조의4(주식의 매각 또는 신탁) ① … 공개대상자등… 은 본인 및 그 이해관계자… 모두가 보유 한 주식의 총 가액이 1천만원 이상 5천만원 이하의 범위에서 대통령령으로 정하는 금액을 초과할 때 에는 초과하게 된 날(…)부터 1개월 이내에 다음 각 호의 어느 하나에 해당하는 행위를 직접 하거나 이해관계자로 하여금 하도록 하고 그 행위를 한 사실을 등록기관에 신고하여야 한다. … . 〈개정 2015.12.29.〉

(b) **직위변경의 경우**　「직무관련성 없음」을 통지받은 후, 승진이나 전보, 소속 상 임위원회의 변경으로 인하여 담당하는 직무가 변경된 경우에는 변경된 직무와의 관련 성 여부에 관하여 다시 심사청구를 하여야 한다(공직자윤리법 제14조의5 제6항).

> **공직자윤리법**
>
> 제14조의5(주식백지신탁 심사위원회의 직무관련성 심사) ⑥ 공개대상자등은 본인 및 그 이해관계자 가 보유한 주식이 직무관련성이 없다는 이유로 제14조의4 제1항에 따른 주식 매각의무 또는 주식백 지신탁의무를 면제받으려는 경우 또는 **전보 등의 사유로 직위가 변경되어 직무관련성 심사를 받으려**

는 경우에는 본인 및 그 이해관계자 모두가 보유한 주식의 총 가액이 1천만원 이상 5천만원 이하의 범위에서 대통령령으로 정하는 금액을 초과하게 된 날(공개대상자등이 된 날, 제6조의3 제1항·제2항에 따른 신고유예 사유가 소멸된 날 또는 **공개대상자등의 직위가 변경된 날 현재** 주식의 총가액이 1천만원 이상 5천만원 이하의 범위에서 대통령령으로 정하는 금액을 초과할 때에는 공개대상자등이 된 날, 신고유예 사유가 소멸된 날 또는 공개대상자등의 직위가 변경된 날을 말한다)부터 1개월 이내에 주식백지신탁 심사위원회에 보유 주식의 직무관련성 유무에 관한 심사를 청구하여야 한다. 〈개정 2015.12.29.〉

(2) 「직무관련성 있음」을 통지받은 경우

㈎ 해당주식 총 가액 3천만원 이상의 경우

(a) **매각 또는 주식백지신탁계약의 체결**   ① 통지받은 날부터 1개월 이내에 해당 주식 전부를 매각 또는 백지신탁에 관한 계약을 체결하여야 한다(공직자윤리법 제14조의4 제1항). ② 주식취득이 제한되는 기간에 상속 등의 사유로 주식을 취득하게 된 경우에도 주식백지신탁 심사위원회로부터 직무관련성이 있다는 결정을 통지받으면, 통지받은 날부터 1개월 이내에 해당 주식 전부를 매각 또는 백지신탁에 관한 계약을 체결하여야 한다(공직자윤리법 제14조의6 제1항). ③ 주식백지신탁 심사위원회가 제14조의12에 따른 직권 재심사 결과 직무관련성이 있다는 결정을 통지받은 경우에도 같다. 앞의 어느 경우이든 「직무관련성 있음」의 결정을 받은 주식이 3천만 원을 초과하는 경우, 모든 주식을 매각하여야 하며, 일부만 매각할 수는 없다. 3천만 원을 초과하는 경우, 심사위원회의 해당 주식 전부에 미친다고 볼 것이기 때문이다.

공직자윤리법

제14조의4(주식의 매각 또는 신탁) ① … 공개대상자등… 직무관련성이 있다는 결정을 통지받은 날을, 제14조의12에 따른 직권 재심사 결과 직무관련성이 있다는 결정을 통지받은 경우에는 그 통지를 받은 날… 부터 1개월 이내에 **다음 각 호의 어느 하나에 해당하는 행위를** 직접 하거나 이해관계자로 하여금 하도록 하고 그 행위를 한 사실을 등록기관에 신고하여야 한다.. … . 〈개정 2015.12.29.〉

    1. 해당 주식의 매각

    2. 다음 각 목의 요건을 갖춘 신탁 또는 투자신탁(이하 "주식백지신탁"이라 한다)에 관한 계약의 체결

(각 목 생략)

제14조의6(주식취득의 제한) ② 공개대상자등은 본인 또는 이해관계자가 제1항에 따라 **주식취득이 제한되는** 기간에 상속이나 그 밖에 대통령령으로 정하는 사유로 주식을 취득하게 된 경우에는 취득한 날(상속의 경우에는 상속 개시를 알게 된 날을 말한다)부터 1개월 이내에 그 주식을 직접 매각 또는 백지신탁을 하거나 이해관계자로 하여금 그 주식을 매각 또는 백지신탁을 하도록 하고 그 사실을 등록기관에 신고하여야 한다. 다만, 주식백지신탁 심사위원회로부터 직무관련성이 없다는 결정을 통지받은 경우에는 그러하지 아니하다.

제14조의12(주식백지신탁 심사위원회 직권 재심사) 제14조의5에 따른 주식백지신탁 심사위원회는

제14조의5 제7항에 따른 결정사항이 다음 각 호의 어느 하나에 해당하는 경우로서 재적위원 과반수가 재심사할 공익상의 필요가 크다고 인정하는 경우에는 최초 결정이 있은 날부터 3년 이내, 직권 재심사 사유가 있음을 안 날부터 6개월 이내에 직권으로 재심사할 수 있다. 이 경우 주식백지신탁 심사위원회의 회의는 재적위원 3분의 2 이상의 찬성으로 의결한다.

　　1. 결정의 기초가 된 증거자료가 위조·변조 또는 고의로 누락된 사실이 밝혀진 경우

　　2. 심사과정에서 조사가 이루어지지 아니한 중요한 증거가 새로 발견된 경우

　　3. 심사과정의 심의·의결 절차 등에 관한 위법이 발견되었을 경우

[본조신설 2015.12.29.]

　　(b) 신고 　① 공개대상자등은 **매각 또는 주식백지신탁계약을 체결한 사실을** 재산등록기관에 신고하여야 한다(공직자윤리법 제14조의4 제1항). ② 주식취득이 제한되는 기간에 상속 등의 사유로 주식을 취득하게 된 경우에도 매각 또는 백지신탁에 관한 계약을 체결한 사실을 재산등록기관에 신고하여야 한다(공직자윤리법 제14조의6 제1항). ③ 주식백지신탁 심사위원회가 제14조의12에 따른 직권 재심사 결과 직무관련성이 있다는 결정을 통지받은 경우에도 같다.

공직자윤리법

제14조의4(주식의 매각 또는 신탁) ① ⋯ 공개대상자등⋯ 직무관련성이 있다는 결정을 통지받은 날을, 제14조의12에 따른 직권 재심사 결과 직무관련성이 있다는 결정을 통지받은 경우에는 그 통지를 받은 날⋯ 부터 1개월 이내에 다음 각 호의 어느 하나에 해당하는 행위를 직접 하거나 이해관계자로 하여금 하도록 하고 그 행위를 한 사실을 **등록기관에 신고하여야** 한다.. ⋯ . 〈개정 2015.12.29.〉

　　1. 해당 주식의 매각

　　2. 다음 각 목의 요건을 갖춘 신탁 또는 투자신탁(이하 "주식백지신탁"이라 한다)에 관한 계약의 체결

(각 목 생략)

제14조의6(주식취득의 제한) ② 공개대상자등은 본인 또는 이해관계자가 제1항에 따라 **주식취득이 제한되는** 기간에 상속이나 그 밖에 대통령령으로 정하는 사유로 주식을 취득하게 된 경우에는 취득한 날(상속의 경우에는 상속 개시를 알게 된 날을 말한다)부터 1개월 이내에 그 주식을 직접 매각 또는는 백지신탁을 하거나 이해관계자로 하여금 그 주식을 매각 또는 백지신탁을 하도록 하고 그 사실을 **등록기관에 신고하여야** 한다. 다만, 주식백지신탁 심사위원회로부터 직무관련성이 없다는 결정을 통지받은 경우에는 그러하지 아니하다.

제14조의12(주식백지신탁 심사위원회 직권 재심사) 제14조의5에 따른 주식백지신탁 심사위원회는 제14조의5 제7항에 따른 결정사항이 다음 각 호의 어느 하나에 해당하는 경우로서 재적위원 과반수가 재심사할 공익상의 필요가 크다고 인정하는 경우에는 최초 결정이 있은 날부터 3년 이내, 직권 재심사 사유가 있음을 안 날부터 6개월 이내에 직권으로 재심사할 수 있다. 이 경우 주식백지신탁 심사위원회의 회의는 재적위원 3분의 2 이상의 찬성으로 의결한다.

　　1. 결정의 기초가 된 증거자료가 위조·변조 또는 고의로 누락된 사실이 밝혀진 경우

　　2. 심사과정에서 조사가 이루어지지 아니한 중요한 증거가 새로 발견된 경우

　　3. 심사과정의 심의·의결 절차 등에 관한 위법이 발견되었을 경우

[본조신설 2015.12.29]

(나) **해당주식 총 가액 3천만원 이하의 경우**

(a) **처분의 자유**   청구인은 그 주식을 보유할 수 있다. 주식백지신탁은 해당 주식 총 가액 3천만원 이상인 경우에만 적용되기 때문이다(공직자윤리법 제14조의4 제1항).

공직자윤리법

제14조의4(주식의 매각 또는 신탁) ① …공개대상자등…은 본인 및 그 이해관계자(… 모두가 보유한 주식의 총 가액이 1천만원 이상 5천만원 이하의 범위에서 대통령령으로 정하는 금액을 초과할 때에는 초과하게 된 날(…)부터 1개월 이내에 다음 각 호의 어느 하나에 해당하는 행위를 직접 하거나 이해관계자로 하여금 하도록 하고 그 행위를 한 사실을 등록기관에 신고하여야 한다. 다만, 제14조의5 제7항 또는 제14조의12에 따라 주식백지신탁 심사위원회로부터 직무관련성이 없다는 결정을 통지받은 경우에는 그러하지 아니하다. 〈개정 2015.12.29.〉

   1. 해당 주식의 매각
   2. 다음 각 목의 요건을 갖춘 신탁 또는 투자신탁(이하 "주식백지신탁"이라 한다)에 관한 계약의 체결

   (각 목 생략)

(b) **주식취득제한 기간에 취득한 경우의 재심사청구**   주식백지신탁계약이 체결된 경우에는 그 신탁계약이 해지될 때까지는 공개대상자등과 이해관계자 중 어느 누구도 새로 주식을 취득할 수는 없지만, 상속이나 그 밖에 대통령령으로 정하는 사유가 있어 주식을 취득한 경우에는 청구인은 재심사를 청구하여야 한다(공직자윤리법 제14조의4 제1항). 새로 취득한 주식의 가액은 문제되지 아니한다.

공직자윤리법

제14조의6(주식취득의 제한) ① 제14조의4 제1항에 따라 주식백지신탁계약이 체결된 경우에는 그 신탁계약이 해지될 때까지는 공개대상자등과 이해관계자 중 어느 누구도 새로 주식을 취득하여서는 아니 된다.
② 공개대상자등은 본인 또는 이해관계자가 제1항에 따라 주식취득이 제한되는 기간에 **상속이나 그 밖에 대통령령으로 정하는 사유로 주식을 취득**하게 된 경우에는 취득한 날(상속의 경우에는 상속 개시를 알게 된 날을 말한다)부터 1개월 이내에 그 주식을 직접 매각 또는 백지신탁을 하거나 이해관계자로 하여금 그 주식을 매각 또는 백지신탁을 하도록 하고 그 사실을 등록기관에 신고하여야 한다. 다만, 주식백지신탁 심사위원회로부터 직무관련성이 없다는 결정을 통지받은 경우에는 그러하지 아니하다.

공직자윤리법 시행령

제27조의9(주식취득 사유) ② 법 제14조의6 제2항 본문에서 "대통령령으로 정하는 사유"란 다음 각 호의 사유를 말한다.
   1. 증여(유증을 포함한다), 담보권 행사 또는 대물변제의 수령 등으로 주식을 취득하는 경우
   2. 전환사채, 신주인수권부사채 또는 교환사채의 권리행사로 주식을 취득하는 경우
   3. 우리사주 조합원이 우리사주 조합을 통하여 주식을 취득하는 경우
   4. 주식매수선택권의 행사로 주식을 취득하는 경우

---

5. 법 제14조의4 제1항에 따른 공개대상자등이 되기 전에 유가증권 옵션거래의 권리를 행사하여 주식을 취득하는 경우

6. 제1호부터 제4호까지의 규정에 따라 취득한 주식에 대한 신주인수권을 행사하여 주식을 취득하는 경우

[전문개정 2009.2.3.]

3. 재산등록기관의 장

주식 매각 또는 주식백지신탁 계약의 체결 사실을 신고받은 등록기관의 장은 신고 받은 날부터 1개월 이내에 매각 또는 백지신탁 사실을 공개하여야 한다(공직자윤리법 제14조의14 제1항). 공개는 관보나 공보에 게재함으로써 이루어진다(공직자윤리법 시행령 제27조의12 제2항).

공직자윤리법

제14조의14(주식의 매각 또는 신탁 사실의 공개) ① 제14조의4 제1항 또는 제14조의6 제2항에 따라 주식 매각 또는 주식백지신탁 계약의 체결 사실을 신고받은 등록기관의 장은 해당 사실을 공개하여야 한다.

공직자윤리법 시행령

제27조의12(백지신탁계약 체결사실 등의 신고 및 공개의 방법) ① 법 제14조의4 제1항 또는 제14조의6 제2항에 따라 주식매각 또는 주식백지신탁계약 체결사실을 신고하려는 사람은 신고서에 증빙자료를 첨부하여 등록기관에 제출하여야 한다.

② 법 제14조의4 제1항 또는 제14조의6 제2항에 따라 주식매각 또는 주식백지신탁계약 체결사실 신고를 받은 등록기관의 장은 법 제14조의14 제1항 따라 신고를 받은 날부터 1개월 이내에 그 내용을 관보나 공보에 게재하여 공개하여야 한다. 다만, 제27조의3에 따른 기획재정부 및 금융위원회 소속 공무원의 경우에는 신고를 받은 기획재정부장관 및 금융위원회가 소속 공무원이 신고한 주식매각 또는 주식백지신탁계약 체결사실을 지체 없이 인사혁신처장에게 통보하여야 하고, 인사혁신처장은 통보를 받은 날부터 1개월 이내에 그 내용을 관보나 공보에 게재하여 공개하여야 한다. 〈개정 2013.3.23., 2014.11.19., 2016.6.28.〉

제6장 주식백지신탁제도의 실효성 확보(징계벌과 행정벌)

공직자윤리법은 주식백지신탁제도의 실효성을 높이기 위하여 주식백지신탁 의무자가 의무를 불이행하거나 위반하는 경우에 책임을 물을 수 있는 규정을 두고 있다. 책임을 묻는 방식으로 징계(공직자윤리법 제22조), 형사처벌(공직자윤리법 제24조의2, 제25조, 제26조, 제28조, 제28조의2), 과태료부과(공직자윤리법 제30조)를 규정하고 있다.

유형	근거조문	강학상 법적 성격	불이익의 내용
징계벌	공직자윤리법 제22조	행정처분	공무원신분 박탈 등
형사처벌	공직자윤리법 제24조의2 등	행정벌로서 행정형벌	징역 또는 벌금
과태료	공직자윤리법 제30조	행정벌로서 행정질서벌	과태료

▌제1절 징계벌(징계책임)

Ⅰ. 징계벌의 관념

1. 징계벌의 의의

주식백지신탁 의무자인 공무원 또는 공직유관단체의 임직원에게 일정한 사유가 있는 경우, 공직자윤리위원회는 해임 또는 징계의결을 요구할 수 있는바(공직자윤리법

제22조), 주식백지신탁 의무자인 공무원 또는 공직유관단체의 임직원은 징계벌을 받을 수 있다. 행정법(공무원법 포함)상 징계벌이란 일반적으로 공무원이 공무원으로서 부담하는 의무를 위반하였을 때, 공무원관계의 질서유지를 위해 공무원법에 따라 그 공무원에게 파면·해임·정직 등의 법적 제재, 즉 벌을 가하는 것을 말한다. 의무위반에 대하여 가해지는 처벌이 징계벌이고, 처벌을 받게 되는 지위를 징계책임이라 한다. 공직자윤리법상으로는 공직자윤리위원회가 「공직유관단체의 임직원」에 대해서도 해임 또는 징계의결을 요구할 수 있다는 점이 특징적이다.

공직자윤리법
제22조(징계 등) 공직자윤리위원회는 공무원 또는 공직유관단체의 임직원이 다음 각 호의 어느 하나에 해당하면 이를 사유로 해임 또는 징계의결을 요구할 수 있다. (제1호~제9호 생략)

---

2. 징계벌의 성질

(1) 징계벌과 형벌의 비교

징계벌도 고통 내지 불이익의 부과라는 점에서는 형벌과 같다. 그러나 그 목적과 불이익의 구체적인 내용에 있어서는 차이가 있다. 즉 ① 형벌은 국가와 일반사회공공의 질서유지를 목적으로 하나, 징계벌은 행정조직 내부에서 공무원관계의 질서유지를 목적으로 하는바, ② 형벌은 일반국민을 대상으로 하나, 징계벌은 공무원을 대상으로 하며, ③ 따라서 형벌은 공무원의 퇴직 여하에 관계가 없으나, 징계벌은 퇴직 후에는 문제되지 아니한다. ④ 그리고 처벌의 내용도 징계벌은 형벌과는 달리 공무원이라는 신분상 갖는 이익의 박탈 내지 제한과 관련된다.[1]

(2) 징계벌과 형벌의 병과

양자는 목적·내용 등에 있어서 상이하므로, 하나의 행위(예: 뇌물수수)에 대하여 징계벌과 형벌을 병과할 수 있다. 즉 양자의 병과는 일사부재리의 원칙(헌법 제13조 제1항)에 반하는 것이 아니다(대판 2001. 11. 9, 2001두4184).

(3) 징계와 일사부재리

동일한 징계원인으로 거듭 징계될 수 없다는 의미에서 일사부재리의 원칙은 징계벌에도 적용된다. 다만 징계처분(확정된 처분)과 직위해제(잠정적 처분)는 그 성질이 상

---

1) 홍정선, 행정법원론(상), 옆번호 996.

이하므로 직위해제의 사유로 징계처분을 할 수도 있다(대판 1983. 10. 25, 83누184). 국가공무원법상 직위해제의 사유 등은 다음과 같다(국가공무원법 제73조의3).

국가공무원법

제73조의3(직위해제) ① 임용권자는 다음 각 호의 어느 하나에 해당하는 자에게는 직위를 부여하지 아니할 수 있다. 〈개정 2008.3.28., 2010.3.22., 2014.1.7., 2015.5.18.〉

  1. 삭제 〈1973.2.5.〉
  2. 직무수행 능력이 부족하거나 근무성적이 극히 나쁜 자
  3. 파면·해임·강등 또는 정직에 해당하는 징계 의결이 요구 중인 자
  4. 형사 사건으로 기소된 자(약식명령이 청구된 자는 제외한다)
  5. 고위공무원단에 속하는 일반직공무원으로서 제70조의2제1항제2호부터 제5호까지의 사유로 적격심사를 요구받은 자
  6. 금품비위, 성범죄 등 대통령령으로 정하는 비위행위로 인하여 감사원 및 검찰·경찰 등 수사기관에서 조사나 수사 중인 자로서 비위의 정도가 중대하고 이로 인하여 정상적인 업무수행을 기대하기 현저히 어려운 자

② 제1항에 따라 직위를 부여하지 아니한 경우에 그 사유가 소멸되면 임용권자는 지체 없이 직위를 부여하여야 한다. 〈개정 2008.3.28.〉

③ 임용권자는 제1항 제2호에 따라 직위해제된 자에게 3개월의 범위에서 대기를 명한다. 〈개정 2008.3.28.〉

④ 임용권자 또는 임용제청권자는 제3항에 따라 대기 명령을 받은 자에게 능력 회복이나 근무성적의 향상을 위한 교육훈련 또는 특별한 연구과제의 부여 등 필요한 조치를 하여야 한다. 〈개정 2008.3.28.〉

⑤ 공무원에 대하여 제1항 제2호의 직위해제 사유와 같은 항 제3호·제4호 또는 제6호의 직위해제 사유가 경합(競合)할 때에는 같은 항 제3호·제4호 또는 제6호의 직위해제 처분을 하여야 한다. 〈개정 2015.5.18.〉

[본조신설 1965.10.20.]

---

3. 징계벌과 법적 근거

(1) 일반법

징계는 공무원의 의사에 반하여 그에게 불이익을 주는 처분이며 국민으로서 향유하는 공무담임권을 부당하게 침해할 우려가 있다는 취지에서 징계벌에도 **법적 근거**가 필요하다. 징계벌에 관한 실정법상 근거로는 일반직공무원에 관한 것으로 국가공무원법, 지방공무원법이 있고, 특정직공무원에 관한 것으로 법관징계법·검사징계법 등이 있다.

국가공무원법

제78조(징계 사유) ① 공무원이 다음 각 호의 어느 하나에 해당하면 징계 의결을 요구하여야 하고 그 징계 의결의 결과에 따라 징계처분을 하여야 한다.

---

1. 이 법 및 이 법에 따른 명령을 위반한 경우
2. 직무상의 의무(다른 법령에서 공무원의 신분으로 인하여 부과된 의무를 포함한다)를 위반하거나 직무를 태만히 한 때
3. 직무의 내외를 불문하고 그 체면 또는 위신을 손상하는 행위를 한 때

지방공무원법
제69조(징계사유) ① 공무원이 다음 각 호의 어느 하나에 해당하면 징계의결을 요구하여야 하고, 징계의결의 결과에 따라 징계처분을 하여야 한다.
1. 이 법 또는 이 법에 따른 명령이나 지방자치단체의 조례 또는 규칙을 위반하였을 때
2. 직무상의 의무(다른 법령에서 공무원의 신분으로 인하여 부과된 의무를 포함한다)를 위반하거나 직무를 태만히 하였을 때
3. 공무원의 품위를 손상하는 행위를 하였을 때

(2) 특별법으로서 공직자윤리법

주식백지신탁의무 위반자에 대한 징계를 규정하는 공직자윤리법 제22조도 당연히 징계벌의 법적 근거가 된다. 주식백지신탁의무 위반자에 대한 징계와 관련하여 공직자윤리법에 규정되지 아니한 사항에 대하여는 공무원법상 법적 근거가 일반법으로서 보충적으로 적용된다고 볼 것이다.

Ⅱ. 주식백지신탁의무 위반자에 대한 징계사유

주식백지신탁제도와 관련하여 공무원 또는 공직유관단체의 임직원에게 징계벌을 가할 수 있는 사유는 공직자윤리법 제22조 제10호 이하에서 규정되고 있다.

공직자윤리법
제22조(징계 등) 공직자윤리위원회는 공무원 또는 공직유관단체의 임직원이 다음 각 호의 어느 하나에 해당하면 이를 사유로 해임 또는 징계의결을 요구할 수 있다. (제1호~제9호 생략)

1. 제14조의4 제1항을 위반하여 신고를 하지 아니한 경우(공직자윤리법 제10조 제1항 제10호)

제10호는 '등록의무자등이 공직자윤리법 제14조의4 제1항이 부과하는 매각 또는 백지신탁계약의 체결이라는 작위의무를 불이행한 것'을 징계벌의 사유로 규정하고 있다.

> **공직자윤리법**
>
> **제14조의4(주식의 매각 또는 신탁)** ① 등록의무자 중 제10조 제1항에 따른 공개대상자와 기획재정부 및 금융위원회 소속 공무원 중 대통령령으로 정하는 사람(이하 "공개대상자등"이라 한다)은 본인 및 그 이해관계자(⋯) 모두가 보유한 주식의 총 가액이 1천만원 이상 5천만원 이하의 범위에서 대통령령으로 정하는 금액을 초과할 때에는 초과하게 된 날(⋯)부터 1개월 이내에 다음 각 호의 어느 하나에 해당하는 행위를 직접 하거나 이해관계자로 하여금 하도록 하고 그 행위를 한 사실을 등록기관에 신고하여야 한다.⋯
>
>   1. 해당 주식의 매각
>
>   2. 다음 각 목의 요건을 갖춘 신탁 또는 투자신탁(이하 "주식백지신탁"이라 한다)에 관한 계약의 체결 (각목 생략)

2. 제14조의6을 위반하여 주식을 취득하거나 신고를 하지 아니한 경우(공직자윤리법 제10조 제1항 제11호)

제11호는 '등록의무자등이 공직자윤리법 제14조의6이 부과하는 주식취득금지의무, 신고의무를 불이행한 것'을 징계벌의 사유로 규정하고 있다.[1]

> **공직자윤리법**
>
> **제14조의6(주식취득의 제한)** ① 제14조의4 제1항에 따라 주식백지신탁계약이 체결된 경우에는 그 신탁계약이 해지될 때까지는 공개대상자등과 이해관계자 중 어느 누구도 새로 주식을 취득하여서는 아니 된다.

3. 제14조의7 제1항 본문을 위반하여 신탁재산의 관리·운용·처분에 관한 정보의 제공을 요구한 경우(공직자윤리법 제10조 제1항 제12호)

제12호는 '등록의무자등이 공직자윤리법 제14조의7 제1항 본문이 부과하는 정보제공요구금지의무를 불이행한 것'을 징계벌의 사유로 규정하고 있다.[2]

> **공직자윤리법**
>
> **제14조의7(신탁재산에 관한 정보제공금지 등)** ① 제14조의4 제1항 또는 제14조의6 제2항에 따라 주식백지신탁계약이 체결된 경우 공개대상자등 및 그 이해관계자는 「자본시장과 금융투자업에 관한 법률」 제91조 및 제113조에도 불구하고 신탁업자·집합투자업자·투자회사·투자매매업자 또는 투자중개업자에 대하여 신탁재산의 관리·운용·처분에 관한 내용의 공개 등 정보의 제공을 요구할 수 없으며, 신탁업자·집합투자업자·투자회사·투자매매업자 또는 투자중개업자는 공개대상자등 또는 그 이해관계자의 정보 제공 요구에 응하여서는 아니 된다. ⋯

---

1) 공직자윤리법 제14조의6의 내용 검토에 관해 본서, 112쪽 참조.
2) 공직자윤리법 제14조의7 제1항의 내용 검토에 관해 본서, 118쪽 참조.

4. 제14조의7 제2항을 위반하여 신탁재산의 관리·운용·처분에 관여한 경우(공직자윤리법 제10조 제1항 제13호)

제13호는 '등록의무자등이 공직자윤리법 제14조의7 제2항이 부과하는 신탁재산의 관리·운용·처분 관여 금지의무를 불이행한 것'을 징계벌의 사유로 규정하고 있다.[1]

공직자윤리법

제14조의7(신탁재산에 관한 정보제공금지 등) ② 제14조의4 제1항 또는 제14조의6 제2항에 따라 주식백지신탁계약이 체결된 경우 공개대상자등 또는 그 이해관계자는 신탁재산의 관리·운용·처분에 관여하여서는 아니 된다.

---

5. 제14조의10 제2항을 위반하여 주식백지신탁계약을 해지한 경우(공직자윤리법 제10조 제1항 제14호)

제14호는 '등록의무자등이 공직자윤리법 제14조의10 제2항이 정하는 주식백지신탁계약의 해지요건의 위반'을 징계벌의 사유로 규정하고 있다.[2]

공직자윤리법

제14조의10(주식의 매각요구 및 신탁의 해지) ② 주식백지신탁의 신탁자는 다음 각 호의 어느 하나에 해당하는 사유가 발생하면 수탁기관에 주식백지신탁계약의 해지를 청구할 수 있다. 다만, 제2호의 경우에는 반드시 주식백지신탁계약의 해지를 청구하여야 한다. 〈개정 2015.12.29.〉
 1. 제14조의8 제2항 제2호에 따른 사항을 통지받은 경우
 2. 제1항에 따른 매각요구를 받아 수탁기관이 신탁재산을 모두 매각한 경우
 3. 퇴직·전보 등의 사유로 해당 공개대상자등이 공개대상자등에서 제외된 경우
 4. 주식백지신탁 신탁자의 직위가 전보 등의 사유로 변경된 경우로서 제14조의5 제7항에 따라 주식백지신탁 심사위원회로부터 변경된 직위와 백지신탁 관리·운용 중인 주식간에 직무관련성이 없다는 결정을 통지받은 경우

---

6. 백지신탁한 주식 또는 보유하고 있는 주식과 관련한 직무를 회피할 수 있음에도 불구하고 제14조의11 제1항을 위반하여 해당 주식과 관련한 직무에 관여하였거나 제14조의11 제4항을 위반하여 신고를 하지 아니한 경우(공직자윤리법 제10조 제1항 제14의2호)

제14의2호는 '등록의무자등이 공직자윤리법 제14조의11 제1항, 제4항이 정하는 이해충돌 직무 관여 금지의무를 위반한 것'을 징계벌의 사유로 규정하고 있다.[3]

---

1) 공직자윤리법 제14조의7 제2항의 내용 검토에 관해 본서, 119쪽 참조.
2) 공직자윤리법 제14조의10 제2항의 내용 검토에 관해 본서, 116쪽 참조.

> **공직자윤리법**
>
> 제14조의11(이해충돌 직무에 대한 관여 금지) ① 공개대상자등은 다음 각 호의 기간 동안 공개대상
> 자등 또는 그 이해관계자가 백지신탁한 주식이나 보유하고 있는 주식과 관련하여 해당 주식을 발행
> 한 기업의 경영 또는 재산상 권리에 영향을 미칠 수 있는 직무에 결재, 지시, 의견표명 등의 방법을
> 통하여 관여해서는 아니 된다.
> 1. 제14조의4 제1항 제2호에 따라 주식백지신탁에 관한 계약을 체결한 경우: 처음 신탁된 주식의
>   처분이 완료될 때까지
> 2. 제14조의13 제1항에 따라 직위 변경을 신청한 경우: 직위 변경을 신청한 날부터 변경된 직위
>   에서 직무관련성 심사를 받아 주식백지신탁 심사위원회로부터 직무관련성 없음 결정을 통보받
>   은 날까지
>
> 제14조의11(이해충돌 직무에 대한 관여 금지) ④ 제3항에 따라 공개대상자등이 백지신탁한 주식 또
> 는 보유하고 있는 주식과 관련한 직무에 관여한 경우에는 매 분기 동안 해당 주식과 관련한 직무에
> 직접적 또는 간접적으로 관여한 내역을 매 분기 말일부터 10일 이내에 관할 공직자윤리위원회에 신
> 고하여야 하며, 관할 공직자윤리위원회는 그 신고사항을 관보 또는 공보에 게재하여야 한다.

Ⅲ. 주식백지신탁의무 위반자에 대한 징계절차

1. 징계 요구의 주체

공무원 또는 공직유관단체의 임직원에 대한 해임 또는 징계의결의 요구는 공직자
윤리위원회가 행한다(공직자윤리법 제22조 본문).

> **공직자윤리법**
>
> 제22조(징계 등) 공직자윤리위원회는 공무원 또는 공직유관단체의 임직원이 다음 각 호의 어느 하나
> 에 해당하면 이를 사유로 해임 또는 징계의결을 요구할 수 있다.
> (각 호 생략)

2. 징계 요구의 상대방

주식백지신탁의무를 위반한 공무원 또는 공직유관단체의 임직원에 대한 해임 또
는 징계의결의 요구는 공직자윤리법 제22조 본문의 해석상 등록기관의 장 또는 관계기
관의 장을 상대방으로 한다고 볼 것이다. 공직자윤리법 시행규칙 [별지 제22호 서식]에
서도 등록기관의 장 또는 관계기관의 장을 징계요구의 상대방으로 규정하고 있다.

---

3) 공직자윤리법 제14조의11 제4항의 내용 검토에 관해 본서, 120쪽 참조.

3. 징계 요구의 내용

(1) 공직자윤리위원회가 요구할 수 있는 징계 종류

공직자윤리위원회는 등록기관의 장 또는 관계기관의 장에게 ① 해임 또는 ② 징계의결을 요구할 수 있다. ① 해임의 요구는 징계수단을 해임으로 특정하여 징계를 요구하는 경우가 된다. ② 징계의결의 요구는 징계수단을 특정하지 않고 징계를 요구하는 경우가 된다.

국가공무원법

제79조(징계의 종류) 징계는 파면·해임·강등·정직·감봉·견책으로 구분한다.

지방공무원법

제70조(징계의 종류) 징계는 파면·해임·강등·정직·감봉 및 견책으로 구분한다.

---

(2) 공직자윤리위원회가 요구할 수 있는 가장 중한 징계수단

공직자윤리법은 공직자윤리위원회가 해임을 요구할 수 있다고 명시하지만, 파면을 요구할 수 있다고 규정하고 있지는 아니하다. 이것은 해임이 공직자윤리위원회가 요구할 수 있는 가장 중한 징계수단임을 의미하고, 따라서 공직자윤리위원회는 파면을 요구할 수는 없다고 볼 것이다.

4. 징계 요구의 방식(서면에 의한 요구)

(1) 의의

공직자윤리법 시행규칙은 해임 또는 징계의결의 요구를 서면에 의하도록 규정하고 있다. 따라서 공직자윤리위원회의 해임 또는 징계의결의 요구는 요식행위인 셈이다.

공직자윤리법 시행규칙

제19조(해임·징계 의결 요구 등 및 처리 결과 통보) ① 법 제8조의2 제1항 제4호 및 제22조에 따른 해임 또는 징계 의결의 요청이나 요구는 별지 제22호서식에 따른다.

---

(2) 취지

해임 또는 징계의결의 요구를 서면에 의하도록 한 것은 ① 해임 등을 요구한 공직자윤리위원회의 의사를 분명히 하고, ② 해임 또는 징계의결의 요구를 받은 등록기관의 장 또는 관계기관의 장이 취해야 할 내용을 분명히 하고, 아울러 ③ 해임 또는 징계의결의 요구의 대상이 된 주식백지신탁 의무자가 추후에 해임 등을 다툴 때 자료로서 활용할 수 있도록 하여 주식백지신탁 의무자를 보호하려는 취지 등에서 나온 것이다.

(3) 강행규정

앞에서 언급한 취지에 비추어 해임 또는 징계의결의 요구를 서면에 의하도록 한 공직자윤리법 시행규칙 제19조 제1항은 강행규정으로 해석되어야 한다. 따라서 서면에 의하지 아니한 요구는 무효가 된다.

Ⅳ. 징계 요구의 처리

1. 징계절차에 회부

해임 또는 징계의결의 요구를 받은 등록기관의 장 또는 관계기관은 각각 징계의결기관에 징계를 요구하는 등 징계절차를 거치도록 하여야 한다. 이 단계에서의 징계절차는 등록기관의 장 또는 관계기관이 속한 국가나 지방자치단체 또는 공직유관단체의 '징계에 관한 일반법(일반적 규정)'이 정하는 바에 따르면 된다.[1]

2. 징계의 종류의 선택
(1) 특정 종류의 징계 요구에 구속 여부

공직자윤리법 제22조 본문은 "① 해임 또는 ② 징계의결을 요구할 수 있다"라고 규정하고 있다. 공직자윤리위원회가 징계의 종류를 특정하여 징계를 요구한다고 하여도 징계의결을 요구받은 국가나 지방자치단체 또는 공직유관단체는 공직자윤리위원회의 요구에 반드시 따라야 하는 것은 아니다. 말하자면 공직자윤리위원회가 요구한 특정의 징계의결에 구속되지 아니하고, 스스로 징계의 종류를 선택할 수 있다고 볼 것이다. 왜냐하면 징계를 한다면 어떠한 징계를 할 것인지의 선택은 징계의결을 요구받은 국가나 지방자치단체 또는 공직유관단체의 징계위원회의 고유한 권한에 속하기 때문이다. 물론 징계의결에 재량권의 일탈이나 남용은 없어야 한다.[2]

---

1) 예컨대 국가공무원법 제78조 이하, 지방공무원법 제69조 이하 등.
2) 재량권의 일탈과 남용에 관해, 졸저, 행정법원론(상), 옆번호 913이하 참조.

(2) 파면 의결의 가부

예를 들어 공무원의 경우, 징계의 종류로 파면·해임·강등·정직·감봉 및 견책이 있는데, 해임보다 강한 파면도 징계의결의 내용으로 할 수 있을 것인가의 여부이다. 공직자윤리법 제22조 본문이 해임을 처음 규정한 것으로 보면, 해임보다 강한 징계는 공직자윤리법 제22조의 징계의결의 내용이 될 수 없다고 볼 것이다.

> **국가공무원법**
> 제79조(징계의 종류) 징계는 파면·해임·강등·정직(停職)·감봉·견책(譴責)으로 구분한다. 〈개정 2008. 12.31.〉
>
> **지방공무원법**
> 제70조(징계의 종류) 징계는 파면·해임·강등·정직·감봉 및 견책으로 구분한다. [전문개정 2008.12.31.]

(3) 재량에 따른 선택

공직자윤리위원회가 등록기관의 장 또는 관계기관의 장에게 징계의결을 요구하였다면, 등록기관의 장 또는 관계기관이 속한 국가나 지방자치단체 또는 공직유관단체의 징계위원회는 국가나 지방자치단체 또는 공직유관단체의 「징계에 관한 일반법(일반적 규정)」이 정하는 징계의 종류 중에서 자율적으로 선택할 수 있다고 볼 것이다.

3. 처리결과의 통보

(1) 의무적 통보

공직자윤리법 시행령은 해임 또는 징계의결의 요구를 받은 등록기관의 장 또는 관계기관의 장에게 처리 결과를 공직자윤리위원회에 통보하도록 규정하고 있다. 등록기관의 장 또는 관계기관의 장에 대한 처리 결과 통보는 의무적이다(공직자윤리법 시행령 제15조).

> **공직자윤리법 시행규칙**
> 제15조(징계의결요구 등에 대한 처리 결과 통보) 법 제8조의2 제1항 제4호 및 **제22조**에 따라 해임 또는 징계의결의 요청이나 요구를 받은 해당 공무원 또는 임직원의 소속기관 및 공직유관단체의 장은 그 처리 결과를 위원회에 통보하여야 한다.

(2) 서면에 의한 통보

공직자윤리법 시행규칙은 처리 결과 통보를 일정 사항이 기재된 서면으로 할 것을 규정하고 있다(공직자윤리법 시행령 제19조 제2항). 처리결과를 서면으로 통보하도록 한 것은 ① 해임 또는 징계의결의 요구를 받은 등록기관의 장 또는 관계기관의 장이 취한 행위의 내용을 분명히 하고, 아울러 ② 해임 또는 징계를 당하는 주식백지신탁 의무자가 추후에 해임 등을 다툴 때 자료로서 활용할 수 있도록 하여 주식백지신탁 의무자를 보호하기 위함이다.

> **공직자윤리법 시행규칙**
> 제19조(해임·징계 의결 요구 등 및 처리 결과 통보) ② 영 제15조에 따른 처리 결과 통보에는 처분 일자, 처분기관 및 처분 내용이 포함되어야 하고, 처분사유 설명서 사본이 첨부되어야 한다.
> [전문개정 2009.2.4.]

(3) 강행규정

앞에서 언급한 취지를 고려할 때, 처리결과를 서면으로 통보하도록 규정하는 공직자윤리법 시행령 제19조는 강행규정으로 해석된다.

4. 징계의 효과

징계를 당하는 주식백지신탁 의무자가 받는 징계의 구체적인 내용과 효과는 그 의무자가 속한 국가나 지방자치단체 또는 공직유관단체의 '징계에 관한 일반법(일반적 규정)'이 정하는 바에 따른다. 아래에서 국가공무원법상 관련규정을 보기로 한다.

> **국가공무원법**
> 제33조(결격사유) 다음 각 호의 어느 하나에 해당하는 자는 공무원으로 임용될 수 없다. 〈개정 2010.3.22., 2013.8.6., 2015.12.24.〉
> 　7. 징계로 **파면**처분을 받은 때부터 5년이 지나지 아니한 자
> 　8. 징계로 **해임**처분을 받은 때부터 3년이 지나지 아니한 자
>
> **공무원연금법**
> 제64조(형벌 등에 따른 급여의 제한) ① 공무원이거나 공무원이었던 자가 다음 각 호의 어느 하나에 해당하는 경우에는 대통령령으로 정하는 바에 따라 퇴직급여 및 퇴직수당의 일부를 감액하여 지급한다. 이 경우 퇴직급여액은 이미 낸 기여금의 총액에 「민법」 제379조에 따른 이자를 가산한 금액 이하로 감액할 수 없다. 〈개정 2016.1.27.〉
> 　2. 탄핵 또는 징계에 의하여 **파면**된 경우
> 　3. 금품 및 향응수수, 공금의 횡령·유용으로 징계 **해임**된 경우
>
> **국가공무원법**
> 제80조(징계의 효력) ① 강등은 1계급 아래로 직급을 내리고(고위공무원단에 속하는 공무원은 3급으로 임용하고, 연구관 및 지도관은 연구사 및 지도사로 한다) 공무원신분은 보유하나 3개월간 직무에 종사하지 못하며 그 기간 중 보수는 전액을 감한다. 다만, 제4조 제2항에 따라 계급을 구분하지 아니하는 공무원과 임기제공무원에 대해서는 강등을 적용하지 아니한다. 〈신설 2008.12.31., 2014.1.7.,

2015.12.24.〉

② (생략)

③ 정직은 1개월 이상 3개월 이하의 기간으로 하고, 정직 처분을 받은 자는 그 기간 중 공무원의 신분은 보유하나 직무에 종사하지 못하며 보수는 전액을 감한다. 〈개정 2008.3.28., 2008.12.31., 2015.12.24.〉

④ 감봉은 1개월 이상 3개월 이하의 기간 동안 보수의 3분의 1을 감한다. 〈개정 2008.3.28., 2008.12.31.〉

⑤ 견책(譴責)은 전과(前過)에 대하여 훈계하고 회개하게 한다. 〈개정 2008.3.28., 2008.12.31.〉

Ⅴ. 징계처분에 대한 구제

1. 공무원의 경우

징계처분을 받은 주식백지신탁 의무자가 공무원인 경우, ① 소청의 제기를 통해 구제받을 수 있다. 소청이란 널리 공무원의 징계처분 그 밖에 그 의사에 반한 불리한 처분(예: 의원면직·전보·복직청구·강임·휴직·면직처분)에 대한 불복신청을 말한다. 그리고 ② 소청심사위원회의 결정에 불복이 있으면 행정소송을 제기할 수도 있다. 만약 소청심사위원회의 결정에 고유한 위법이 있다면, 위원회의 결정을 소의 대상으로 할 수 있지만, 그 결정에 고유의 위법이 없다면 원처분주의의 원칙에 따라 원징계처분을 소의 대상으로 하여야 한다(행정소송법 제19조 단서).

국가공무원법

제9조(소청심사위원회의 설치) ① 행정기관 소속 공무원의 징계처분, 그 밖에 그 의사에 반하는 불리한 처분이나 부작위에 대한 소청을 심사·결정하게 하기 위하여 인사혁신처에 소청심사위원회를 둔다. 〈개정 2013.3.23., 2014.11.19.〉

제75조(처분사유 설명서의 교부) 공무원에 대하여 징계처분등을 할 때나 강임·휴직·직위해제 또는 면직처분을 할 때에는 그 처분권자 또는 처분제청권자는 처분사유를 적은 설명서를 교부(交付)하여야 한다. 다만, 본인의 원(願)에 따른 강임·휴직 또는 면직처분은 그러하지 아니하다. 〈개정 2010.3.22.〉 [전문개정 2008.3.28.]

제76조(심사청구와 후임자 보충 발령) ① 제75조에 따른 처분사유 설명서를 받은 공무원이 그 처분에 불복할 때에는 그 설명서를 받은 날부터, 공무원이 제75조에서 정한 처분 외에 본인의 의사에 반한 불리한 처분을 받았을 때에는 그 처분이 있은 것을 안 날부터 각각 30일 이내에 소청심사위원회에 이에 대한 심사를 청구할 수 있다. 이 경우 변호사를 대리인으로 선임할 수 있다.

② 본인의 의사에 반하여 파면 또는 해임이나 제70조 제1항 제5호에 따른 면직처분을 하면 그 처분을 한 날부터 40일 이내에는 후임자의 보충발령을 하지 못한다. 다만, 인력 관리상 후임자를 보충하여야 할 불가피한 사유가 있고, 제3항에 따른 소청심사위원회의 임시결정이 없는 경우에는 국회사무총장, 법원행정처장, 헌법재판소사무처장, 중앙선거관리위원회사무총장 또는 인사혁신처장과 협의를 거쳐 후임자의 보충발령을 할 수 있다. 〈개정 2013.3.23., 2014.11.19.〉

2. 공직유관단체 임직원의 경우

① 공직유관단체의 설립에 관한 법령이나 공직유관단체의 규정(규율)에 징계처분에 대하여 다툴 수 있는 내부절차가 있다면, 그러한 절차를 거치면 될 것이다. ② 공직유관단체 내부에 이의절차가 있는지의 여부를 불문하고, 징계를 받은 임직원은 민사소송을 통해 다툴 수 있을 것이다. 관련 법령의 해석상 행정소송을[1] 통해 구제받을 가능성을 배제할 수는 없을 것이다.

▌제2절   형사처벌(행정형벌)

Ⅰ. 징역 또는 벌금

공무원 또는 공직유관단체의 임직원에게 주식백지신탁 거부, 거짓 자료 제출, 출석거부, 비밀누설, 주식백지신탁 관여금지 위반 등 사유가 있는 경우, 징역이나 벌금이 부과될 수 있다(공직자윤리법 제24조의2 등). 형법에 규정된 형명(형법 제41조)의 벌이 공직자윤리법 등 행정법에 규정된 경우, 그러한 형명의 벌을 행정형벌로 부른다.

형법

제41조(형의 종류) 형의 종류는 다음과 같다.

1. 사형	4. 자격상실	7. 구류
2. 징역	5. 자격정지	8. 과료
3. 금고	6. 벌금	9. 몰수

---

1) 행정소송에 관해 자세한 것은 졸저, 행정법원론(상), 2017년판, 옆번호 2427이하 참조.

Ⅱ. 법적 근거

1. 일반론

헌법 제13조의 죄형법정주의(罪刑法定主義)의 원칙상 행정형벌은 법률의 근거를 요한다. 현재로서 행정형벌에 관한 일반법은 없다. 단행 법률에서 개별적으로 규정되고 있다. 개별 법률의 위임이 있다면, 법규명령으로 행정형벌을 규정할 수도 있으나, 헌법 제75조와 제95조의 위임입법의 법리에 따라야 한다.

> **헌법**
> 제13조 ① 모든 국민은 행위시의 법률에 의하여 범죄를 구성하지 아니하는 행위로 소추되지 아니하며, 동일한 범죄에 대하여 거듭 저벌받지 아니한다.
> 제75조 대통령은 법률에서 구체적으로 범위를 정하여 위임받은 사항과 법률을 집행하기 위하여 필요한 사항에 관하여 대통령령을 발할 수 있다.
> 제95조 국무총리 또는 행정각부의 장은 소관사무에 관하여 법률이나 대통령령의 위임 또는 직권으로 총리령 또는 부령을 발할 수 있다.

2. 공직자윤리법상 근거

공직자윤리법은 주식백지신탁제도와 관련하여 주식백지신탁 거부, 거짓 자료 제출, 출석거부, 비밀누설, 주식백지신탁 관여금지 위반 등을 행정형벌로 규정하고 있다.

> **공직자윤리법**
> 제24조의2(주식백지신탁 거부의 죄) 공개대상자 등이 정당한 사유 없이 제14조의4 제1항 또는 제14조의6 제2항을 위반하여 자신이 보유하는 주식을 매각 또는 백지신탁하지 아니하면 1년 이하의 징역 또는 1천만원 이하의 벌금에 처한다.[1]
> 제25조(거짓 자료 제출 등의 죄) 공직자윤리위원회(제8조 제11항에 따라 공직자윤리위원회로부터 재산등록사항에 관한 권한을 위임받은 등록기관의 장 등을 포함한다. 이하 제26조에서 같다) 또는 주식백지신탁 심사위원회로부터 제8조 제4항 및 제5항(제6조의2 제4항, 제11조 제2항 및 제14조의4 제6항에서 준용하는 경우를 포함한다) 또는 제14조의5 제10항에 따른 보고나 자료 제출 등을 요구받은 각 기관·단체·업체의 장이 거짓 보고나 거짓 자료를 제출하거나 정당한 사유 없이 보고 또는 자료 제출을 거부하면 1년 이하의 징역 또는 1천만원 이하의 벌금에 처한다.
> 제26조(출석거부의 죄) 공직자윤리위원회로부터 제8조 제6항(제6조의2 제4항, 제11조 제2항 및 제14조의4 제6항에서 준용하는 경우를 포함한다)에 따른 출석요구를 받은 사람이 정당한 사유 없이 출석요구에 응하지 아니하면 6개월 이하의 징역 또는 500만원 이하의 벌금에 처한다.
> 제28조(비밀누설의 죄) ① 제14조(제6조의2 제4항, 제11조 제2항 및 제14조의4 제6항에서 준용하는

---

1) 이 조항은 공개대상자 등에 적용되고, 이해관계자에게는 적용되지 아니한다. 따라서 이해관계자가 처분하지 않았을 때에는 처벌받지 아니한다.

경우를 포함한다)를 위반하여 재산등록업무에 종사하거나 종사하였던 사람 또는 직무상 재산등록사항을 알게 된 사람이 공개된 재산등록사항 외의 재산등록사항을 정당한 사유 없이 누설하면 1년 이하의 징역 또는 1천만원 이하의 벌금에 처한다.

② 제14조의3(제6조의2 제4항, 제11조 제2항 및 제14조의4 제6항에서 준용하는 경우를 포함한다)을 위반하여 금융거래의 내용에 관한 자료를 제공받은 사람이 그 자료를 타인에게 제공 또는 누설하거나 그 목적 외의 용도로 이용하면 3년 이하의 징역 또는 2천만원 이하의 벌금에 처한다.

③ 제2항의 징역형과 벌금형은 함께 부과할 수 있다.

제28조의2(주식백지신탁 관여금지 위반의 죄) ① 공개대상자등 또는 그 이해관계자가 제14조의7 제1항 본문을 위반하여 신탁재산의 관리·운용·처분에 관한 정보제공을 요구하거나, 신탁업자·집합투자업자·투자회사·투자매매업자 또는 투자중개업자의 임직원이 정보제공 요구에 응하면 각각 1년 이하의 징역 또는 1천만원 이하의 벌금에 처한다.

② 공개대상자등 또는 그 이해관계자가 제14조의7 제2항을 위반하여 신탁재산의 관리·운용·처분에 관여하면 1년 이하의 징역 또는 1천만원 이하의 벌금에 처한다.

[참고] 「공무원범죄에 관한 몰수 특례법」 적용의 가부

- 특정공무원범죄(特定公務員犯罪)를 범한 사람이 그 범죄행위를 통하여 취득한 불법수익 등을 철저히 추적·환수(還收)하기 위하여 몰수 등에 관한 특례를 규정함으로써 공직사회의 부정부패 요인을 근원적으로 제거하고 깨끗한 공직 풍토를 조성함을 목적으로 **공무원범죄에 관한 몰수 특례법**이 제정되어 있다.
- 이 법률에서 특정공무원범죄란 「형법」 제129조부터 제132조까지의 죄 등을 말한다.

형법

제129조(수뢰, 사전수뢰) ① 공무원 또는 중재인이 그 직무에 관하여 뇌물을 수수, 요구 또는 약속한 때에는 5년 이하의 징역 또는 10년 이하의 자격정지에 처한다.

② 공무원 또는 중재인이 될 자가 그 담당할 직무에 관하여 청탁을 받고 뇌물을 수수, 요구 또는 약속한 후 공무원 또는 중재인이 된 때에는 3년 이하의 징역 또는 7년 이하의 자격정지에 처한다.

제130조(제삼자뇌물제공) 공무원 또는 중재인이 그 직무에 관하여 부정한 청탁을 받고 제3자에게 뇌물을 공여하게 하거나 공여를 요구 또는 약속한 때에는 5년 이하의 징역 또는 10년 이하의 자격정지에 처한다.

제131조(수뢰후부정처사, 사후수뢰) ① 공무원 또는 중재인이 전2조의 죄를 범하여 부정한 행위를 한 때에는 1년 이상의 유기징역에 처한다.

② 공무원 또는 중재인이 그 직무상 부정한 행위를 한 후 뇌물을 수수, 요구 또는 약속하거나 제삼자에게 이를 공여하게 하거나 공여를 요구 또는 약속한 때에도 전항의 형과 같다.

③ 공무원 또는 중재인이었던 자가 그 재직 중에 청탁을 받고 직무상 부정한 행위를 한 후 뇌물을 수수, 요구 또는 약속한 때에는 5년 이하의 징역 또는 10년 이하의 자격정지에 처한다.

④ 전3항의 경우에는 10년 이하의 자격정지를 병과할 수 있다.

제132조(알선수뢰) 공무원이 그 지위를 이용하여 다른 공무원의 직무에 속한 사항의 알선에 관하여 뇌물을 수수, 요구 또는 약속한 때에는 3년 이하의 징역 또는 7년 이하의 자격정지에 처한다.

- 공직자윤리법상 행정형벌은 공무원범죄에 관한 몰수 특례법에서 말하는 특정공무원범죄에

해당하지 아니한다. 따라서 공직자윤리법상 행정형벌에는 공무원범죄에 관한 몰수 특례법의 적용을 받지 아니한다. 공직자윤리법상 행정형벌은 불법수익의 환수가 아니라 주식백지신탁제도의 안정적 운용을 목적으로 한다는 점에서 공무원범죄에 관한 몰수 특례법과 차이가 난다.

Ⅲ. 형법총칙 적용여부

형법 제8조 본문은 "본법 총칙은 타법령에 정한 죄에 적용한다"고 규정하고 있다. 따라서 공직자윤리법에 규정이 없는 사항에 관해서는 형법이 정하는 바에 따른다.

> **형법**
>
> 제8조(총칙의 적용) 본법 총칙은 타법령에 정한 죄에 적용한다. 단 그 법령에 특별한 규정이 있는 때에는 예외로 한다.

Ⅳ. 과형절차

행정형벌의 부과에 관한 절차는 특별한 규정이 없는 한 형벌의 경우와 마찬가지로 형사소송법에 의한다.

▌제3절 과태료(행정질서벌)

Ⅰ. 의의

공무원 또는 공직유관단체의 임직원에게 일정한 사유가 있는 경우, 과태료가 부과될 수 있다(공직자윤리법 제30조 제2항 등). 강학상 과태료가 부과되는 행정벌을 행정질서벌이라 부른다. 질서위반행위규제법은 과태료가 부과되는 행위를 질서위반행위라 부른다.

> **공직자윤리법**
>
> 제30조(과태료) ② 다음 각 호의 어느 하나에 해당하는 사람에게는 2천만원 이하의 과태료를 부과한다.

(각 호 생략)

질서위반행위규제법

제2조(정의) 이 법에서 사용하는 용어의 뜻은 다음과 같다.

1. "질서위반행위"란 법률(지방자치단체의 조례를 포함한다. 이하 같다)상의 의무를 위반하여 과태료를 부과하는 행위를 말한다. 다만, 다음 각 목의 어느 하나에 해당하는 행위를 제외한다.

가. 대통령령으로 정하는 사법(私法)상·소송법상 의무를 위반하여 과태료를 부과하는 행위

나. 대통령령으로 정하는 법률에 따른 징계사유에 해당하여 과태료를 부과하는 행위

[참고] **행정형벌과 행정질서벌의 비교**

행정형벌과 행정질서벌 모두 행정법규위반의 경우에 과해지는 행정상 벌, 즉 행정벌이라는 점에서는 같다. 그러나 내용상으로 보면, 일반사회의 법익(法益)에 직접 영향을 직접 미치는 의무위반에 대한 가해지는 제재를 행정형벌로 이해하고, 일반사회의 법익에 직접 영향을 직접 미치치지는 않으나 행정상의 질서에 장해를 야기할 우려가 있는 의무위반에 대해 과태료가 가해지는 제재를 행정질서벌(行政秩序罰)로 이해하는 것이 일반적이다. 이러한 시각에서 보면 행정형벌은 공행정목적을 정면으로 위반한 경우에 과해지는 것이나, 행정질서벌은 단순의무위반으로 공행정질서에 장해를 줄 가능성이 있는 정도의 경미한 범법행위에 과해지는 제재라고 말할 수 있다.

II. 법적 근거

1. 일반론

행정질서벌은 헌법 제37조 제2항 등에 따른 법률유보의 원칙상 법률의 근거를 요한다. 행정질서벌의 총칙(행정질서벌의 성립요건 등에 관한 규정)은 질서위반행위규제법에서 규정되고 있고(엄밀히 말한다면 질서위반행위규제법은 행정질서벌을 포함한 모든 질서벌의 일반법이다), 각칙(행정질서벌의 구체적인 종류를 정하는 규정)은 개별 법률에서 규정되고 있다.

헌법

제37조 ② 국민의 모든 자유와 권리는 국가안전보장·질서유지 또는 공공복리를 위하여 필요한 경우에 한하여 법률로써 제한할 수 있으며, 제한하는 경우에도 자유와 권리의 본질적인 내용을 침해할 수 없다.

2. 공직자윤리법상 근거

공직자윤리법은 주식백지신탁제도와 관련하여 신고 위반 등을 행정질서벌로 규정하고 있다. 공직자윤리법상 과태료부과 관련조항은 행정질서벌의 각칙에 해당한다.

> **공직자윤리법**
>
> 제30조(과태료) ② 다음 각 호의 어느 하나에 해당하는 사람에게는 2천만원 이하의 과태료를 부과한다.
>   1. 공직자윤리위원회가 제8조의2 제1항 제2호(제6조의2 제4항, 제11조 제2항 및 제14조의4 제6항에서 준용하는 경우를 포함한다)에 따라 과태료 부과 대상으로 결정한 사람
> ③ 다음 각 호의 어느 하나에 해당하는 사람에게는 1천만원 이하의 과태료를 부과한다.
>   1. 백지신탁한 주식 또는 보유하고 있는 주식과 관련한 직무를 회피할 수 있음에도 불구하고 제14조의11 제1항을 위반하여 해당 주식과 관련한 직무에 관여하였거나 제14조의11 제4항을 위반하여 신고를 하지 아니한 사람

Ⅲ. 과태료 금액과 부과절차

① 과태료의 금액은 법률마다 상이하다. 주식백지신탁과 관련한 과태료 금액은 공직자윤리법 제30조 제4항에서 규정하고 있다. ② 과태료부과는 관할 공직자윤리위원회의 통보에 따라 관할 법원이 한다.

> **공직자윤리법**
>
> 제30조(과태료) ④ 관할 공직자윤리위원회는 제1항부터 제3항까지의 과태료 부과 대상자에 대하여는 그 위반사실을 「비송사건절차법」에 따른 과태료 재판 관할 법원에 통보하여야 한다.

2부

/

직무관련성 심사방법

법률상 「직무」라는 용어는 여러 행정법(예: 공직자윤리법, 부정청탁 및 금품등 수수의 금지에 관한 법률, 부패방지 및 국민권익위원회의 설치와 운영에 관한 법률)에서뿐만 아니라 형법 및 사법(예: 민법, 상법, 금융지주회사법)에서도 나타난다. 개별 법률상 「직무」 내지 「직무관련성」의 의미는 그 법률의 제정·개정의 목적, 체계 등을 고려하면서 새겨야 할 것이다. 따라서 「직무」라는 용어가 여러 법률에서 나타난다고 하여도 그 의미는 동일하다고 볼 수는 없다. 공직자윤리법상 「직무」 내지 「직무관련성」의 의미는 공직자윤리법의 제정·개정의 목적, 체계, 문언, 국민들의 법감정 등을 고려하면서 새겨야 함은 당연하다. 이하 2부에서는 공직자윤리법상 직무관련성 개념과 그 심사에 관해 살피기로 한다.

부정청탁 및 금품등 수수의 금지에 관한 법률

제4조(공직자등의 의무) ① 공직자등은 사적 이해관계에 영향을 받지 아니하고 **직무**를 공정하고 청렴하게 수행하여야 한다.

② 공직자등은 **직무수행과 관련하여** 공평무사하게 처신하고 직무관련자를 우대하거나 차별해서는 아니 된다.

제6조(부정청탁에 따른 직무수행 금지) 부정청탁을 받은 공직자등은 그에 따라 **직무**를 수행해서는 아니 된다.

제8조(금품등의 수수 금지) ① 공직자등은 **직무 관련** 여부 및 기부·후원·증여 등 그 명목에 관계없이 동일인으로부터 1회에 100만원 또는 매 회계연도에 300만원을 초과하는 금품등을 받거나 요구 또는 약속해서는 아니 된다.

② 공직자등은 **직무와 관련하여** 대가성 여부를 불문하고 제1항에서 정한 금액 이하의 금품등을 받거나 요구 또는 약속해서는 아니 된다.

　　[기타 직무 관련 조항 생략]

부패방지 및 국민권익위원회의 설치와 운영에 관한 법률

제2조(정의) 이 법에서 사용하는 용어의 뜻은 다음과 같다.

4. "부패행위"란 다음 각 목의 어느 하나에 해당하는 행위를 말한다.

가. 공직자가 **직무와 관련하여** 그 지위 또는 권한을 남용하거나 법령을 위반하여 자기 또는 제3자의 이익을 도모하는 행위

형법

제129조 (수뢰, 사전수뢰) ① 공무원 또는 중재인이 그 **직무에 관하여** 뇌물을 수수, 요구 또는 약속한 때에는 5년 이하의 징역 또는 10년 이하의 자격정지에 처한다.

[참고판례] [1] 뇌물죄는 공무원의 직무집행의 공정과 이에 대한 사회의 신뢰 및 직무행위의 불가매수성을 그 보호법익으로 하고 있고, 직무에 관한 청탁이나 부정한 행위를 필요로 하는 것은 아니기 때문에 수뢰된 금품의 뇌물성을 인정하는 데 특별한 청탁이 있어야만 하는 것은 아니며, 또한 금품이

직무에 관하여 수수된 것으로 족하고 개개의 직무행위와 대가적 관계에 있을 필요는 없고, 공무원이 그 직무의 대상이 되는 사람으로부터 금품 기타 이익을 받은 때에는 사회상규에 비추어 볼 때에 의 례상의 대가에 불과한 것이라고 여겨지거나, 개인적인 친분관계가 있어서 교분상의 필요에 의한 것 이라고 명백하게 인정할 수 있는 경우 등 특별한 사정이 없는 한 직무와의 관련성이 없는 것으로 볼 수 없으며, 공무원이 직무와 관련하여 금품을 수수하였다면 비록 사교적 의례의 형식을 빌어 금품을 주고 받았다고 하더라도 그 수수한 금품은 뇌물이 되고, 나아가 뇌물죄가 직무집행의 공정과 이에 대 한 사회의 신뢰를 그 보호법익으로 하고 있음에 비추어 볼 때 공무원이 금원을 수수하는 것으로 인 하여 사회 일반으로부터 직무집행의 공정성을 의심받게 되는지의 여부도 하나의 판단 기준이 된다고 할 것이다(대판 2008. 2. 1, 2007도5190).

[2] 뇌물죄는 직무집행의 공정과 이에 대한 사회의 신뢰에 기하여 직무수행의 불가매수성을 직접적 인 보호법익으로 하고 있으므로, 공무원의 직무와 금원의 수수가 전체적으로 대가관계에 있으면 뇌물수 수죄가 성립하고, 특별히 청탁의 유무, 개개의 직무행위의 대가적 관계를 고려할 필요는 없으며, 또한 그 직무행위가 특정된 것일 필요도 없다. 한편 뇌물죄에 있어서 직무에는 공무원이 법령상 관장하는 직 무 그 자체뿐만 아니라 그 직무와 밀접한 관계가 있는 행위 또는 관례상이나 사실상 소관하는 직무행위, 결정권자를 보좌하거나 영향을 줄 수 있는 직무행위도 포함된다(대판 2010.12.23., 2010도13584).

민법

제35조(법인의 불법행위능력) ① 법인은 이사 기타 대표자가 **그 직무에 관하여** 타인에게 가한 손해 를 배상할 책임이 있다. 이사 기타 대표자는 이로 인하여 자기의 손해배상책임을 면하지 못한다.

[참고판례] 법인이 그 대표자의 불법행위로 인하여 손해배상의무를 지는 것은 그 대표자의 직무에 관 한 행위로 인하여 손해가 발생한 것임을 요한다 할 것이나, 그 **직무에 관한 것이라는 의미는** 행위의 외형상 법인의 대표자의 직무행위라고 인정할 수 있는 것이라면 설사 그것이 대표자 개인의 사리를 도모하기 위한 것이었거나 혹은 법령의 규정에 위배된 것이었다 하더라도 위의 직무에 관한 행위에 해당한다고 보아야 한다(대판 2004. 2. 27, 2003다15280).

상법

제385조(해임) ② 이사가 그 **직무에 관하여** 부정행위 또는 법령이나 정관에 위반한 중대한 사실이 있음에도 불구하고 주주총회에서 그 해임을 부결할 때에는 발행주식의 총수의 100분의 3 이상에 해 당하는 주식을 가진 주주는 총회의 결의가 있은 날부터 1월내에 그 이사의 해임을 법원에 청구할 수 있다. 〈개정 1998.12.28.〉

금융지주회사법

제48조의3(수뢰 등의 금지 등) ① 금융지주회사의 임·직원은 **직무와 관련하여** 직접·간접을 불문하 고 증여를 받거나 뇌물을 수수·요구 또는 약속하여서는 아니 된다.

[참고판례] [1] 금융지주회사법 제48조의3 제1항의 '금융지주회사의 임·직원은 직무와 관련하여'와 구 은행법(2010. 5. 17. 법률 제10303호로 개정되기 전의 것) 제21조의 '금융기관의 임원 및 직원은 직무와 관련하여'는 '금융지주회사 또는 금융기관 임·직원이 그 지위에 수반하여 취급하는 일체의 사무와 관련하여'를 뜻하며, 그 권한에 속하는 직무행위뿐 아니라 그와 밀접한 관계가 있는 사무 및 그와 관련하여 사실상 처리하고 있는 사무도 직무에 포함된다. 따라서 금융지주회사 또는 금융기관 임·직원이 거래처 고객으로부터 금품 기타 이익을 받은 때에는, 그것이 거래처 고객이 종전에 금융 지주회사 또는 금융기관의 임·직원으로부터 접대 또는 수수받은 것을 갚는 것으로서 사회상규에 비

추어 볼 때에 의례상의 대가에 불과한 것이라고 여겨지거나 개인적인 친분관계가 있어서 교분상의 필요에 의한 것이라고 명백하게 인정할 수 있는 경우 등의 특별한 사정이 없는 한, 직무와의 관련성을 부정할 수 없다. 그리고 금융지주회사 또는 금융기관 임·직원이 수수한 금품에 직무행위에 대한 대가로서의 성질과 직무 외의 행위에 대한 사례로서의 성질이 불가분적으로 결합되어 있는 경우에는, 그 전부가 불가분적으로 직무행위에 대한 대가로서의 성질을 가진다(대판 2017. 3. 9., 2014도144).

[2] 금융지주회사법 제48조의3 제1항에서 정한 '금융지주회사 임·직원의 직무'는 '금융지주회사 임·직원이 그 지위에 수반하여 취급하는 일체의 사무'를 뜻하지만, 그렇다고 금융지주회사 임·직원이 개인적인 지위에서 취급하는 사무까지 이에 포함된다고 할 수는 없다(대판 2017. 3. 9., 2014도144).

제1장 직무관련성 유무 심사기준의 법적 근거

▌제1절 근거규정으로서 공직자윤리법령

Ⅰ. 공직자윤리법 제14조의5 제8항

1. 심사기준으로서 정보 접근 가능성과 영향력 행사 가능성

공직자윤리법 제14조의5 제8항은 "주식의 직무관련성은 주식 관련 정보에 관한 직접적·간접적인 접근 가능성과 영향력 행사 가능성을 기준으로 판단하여야 한다"고 규정하고 있다. 따라서 주식백지신탁 심사위원회는 주식의 직무관련성 유무를 심사할 때 "주식 관련 정보에 관한 직접적·간접적인 접근 가능성과 영향력 행사 가능성"의 유무를 판단의 기준으로 하여야 한다.

(1)˙주식 관련 정보에 관한 직접적·간접적인 접근 가능성

주식 관련 정보에 관한 직접적 접근 가능성이란 공직자등의 직무내용에 비추어 그 공직자등이 주식 관련 정보에 바로 접근이 가능한 경우를 말하고, 주식 관련 정보에 관한 간접적인 접근 가능성이란 공직자등의 직무내용에 비추어 그 공직자등이 우회적인 경로를 통해 주식 관련 정보에 접근이 가능한 경우를 말한다.

(2) 주식 관련 정보에 관한 직접적·간접적인 영향력 행사 가능성

주식 관련 정보에 관한 영향력 행사 가능성이란 공직자등의 직무내용에 비추어 기업의 경영이나 기업의 재산권에 대한 공직자등의 영향력 행사 가능성을 말하고, 그러한 가능성이 현실화되는 경우, 그 기업의 주식 가액에 등락을 가져올 수 있다면, 영향력 행사 가능성이 있다고 볼 것이다. 그 영향력 행사 가능성은 해당 기업에 대하여 직접적인 경우뿐만 아니라 우회적인 경로를 통한 간접적인 경우까지 포함한다. 이러한 가능성의 존부의 판단은 일반인(국민)의 눈높이에서 이루어져야 할 것이다.

2. 근거규정으로서 공직자윤리법 제14조의5 제8항의 특징

공직자가 담당하는 모든 직위별로, 그리고 공직자윤리법상 주식백지신탁제도의 적용을 받는 모든 주식을 대상으로 하여 직무관련성이 있는지의 여부를 정리할 수 있다면, 직무관련성 유무의 심사는 단순하고 간단할 수 있을 것이다. 그러나 실제상 모든 직위별로 담당하는 사무를 빠뜨림 없이 모두 정리한다는 것은 불가능하다. 왜냐하면 행정환경은 변화하는 것인데, 직위분류를 하는 시점에 장래에 변화할 행정환경을 완벽하게 예측할 수는 없기 때문이다. 요컨대 각각의 직위에 부여된 사무는 망라적인 것이 아니라 예시적으로 볼 수밖에 없을 것이다. 사정이 이러하기에, 공직자윤리법에서는 직무관련성 유무의 판단기준으로 일반적인 기준을 제시할 수밖에 없다. 그 기준으로 공직자윤리법 제14조의5 제8항은 "주식 관련 정보에 관한 직접적·간접적인 접근 가능성과 영향력 행사 가능성"을 제시하고 있다고 볼 것이다.

II. 공직자윤리법 시행령 제27조의8 제1항의 내용

공직자윤리법 시행령 제27조의8 제1항은 공직자윤리법 제14조의5 제8항이 정하는 심사기준에 따라 직무관련성 유무를 판단할 때에 ① 공개대상자등이 본인이나 그 이해관계자가 보유한 주식을 발행한 기업의 경영 또는 재산상 권리에 관한 상당한 정보를 입수하거나 영향을 미칠 수 있는 직무에 종사하는지 여부, ② 그러한 직무에 종사하는 경우, 공직자윤리법 시행령 제27조의8 제1항 각호의 직무에 종사하거나 그 직무를 지휘·감독하는지를 고려하여야 함을 규정하고 있다.

공직자윤리법 시행령

제27조의8(직무관련성의 판단기준) ① 법 제14조의5 제8항에 따른 주식의 직무관련성을 판단할 때에는 법 제14조의4 제1항에 따른 공개대상자등이 본인이나 그 이해관계자가 보유한 주식을 발행한 기업의 경영 또는 재산상 권리에 관한 상당한 정보를 입수하거나 영향을 미칠 수 있는 직무로서 다음 각

호의 어느 하나에 해당하는 직무에 종사하거나 그 직무를 지휘·감독하는지를 고려하여야 한다.

1. 관련 업종에 관한 정책 또는 법령의 입안·집행 등에 관련되는 직무
2. 각종 수사·조사·감사 및 검사에 관련되는 직무
3. 인가·허가·면허 및 특허 등에 관련되는 직무
4. 조세의 조사·부과 및 징수에 관련되는 직무
5. 법령상 지도·감독에 관련되는 직무
6. 예산의 편성·심의·집행 또는 공사와 물품의 계약에 관련되는 직무
7. 법령상 사건의 심리 또는 심판 등에 관련되는 직무
8. 그 밖에 심사위원회가 직무관련성이 있는 것으로 인정하는 직무

공직자윤리법 시행령 제27조의8 제1항은 공직자윤리법 제14조의5 제8항의 구체화 규정에 해당한다. 아래에서 공직자윤리법 시행령 제27조의8 제1항 각 호의 내용을 차례로 보기로 한다.

1. 관련 업종에 관한 정책 또는 법령의 입안·집행 등에 관련되는 직무(공직자윤리법 시행령 제27조의8 제1항 제1호)

(1) 정책, 법령에 대한 정의규정이 없다. 그 의미내용에 관하여 상이한 의견이 있을 수 있다. 정책은 국가·지방자치단체가 행정목적을 달성하기 위하여 취하는 각종 수단으로 이해할 수 있을 것이다. 법령이란 국가·지방자치단체와 국민·주민과의 관계에서 구속력을 갖는, 즉 외부적 효력을 갖는 국가와 지방자치단체의 모든 법규를 총칭하는 것으로 이해할 수 있을 것이다.

(2) 정책 입안·집행의 경우, 심사대상 주식 발행기업의 경영이나 재산권에 영향을 미쳐 주가의 변동을 초래할 수 있는 직무의 경우에는 직무관련성이 있다고 볼 것이다. 그런데 그 정책입안이 모든 기업에 영향을 미치는 경우에 직무관련성이 없다고 볼 것인지의 여부는 문제이다. 생각건대 모든 기업에 영향을 미친다고 하여도 그러한 직무를 수행하는 자는 정보를 먼저 입수할 수 있고, 먼저 입수한 정보에 따라 일반적인 주식보유자에 비해 많은 이익을 챙기거나 손해를 줄일 수 있다는 점에서 직무관련성이 없다고 단언하기 어렵다. 직무관련성 심사청구시점에 이미 공개된 정책을 집행하는 것은 직무관련성과 무관하다고 볼 것이다.

(3) 법령입안의 직무는 국회회원과 지방의회의원과 관련된다. 국회의원과 지방의회의원의 직무는 상임위원회별로 판단하여야 할 것이다. 상임위원회가 구성되지 아니한 지방의회의 경우에는 소속 지방의회의 권한이 미치는 전 영역이 지방의회의원의 직무범위가 될 것이다. 한편, 정부나 지방자치단체의 장이 법령안을 마련하는 것은 앞

에서 언급한 정책입안의 한 경우로 볼 수 있을 것이다.

(4) 법령 집행의 경우는 통상 직무관련성과 무관하다고 볼 것이다. 그러나 그 집행하고자 하는 법령이 상당한 기간 동안 보류되고 있는 경우에는 직무관련성을 인정할 여지가 생겨날 수 있다.

2. 각종 수사·조사·감사 및 검사에 관련되는 직무(공직자윤리법 시행령 제27조의8 제1항 제2호)

(1) 공직자윤리법 시행령은 수사·조사·감사 및 검사에 대한 정의규정을 두고 있지 않다. 이러한 용어의 의미는 개별 실정법의 내용을 살피면서 정해져야 할 것이다. 이하에서는 일반적인 시각을 기준으로 언급하기로 한다.

(2) 수사란 경찰 관련 법령, 검찰 관련 법령에서 나타난다. 이러한 법령상 수사란 범인을 찾기 위한 각종의 작용, 범죄에 관한 증거를 수집하는 작용 등을 모두 포함하는 개념으로 이해될 수 있다. 이러한 시각에서 보면, 수사에 관련된 직무는 경찰과 검찰에 관련한다. 경찰 소속 공무원이나 검찰 소속 공무원이 「자신이 보유하고 있어서 심사대상이 되는 주식의 발행기업」이 「당사자인 사건」을 수사하게 되는 경우, 그러한 경찰 소속 공무원이나 검찰 소속 공무원에게 직무관련성이 있다고 볼 것이다.

(3) 단순히 수사할 수 있는 가능성이 있다는 것만으로는 직무관련성을 인정하기 어려울 것이다. 이 때문에 「심사신청 시에는 수사를 하고 있지 않다고 하여도, 추후에 그 기업에 대하여 수사를 하게 된다면, 직무관련성을 갖게 된다」는 것을 주식백지신탁 심사위원회의 결정의 한 부분으로 결정하고 이를 심사청구인에게 통지하는 것도 필요할 것이다. 이것은 일종의 「조건부 심사」에 해당할 수 있을 것이다.

(4) 조사란 국정감사 및 조사에 관한 법률, 지방자치법, 행정조사기본법, 이 밖에 자본시장과 금융투자업에 관한 법률 등 여러 행정법령에 나타난다. 이러한 법령상 조사란 기본적으로 직무수행에 필요한 정보나 자료를 수집하기 위한 각종의 작용을 의미한다. 국회의원이나 지방의회의원, 그 밖의 공무원이 법령에 근거하여 「자신이 보유하고 있어서 심사대상이 되는 주식의 발행기업」에 자료제출을 요구하게 되거나 또는 그 기업의 임직원의 출석을 요구하게 되는 경우, 그 국회의원이나 지방의회의원, 그 밖의 공무원에게 직무관련성이 있다고 볼 것이다.

(5) 단순히 자료제출을 요구할 수 있는 가능성 또는 출석을 요구할 수 있다는 가능성만으로는 직무관련성을 인정하기 어려울 것이다. 이 때문에 「심사신청 시에는 조사 또는 출석요구를 하고 있지 않다고 하여도, 추후에 그 기업에 대하여 조사 또는

출석요구를 하게 된다면, 직무관련성을 갖게 된다」는 것을 주식백지신탁 심사위원회의 결정의 한 부분으로 결정하고 이를 심사청구인에게 통지하는 것도 필요할 것이다. 이것은 일종의 「조건부 심사」에 해당할 수 있을 것이다.

(6) 감사란 국정감사 및 조사에 관한 법률, 지방자치법, 감사원법, 이 밖에 여러 행정법령에 나타난다. 이러한 법령상 감사란 기본적으로 피감사자의 직무수행을 살피고 감독하고 지도하는 각종의 작용을 의미한다. 국회의원이나 지방의회의원, 그 밖의 공무원이 법령에 근거하여 「자신이 보유하고 있어서 심사대상이 되는 주식의 발행기업」에 감사 자료를 요구하게 되거나 또는 그 기업의 임직원을 출석시켜 감사하게 되면, 그 국회의원이나 지방의회의원, 그 밖의 공무원에게 직무관련성이 있다고 볼 것이다.

(7) 이 때문에 「심사신청 시에는 감사 자료나 임직원의 출석을 요구하고 있지 않다고 하여도, 추후에 그 기업에 대하여 감사 자료나 임직원의 출석을 하게 된다면, 직무관련성을 갖게 된다」는 것을 주식백지신탁 심사위원회의 결정의 한 부분으로 결정하고 이를 심사청구인에게 통지하는 것도 필요할 것이다. 이것은 일종의 「조건부 심사」에 해당할 수 있을 것이다.

(8) 검사란 식품위생법, 약사법 등 여러 법률에서 나타난다. 이러한 법령상 검사란 허가를 받은 자 등이 법령이 정하는 내용을 준수하고 있는지 여부 등을 살피기 위한 작용으로 이해된다. 공무원이 법령에 근거하여 「자신이 보유하고 있어서 심사대상이 되는 주식의 발행기업」에 검사 또는 검사를 위한 자료를 요구하게 되거나 또는 그 기업의 임직원을 출석시켜 검사하게 되면, 그러한 공무원에게 직무관련성이 있다고 볼 것이다.

(9) 단순히 자료제출을 요구할 수 있는 가능성, 또는 출석을 요구할 수 있다는 가능성만으로는 직무관련성을 인정하기 어려울 것이다. 이 때문에 「심사신청 시에는 검사 또는 출석요구를 하고 있지 않다고 하여도, 추후에 그 기업에 대하여 검사 또는 출석요구를 하게 된다면, 직무관련성을 갖게 된다」는 것을 주식백지신탁 심사위원회의 결정의 한 부분으로 결정하고 이를 심사청구인에게 통지하는 것도 필요할 것이다. 이것은 일종의 「조건부 심사」에 해당할 수 있을 것이다.

3. 인가·허가·면허 및 특허 등에 관련되는 직무(공직자윤리법 시행령 제27조의8 제1항 제3호)

(1) 인가·허가·면허 및 특허란 행정법학에서 말하는 행정행위를 뜻하는 것으로 이해될 수 있다. 법률행위적 행정행위와 준법률행위적 행정행위 모두 행정행위에 포함된다.[1]

---

1) 행정행위의 내용은 그림과 같이 구성된다(졸저, 행정법원론(상), 옆번호 934에서 인용).

다만, 제1호, 제2호, 제4호, 제5호, 제6호, 제7호가 정하는 사항 중에도 행정행위의 성질을 갖는 경우가 있을 수 있다. 공무원이 법령에 근거하여 「자신이 보유하고 있어서 심사대상이 되는 주식의 발행기업」과 관련하여 인가·허가·면허 및 특허의 권한을 행사하게 되면, 그러한 공무원에게 직무관련성이 있다고 볼 것이다.

(2) 단순히 인가·허가·면허 및 특허 등을 할 수 있는 가능성이 있다는 가능성만으로는 직무관련성을 인정하기 어려울 것이다. 이 때문에 「심사신청 시에는 인가·허가·면허 및 특허 등을 하고 있지 않다고 하여도, 추후에 그 기업에 대하여 인가·허가·면허 및 특허 등을 하게 된다면, 직무관련성을 갖게 된다」는 것을 주식백지신탁 심사위원회의 결정의 한 부분으로 결정하고 이를 심사청구인에게 통지하는 것도 필요할 것이다. 이것은 일종의 「조건부 심사」에 해당할 수 있을 것이다.

4. 조세의 조사·부과 및 징수에 관련되는 직무(공직자윤리법 시행령 제27조의8 제1항 제4호)

조세의 조사·부과 및 징수란 세법과 관련한다. 조사란 세금의 부과 및 징수에 필요한 자료를 얻기 위한 작용을 말하고, 부과란 세무행정청이 납세의무자에게 납세의무를 발생시키는 작용을 말하고, 징수란 납세의무자로부터 세금을 거두어들이는 작용을 말한다. 공무원이 법령에 근거하여 자신이 보유하고 있어서 심사대상이 되는 주식의 발행기업에 대하여 조세와 관련하여 조사하고, 세금을 부과 및 징수하는 관계에 있다면, 그러한 공무원에게 직무관련성이 있다고 볼 것이다.

5. 법령상 지도·감독에 관련되는 직무(공직자윤리법 시행령 제27조의8 제1항 제5호)

(1) 지도란 행정기관이 그 소관사무의 범위 안에서 일정한 행정목적을 실현하기

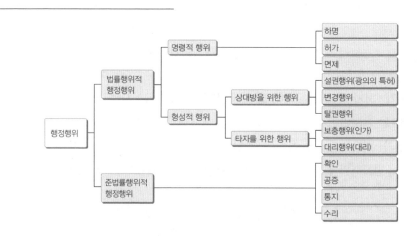

위하여 특정인에게 일정한 행위를 하거나 하지 아니하도록 지도·권고·조언 등을 하는 행정작용으로 이해된다(행정절차법 제2조 제3호). 개별 법령상으로는 지도(사행행위 등 규제 및 처벌특례법 제19조 제1항)·권고(주택법 제37조 제1항) 등으로 불리기도 한다.

(2) 감독이란 감독을 받는 자가 법령을 준수하도록 하는 사전·사후의 모든 절차로 이해된다. 국가를 당사자로 하는 계약에 관한 법률이나 자본시장과 금융투자업에 관한 법률에서 보는 바와 같이 법률에서 감독이라는 용어를 사용하는 경우뿐만 아니라 감독이라는 용어를 사용하지 아니하여도 법문의 내용이 감독을 받는 자가 법령을 준수하도록 하는 사전·사후의 절차로 이해된다면, 역시 감독에 해당한다고 볼 것이다.

(3) 공무원이 법령에 근거하여 자신이 보유하고 있어서 심사대상이 되는 주식의 발행기업에 대하여 지도와 감독을 할 수 있는 권한을 갖는다면, 그러한 공무원에게 직무관련성이 있다고 볼 것이다.

6. 예산의 편성·심의·집행 또는 공사와 물품의 계약에 관련되는 직무(공직자윤리법 시행령 제27조의8 제1항 제6호)

(1) 예산의 편성이란 예산을 짜는 작용, 심의란 편성된 예산의 적정성 등을 논의하고 편성된 예산을 확정하기까지 이루어지는 일련의 작용, 집행이란 확정된 예산을 현실적으로 실현하는 작용을 말한다. 집행에는 물품의 구매대금이나 공사대금의 지급, 또는 장려금이나 보조금 등을 지급하는 것 등이 포함된다. 구체적인 내용은 예산관련 법령에서 규정되고 있다. 공무원이 법령에 근거하여 자신이 보유하고 있어서 심사대상이 되는 주식의 발행기업과 관련 있는 예산을 편성·심의·집행할 수 있는 관계에 있다면, 그러한 공무원에게 직무관련성이 있다고 볼 것이다.

(2) 예산의 편성·심의·집행과 관련하여 직무관련성의 유무는 행정직 외에 국회의원이나 지방의회의원의 경우에도 문제될 수 있다. 왜냐하면 이들이 예산안에 대하여 의결권을 갖기 때문이다. 예산의 편성·심의·집행과 관련하여 국회의원이나 지방의회의원이 직무관련성을 갖는가의 문제는 소속 상임위원회와 기준으로, 아울러 예산결산특별위원회 소속 여부를 기준으로 판단하는 것이 바람직할 것이다.

(3) 공사 및 물품의 계약의 의미는 「국가를 당사자로 하는 계약에 관한 법률」과 「지방자치단체를 당사자로 하는 계약에 관한 법률」 등에서 정하는 의미를 기준으로 판단하면 될 것이다. 공무원이 법령에 근거하여 자신이 보유하고 있어서 심사대상이 되는 주식의 발행기업과 공사나 물품의 계약을 체결한 바 있다면, 공무원에게 직무관련성이 있다고 볼 것이다. 심사 시에는 공사나 물품의 계약을 체결한 바 없지만, 추후

에 공사나 물품의 계약을 체결하게 된다면, 직무관련성을 갖게 된다고 보아야 할 것이다. 이 때문에 「심사 시에는 공사나 물품의 계약을 체결한 바 없다고 하여도 추후에 공사나 물품의 계약을 체결하게 된다면, 직무관련성을 갖게 된다」는 것을 주식백지신탁 심사위원회의 결정의 한 부분으로 결정하고 이를 심사청구인에게 통지하는 것도 필요할 것이다. 이것은 일종의 조건부 심사에 해당할 수 있을 것이다.

(4) 공사나 물품의 계약을 체결하게 될 상대방인 기업이 공개대상자등의 직무권한이 미치는 지역 내에 소재하는 경우와 그 지역 외에 소재하는 경우에 업무관련성 유무의 판단에 차이가 발생할 수 있을 것이다. 그것은 판단여지의 문제가 된다. 하여간 공개대상자등의 직무권한이 미치는 지역 내에 소재하는 경우에 직무관련성이 있을 가능성이 보다 크다고 할 것이다.

7. 법령상 사건의 심리 또는 심판 등에 관련되는 직무(공직자윤리법 시행령 제27조의8 제1항 제7호)

(1) 법령상 사건의 심리 또는 심판 등이란 각종 소송법(예: 민사소송법·형사소송법·행정소송법 등)이나 심판법(예: 행정심판법)과 관련한다.

(2) 심리란 분쟁의 대상이 되고 있는 사실관계와 그에 관한 법률관계를 분명히 하기 위해 당사자나 관계자의 주장이나 반대주장을 듣고, 아울러 그러한 주장을 정당화시켜주는 각종의 증거·자료를 수집·조사하는 일련의 절차를 말한다.[1] 심리의 의미는 법원의 재판작용이나 행정심판기관의 행정심판작용에 다를 바 없다.

(3) 심판이란 재판이나 심판의 청구에 대한 판단을 말한다. 말하자면 심판이란 좁게는 행정심판절차에서 심판청구에 대한 결론적인 판단작용을 말하지만(이의신청, 심사청구, 소청 등 포함), 넓게는 재판에서 결론적인 판단작용을 포함한다. 심판은 재판이나 심판의 절차의 마지막 단계에 나타난다.

(4) 법관이나 행정공무원 등이 법령에 근거하여 자신이 보유하고 있어서 심사대상이 되는 주식의 발행기업과 관련하여 심리나 심판을 하고 있는 지위에 있다면, 그러한 공무원에게 직무관련성이 있다고 볼 것이다. 심사 시에는 심리나 심판과 무관하지만, 추후에 심리나 심판을 하게 된다면, 직무관련성을 갖게 된다고 보아야 할 것이다. 이 때문에 「심사 시에는 심리나 심판과 무관하지만, 추후에 심리나 심판을 하게 된다면, 직무관련성을 갖게 된다」는 것을 주식백지신탁 심사위원회의 결정의 한 부분으로 결정하고 이를 심사청구인에게 통지하는 것도 필요할 것이다. 이것은 일종의 조

---

1) 졸저, 행정법원론(상), 옆번호 2370에서 인용.

건부 심사에 해당할 수 있을 것이다.

8. 그 밖에 심사위원회가 직무관련성이 있는 것으로 인정하는 직무(공직자윤리법 시행령 제27조의8 제1항 제8호)

(1) 그 밖에 심사위원회가 직무관련성이 있는 것으로 인정하는 직무란 위의 제1호에서 제7호에 해당하지 않지만, 심사위원회가 직무관련성 유무의 판단기준으로 필요하다고 하여 추가하는 직무를 말한다.

(2) 제8호가 필요한 이유는, ① 공직자윤리법 시행령 제27조의8 제1항이 공직자윤리법 제14조의5 제8항을 구체화한다고 하지만, 모든 경우를 구체화한다는 것은 인간의 인식의 한계, 행정환경의 상시적인 변화 등을 고려할 때 불가능하기 때문이고, 아울러 ② 공직자윤리법 시행령 제27조의8 제1항 제8호를 두지 않는 경우, 공직자윤리법 시행령 제27조의8 제1항 제1호부터 제7호까지를 망라적·열거적인 규정으로 볼 가능성도 있기 때문이다.

Ⅲ. 공직자윤리법 시행령 제27조의8 제1항의 성질

1. 예시적 규정

공직자윤리법 시행령 제27조의8 제1항이 정하는 고려사항은 망라적인 것이 아니라 예시적인 것으로 이해되어야 할 것이다. 만약 망라적인 것으로 새긴다면, 공직자윤리법 시행령 제27조의8 제1항이 정하는 고려사항만으로 변화하는 환경에 충분하고도 적정하게 대응할 수 있다고 말하기 어려울 것이기 때문이다. 한편, 공직자윤리법 시행령 제27조의8 제1항이 예시적 규정이라 하여 주식백지신탁 심사위원회가 이 조항의 의미를 축소한다면, 그만큼 주식백지신탁제도의 의미는 줄어들 것이다.

2. 집행명령

공직자윤리법 시행령 제27조의8 제1항은 공직자윤리법 제14조의5 제8항의 위임에 따른 것이 아니다. 이 조항은 공직자윤리법을 집행하기 위하여 필요한 사항을 정하는 집행명령으로 이해된다. 보완하여 말한다면, 공직자윤리법 시행령 제27조의8 제1항은 헌법 제75조의 규정내용 중에서 "대통령은 … 법률을 집행하기 위하여 필요한 사항에 관하여 대통령령을 발할 수 있다."는 부분, 즉 집행명령에 관한 부분에 근거를 둔 집행명령으로 볼 것이다.

> **헌법**
> **제75조** 대통령은 법률에서 구체적으로 범위를 정하여 위임받은 사항과 법률을 집행하기 위하여 필요한 사항에 관하여 대통령령을 발할 수 있다.

3. 재판규범

공직자윤리법 시행령 제27조의8 제1항을 집행명령으로 이해하면, 이 조항에 반하는 결정에 대하여 공개대상자 등은 이 조항의 위반을 이유로 다툴 수 있다. 물론 이 조항은 행정권의 행사와 관련된 행정내부적인 성질도 갖는다.

▌제2절   근거규정 내용의 불확정성

Ⅰ. 정보 접근 가능성과 영향력 행사 가능성 개념의 성질

1. 불확정(법)개념

주식백지신탁 심사위원회가 주식의 직무관련성 유무를 심사할 때 기준으로 하는 "주식 관련 정보에 관한 직접적 · 간접적인 접근 가능성과 영향력 행사 가능성"의 의미는 그 자체로서 확정적이지 않다. 말하자면 「정보 접근 가능성과 영향력 행사 가능성」의 용어는 공공의 복지 · 공적 질서 · 위험 등의 용어와 같이 한 가지로만 이해되기 어려운 개념(일의적 개념이 아니라 여러 가지로 이해될 수 있는 개념, 즉 다의적 개념)이기 때문에 특정한 사건에서 「정보 접근 가능성과 영향력 행사 가능성」의 진정한 의미내용은 구체적 상황에 따라 판단될 수밖에 없다. 따라서 「정보 접근 가능성과 영향력 행사 가능성」은 불확정개념에 해당한다. 행정법학에서 불확정개념이란 그 의미내용이 일의적(一義的)인 것이 아니라 다의적(多義的)인 것이어서 진정한 의미내용이 구체적 상황에 따라 판단되는 개념으로 이해되고 있다.[1]

---

1) 자세한 것은 졸저, 행정법원론(상), 옆번호 877 이하 참조.

2. 인식의 대상

공직자윤리법령상 불확정개념으로서 「정보 접근 가능성과 영향력 행사 가능성」은 주식백지신탁 의무자가 자신이 보유하는 주식에 대한 「정보 접근 가능성과 영향력 행사 가능성」을 의미하는데, 그 「정보 접근 가능성과 영향력 행사 가능성」이 있는지의 여부는 인식의 문제이지 선택(재량)의 문제가 아니다. 말하자면 「정보 접근 가능성과 영향력 행사 가능성」이 있음에도 불구하고 없다고 하여 없어지는 것이 아니고, 없음에도 불구하고 있다고 하여 있게 되는 것은 아니다. 논리적인 관점에서 보면, 구체적 상황 하에서 「정보 접근 가능성과 영향력 행사 가능성」의 유무의 판단에는 하나의 정당한 결론만이 있을 뿐 복수의 정당한 결론이 있을 수는 없다.

3. 사법심사의 대상

「정보 접근 가능성과 영향력 행사 가능성」이 있음에도 불구하고 없다고 하거나, 없음에도 불구하고 있다고 하면 공직자윤리법령 위반이 된다. 말하자면 「정보 접근 가능성과 영향력 행사 가능성」의 유무의 판단은 인식의 문제로서 법적 문제인바, 그것은 사법심사의 대상이 되어야 한다.

Ⅱ. 행정의 자유영역으로서 판단여지

1. 판단여지의 의의

불확정개념의 해석·적용에 대하여 법원의 사법심사가 곤란한 행정청의 평가영역·결정영역이 있을 수 있고, 이러한 영역에 대한 행정청의 결정을 다투는 사법심사에서 법원은 행정청이 그 영역의 한계를 준수하였는가의 여부만을 심사해야 한다는 견해가 있다. 이러한 견해를 판단여지설이라 부른다. 사법심사가 곤란한 행정청의 평가영역·결정영역을 판단여지라 부른다.

2. 판단여지 인정 여부
(1) 학 설

판단여지를 재량과 구별하여 인정할 수 있는가의 여부에 관하여 학설은 나뉘고 있다.[1] ① 긍정설은 판단여지는 법률요건에 대한 인식의 문제이고 재량은 법률효과

---

1) 자세한 것은 졸저, 행정법원론(상), 옆번호 877 이하 참조.

선택의 문제라는 점, 양자는 그 인정근거와 내용 등을 달리한다는 점을 논거로 한다. ② 부정설은 재량과 판단여지는 모두 법원에 의한 사법심사의 배제라는 측면에서 동일하고, 재량은 법규의 효과에만 국한되지 아니하므로 이를 구별할 실익이 없다는 점을 논거로 한다.

(2) 사 견

법치국가원리상 규범의 구성요건은 객관적인 것으로써 요건충족의 판단은 예견이 가능한 것이어야 하므로 요건부분에 재량을 부여할 수는 없다고 볼 것이다. 다만 권력분립의 원리의 준수와 기본권의 충분한 사법적 보호가 이루어져야 한다는 점, 법의 적용에 대한 최종결정권은 법원이 가져야 한다는 점 등을 고려할 때 판단여지는 제한된 범위에서만 인정되어야 한다. 판단여지의 광범위한 인정은 법의 불안정성을 가져올 것이다.

3. 판단여지의 한계

판단여지가 존재하는 경우에도 ① 판단기관이 적법하게 구성되었는가, ② 절차규정이 준수되었는가, ③ 결정이 정당한 사실관계에서 출발하였는가, ④ 행정법의 일반원칙, 즉 일반적으로 승인된 평가의 척도(예: 평등원칙)가 침해되지 않았는가의 여부는 사법심사의 대상이 된다는 것이 판단여지설의 내용이기도 하다.

4. 판례의 태도
(1) 부정적 시각

판단여지설에 따른 판례는 찾아보기 어렵다. 판례는 불확정개념의 해석·적용을 재량문제로 본다. 현재로서 판단여지설에 대한 판례의 태도는 부정적이라 하겠다.

참고판례 **[1]** 대법원 2017.10.12. 선고 2017두48956 판결(국토의 계획 및 이용에 관한 법률 제56조에 따른 개발행위허가와 농지법 제34조에 따른 농지전용허가·협의는 **금지요건 · 허가기준 등이 불확정개념으로 규정**된 부분이 많아 그 요건·기준에 부합하는지의 판단에 관하여 **행정청에 재량권**이 부여되어 있으므로, 그 요건에 해당하는지 여부는 행정청의 재량판단의 영역에 속한다).
[2] 대법원 2016. 1. 28. 선고 2013두21120 판결(의료법 제53조 제1항, 제2항, 제59조 제1항의 문언과 체제, 형식, 모든 국민이 수준 높은 의료 혜택을 받을 수 있도록 국민의료에 필요한 사항을 규정함으로써 국민의 건강을 보호하고 증진하려는 의료법의 목적 등을 종합하면, **불확정개념으로 규정**되어 있는 의료법 제59조 제1항에서 정한 지도와 명령의 요건에 해당하는지, 나아가 요건에 해당하는 경우 행정청이 어떠한 종류와 내용의 지도나 명령을 할 것인지의 판단에 관해서는 **행정청에 재량권이 부여**되어 있다).

(2) 사법심사의 배제

규범구조에 대한 논리의 체계상 판단여지설이 합리적이다. 한편, 불확정개념을 해석·적용함에 있어 판단여지설을 따르든 재량이론을 따르든 제한된 범위 안에서 사법심사가 제한되는 효과를 갖는다는 점은 동일하다.

제2장 직무관련성 유무 심사에서 검토할 사항

심사대상 주식의 직무관련 여부는 주식백지신탁 의무자의 직무가 심사대상 주식을 발행한 자의 업무와 관련이 있는지의 여부의 문제이다. 따라서 심사대상 주식의 직무관련 여부의 심사는 「주식백지신탁 의무자의 직무의 문제」와 「심사대상 주식을 발행한 자의 업무」와 관련한다. 나누어서 살피기로 한다.

▌제1절 주식백지신탁 의무자의 직무

Ⅰ. 직무의 범위

심사대상 주식이 주식백지신탁 의무자의 직무와 관련이 있는지의 유무를 판단하기 위해서는 먼저 주식백지신탁 의무자의 직무의 범위를 한정하여야 한다. 주식백지신탁 의무자의 직무의 범위는 주식백지신탁 의무자가 속하는 국가나 지방자치단체 또는 공직유관단체의 조직에 관한 규범에 따라야 한다. 주식백지신탁 의무자가 회의체의 구성원인 국회의원 또는 지방의회의원인 경우에는 직무범위의 한정이 용이하지 않다.

1. 일반적인 경우

신청인이 행정부, 법원, 헌법재판소 또는 공직유관단체의 속하는 경우, 그러한 신청인이 속하는 행정부, 법원, 헌법재판소 또는 공직유관단체에 관련된 조직규범의 해석에는 별 어려움이 없다. 약간의 예를 보기로 한다.

■ 신청인이 행정안전부 차관인 경우

정부조직법

제7조(행정기관의 장의 직무권한) ② 차관…은 그 기관의 장을 보좌하여 소관사무를 처리하고 소속 공무원을 지휘·감독하며, 그 기관의 장이 사고로 직무를 수행할 수 없으면 그 직무를 대행한다. 다만, ….

제34조(행정안전부) ① 행정안전부장관은 국무회의의 사무, 법령 및 조약의 공포, 정부조직과 정원, 상훈, 정부혁신, 행정능률, 전자정부, 개인정보보호, 정부청사의 관리, 지방자치제도, 지방자치단체의 사무지원·재정·세제, 낙후지역 등 지원, 지방자치단체간 분쟁조정, 선거·국민투표의 지원, 안전 및 재난에 관한 정책의 수립·총괄·조정, 비상대비, 민방위 및 방재에 관한 사무를 관장한다.

② 국가의 행정사무로서 다른 중앙행정기관의 소관에 속하지 아니하는 사무는 행정안전부장관이 이를 처리한다.

■ 신청인이 고등법원 부장판사인 경우

법원조직법

제26조(고등법원장) ④ 고등법원장이 궐위되거나 부득이한 사유로 직무를 수행할 수 없을 때에는 수석부장판사, 선임부장판사의 순서로 그 권한을 대행한다.

제27조(부) ③ 부장판사는 그 부의 재판에서 재판장이 되며, 고등법원장의 지휘에 따라 그 부의 사무를 감독한다.

■ 신청인이 헌법재판소 사무처장인 경우

헌법재판소법

제17조(사무처) ③ 사무처장은 헌법재판소장의 지휘를 받아 사무처의 사무를 관장하며, 소속 공무원을 지휘·감독한다.

④ 사무처장은 국회 또는 국무회의에 출석하여 헌법재판소의 행정에 관하여 발언할 수 있다.

⑤ 헌법재판소장이 한 처분에 대한 행정소송의 피고는 헌법재판소 사무처장으로 한다.

■ 신청인이 한국마사회 회장인 경우

한국마사회법

제1조(목적) 이 법은 한국마사회를 설립하여 경마(競馬)의 공정한 시행과 말산업의 육성에 관한 사업을 효율적으로 수행하게 함으로써 축산의 발전에 이바지하고 국민의 복지 증진과 여가선용을 도모함을 목적으로 한다.

제18조(설립) 제1조의 목적을 달성하기 위한 사업을 효율적으로 수행하기 위하여 한국마사회를 설립한다.

제26조(임원의 직무) ① 회장은 마사회를 대표하고 마사회의 업무를 총괄하며, 임기 중 경영성과에 대하여 책임을 진다.

2. 국회의원의 경우

(1) 본회의와 소관 사항

헌법상 국회는 200인 이상의 국회의원을 구성원으로 한다는 점에서 회의체 조직이고(헌법 제41조 제2항), 구성원의 합의로 운영된다는 점에서 합의제 조직이다(헌법 제49조). 국회법은 국회의원 전원으로 구성되는 회의체의 회의를 본회의라 부르고 있다(예: 국회법 제21조 제2항, 제26조 제2항, 제29조 제4항·제7항 등).

헌법

제41조 ② 국회의원의 수는 법률로 정하되, 200인 이상으로 한다.

제49조 국회는 헌법 또는 법률에 특별한 규정이 없는 한 재적의원 과반수의 출석과 출석의원 과반수의 찬성으로 의결한다. 가부동수인 때에는 부결된 것으로 본다.

본회의 소관 사항은 헌법에서 규정되어 있다. 주식과 관련하여 중요 조문을 예시한다면, 헌법 제40조, 제52조, 제54조, 제58조, 제59조, 제62조 등을 들 수 있다.

헌법

제40조 입법권은 국회에 속한다.

제52조 국회의원과 정부는 법률안을 제출할 수 있다.

제54조 ① 국회는 국가의 예산안을 심의·확정한다.

제58조 국채를 모집하거나 예산외에 국가의 부담이 될 계약을 체결하려 할 때에는 정부는 미리 국회의 의결을 얻어야 한다.

제59조 조세의 종목과 세율은 법률로 정한다.

제62조 ① 국무총리·국무위원 또는 정부위원은 국회나 그 위원회에 출석하여 국정처리상황을 보고하거나 의견을 진술하고 질문에 응답할 수 있다.

---

(2) 위원회와 소관 사항

국회법은 국회의 효율적인 운영을 위하여 일부의 국회의원으로 구성되는 위원회의 설치를 규정하고 있다. 국회의 위원회는 상임위원회와 특별위원회의 2종으로 한다(국회법 제35조). 상임위원회는 그 소관에 속하는 의안과 청원 등의 심사 기타 법률에서 정하는 직무를 행한다(국회법 제36조). 상임위원회별 소관 사항은 국회법 제37조에 규정되고 있다.

국회법

제37조(상임위원회와 그 소관) ① 상임위원회와 그 소관은 다음과 같다.

　4. 기획재정위원회

가. 기획재정부 소관에 속하는 사항

정부조직법
제27조(기획재정부) ① 기획재정부장관은 중장기 국가발전전략수립, 경제·재정정책의 수립·총괄·조정, 예산·기금의 편성·집행·성과관리, 화폐·외환·국고·정부회계·내국세제·관세·국제금융, 공공기관 관리, 경제협력·국유재산·민간투자 및 국가채무에 관한 사무를 관장한다.
나. 한국은행 소관에 속하는 사항
한국은행법
제4장 한국은행의 업무 (조문 생략)
② 의장은 어느 상임위원회에도 속하지 아니하는 사항은 국회운영위원회와 협의하여 소관 상임위원회를 정한다.

한편, 특별위원회의 소관사항은 특별위원회를 설치하는 본회의 의결에서 정해진다(국회법 제44조 제1항). 다만, 예산결산특별위원회와 소관사무는 국회법 제45조에서 규정되어 있다.

국회법
제44조(특별위원회) ① 국회는 수개의 상임위원회소관과 관련되거나 특히 필요하다고 인정한 안건을 효율적으로 심사하기 위하여 본회의의 의결로 특별위원회를 둘 수 있다.
제45조(예산결산특별위원회) ① 예산안·기금운용계획안 및 결산(세입세출결산 및 기금결산을 말한다. 이하 같다)을 심사하기 위하여 예산결산특별위원회를 둔다.

(3) 국회의원의 직무

국회의원은 본회의의 구성원으로서의 지위와 위원회의 구성원으로서의 지위를 동시에 갖는다. 국회의원의 직무관련성 심사에서 본회의의 구성원으로서의 지위를 기준으로 하면, 국회의원의 직무는 본회의 소관사항 전반이라 할 것이고, 위원회의 구성원으로서의 지위를 기준으로 하면 소속 위원회 소관사항 전반이라 할 것이다.

국회가 위원회 중심으로 운영되고, 위원회 소관사항을 중심으로 국회의원의 의정활동이 이루어지고 있는 국회운영의 실제를 고려할 때, 국회의원이 본회의 소관사항 전반에 걸쳐 주식 관련 정보에 관한 직접적·간접적인 접근 가능성과 영향력 행사 가능성을 갖는다고 말하기는 어렵다. 결국 국회의원은 소속 위원회의 소관사항의 범위 안에서 주식 관련 정보에 관한 직접적·간접적인 접근 가능성과 영향력 행사 가능성을 갖는다고 볼 것이고, 소속하지 아니하는 다른 위원회의 소관사항에 까지 주식 관련 정보에 관한 직접적·간접적인 접근 가능성과 영향력 행사 가능성을 갖는다고 말하기는 어렵다.

3. 지방의회의원의 경우

(1) 본회의와 소관 사항

헌법 제118조에 근거한 지방자치법은 지방의회의원 전원으로 구성되는 회의체를 의회(예: 제4조 제1항 제2호) 또는 본회의(예: 제33조 제1항 제2호)라 부르고 있다.

> **헌법**
> 제118조 ① 지방자치단체에 의회를 둔다.
> ② 지방의회의 조직·권한·의원선거와 지방자치단체의 장의 선임방법 기타 지방자치단체의 조직과 운영에 관한 사항은 법률로 정한다.

본회의의 소관사항은 지방자치법 제39조에서 규정되고 있다.

> **지방자치법**
> 제39조(지방의회의 의결사항) ① 지방의회는 다음 사항을 의결한다.
> 1. 조례의 제정·개정 및 폐지
> 2. 예산의 심의·확정   (이하 각호 생략)

(2) 위원회와 소관 사항

지방자치법 역시 지방의회의 효율적인 운영을 위하여 일부의 지방의회의원으로 구성되는 위원회를 둘 수 있음을 규정하고 있다(지방자치법 제56조 제1항). 위원회의 설치가 의무적이 아니라 임의적이다. 규모가 작은 지방자치단체는 위원회를 두지 아니할 수도 있다.

> **지방자치법**
> 제56조(위원회의 설치) ① 지방의회는 조례로 정하는 바에 따라 위원회를 둘 수 있다.

지방의회의 위원회의 종류는 소관 의안과 청원 등을 심사·처리하는 상임위원회와 특정한 안건을 일시적으로 심사·처리하기 위한 특별위원회 두 가지로 한다(지방자치법 제56조 제2항). 위원회별 소관 사항은 지방자치법 제56조에 따라 지방자치단체의 조례로 정한다.

(3) 지방의회의원의 직무

지방의회의원도 국회의원과 마찬가지로 본회의의 구성원으로서의 지위와 위원회의 구성원으로서의 지위를 동시에 갖는다. 지방의회의원의 직무관련성 심사에서 본회의의 구성원으로서의 지위를 기준으로 하면, 지방의회의원의 직무는 본회의 소관사항 전반이라 할 것이고, 위원회의 구성원으로서의 지위를 기준으로 하면 소속 위원회 소관사항 전반이라 할 것이다.

① 위원회를 두는 지방자치단체에서 지방의회의원은 — 국회의원의 경우와 유사하게 — 소속 위원회의 소관사항의 범위 안에서 주식 관련 정보에 관한 직접적·간접적인 접근 가능성과 영향력 행사 가능성을 갖는다고 볼 것이다. 그러나 ② 위원회를 두지 아니하는 지방자치단체에서 지방의회의원은 지방의회 소관사항 전반에 걸쳐 주식 관련 정보에 관한 직접적·간접적인 접근 가능성과 영향력 행사 가능성을 갖는다고 볼 것이다.

Ⅱ. 직무의 유형

주식백지신탁 의무자의 직무 범위는 주식백지신탁 의무자가 속하는 국가나 지방자치단체 또는 공직유관단체의 조직에 관한 규범에 따라야 하는 것이지만, 그 조직규범에서 정하는 직무 범위도 몇 가지 유형으로 나누어 볼 수 있다.

1. 직무의 지역적 범위에 따른 유형

지역적 범위를 기준으로 할 때, 직무의 범위가 전국에 미치는 경우와 일부 지역에 한정되는 경우를 구분할 수 있다. 전자의 예로 경찰청장의 직무, 후자의 예로 지방경찰청장의 직무를 볼 수 있다[예].

[예] 경찰청장의 직무와 지방경찰청장의 직무의 비교

경찰법

제3조(국가경찰의 임무) 국가경찰의 임무는 다음 각 호와 같다. 〈개정 2014.5.20.〉
  1. 국민의 생명·신체 및 재산의 보호
  2. 범죄의 예방·진압 및 수사
  3. 경비·요인경호 및 대간첩·대테러 작전 수행
  4. 치안정보의 수집·작성 및 배포
  5. 교통의 단속과 위해의 방지
  6. 외국 정부기관 및 국제기구와의 국제협력
  7. 그 밖의 공공의 안녕과 질서유지

제11조(경찰청장) ③ 경찰청장은 국가경찰에 관한 사무를 총괄하고 경찰청 업무를 관장하며 소속 공무원 및 각급 국가경찰기관의 장을 지휘·감독한다.

제14조(지방경찰청장) ② 지방경찰청장은 경찰청장의 지휘·감독을 받아 관할구역의 국가경찰사무를 관장하고 소속 공무원 및 소속 국가경찰기관의 장을 지휘·감독한다.

2. 직무의 주식 관련성 범위에 따른 유형

직무의 주식 관련성 범위를 기준으로 할 때, 모든 주식과 관련성을 갖는 직무와 모든 주식과 관련성을 갖는 것은 아닌 직무의 경우로 구분할 수 있다. 전자의 예로 경제 전반에 관련하는 사무를 관장하는 기획재정부장관의 직무, 후자의 예로 해양 관련 사무의 범위 안에서 주식과 관련을 갖는 해양수산부장관의 직무를 볼 수 있다[예].

[예] 기획재정부장관의 직무와 행정안전부장관의 직무의 비교

정부조직법

제27조(기획재정부) ① 기획재정부장관은 중장기 국가발전전략수립, 경제·재정정책의 수립·총괄·조정, 예산·기금의 편성·집행·성과관리, 화폐·외환·국고·정부회계·내국세제·관세·국제금융, 공공기관 관리, 경제협력·국유재산·민간투자 및 국가채무에 관한 사무를 관장한다.

제43조(해양수산부) ① 해양수산부장관은 해양정책, 수산, 어촌개발 및 수산물 유통, 해운·항만, 해양환경, 해양조사, 해양수산자원개발, 해양과학기술연구·개발 및 해양안전심판에 관한 사무를 관장한다.

[참고] 부처 간 정책협의 등의 경우

행정각부의 정책결정을 위해 행정각부 사이에 정책협의를 하는 경우, 하나의 행정각부 내부에서 고위 공직자 사이에 정책협의를 하는 경우가 적지 않다. 원래의 직무상 보유주식과 직무관련성이 없는 공직자(A)가 정책협의를 통해 보유 주식과 관련 있는 정보를 취득할 수도 있다. A는 사후적으로 직무관련성이 있는 것이 된다. 사전(협의 전)에는 직무관련성이 있다고 보기 어렵다. 이러한 경우에 대한 규정은 없다. 이러한 경우, 공직자(A)가 직무관련성 심사를 청구하면 주식백지신탁 심사위원회는 직무관련성이 없다고 결정할 것이다. 그러나 주식백지신탁 심사위원회는 「공직자(A)가 추후에 보유 주식과 관련이 있는 부처와 관련 있는 사항에 대하여 협의하게 되면, 직무관련성이 있는 것으로 된다」는 결정을 조건으로 붙이는 방법을 활용할 필요가 있을 것이다.

▌제2절 심사대상 주식을 발행한 자의 업무범위

Ⅰ. 심사대상 주식을 발행한 자의 의의

심사대상 주식이 주식백지신탁 의무자의 직무와 관련이 있는지의 유무를 판단하기 위해 주식백지신탁 의무자의 직무의 범위를 정하였다면, 그 다음은 심사대상 주식을 발행한 자의 업무범위를 판단하여야 한다. 그런데 상법상 주식을 발행하는 자는 주식회사인바, 주식회사의 업무 범위를 판단하여야 한다. 상법상 주식회사는 발기인이 정관을 작성하고(상법 제288조), 본점소재지에 설립등기를 하여야 성립한다(상법 제179조). 정관에는 회사의 목적, 주식 관련사항 등을 기재하여야 한다(상법 제289조).

> **상법**
>
> 제169조(회사의 의의) 이 법에서 "회사"란 상행위나 그 밖의 영리를 목적으로 하여 설립한 법인을 말한다.
> 제172조(회사의 성립) 회사는 본점소재지에서 설립등기를 함으로써 성립한다.
> 제288조(발기인) 주식회사를 설립함에는 발기인이 정관을 작성하여야 한다.

Ⅱ. 심사대상 주식을 발행한 자의 업무 범위 판단을 위한 자료

1. 정관

(1) 의의

심사대상 주식을 발행한 자의 업무 범위를 판단하기 위해서는 심사대상 주식을 발행한 자의 정관을 살펴보아야 한다. 왜냐하면 정관상 설립목적은 회사가 수행할 업무의 범위를 나타내기 때문이다. 상법은 회사의 설립목적을 정관상 필요적 기재사항으로 정하고 있다.

> **상법**
>
> 제289조(정관의 작성, 절대적 기재사항) ① 발기인은 정관을 작성하여 다음의 사항을 적고 각 발기인이 기명날인 또는 서명하여야 한다.
> >   1. 목적
> >   2. 상호
> >   3. 회사가 발행할 주식의 총수
> >   4. 액면주식을 발행하는 경우 1주의 금액
> >   5. 회사의 설립 시에 발행하는 주식의 총수

6. 본점의 소재지
7. 회사가 공고를 하는 방법
8. 발기인의 성명·주민등록번호 및 주소

[예시]

주식회사 ○○○○ 정관

제1장 총칙
제1조 (상호) 이 회사는 '주식회사 ○○○○' 라 한다.
제2조 (목적) 이 회사는 다음의 사업을 경영함을 적으로 한다.
　1. 의료구, 위생품의 제조 및 매매
　2. 각종기계(금형포함)의 제조, 가공 및 매매
　3. 음식료품 및 음식료품첨가물의 수입, 제조, 가공 및 매매
(이하 생략)

(2) 정관 제출의 요구

회사의 정관은 일반적으로 잘 공개가 되지 않고 있다. 이 때문에 주식백지신탁 심사위원회는 필요한 경우 심사대상 주식을 발행한 자에게 정관의 제출을 요구할 수 있다. 제출의 요구를 받은 자는 정당한 사유가 없으면 요구에 응하여야 한다.

공직자윤리법
제14조의5(주식백지신탁 심사위원회의 직무관련성 심사) ⑩ 주식백지신탁 심사위원회는 주식의 직무관련성 유무를 심사하기 위하여 필요하면 관련 기관·단체 및 업체에 자료 제출을 요구할 수 있으며, 해당 기관·단체 및 업체는 정당한 사유가 없으면 요구에 응하여야 한다.

2. 법인등기부 등본
(1) 의의

회사를 설립하려면 설립등기를 하여야 하는데, 설립등기를 신청할 때에는 설립등기의 목적과 이유를 기재하여야 한다. 설립등기의 목적과 이유는 바로 설립하는 회사가 영위할 업무의 범위를 나타낸다.

상법
제172조(회사의 성립) 회사는 본점소재지에서 설립등기를 함으로써 성립한다.
제34조(통칙) 이 법에 따라 등기할 사항은 당사자의 신청에 의하여 영업소의 소재지를 관할하는 법원의 상업등기부에 등기한다.

(2) 법인등기부 등본 제출의 요구

주식백지신탁 심사위원회는 필요한 경우 심사대상 주식을 발행한 자에게 법인등기부 등본의 제출을 요구할 수 있다. 제출의 요구를 받은 자는 정당한 사유가 없으면 요구에 응하여야 한다.

3. 홈페이지 등

(1) 홈페이지를 통해 자신을 소개하고 홍보하는 것은 오늘날 회사에서는 일상적인 것이다. 홈페이지를 활용하지 않는 회사는 찾아보기 어렵다. 회사의 정관이나 법인등기부에 기재되어 있는 그 회사의 목적이 비교적 구체적이긴 하나, 홈페이지에서 소개·홍보하는 회사의 사업내용은 그 회사의 정관이나 법인등기부에서 목적으로 기재된 사항보다 더 다양할 수 있고, 더 자세할 수도 있다. 이 때문에 경우에 따라서는 심사대상 주식을 발행한 자가 관리하는 자신의 홈페이지를 살펴보는 것도 필요하다.

(2) 회사의 홍보차원에서 신문이나 방송 등 언론에서 이루어지는 홍보내용도 경우에 따라서는 그 회사의 정관이나 법인등기부에서 목적으로 기재된 사항보다 더 다양할 수 있고, 더 자세할 수도 있는바, 경우에 따라서는 심사대상 주식을 발행한 자의 언론매체를 통한 홍보내용을 들여다보는 것도 의미가 있을 수 있다.

<table>
<tr><td>등기번호</td><td colspan="2">123456</td><td rowspan="2" colspan="3">등기사항전부증명서(현재사항)</td></tr>
<tr><td>등록번호</td><td colspan="2">123456 – 123456</td></tr>
</table>

상 호	주식회사 ○○○○	. .
본 점	서울시 ○○○구 ○○○로 ○○○	. .
공고방법	서울특별시내에서 발행하는 일간 매일경제신문에 게재한다.	
1주의 금액	금 5,000 원	. .
발행할 주식의 총수	164,000 주	. .

발행주식의 총수와 그 종류 및 각각의 수	자본의 총액	변 경 연 월 일 등 기 연 월 일
발행주식의 총수 41,000 주 보통주식 41,000 주	금 205,000,000 원	

목 적

1. 실내건축공사업
1. 일반건축공사업
1. 내외장인테리어업
1. 디자인업
1. 진열장 및 수장고 제작업
1. 금속구조물 창호공사업
1. 미장 방수 조적공사업
1. 타일공사업
1. 위 각호에 관련된 부대사업 일체

임원에 관한 사항

사내이사 ○○○ 123456 – 123456   서울특별시 ○○구 ○○로 ○○○ – ○○

감사 ○○○ 123456 – 123456

회사성립연월일	20○○년 ○○월 ○○일
등기기록의 개설 사유 및 연월일 설립	20○○년 ○○월 ○○일 등기

수수료 1,000원 영수함   --- 이 하 여 백 ---
       관할등기소 :   / 발행등기소

문서 하단의 바코드를 스캐너로 확인하거나, 인터넷등기소(http://www.iros.go.kr)의 발급확인 메뉴에서
발급확인번호를 입력하여 위·변조 여부를 확인할 수 있습니다.
발급확인번호를 통한 확인은 발행일부터 3개월까지 5회에 한하여 가능합니다.
                                                          발급확인번호

0000515090080227270421110224270 2B1C7BFB5C8F1 7 발행일:20○○/○○/○○   - 1/2 -

대 법 원

본전

[예시] 법인 등기부등본

제3장 심사의 방식과 직무관련성 유무의 결정

▌제1절 심사의 방식

Ⅰ. 개별 주식별 심사(원칙적 방식)

심사대상 주식 하나 하나가 주식백지신탁 의무자의 직무와 관련성을 갖는지의 여부를 세밀히 살피는 방식으로 심사가 이루어져야 한다. 「심사대상인 주식이 주식백지신탁 의무자의 직무와 관련성을 갖는다」는 추정은 허용되지 아니한다. 「심사대상 주식이 직무관련성이 없음」을 전제로 하면서 주식 하나하나별로 직무관련성이 있는지 여부를 찾아가는 방식으로 심사가 이루어져야 할 것이다.

Ⅱ. 포괄적 직무관련성과 심사방식의 완화(보충적 방식)

1. 포괄적 직무관련성의 의의

일정 직무는 모든 주식과 직무관련성을 갖는다고 할 때, 이러한 직무가 주식과의 관계에서 갖는 성질을 포괄적 직무관련성으로 부르기로 한다. 포괄적 직무관련성 개념은 직무의 지역적 범위가 전국적인지 또는 지역적인지 여부와 무관하다.

2. 직무관련성 추정에 따른 심사

주식백지신탁 의무자의 직무가 포괄적 직무관련성 갖는 경우에는 「심사대상 주식이 직무관련성이 있음」을 전제로 하면서 직무관련성이 없는지를 찾아가는 방식으로 심사가 이루어지는 것도 의미 있을 것이다. 문제는 포괄적 직무관련성을 갖는 직무를 인정할 것인가의 여부이다. 생각건대, 직무관련성 개념은 불확정개념이라는 점, 따라서 직무관련성 개념의 해석·적용에 판단여지가 적용될 수 있다는 점, 엄격한 법해석을 통해 포괄적 직무관련성을 갖는 직무의 범위를 제한적으로 운용할 수 있다는 점 등을 고려하면, 포괄적 직무관련성을 갖는 직무를 인정하는 것이 의미 있을 것이다. 포괄적 직무관련성 적용대상을 폭넓게 인정하는 것은 공직자의 재산권의 보호·자유에 대한 침해가 된다는 점을 유념하여야 한다.

Ⅲ. 심사의 눈높이

우리의 공직자윤리법상 주식백지신탁제도를 「공직자가 공무를 수행할 때 발생할 수 있는 공익과 사익의 충돌을 방지함으로써 공적 사무의 공공성을 높이고, 공적 사무의 수행에 대한 국민의 신뢰를 높이기 위한 것」으로 이해한다면, 직무관련성 유무의 판단은 국민의 눈높이에서 이루어져야 할 것이다. 이렇게 되면, 이해충돌의 가능성이 100% 존재하는 경우에 해당하는 것이 아닐지라도 일반 국민의 눈높이에서 이해충돌의 가능성(개연성)이 있다고 하는 경우라면 직무관련성이 있는 것으로 보아야 할 것이다. 헌법재판소도 같은 입장을 취한다.

[참고판례] 헌재 2012. 8. 23. 2010헌가65(주식은 자본주의 시장경제의 대표적인 기업형태인 주식회사의 지분적 권리를 나타내는 것으로, 특별한 사정이 없는 한 그 처분과 행사에 있어 제약이 따르지 않음이 원칙이다. 그러나 주식은 그 속성상 가치의 변동성이 매우 큰 '위험자산'으로 분류되고, 특히 관련된 정보의 지득(知得) 여부 등에 따라 그 거래에 따른 수익률이 천차만별이라는 점에서 내부자거래 등 여러 법적 규제를 통해 부당이득을 환수하거나 투자자 신뢰를 보호할 필요성이 기본적으로 요청되는 재산소유 형태이다. 특히 국가의 근본적인 경제정책결정 및 법률입안 등에 깊숙이 관여하는 고위공직자가 그 직무와 밀접한 관련이 있는 주식을 거래하는 경우에는 당연히 일반국민들로부터 직무집행 중에 획득한 정보를 유용(流用)하여 사적인 주식거래를 한다는 의심을 살 수밖에 없는데, 그가 실제로는 직무와 상관없이 순전히 개인적인 경로를 통해 수집한 정보에 기해 그 주식을 거래하였다고 할지라도 일반국민의 입장에서는 외관상 이를 구별하는 것이 거의 불가능하기 때문이다. 따라서 우리 헌법이 예정하고 있는 국민과 공무원 간의 위임관계(헌법 제1조 제2항, 헌법 제7조 제1항 참조)에 비추어 볼 때, 고위공직자의 주식거래의 경우에는 단순히 부당이득 환수 등의 차원을 넘어 주식과 직무 간의 이해충돌을 사전에 방지하여 그 위임관계가 훼손되는 것을 막아야 한다는 점이 특히 중시되어야 할 것이다.

▌제2절 직무관련성 유무의 결정

Ⅰ. 의무적 결정, 재량적 결정

1. 의무적 결정의 원칙

주식백지신탁 심사위원회가 주식의 직무관련성 유무를 심사한 결과 "주식 관련 정보에 관한 직접적·간접적인 접근 가능성과 영향력 행사 가능성"이 있다고 판단하면, 「직무관련성 있음 결정」, 없다고 판단하면 「직무관련성 없음 결정」을 하는 것은 의무적이다(기속행위).

2. 예외로서 재량적 결정의 가능성(?)

① 주식백지신탁 심사위원회가 주식의 직무관련성 유무를 심사한 결과 "주식 관련 정보에 관한 직접적·간접적인 접근 가능성과 영향력 행사 가능성"이 있다고 판단하면서, 「직무관련성 없음 결정」을 할 수 있는가(재량행위)의 문제가 있다. 공직자윤리법상 주식백지신탁제도의 취지, 이해충돌방지의 개념에 비추어 그러한 결정은 할 수 없다고 보아야 한다. 한편, ② "주식 관련 정보에 관한 직접적·간접적인 접근 가능성과 영향력 행사 가능성"이 없다고 판단하면서 「직무관련성 있음 결정」도 물론 할 수 없다. 그것은 이해충돌방지라는 공직자윤리법상 주식백지신탁제도의 취지에 무관하기 때문이고, 아울러 사인의 재산권의 위법한 침해를 가져오기 때문이다.

Ⅱ. 변형결정으로서 조건부 결정

1. 공직자윤리법상 결정의 유형

공직자윤리법에 주식백지신탁 심사위원회의 결정의 유형에 관해 규정하는 바가 없다. 주식백지신탁 심사위원회는 명시적인 규정이 없다고 하여도 주식백지신탁제도의 취지에 비추어 ① 「직무관련성 있음 결정」과 ② 「직무관련성 없음 결정」을 할 수 있다.

2. 「조건부 결정」의 필요성

불확정개념인 직무관련성의 해석·적용과 관련하여 주식백지신탁 심사위원회의 인식의 한계로 인해[1] 「직무관련성 있음 결정」 또는 「직무관련성 없음 결정」 후에 발생할지도 모를 공·사익의 충돌을 미연에 방지하기 위하여, 또는 심사신청인의 보호를 위하여 「직무관련성 있음 결정」 또는 「직무관련성 없음 결정」을 할 때에 일정한 제약을 부가할 수도 있어야 한다. 이 책에서는 「일정한 제약이 부가된 직무관련성 있음 결정 또는 직무관련성 없음 결정」을 「조건부 결정」으로 부르기로 한다. 조건부 결정은 보다 합리적인 결정을 위한 것으로 이해될 필요가 있다.

3. 실무상 「조건부 결정」의 운용

주식백지신탁 심사위원회는 실무상 빈번하지 않지만 경우에 따라 「조건부 결정」을 활용하고 있다. 앞에서 본 「조건부 결정」의 필요성, 그리고 공직자윤리법이 주식백지신탁 심사위원회의 결정방식을 특정한 방식만으로 제한하고 있지 않다는 점 등을 고려할 때, 주식백지신탁 심사위원회가 실무상 「조건부 결정」을 활용하는 것을 부정적으로 볼 필요는 없다.

---

[1] 심사대상 주식을 발행한 법인의 정관상 그 법인의 업무의 내용이 포괄적이거나 백지신탁 의무자가 담당하는 직무가 매우 광범위한 경우, 주식백지신탁 심사위원회는 인식의 한계를 경험할 수도 있을 것이다.

제4장 직무별 포괄적 직무관련성 추론 가능성

이 장에서는 주요 주식백지신탁 의무자별로 포괄적 직무관련성을 갖는지 여부를 살펴보기로 한다. 포괄적 직무관련성을 갖는 직무의 경우에는 「직무관련성 추정에 따른 심사방법」을 적용할 수 있을 것이다.

▌제1절 국회

Ⅰ. 국회 의장·부의장

1. 국회의장

국회법상 의장의 직무에 관한 규정을 보면, 국회의장의 직무는 국회 운영 일반에 관한 것이지, 개별 의안의 심의에 직접 관련하는 것은 아니다. 따라서 국회의장의 직무는 모든 주식과 직무관련성을 갖는다고 보기 어렵다.

> **국회법**
> 제10조(의장의 직무) 의장은 국회를 대표하고 의사를 정리하며, 질서를 유지하고 사무를 감독한다.

2. 국회부의장

국회법상 부의장의 직무는 의장의 직무대행에 있는바, 모든 주식과의 직무관련성 유무는 국회의장과 다를 바 없다.

II. 국회의원

1. 경제관련 상임위원회 소속 국회의원

(1) 정무위원회 소속 국회의원

정무위원회는 공정거래위원회 소관에 속하는 사항과 금융위원회 소관에 속하는 사항을 소관으로 한다. 공정거래위원회 소관에 속하는 사항과 금융위원회 소관에 속하는 사항은 바로 국가와 회사의 경제(영리)활동 전반과 직결되는바, 정무위원회 소속 국회의원이 보유하는 모든 주식은 직무관련성을 갖는다고 볼 것이다.

국회법

제37조(상임위원회와 그 소관) ① 상임위원회와 그 소관은 다음과 같다.
　3. 정무위원회
　다. 공정거래위원회 소관에 속하는 사항
　라. 금융위원회 소관에 속하는 사항
　(가목, 나목, 마목 생략)

(2) 기획재정위원회 소속 국회의원

기획재정위원회는 기획재정부 소관에 속하는 사항과 한국은행 소관에 속하는 사항을 소관으로 한다. 기획재정부 소관에 속하는 사항과 한국은행 소관에 속하는 사항은 국가와 회사 등의 경제(영리)활동 전반과 직결되는바, 기획재정위원회 소속 국회의원이 보유하는 모든 주식은 직무관련성을 갖는다고 볼 것이다.

국회법

제37조(상임위원회와 그 소관) ① 상임위원회와 그 소관은 다음과 같다.
　4. 기획재정위원회
　가. 기획재정부 소관에 속하는 사항
　나. 한국은행 소관에 속하는 사항

(3) 예산결산특별위원회 소속 국회의원

예산결산특별위원회는 예산안·기금운용계획안 및 결산(세입세출결산 및 기금결산을 말한다. 이하 같다)을 심사하는 기관이다. 예산안·기금운용계획안의 심사는 국가와 기업 등의 경제 전반에 직접 관련하는바, 예산결산특별위원회 소속 국회의원이 보유하는 모든 주식은 직무관련성을 갖는다고 볼 것이다.

국회법

제45조(예산결산특별위원회) ① 예산안·기금운용계획안 및 결산(세입세출결산 및 기금결산을 말한다. 이하 같다)을 심사하기 위하여 예산결산특별위원회를 둔다.

---

2. 법제사법위원회 소속 국회의원

(1) 문제상황

법제사법위원회는 법률안·국회규칙안의 체계·형식과 자구의 심사에 관한 사항을 소관으로 한다. 법률안의 자구심사는 경제 관련 법률을 포함한 모든 법률안에 대한 것이므로 법제사법위원회 소속 국회의원이 보유하는 모든 주식은 직무관련성을 갖는다고 볼 것인가의 여부가 문제될 수 있다. 만약 법제사법위원회가 소위원회제도를 도입하는 경우라면, 경제관련 부처의 소관에 관한 법률안을 심의하는 소위원회 소속의 국회의원의 직무관련성 문제가 될 것이다.

(2) 상이한 견해

법제사법위원회 소속 국회의원이 보유하는 모든 주식은 직무관련성을 갖는다고 볼 것인가의 여부에 관해 상충된 시각(견해)이 있을 수 있다.

⑴ **직무관련성 부정설**　　법제사법위원회의 심사권한은 경제 관련 법률안을 포함하여 모든 법률안에 미치지만, 그것은 다만 법률안의 체계·형식과 자구의 심사에 한정되는바, 형식적인 것이고, 따라서 법제사법위원회 소속 국회의원이 보유하는 모든 주식이 직무관련성을 갖는다고 볼 수는 없다는 견해이다. 물론 이 견해는 법률안의 내용에 대한 심사는 소관 상임위원회의 전속이라는 전제로 한다.

⑷ **직무관련성 긍정설**　　법제사법위원회가 경제 관련 법률안을 포함하여 법률안의 체계·형식과 자구의 심사를 위해서는 모든 법률안의 내용에 대한 검토를 하여야 할 것이라는 시각에서 법제사법위원회(소위원회를 구성한다면, 경제관련 부처 등의 소관에 관한 법률안을 심의하는 소위원회) 소속 국회의원이 보유하는 모든 주식은 직무관련성을 갖는다고 볼 수 있다는 견해이다.

(3) 사견

직무관련성 긍정설이 주장하는 논거와 아울러 개별 상임위원회의 심의 후에 법제사법위원회의 심사가 이루어지는 현행 국회운영의 구조상 법제사법위원회의 심사는 국회의 모든 입법절차상 결정적인 절차의 하나를 구성하고 있다는 현실을 고려할 때,[1] 직무관련성 긍정설이 타당하다. 실무는 직무관련 부정설을 따르는 것으로 보인다.

3. 기타 상임위원회 소속 국회의원

위에서 살펴본 상임위원회를 제외한 그 밖의 상임위원회에 소속하는 국회의원이 보유하는 주식은 그 상임위원회의 소관에 속하는 사항과 관련성을 갖는 주식만이 직무관련성을 갖는다고 볼 것이고, 모든 주식이 직무관련성을 갖는다고 볼 수는 없다.

Ⅲ. 전문위원

1. 의의

국회의 위원회에 국회의원 아닌 전문지식을 가진 위원, 즉 전문위원을 둔다. 위원회에 두는 전문위원은 국회사무처법에서 정하는 바에 의한다(국회법 제42조 제1항). 국회사무처법상 전문위원은 수석전문위원과 전문위원으로 나뉜다.

국회법

제42조(전문위원과 공무원) ① 위원회에 위원장 및 위원의 입법활동등을 지원하기 위하여 의원 아닌 전문지식을 가진 위원(이하 "전문위원"이라 한다)과 필요한 공무원을 둔다. 위원회에 두는 전문위원과 공무원은 국회사무처법에서 정하는 바에 의한다.

국회사무처법

제8조(위원회의 공무원) ① 위원회에 수석전문위원 1인을 포함한 전문위원과 입법심의관·입법조사관 기타 필요한 공무원을 둔다. 다만, 특별위원회의 수석전문위원과 위원회의 입법심의관은 필요한 경우에 한하여 둘 수 있다.

제9조(전문위원의 직무) ① 수석전문위원은 소속위원회위원장의 지휘를 받아 그 업무를 처리하며, 그 위원회소속공무원을 지휘·감독한다.

② 전문위원은 다음 각호의 업무를 행한다.

    1. 법률안, 예산안, 청원등 소관안건에 대한 검토보고

---

1) 경제관련 법률안이 법제사법위원회의 문턱을 넘는가의 여부는 주식시장에 직접적인 영향을 미칠 것으로 볼 여지가 있을 것이다.

2. 각종 의안을 비롯한 소관사항에 관한 자료의 수집·조사·연구 및 소속위원에 대한 제공
3. 위원회에서의 각종 질의시 소속위원에 대한 질의자료의 제공
4. 의사진행의 보좌
5. 기타 소속위원회소관에 속하는 사항

2. 포괄성 인정 여부

직무의 포괄성이 인정될 수 있는 상임위원회에 소속하는 수석전문의원은 그 위원회에 소속하는 국회의원의 경우와 마찬가지로 직무의 포괄성이 인정되어야 할 것이다. 왜냐하면 직무관련성 판단기준이 되는 정보접근 가능성과 영향력 행사가능성은 국회의원의 경우와 크게 다를 바 없기 때문이다. 따라서 정무위원회, 기획재정위원회, 예산결산특별위원회 소속 수석전문위원의 경우에는 모든 주식이 직무관련성을 갖는 것으로 보아야 할 것이다. 법제사법위원회(소위원회를 구성한다면, 경제관련 부처의 소관에 관한 법률안을 심의하는 소위원회) 소속 수석전문위원의 경우에는 논란의 여지가 보다 많다.

▎제2절 정부

A. 대통령과 그 소속기관

Ⅰ. 대통령

1. 의의

헌법상 대통령은 국가의 원수이자 행정권을 갖는 정부의 수반이다. 정부조직법은 대통령의 「모든 중앙행정기관의 장에 대한 지휘·감독의 권한」을 규정하고 있다. 이러한 내용에 비추어 대통령의 직은 포괄적 직무관련성을 갖는다고 보는 데 전혀 어려움이 없다.

헌법

제66조 ① 대통령은 국가의 원수이며, 외국에 대하여 국가를 대표한다.
④ 행정권은 대통령을 수반으로 하는 정부에 속한다.

정부조직법

제11조(대통령의 행정감독권) ① 대통령은 정부의 수반으로서 법령에 따라 모든 중앙행정기관의 장을 지휘·감독한다.

② 대통령은 국무총리와 중앙행정기관의 장의 명령이나 처분이 위법 또는 부당하다고 인정하면 이를 중지 또는 취소할 수 있다.

2. 헌법 제71조(대통령권한대행)가 적용되는 경우

헌법 제71조가 정하는 바에 따라 권한의 대행이 있는 경우, 그 직은 대통령의 직과 마찬가지로 포괄적 직무관련성을 갖는다고 볼 것이다.

헌법

제71조 대통령이 궐위되거나 사고로 인하여 직무를 수행할 수 없을 때에는 국무총리, 법률이 정한 국무위원의 순서로 그 권한을 대행한다.

Ⅱ. 소속 보좌기관 ─ 대통령 비서실

1. 대통령 비서실장

대통령 비서실장은 대통령의 직무를 보좌한다. 대통령의 직무가 국정 전반인바, 대통령을 보좌하는 대통령 비서실장의 직무 범위도 국정 전반에 미친다고 보아야 할 것이다. 따라서 대통령 비서실장의 직은 포괄적 직무관련성을 갖는다고 볼 것이다.

정부조직법

제14조(대통령비서실) ① 대통령의 직무를 보좌하기 위하여 대통령비서실을 둔다.
② 대통령비서실에 실장 1명을 두되, 실장은 정무직으로 한다.

대통령비서실 직제

제3조(대통령비서실장) 대통령비서실장은 대통령의 명을 받아 대통령비서실의 사무를 처리하고, 소속 공무원을 지휘·감독한다.

2. 대통령 수석비서관

대통령비서실 직제는 정무직으로 보하는 다수의 수석비서관을 둘 수 있음을 규정하고 있다. 수석비서관 중 정무나 경제를 담당하는 수석비서관의 직무는 기획재정부 등의 경제관련 부처의 소관사무와 겹치는 부분이 상당하다고 할 것인바, 정무나 경제를 담당하는 수석비서관의 직은 포괄적 직무관련성을 갖는다고 볼 것이다.

Ⅲ. 소속 중앙행정기관 — 국가정보원

1. 국가정보원장

국가정보원의 소관 사무에는 국외 정보의 수집·작성 및 배포도 있다. 국외 정보에 특별한 제한이 없다. 경제·기업 관련 정보도 당연히 포함된다. 국가정보원장은 직무상 「국외의 상황 전반에 대한 정보」에 언제나 접근되어 있다. 오늘날의 세계화시대에 있어서 국외의 상황이 국내의 경제에 미치는 영향은 직접적이고 광범위하다고 볼때, 국가정보원장의 직은 포괄적 직무관련성을 갖는다고 볼 것이다.

2. 국가정보원 차장

차장은 원장을 보조하는 기관이므로, 그 소관사무의 범위가 원장의 소관 사무에 미친다. 이 때문에 원장의 직이 포괄적 직무관련성을 갖는다고 한다면, 차장의 직도 포괄적 직무관련성을 갖는다고 보아야 할 것이다.

Ⅳ. 심의기관·자문기관

1. 심의기관 — 국무회의
(1) 의의

헌법은 국가 최고의 필수적인 정책심의기관으로서 국무회의의 설치를 규정하고 있다. 국무회의는 일정 사항에 대하여 반드시 심의하여야 한다. 국무회의는 대통령과 국무총리 및 국무위원으로 구성된다.

헌법

제88조 ① 국무회의는 정부의 권한에 속하는 중요한 정책을 심의한다.
② 국무회의는 대통령·국무총리와 15인 이상 30인 이하의 국무위원으로 구성한다.
제89조 다음 사항은 국무회의의 심의를 거쳐야 한다.
  1. 국정의 기본계획과 정부의 일반정책
  2. 선전·강화 기타 중요한 대외정책
  3. 헌법개정안·국민투표안·조약안·법률안 및 대통령령안
  4. 예산안·결산·국유재산처분의 기본계획·국가의 부담이 될 계약 기타 재정에 관한 중요사항
  5. 대통령의 긴급명령·긴급재정경제처분 및 명령 또는 계엄과 그 해제
  6. 군사에 관한 중요사항
  7. 국회의 임시회 집회의 요구
  8. 영전수여
  9. 사면·감형과 복권
  10. 행정각부간의 권한의 획정
  11. 정부안의 권한의 위임 또는 배정에 관한 기본계획
  12. 국정처리상황의 평가·분석
  13. 행정각부의 중요한 정책의 수립과 조정
  14. 정당해산의 제소
  15. 정부에 제출 또는 회부된 정부의 정책에 관계되는 청원의 심사
  16. 검찰총장·합동참모의장·각군참모총장·국립대학교총장·대사 기타 법률이 정한 공무원과 국영기업체관리자의 임명
  17. 기타 대통령·국무총리 또는 국무위원이 제출한 사항

---

(2) 국무위원 직의 포괄적 직무관련성 유무

㈎ **문제상황**　　국무회의 심의사항이 국정의 중요사항 전반에 미친다는 점을 전제할 때, 국무위원이 국무회의의 구성원이라는 이유만으로 국무위원의 직이 포괄적 직무관련성을 갖는다고 볼 것인가의 여부가 문제될 수 있다. 한편, 이 문제는 행정각부의 장의 직이 포괄적 직무관련성을 갖는가의 여부와는 별개의 문제이다. 행정각부의 장의 직이 포괄적 직무관련성을 갖는지의 여부는 뒤에서 살펴볼 것이다.

(ㄴ) **상이한 견해**　　국무위원의 직이 포괄적 직무관련성을 갖는다고 볼 것인가의 여부에 관해 상충된 시각(견해)이 있을 수 있다.

(a) **직무관련성 부정설**　　법률안의 심의가 국무회의 심의사항의 중심에 놓인다고 전제하고, 국무회의 심의대상인 법률안은 입법예고 절차를 통해 국민들에게 공개된다는 점, 국무회의 심의대상인 법률안은 정부 제안 법률안에만 한정되고 국회의원이 발의하는 법률안은 국무회의 심의대상이 아니라는 점, 국무회의에서 심의되는 법률안은 국회의 심의 과정에서 변경이 가능하다는 점 등을 이유로 국무위원의 직은 포괄적 직무관련성을 갖지 아니한다는 견해가 있을 수 있다.

(b) **직무관련성 긍정설**　　국무회의는 법률안만을 심의대상으로 하는 것은 아니라는 점, 국무회의 심의사항 중 중요한 대외정책에 관한 사항, 예산안·결산·국유재산 처분의 기본계획·국가의 부담이 될 계약 기타 재정에 관한 중요사항, 대통령의 긴급명령·긴급재정경제처분 및 명령 또는 계엄과 그 해제 등에 관한 사항은 경제에 미치는 효과가 엄청날 수 있다는 점, 그리고 국무회의 규정 제3조 제6항 제1호에 정하는 사항은 국무위원들에게 경제와 관련된 상당히 정보를 제공할 수도 있다는 점 등을 이유로 국무위원의 직은 포괄적 직무관련성을 갖는다는 견해가 있을 수 있다.

국무회의 규정

제3조(의안 제출) ⑥ 다음 각 호의 어느 하나에 해당하는 사항으로서 중요 정책에 관계되는 사항은 국무회의에 수시로 보고하여야 한다.

1. 국내외 중요 정보의 분석 상황
2. 정부의 역점사업 추진 현황
3. 국민생활에 영향을 미치는 중요 시책의 추진 현황
4. 대국민 홍보를 적극적으로 하여야 할 중요 사항
5. 부처 간의 협조가 필요한 사항
6. 대통령 및 국무총리의 지시사항

(c) **사견**　　논리적으로 볼 때, 직무관련 긍정설이 보다 설득력이 있다고 볼 것이다. 다소 감성적인 표현일 수 있겠으나, 대한민국 국정의 최고심의기관인 국무회의의 구성원이라면 주식과 무관할 수 있어야 할 것이다. 실무는 직무관련 부정설을 따르는 것으로 보인다.

(3) 국무회의 배석자의 직의 포괄적 직무관련성 유무

국무회의에는 국무위원이 아닌 공직자도 배석한다. 그러한 배석자의 직도 포괄적 직무관련성을 갖는지의 여부가 문제될 수 있다. 국무위원이 아니라 할지라도 상시적으로 국무회의에 참석하는 한, 주식 관련 정보접근가능성은 국무위원과 다를 바 없다. 따라서 포괄적 직무관련성의 유무의 판단과 관련하여 국무위원이 아니라 할지라도 국무회의 규정 제8조 제1항 본문에 근거하여 상시적으로 국무회의에 참석하는 자의 직은 국무위원의 직과 동일하게 새겨야 할 것이다.

국무회의 규정

제8조(배석 등) ① 국무회의에는 대통령비서실장, 국가안보실장, 국무조정실장, 국가보훈처장, 인사혁신처장, 법제처장, 식품의약품안전처장, 공정거래위원회위원장, 금융위원회위원장, 중소기업청장 및 서울특별시장이 배석한다. 다만, 의장이 필요하다고 인정하는 경우에는 중요 직위에 있는 공무원을 배석하게 할 수 있다.

② 의장이 필요하다고 인정할 때에는 중앙행정기관인 청(廳)의 장으로 하여금 소관 사무와 관련하여 국무회의에 출석하여 발언하게 하거나 관계 전문가를 참석하게 하여 의견을 들을 수 있다.

---

2. 자문기관

헌법은 대통령 자문기관으로 국가원로자문회의, 국가안전보장회의, 민주평화통일자문회의, 국민경제자문회의 등을 규정하고 있으나, 이러한 기관의 기능은 정부의 정책수립과 관련하여 대통령에게 단순히 자문하는 것을 내용으로 하는바, 모든 주식에 대한 정보접근 가능성이나 영향력 행사 가능성을 갖는다고 말할 수는 없다. 따라서 주식백지신탁 의무자가 이러한 기관의 구성원이라는 이유로 그의 직무가 포괄적 직무관련성을 갖는다고 볼 수는 없다.

헌법

제90조 ① 국정의 중요한 사항에 관한 대통령의 자문에 응하기 위하여 국가원로로 구성되는 **국가원로자문회의**를 둘 수 있다.

제91조 ① 국가안전보장에 관련되는 대외정책·군사정책과 국내정책의 수립에 관하여 국무회의의 심의에 앞서 대통령의 자문에 응하기 위하여 **국가안전보장회의**를 둔다.

제92조 ① 평화통일정책의 수립에 관한 대통령의 자문에 응하기 위하여 **민주평화통일자문회의**를 둘 수 있다.

제93조 ① 국민경제의 발전을 위한 중요정책의 수립에 관하여 대통령의 자문에 응하기 위하여 **국민경제자문회의**를 둘 수 있다.

B. 국무총리와 그 소속기관

Ⅰ. 국무총리

1. 의의

헌법상 국무총리는 대통령의 보좌기관이다. 국무총리는 대통령의 국법상 행위 전반에 대하여 보좌한다. 국무총리는 경제 관련 부처를 포함하여 행정각부를 통할한다. 대통령의 국법상 행위에 부서하는 권한을 갖는다. 정부조직법은 국무총리의「중앙행정기관의 장에 대한 지휘·감독의 권한」을 규정하고 있다. 이러한 내용에 비추어 국무총리의 직은 포괄적 직무관련성을 갖는다고 보는 데 전혀 어려움이 없다.

헌법

제86조 ② 국무총리는 대통령을 보좌하며, 행정에 관하여 대통령의 명을 받아 행정각부를 통할한다.

제82조 대통령의 국법상 행위는 문서로써 하며, 이 문서에는 국무총리와 관계 국무위원이 부서한다. 군사에 관한 것도 또한 같다.

정부조직법

제18조(국무총리의 행정감독권) ① 국무총리는 대통령의 명을 받아 각 중앙행정기관의 장을 지휘·감독한다.

② 국무총리는 중앙행정기관의 장의 명령이나 처분이 위법 또는 부당하다고 인정될 경우에는 대통령의 승인을 받아 이를 중지 또는 취소할 수 있다.

---

2. 정부조직법 제22조(국무총리의 직무대행)가 적용되는 경우

정부조직법 제22조가 정하는 바에 따라 권한의 대행이 있는 경우, 그 직은 국무총리의 직과 마찬가지로 포괄적 직무관련성을 갖는다고 볼 것이다.

정부조직법

제22조(국무총리의 직무대행) 국무총리가 사고로 직무를 수행할 수 없는 경우에는 기획재정부장관이 겸임하는 부총리, 교육부장관이 겸임하는 부총리의 순으로 직무를 대행하고, 국무총리와 부총리가 모두 사고로 직무를 수행할 수 없는 경우에는 대통령의 지명이 있으면 그 지명을 받은 국무위원이, 지명이 없는 경우에는 제26조 제1항에 규정된 순서에 따른 국무위원이 그 직무를 대행한다.

Ⅱ. 소속 보좌기관

1. 국무총리비서실장

국무총리비서실장은 국무총리의 직무를 보좌한다. 국무총리의 직무가 국정 전반인바, 국무총리를 보좌하는 국무총리비서실장의 직무 범위도 국정 전반에 미친다고 볼 것이다. 따라서 국무총리비서실장의 직은 포괄적 직무관련성을 갖는다고 볼 것이다.

정부조직법

　제21조(국무총리비서실) ① 국무총리의 직무를 보좌하기 위하여 국무총리비서실을 둔다.

국무총리비서실 직제

　제3조(국무총리비서실장) 국무총리비서실장은 국무총리의 명을 받아 국무총리비서실의 사무를 처리하고, 소속 공무원을 지휘·감독한다.

　제2조(직무) 국무총리비서실은 다음 각 호의 사무에 관하여 국무총리의 직무를 보좌한다.

　　1. 국무총리의 대국회활동 보좌에 관한 사항
　　2. 당정협조업무에 관한 사항
　　3. 국무총리의 국정자문업무에 관한 사항
　　4. 국내외 주요 정보 및 상황에 관한 사항 (이하 각호 생략)

---

2. 국무조정실

(1) 국무조정실장

국무조정실장은 국무총리의 보좌, 각 중앙행정기관의 행정의 지휘·감독 등을 관장사무로 한다. 국무실장의 소관 사무는 경제를 포함하여 국가행정 전반에 미친다. 따라서 국무조정실장의 직은 포괄적 직무관련성을 갖는다고 볼 것이다.

정부조직법

　제20조(국무조정실) ① 각 중앙행정기관의 행정의 지휘·감독, 정책 조정 및 사회위험·갈등의 관리, 정부업무평가 및 규제개혁에 관하여 국무총리를 보좌하기 위하여 국무조정실을 둔다.

　② 국무조정실에 실장 1명을 두되, 실장은 정무직으로 한다.

　③ 국무조정실에 차장 2명을 두되, 차장은 정무직으로 한다.

국무조정실과 그 소속기관 직제

　제3조(직무) 국무조정실은 국무총리를 보좌하고, 각 중앙행정기관의 지휘·감독, 정책의 조정, 사회위험·갈등의 관리, 정부업무평가, 규제개혁 및 국무총리가 특별히 지시하는 사항에 관한 사무를 관장한다.

---

(2) 국무조정실 차장

국무조정실 차장은 2명으로서, 국무조정실의 소관 사무를 나누어서 국무조정실장을 보좌한다. 그런데 국무2차장의 소관 사무는 경제 전반과 관련을 맺는다고 볼 수도 있는바, 국무2차장의 직은 포괄적 직무관련성을 갖는다고 볼 여지가 있다.

> **국무조정실과 그 소속기관 직제**
>
> 제4조(차장) ① 국무조정실에 국무1차장 및 국무2차장을 두며, 국무조정실장이 부득이한 사유로 직무를 수행할 수 없을 때에는 국무1차장 및 국무2차장 순으로 그 직무를 대행한다. 〈개정 2015.5.26.〉
> ② 국무1차장은 국정운영실장·정부업무평가실장·규제조정실장·공직복무관리관·총무기획관 및 법무감사담당관의 소관업무에 관하여 국무조정실장을 보좌한다.
> ③ 국무2차장은 경제조정실장 및 사회조정실장의 소관업무에 관하여 국무조정실장을 보좌한다.

(3) 국무조정실과 그 소속기관 직제 제4조 제1항이 적용되는 경우

이러한 경우, 그 직은 국무조정실장의 직과 마찬가지로 포괄적 직무관련성을 갖는다고 볼 것이다.

Ⅲ. 부총리

부총리는 국무총리가 특별히 위임하는 사무를 수행하기 때문에 부총리의 직이 포괄적 직무관련성을 갖는다고 말하기 어렵다.

> **정부조직법**
>
> 제19조(부총리) ① 국무총리가 특별히 위임하는 사무를 수행하기 위하여 부총리 2명을 둔다.

Ⅳ. 소속 일반행정기관

정부조직법은 국무총리 소속으로 국민안전처, 인사혁신처, 법제처, 국가보훈처, 식품의약품안전처를 두고 있다. 이러한 행정기관의 장이 관장하는 사무는 특정 행정업무에 국한된 것으로서 경제 전반에 직접적인 관련성을 갖는다고 보기 어렵다. 따라서 이러한 기관의 장이 수행하는 직무는 포괄적 직무관련성과 거리가 멀다.

국민권익위원회와 원자력안전위원회의 장이나 위원이 관장하는 사무도 특정 행정업무에 국한된 것으로서 경제 전반에 직접적인 관련성을 갖는다고 보기 어렵다. 따라서 이러한 기관의 장이 수행하는 직무는 포괄적 직무관련성과 거리가 멀다.

Ⅴ. 소속 특별중앙행정기관 및 유관기관

1. 금융위원회와 소속기관

(1) 금융위원회 위원장·부위원장

금융위원회의 설치 등에 관한 법률에 근거하여 금융위원회가 설치되어 있다. 금융위원회는 국무총리 소속의 중앙행정기관이다. 금융위원회는 금융정책, 금융감독 등의 업무를 수행하는바, 기업활동 전반에 직접적인 영향을 미친다. 이러한 금융위원회의 위원장의 직은 포괄적 직무관련성을 갖는다고 볼 것이다. 위원장의 직무를 대행하는 부위원장의 직 역시 포괄적 직무관련성을 갖는다고 볼 것이다.

> **금융위원회의 설치 등에 관한 법률**
>
> 제3조(금융위원회의 설치 및 지위) ① 금융정책, 외국환업무 취급기관의 건전성 감독 및 금융감독에 관한 업무를 수행하게 하기 위하여 국무총리 소속으로 금융위원회를 둔다.
>
> ② 금융위원회는 「정부조직법」 제2조에 따라 설치된 중앙행정기관으로서 그 권한에 속하는 사무를 독립적으로 수행한다.
>
> 제4조(금융위원회의 구성) ① 금융위원회는 9명의 위원으로 구성하며, 위원장·부위원장 각 1명과 다음 각 호의 위원으로 구성한다.
>
>   1. 기획재정부차관
>   2. 금융감독원 원장
>   3. 예금보험공사 사장
>   4. 한국은행 부총재
>   5. 금융위원회 위원장이 추천하는 금융 전문가 2명
>   6. 대한상공회의소 회장이 추천하는 경제계대표 1명
>
> 제5조(위원장) ① 위원장은 금융위원회를 대표하며, 금융위원회의 회의를 주재하고 사무를 총괄한다.
>
> ② 위원장이 부득이한 사유로 직무를 수행할 수 없을 때에는 부위원장이 위원장의 직무를 대행하며, 위원장·부위원장이 모두 부득이한 사유로 직무를 수행할 수 없을 때에는 금융위원회가 미리 정한 위원이 위원장의 직무를 대행한다.
>
> 제14조(긴급조치) ① 위원장은 내우외환, 천재지변 또는 중대한 금융 경제상의 위기로 긴급조치가 필요한 경우로서 금융위원회를 소집할 시간적 여유가 없을 때에는 금융위원회의 권한 내에서 필요한 조치를 할 수 있다.

(2) 금융위원회 상임위원

금융위원회의 설치 등에 관한 법률 제4조 제4항에 따른 별정직공무원은 금융위원회 소관 사무 전반에 대하여 상임으로 업무를 수행하는바, 이러한 공무원의 직은 포괄적 직무관련성을 갖는다고 볼 것이다.

> **금융위원회의 설치 등에 관한 법률**
>
> 제4조(금융위원회의 구성) ④ 위원장과 부위원장은 정무직(政務職) 국가공무원으로 임명하고, 제1항 제5호의 위원은 고위공무원단에 속하는 별정직공무원으로 임명하며, 제1항 제6호의 위원은 비상임으로 한다.
>
> ⑤ 위원장, 부위원장, 제1항 제5호의 위원 및 제15조에 따른 사무처의 장은 「정부조직법」 제10조에도 불구하고 정부위원이 된다.
>
> **금융위원회와 그 소속기관 직제**
>
> 제4조(위원회의 구성) ② 위원장과 부위원장은 정무직 국가공무원으로, 상임위원 2명은 고위공무원단에 속하는 별정직 공무원으로 각각 보한다.

(3) 금융위원회 사무처장

금융위원회 사무처장은 금융위원회 소관 사무 전반에 대하여 위원장의 명을 받아 사무를 처리하는바, 사무처장의 관장 사무는 금융위원회 소관 사무 전반에 미친다고 볼 것이므로, 사무처장의 직은 포괄적 직무관련성을 갖는다고 볼 것이다.

> **금융위원회의 설치 등에 관한 법률**
>
> 제15조(사무처의 설치 등) ① 금융위원회의 사무를 처리하기 위하여 금융위원회에 사무처를 두며, 이 법에 규정된 것 외에 금융위원회의 조직 및 정원에 관하여 필요한 사항은 대통령령으로 정한다.
>
> **금융위원회와 그 소속기관 직제**
>
> 제6조(사무처) ① 위원회의 사무를 처리하기 위하여 위원회에 사무처를 둔다.
> ② 사무처에 사무처장 1명을 두며, 사무처장은 고위공무원단에 속하는 일반직공무원으로 보한다.
> ③ 사무처장은 위원장의 명을 받아 사무처의 사무를 처리하며 소속공무원을 지휘·감독한다.

(4) 금융정보분석원

특정 금융거래정보의 보고 및 이용 등에 관한 법률에 따라 금융정보분석원이 설치되어 있다. 금융정보분석원은 금융위원회에 소속한다. 금융정보분석원은 특정 금융거래정보 전반에 접근이 가능하다. 따라서 금융정보분석원장의 직은 포괄적 직무관련성을 갖는다고 볼 것이다.

> **특정 금융거래정보의 보고 및 이용 등에 관한 법률**
>
> 제3조(금융정보분석원) ① 다음 각 호의 업무를 효율적으로 수행하기 위하여 금융위원회 소속으로 금융정보분석원을 둔다.
>   1. 제4조·제4조의2 및 제6조에 따라 보고받거나 통보받은 사항의 정리·분석 및 제공
>   (이하 각호 생략)
>
> **금융위원회와 그 소속기관 직제**
>
> 제15조(직무) 금융정보분석원은 「특정 금융거래정보의 보고 및 이용 등에 관한 법률」 및 「공중 등 협박목적을 위한 자금조달행위의 금지에 관한 법률」에 따라 다음 각 호의 업무를 수행한다.
>   1. 특정금융거래정보의 보고제도의 기획 및 지침의 수립·운영
>   2. 특정금융거래정보의 보고제도 관련 금융기관 등에 대한 감독 및 검사
>   3. 금융기관 등에 대한 보고대상 금융거래의 참고유형 제공 및 교육·훈련의 지원
>   4. 특정금융거래정보 및 외국환거래자료 등의 수집·분석 및 이를 위한 관계 행정기관 등에 대한 자료 제공의 요청
>   5. 수사기관 등에 대한 특정금융거래정보의 제공(수사기관 등의 요구에 의한 경우를 포함한다)
>   6. 공중협박자금 조달금지 관련 금융거래 제한대상자의 지정 및 취소
>   7. 공중협박자금 조달금지 관련 금융거래의 허가
>   8. 외국금융정보분석기구와의 협조 및 정보교환
>   9. 특정금융거래정보의 수집 및 심사분석 관련 정보의 기록 보존

10. 자금세탁행위의 방지를 위한 국내외 협력증진 및 정보 교류

11. 자금세탁행위 등의 동향 및 방지대책에 대한 조사·연구

12. 특정금융거래정보 전산관리시스템의 구축 및 보안관리

제16조(원장) ① 금융정보분석원에 원장 1명을 둔다.

2. 금융감독원

(1) 지위

금융위원회나 증권선물위원회의 지도·감독을 받아 금융기관에 대한 검사·감독 업무 등을 수행하기 위하여 금융감독원이 설립되어 있다(금융위원회의 설치 등에 관한 법률 제24조 제1항). 금융감독원은 무자본(無資本) 특수법인이다(금융위원회의 설치 등에 관한 법률 제24조 제2항). 금융감독원은 「은행법」에 따른 인가를 받아 설립된 은행 등의 업무 및 재산상황에 대한 검사 등의 업무를 수행한다.

금융위원회의 설치 등에 관한 법률

제24조(금융감독원의 설립) ① 금융위원회나 증권선물위원회의 지도·감독을 받아 금융기관에 대한 검사·감독 업무 등을 수행하기 위하여 금융감독원을 설립한다.

② 금융감독원은 무자본(無資本) 특수법인으로 한다.

제37조(업무) 금융감독원은 이 법 또는 다른 법령에 따라 다음 각 호의 업무를 수행한다.

1. 제38조 각 호의 기관의 업무 및 재산상황에 대한 검사

2. 제1호의 검사 결과와 관련하여 이 법과 또는 다른 법령에 따른 제재

(이하 각호 생략)

제38조(검사 대상 기관) 금융감독원의 검사를 받는 기관은 다음 각 호와 같다.

1. 「은행법」에 따른 인가를 받아 설립된 은행

2. 「자본시장과 금융투자업에 관한 법률」에 따른 금융투자업자, 증권금융회사, 종합금융회사 및 명의개서대행회사(名義改書代行會社)

3. 「보험업법」에 따른 보험회사

4. 「상호저축은행법」에 따른 상호저축은행과 그 중앙회

5. 「신용협동조합법」에 따른 신용협동조합 및 그 중앙회

6. 「여신전문금융업법」에 따른 여신전문금융회사 및 겸영여신업자(兼營與信業者)

7. 「농업협동조합법」에 따른 농협은행

8. 「수산업협동조합법」에 따른 수협은행

9. 다른 법령에서 금융감독원이 검사를 하도록 규정한 기관

10. 그 밖에 금융업 및 금융 관련 업무를 하는 자로서 대통령령으로 정하는 자

(2) 금융감독원장

금융감독원에 1명의 원장을 둔다(금융위원회의 설치 등에 관한 법률 제29조). 원장은 대표자로서 그 업무를 총괄한다. 원장은 금융감독원의 업무 수행과 관련한 규칙제정

권, 금융기관에 대한 자료제출 요구권 등을 갖는다. 이러한 권한의 행사는 각종 금융기관에 직접적인 영향을 미치고, 아울러 주식 가격에 직접 영향을 미칠 수도 있을 것이다. 따라서 원장의 직은 포괄적 직무관련성을 갖는다고 볼 것이다.[1]

금융위원회의 설치 등에 관한 법률

제30조(직무) ① 원장은 금융감독원을 대표하며, 그 업무를 총괄한다.

제39조(규칙의 제정) ① 원장은 금융감독원의 업무 수행과 관련하여 필요한 경우에는 규칙을 제정할 수 있다.

제40조(자료의 제출요구 등) ① 원장은 업무 수행에 필요하다고 인정할 때에는 제38조 각 호의 기관 또는 다른 법령에 따라 금융감독원에 검사가 위탁된 대상 기관에 대하여 업무 또는 재산에 관한 보고, 자료의 제출, 관계자의 출석 및 진술을 요구할 수 있다.

제41조(시정명령 및 징계요구) ① 원장은 제38조 각 호에 해당하는 기관의 임직원이 다음 각 호의 어느 하나에 해당하는 경우에는 그 기관의 장에게 이를 시정하게 하거나 해당 직원의 징계를 요구할 수 있다.

  1. 이 법 또는 이 법에 따른 규정·명령 또는 지시를 위반한 경우
  2. 이 법에 따라 원장이 요구하는 보고서 또는 자료를 거짓으로 작성하거나 그 제출을 게을리한 경우
  3. 이 법에 따른 금융감독원의 감독과 검사 업무의 수행을 거부·방해 또는 기피한 경우
  4. 원장의 시정명령이나 징계요구에 대한 이행을 게을리한 경우

제42조(임원의 해임권고 등) 원장은 제38조 각 호에 해당하는 기관의 임원이 이 법 또는 이 법에 따른 규정·명령 또는 지시를 고의로 위반한 때에는 그 임원의 해임을 임면권자에게 권고할 수 있으며, 그 임원의 업무집행의 정지를 명할 것을 금융위원회에 건의할 수 있다.

제43조(영업정지 등) 원장은 제38조 각 호의 기관이 이 법 또는 이 법에 따른 규정·명령 또는 지시를 계속 위반하여 위법 또는 불건전한 방법으로 영업하는 경우에는 금융위원회에 다음 각 호의 어느 하나의 조치를 명할 것을 건의할 수 있다.

  1. 해당 기관의 위법행위 또는 비행(非行)의 중지
  2. 6개월의 범위에서의 업무의 전부 또는 일부 정지

---

3. 공정거래위원회

(1) 공정거래위원회 위원장·부위원장

독점규제 및 공정거래에 관한 법률에 근거하여 공정거래위원회가 설치되어 있다. 공정거래위원회는 국무총리 소속의 중앙행정기관이다. 공정거래위원회는 독점과 불공정거래의 규제 등 공정거래질서를 위한 업무 전반을 수행하는바, 기업활동 전반에 직접적인 영향을 미친다. 이러한 공정거래위원회의 위원장의 직은 포괄적 직무관련성을 갖는다고 볼 것이다. 위원장의 직무를 대행하는 부위원장의 직 역시 포괄적 직무관련

---

1) 공직자윤리법 제14조의4 제1항, 제10조 제1항 제11호에서 주식백지신탁 의무자로 규정되고 있다.

성을 갖는다고 볼 것이다.

독점규제 및 공정거래에 관한 법률

제35조(공정거래위원회의 설치) ① 이 법에 의한 사무를 독립적으로 수행하기 위하여 국무총리소속
하에 공정거래위원회를 둔다.

② 공정거래위원회는 「정부조직법」 제2조(中央行政機關의 設置와 組織)의 규정에 의한 중앙행정기관
으로서 그 소관사무를 수행한다.

제36조(공정거래위원회의 소관사무) 공정거래위원회의 소관사무는 다음 각호와 같다.

  1. 시장지배적지위의 남용행위 규제에 관한 사항

  2. 기업결합의 제한 및 경제력집중의 억제에 관한 사항

  3. 부당한 공동행위 및 사업자단체의 경쟁제한행위 규제에 관한 사항

  4. 불공정거래행위 및 재판매가격유지행위 규제에 관한 사항

  5. 삭제 〈2016.3.29.〉

  6. 경쟁제한적인 법령 및 행정처분의 협의·조정등 경쟁촉진정책에 관한 사항

  7. 기타 법령에 의하여 공정거래위원회의 소관으로 규정된 사항

제37조(공정거래위원회의 구성등) ① 공정거래위원회는 위원장 1인 및 부위원장 1인을 포함한 9인의
위원으로 구성하며, 그중 4인은 비상임위원으로 한다. 〈개정 1996.12.30.〉

제38조(위원장) ① 위원장은 공정거래위원회를 대표한다.

③ 위원장이 사고로 인하여 직무를 수행할 수 없을 때에는 부위원장이 그 직무를 대행하며, 위원장과 부
위원장이 모두 사고로 인하여 직무를 수행할 수 없을 때에는 선임상임위원순으로 그 직무를 대행한다.

공정거래위원회와 그 소속기관 직제

제4조(위원회의 구성) ③ 위원장은 위원회의 회무를 통할하며, 소속 공무원을 지휘·감독한다.

---

(2) 공정거래위원회 상임위원

독점규제 및 공정거래에 관한 법률 제37조에 따른 3인의 상임위원은 임기제 공무
원으로서 공정거래위원회 소관 사무 전반에 대하여 상임으로 업무를 수행하는바, 이러
한 공무원의 직은 포괄적 직무관련성을 갖는다고 볼 것이다.

공정거래위원회와 그 소속기관 직제

제4조(위원회의 구성) ① 위원회는 위원장 1명과 부위원장 1명을 포함한 9명의 위원으로 구성하며,
그 중 4명은 비상임위원으로 한다.

② 위원장과 부위원장은 정무직으로 보하고, 위원장과 부위원장을 제외한 상임위원 3명은 고위공무
원단에 속하는 임기제공무원으로 보한다.

---

(3) 공정거래위원회 사무처장

공정거래위원회 사무처장은 공정거래위원회 소관 사무 전반에 대하여 위원장의 명
을 받아 사무를 처리하는바, 사무처장의 관장 사무는 공정거래위원회 소관 사무 전반에

미친다고 볼 것이므로, 사무처장의 직은 포괄적 직무관련성을 갖는다고 볼 것이다.

독점규제 및 공정거래에 관한 법률

제47조(사무처의 설치) 공정거래위원회의 사무를 처리하기 위하여 공정거래위원회에 사무처를 둔다.

제48조(조직에 관한 규정) ① 이 법에 규정된 것 이외에 공정거래위원회의 조직에 관하여 필요한 사항은 대통령령으로 정한다.

공정거래위원회와 그 소속기관 직제

제5조(사무처) ① 위원회의 사무를 처리하기 위하여 위원회에 사무처를 둔다.

② 사무처에 사무처장 1명을 두되, 사무처장은 고위공무원단에 속하는 일반직공무원으로 보한다.

③ 사무처장은 위원장의 명을 받아 사무처의 사무를 처리하며, 소속 직원을 지휘·감독한다.

C. 행정각부

Ⅰ. 기획재정부와 그 소속기관

1. 기획재정부

(1) 장관

기획재정부의 소관 사무는 국가의 경제 전반이므로, 모든 기업의 활동에 직접 영향을 미친다고 할 것이고, 따라서 기획재정부장관의 직은 포괄적 직무관련성을 갖는다고 단언하여도 지나치지 아니할 것이다.

정부조직법

제27조(기획재정부) ① 기획재정부장관은 중장기 국가발전전략수립, 경제·재정정책의 수립·총괄·조정, 예산·기금의 편성·집행·성과관리, 화폐·외환·국고·정부회계·내국세제·관세·국제금융, 공공기관 관리, 경제협력·국유재산·민간투자 및 국가채무에 관한 사무를 관장한다.

---

(2) 차관

기획재정부와 그 소속기관 직제가 정하는 기획재정부 차관의 소관 사무는 모든 기업 활동에 직접 영향을 미치는바, 기획재정부차관의 직 역시 포괄적 직무관련성을 갖는다고 보아야 할 것이다.

정부조직법

제26조(행정각부) ② 행정각부에 장관 1명과 차관 1명을 두되, 장관은 국무위원으로 보하고, 차관은

정무직으로 한다. 다만, 기획재정부·과학기술정보통신부·외교부·문화체육관광부·국토교통부에는 차관 2명을 둔다.

기획재정부와 그 소속기관 직제

제5조(복수차관의 운영) ② 제1차관은 인사과·운영지원과·세제실·경제정책국·정책조정국·미래경제전략국·국제금융정책국·국제금융협력국 및 대외경제국의 소관업무에 관하여 장관을 보조한다.
③ 제2차관은 예산실·국고국·재정기획국·재정관리국 및 공공정책국의 소관업무에 관하여 장관을 보조한다.

(3) 예산실장

기획재정부와 그 소속기관 직제에 의하면, 기획재정부 예산실은 국가의 예산과 기금에 관한 사무 등을 관장하는데, 이러한 사무는 모든 기업 활동에 직접 영향을 미친다고 볼 것이므로 예산실장의 직 역시 포괄적 직무관련성을 갖는다고 보아야 할 것이다.

기획재정부와 그 소속기관 직제

제14조(예산실) ① 예산실에 실장 1명을 두고, 실장 밑에 예산총괄심의관, 사회예산심의관, 경제예산심의관, 복지예산심의관, 행정안전예산심의관 각 1명을 둔다.
③ 실장은 다음 사항을 분장한다.
 1. 예산·기금과 관련된 국가정책의 우선순위에 대한 목표 제시
 2. 예산·기금이 수반되는 국가정책의 기획·조정
 2의2. 삭제 〈2014.12.30.〉
 3. 국가재정운용계획상 부처별·분야별 재원배분에 관한 사항
 3의2. 삭제 〈2014.12.30.〉
 3의3. 삭제 〈2014.12.30.〉
 4. 재정지출을 수반하는 중장기계획 협의·조정 총괄
 5. 세입·세출예산의 편성, 기금운용계획안 및 변경안의 협의·조정과 관련되는 업무의 총괄
 6. 분야별·기관별 재원의 사전배분에 관한 사항
 7. 국회에 제출하는 예산 및 기금운용계획안의 심의와 관련된 자료의 작성 및 협의
 8. 예비비의 관리
 9. 전시예산의 편성 및 전시기금운용계획의 수립과 그 집행·관리
 10. 기금운용기본정책의 수립
 11. 예산안 편성지침 및 기금운용계획안 작성지침의 작성·통보
 12. 재정정책자문회의의 운영
 13. 재정수입의 추계·분석
 14. 예산과목의 조정 및 기금의 항목구분·작성과 관련된 세부기준의 설정
 15. 예산 및 기금운용의 효율화를 위한 집행관리지침의 작성·관리
 16. 국가공무원 정원 증원에 따른 예산협의
 17. 인건비와 관련된 예산의 심사·협의

18. 예산편성 및 기금운용계획 수립에 필요한 기준 및 단가의 책정
19. 책임운영기관 특별회계의 운영
20. 주요 예산정책의 홍보
21. 예산·기금과 관련된 주요 정책에 관한 국민의견의 수렴·분석
22. 국고보조금의 집행 실적관리 업무의 총괄
23. 국제기구 및 외국 예산 당국과의 예산 관련 협력업무
24. 예산 배정과 관련되는 제도 등 업무 총괄
25. 예산 관련 교육 업무
26. 예산·기금이 수반되는 일자리 창출 지원에 관한 정부정책의 종합·조정
27. 총사업비의 관리 및 협의·조정
28. 예산·기금이 수반되는 지역발전관련 시책의 종합·조정
29. 국가와 지방자치단체 간의 재원배분에 관한 사항
30. 지역발전특별회계의 관리·운용
31. 지역발전계획 및 기초생활권 발전계획과 관련된 중장기 재정지원계획의 수립·분석
32. 지역개발사업과 관련된 투자계획의 조정 및 성과관리

2. 소속 중앙행정기관

(1) 국세청장·국세청 차장

기획재정부 장관에 소속하는 국세청은 국세에 관한 사무를 관장한다. 국세는 모든 기업활동에 직접적인 관련성을 갖는다. 따라서 국세청장의 직은 포괄적 직무관련성을 갖는다고 단언하여도 지나치지 아니할 것이다. 국세청의 사무 전반에 대하여 국세청장을 보조하는 국세청 차장의 직 역시 포괄적 직무관련성을 갖는다고 볼 것이다.

정부조직법

제27조(기획재정부) ③ 내국세의 부과·감면 및 징수에 관한 사무를 관장하기 위하여 기획재정부장관 소속으로 국세청을 둔다.

④ 국세청에 청장 1명과 차장 1명을 두되, 청장은 정무직으로 하고, 차장은 고위공무원단에 속하는 일반직공무원으로 보한다.

---

(2) 관세청장·관세청 차장

기획재정부 장관에 소속하는 관세청은 관세에 관한 사무를 관장한다. 관세 역시 모든 기업활동에 직접적인 관련성을 갖는다. 따라서 관세청장의 직은 포괄적 직무관련성을 갖는다고 할 것이다. 관세청의 사무 전반에 대하여 관세청장을 보조하는 관세청 차장의 직 역시 포괄적 직무관련성을 갖는다고 볼 것이다.

(3) 조달청장·조달청 차장

기획재정부 장관에 소속하는 조달청은 정부의 물자조달에 관한 사무를 관장한다. 정부의 물자조달 역시 모든 기업의 활동에 직접적인 관련성을 갖는다. 따라서 조달청장의 직은 포괄적 직무관련성을 갖는다고 할 것이다. 조달청의 사무 전반에 대하여 조달청장을 보조하는 조달청 차장의 직 역시 포괄적 직무관련성을 갖는다고 볼 것이다.

(4) 통계청장·통계청 차장

기획재정부 장관에 소속하는 통계청은 국가의 통계에 관한 사무를 관장한다. 정국가의 통계에 관한 사무는 그 자체가 기업의 활동에 관련성을 갖지 아니한다. 따라서 통계청장의 직은 포괄적 직무관련성과 거리가 멀다. 통계청장을 보조하는 통계청 차장의 직 역시 포괄적 직무관련성과 거리가 멀다.

II. 법무부와 소속기관

1. 법무부장관

법무부는 국가의 법무에 관한 사무를 관장한다. 법무 사무는 그 자체가 기업의 영리활동에 직접적인 관련을 맺지 아니한다. 따라서 법무 사무를 관장하는 법무부장관의 직은 포괄적 직무관련성과 거리가 멀다.

> **정부조직법**
> 제32조(법무부) ① 법무부장관은 검찰·행형·인권옹호·출입국관리 그 밖에 법무에 관한 사무를 관장한다.

2. 소속기관 ― 대검찰청
(1) 검찰총장

검찰청은 검사에 관한 사무를 관장한다. 검사에 관한 사무는 정보의 수집을 전제로 한다. 그 정보에는 경제에 관한 정보도 당연히 포함된다고 볼 것이다. 따라서 검사 사무에는 모든 주식과 관련한 정보에 용이하게 접근할 수 있는 가능성이 존재하는바, 검사 사무를 총괄하는 검찰청장의 직은 포괄적 직무관련성을 갖는다고 볼 것이다.

> **정부조직법**
> 제32조(법무부) ② 검사에 관한 사무를 관장하기 위하여 법무부장관 소속으로 검찰청을 둔다.
> ③ 검찰청의 조직·직무범위 그 밖에 필요한 사항은 따로 법률로 정한다.
>
> **검찰청법**
> 제4조(검사의 직무) ① 검사는 공익의 대표자로서 다음 각 호의 직무와 권한이 있다.
> 　1. 범죄수사, 공소의 제기 및 그 유지에 필요한 사항
> 　2. 범죄수사에 관한 사법경찰관리 지휘·감독
> 　3. 법원에 대한 법령의 정당한 적용 청구
> 　4. 재판 집행 지휘·감독
> 　5. 국가를 당사자 또는 참가인으로 하는 소송과 행정소송 수행 또는 그 수행에 관한 지휘·감독
> 　6. 다른 법령에 따라 그 권한에 속하는 사항
> 제12조(검찰총장) ① 대검찰청에 검찰총장을 둔다.
> ② 검찰총장은 대검찰청의 사무를 맡아 처리하고 검찰사무를 총괄하며 검찰청의 공무원을 지휘·감독한다.

(2) 대검찰청 차장검사

차장검사는 검찰총장을 보좌하는 기관이므로, 그 소관사무의 범위가 검찰총장의 소관 사무에 미친다. 이 때문에 검찰총장의 직이 포괄적 직무관련성을 갖는다고 한다

면, 차장검사의 직도 포괄적 직무관련성을 갖는다고 보아야 할 것이다.

> **검찰청법**
> 제13조(차장검사) ① 대검찰청에 차장검사를 둔다.
> ② 차장검사는 검찰총장을 보좌하며, 검찰총장이 부득이한 사유로 직무를 수행할 수 없을 때에는 그 직무를 대리한다.

Ⅲ. 행정안전부와 소속기관

1. 행정안전부장관

행정안전부는 정부조직과 정원, 상훈, 정부혁신, 행정능률, 전자정부, 개인정보보호, 정부청사의 관리, 지방자치제도, 지방자치단체의 사무지원·재정·세제 등에 관한 사무를 관장한다. 이러한 사무는 그 자체가 기업의 영리활동에 직접적인 관련을 맺지 아니한다. 따라서 이러한 사무를 관장하는 행정안전부장관의 직은 포괄적 직무관련성과 거리가 멀다.

> **정부조직법**
> 제34조(행정안전부) ① 행정안전부장관은 국무회의의 서무, 법령 및 조약의 공포, 정부조직과 정원, 상훈, 정부혁신, 행정능률, 전자정부, 개인정보보호, 정부청사의 관리, 지방자치제도, 지방자치단체의 사무지원·재정·세제, 낙후지역 등 지원, 지방자치단체간 분쟁조정, 선거·국민투표의 지원, 안전 및 재난에 관한 정책의 수립·총괄·조정, 비상대비, 민방위 및 방재에 관한 사무를 관장한다.
> ② 국가의 행정사무로서 다른 중앙행정기관의 소관에 속하지 아니하는 사무는 행정안전부장관이 이를 처리한다.

2. 소속기관 — 경찰청
(1) 경찰청장·경찰청 차장

경찰청은 치안에 관한 사무를 관장한다. 치안에 관한 사무는 정보의 수집을 전제로 한다. 그 정보에는 경제에 관한 정보도 당연히 포함된다고 볼 것이다. 따라서 경찰 사무에는 모든 주식과 관련한 정보에 용이하게 접근할 수 있는 가능성이 존재하는바, 치안에 관한 사무를 총괄하는 경찰청장의 직은 포괄적 직무관련성을 갖는다고 볼 것이다. 또한 경찰청장을 보좌하는 경찰청 차장은 그 소관사무의 범위가 경찰청장의 소관 사무에 미친다. 이 때문에 경찰청장의 직이 포괄적 직무관련성을 갖는다고 한다면, 경찰청 차장의 직도 포괄적 직무관련성을 갖는다고 보아야 할 것이다.

(2) 소방청장·소방청 차장

행정안전부 장관에 소속하는 소방청은 소방에 관한 사무를 관장한다. 소방에 관한 사무는 그 자체가 기업의 활동에 관련성을 갖지 아니한다. 따라서 소방청장의 직은 포괄적 직무관련성과 거리가 멀다. 소방청장을 보조하는 소방청 차장의 직 역시 포괄적 직무관련성과 거리가 멀다.

Ⅳ. 기타 행정각부와 소속기관

1. 의의

행정각부란 행정권의 수반인 대통령과 그의 명을 받는 국무총리의 통할 하에 정부의 권한에 속하는 사무를 부문별로 처리하기 위하여 설치되는 중앙행정기관을 말한다.[1] 행정각부는 헌법에 의해 설치가 예정되고 있는 기관이다. 정부조직법은 18개의 행정각부의 설치를 규정하고 있다. 몇몇 행정각부는 소속 중앙행정기관을 갖는다(예: 국방부의 경우 병무청과 방위사업청, 문화체육관광부의 경우 문화재청, 농림축산식품부의 경우 농촌진흥청과 산림청, 산업통상자원부의 경우 특허청, 환경부의 경우 기상청, 국토교통부의 경우 행정중심복합도시건설청과 새만금개발청, 해양수산부의 경우 해양경찰청).

헌법

　제96조 행정각부의 설치·조직과 직무범위는 법률로 정한다.

정부조직법

　제26조(행정각부) 행정각부의 설치·조직과 직무범위는 법률로 정한다.

　① 대통령의 통할하에 다음의 행정각부를 둔다.

1. 기획재정부	2. 교육부	3. 과학기술정보통신부
4. 외교부	5. 통일부	6. 법무부
7. 국방부	8. 행정안전부	9. 문화체육관광부
10. 농림축산식품부	11. 산업통상자원부	12. 보건복지부
13. 환경부	14. 고용노동부	15. 여성가족부
16. 국토교통부	17. 해양수산부	18. 중소벤처기업부

---

2. 포괄적 직무관련성 유무

　앞에서 살펴본 ① 기획재정부장관과 그 소속기관인 국세청·관세청·조달청의 청장과 차장, ② 법무부장관 소속의 검찰총장, ③ 행정안전부장관 소속의 경찰청장을 제외한 행정각부의 장이나 소속기관의 장 등의 직은 포괄적 직무관련성을 갖는다고 보기 어렵다. 왜냐하면 그러한 직은 경제 전반에 직접 영향력을 미치는 것도 아니고, 또한 경제 관련 정보 전반에 접근이 가능한 것도 아니기 때문이다.

D. 독립행정기관

1. 한국은행

(1) 지위

　효율적인 통화신용정책의 수립과 집행을 통하여 물가안정을 도모함으로써 국민경제의 건전한 발전에 이바지함을 목적으로 한국은행이 설립되어 있다(한국은행법 제1

---

1) 졸저, 행정법원론(하), 2017, 옆번호 150.

조). 한국은행에 정책결정기구로서 금융통화위원회를 둔다(한국은행법 제12조). 금융통화위원회는 통화신용정책에 관한 여러 사항을 심의·의결한다. 한국은행은 한국은행권의 발행 등 다양한 업무를 수행한다.

한국은행법

제28조(통화신용정책에 관한 의결) 금융통화위원회는 통화신용정책에 관한 다음 각 호의 사항을 심의·의결한다.

    1. 한국은행권(韓國銀行券) 발행에 관한 기본적인 사항

    2. 금융기관의 지급준비율, 최저지급준비금의 보유기간 및 보유방법

    3. 한국은행의 금융기관에 대한 재할인 또는 그 밖의 여신업무(與信業務)의 기준 및 이자율

    (이하 생략)

제47조(화폐의 발행) 화폐의 발행권은 한국은행만이 가진다.

제54조(한국은행의 예금 수입) 한국은행은 금융기관의 예금을 받을 수 있다.

제64조(금융기관에 대한 여신업무) ① 한국은행은 금융통화위원회가 정하는 바에 따라 금융기관에 대하여 다음 각 호의 여신업무를 할 수 있다. (각호 생략)

제68조(공개시장 조작) ① 한국은행은 금융통화위원회가 정하는 바에 따라 통화신용정책을 수행하기 위하여 자기계산으로 다음 각 호의 증권을 공개시장에서 매매하거나 대차할 수 있다. (각호 생략)

제71조(예수기관) 한국은행은 대한민국 국고금의 예수기관(預受機關)으로서 「국고금 관리법」에서 정하는 바에 따라 국고금을 취급한다.

---

(2) 한국은행 총재

총재는 금융통화위원회의 위원이면서 금융통화위원회의 대표이다. 한국은행에 1명의 총재를 둔다. 총재는 한국은행의 대표자로서 그 업무를 총괄한다. 앞서 언급한 한국은행의 지위에 비추어 볼 때, 한국은행의 역할은 경제영역에서 동맥이라 할 통화업무 전반에 관련하는바, 그 대표자인 한국은행 총재의 직은 포괄적 직무관련성을 갖는다고 볼 것이다.[1]

한국은행법

제13조(구성) ① 금융통화위원회는 다음의 7명의 위원으로 구성한다.

    1. 한국은행 총재

    2. 한국은행 부총재

    3. 기획재정부장관이 추천하는 위원 1명

    4. 한국은행 총재가 추천하는 위원 1명

    5. 금융위원회 위원장이 추천하는 위원 1명

    6. 대한상공회의소 회장이 추천하는 위원 1명

    7. 사단법인 전국은행연합회 회장이 추천하는 위원 1명

---

1) 공직자윤리법 제14조의4 제1항, 제10조 제1항 제11호에서 주식백지신탁 의무자로 규정되고 있다.

② 한국은행 총재(이하 "총재"라 한다)는 금융통화위원회 의장(이하 "의장"이라 한다)을 겸임한다.

제14조(의장) ① 의장은 금융통화위원회를 대표하며, 금융통화위원회의 회의를 주관하고 그 사무를 총괄한다.

제32조(집행간부) 한국은행에 집행간부로서 총재 및 부총재 각 1명과 부총재보 5명 이내를 둔다.

제34조(총재의 권한과 의무) ① 총재는 한국은행을 대표하고 그 업무를 총괄한다.

② 총재는 금융통화위원회가 수립한 정책을 수행하며, 이 법과 정관에 따라 부여된 그 밖의 권한을 행사한다.

2. 감사원

(1) 감사원의 지위 외 조직

감사원은 국가의 세입·세출의 결산, 국가 등의 회계검사, 행정기관 및 공무원의 직무에 관한 감찰을 하기 위하여 대통령 소속하에 설치된 중앙행정기관으로서 헌법기관이다. 감사원은 합의제 행정기관이다. 감사원은 직무 수행에서 독립적인 지위를 가진다.

헌법

제97조 국가의 세입·세출의 결산, 국가 및 법률이 정한 단체의 회계검사와 행정기관 및 공무원의 직무에 관한 감찰을 하기 위하여 대통령 소속하에 감사원을 둔다.

제100조 감사원의 조직·직무범위·감사위원의 자격·감사대상공무원의 범위 기타 필요한 사항은 법률로 정한다.

감사원법

제2조(지위) ① 감사원은 대통령에 소속하되, 직무에 관하여는 독립의 지위를 가진다.

제12조(의결사항) ① 다음 각 호의 사항은 감사위원회의에서 결정한다.

1. 감사원의 감사정책 및 주요 감사계획에 관한 사항
2. 제21조에 따른 결산의 확인에 관한 사항
3. 제31조에 따른 변상책임의 판정에 관한 사항
4. 제32조에 따른 징계 및 문책 처분의 요구에 관한 사항
5. 제33조에 따른 시정 등의 요구에 관한 사항
6. 제34조에 따른 개선 요구에 관한 사항
7. 제34조의2 제1항에 따른 권고 등에 관한 사항
8. 제36조·제38조 및 제39조에 따른 재심의에 관한 사항
9. 제41조에 따른 결산검사보고 및 제42조에 따른 수시보고(隨時報告)에 관한 사항
10. 제46조에 따른 심사청구결정에 관한 사항
11. 제49조에 따른 의견 표시 등에 관한 사항
12. 감사원규칙의 제정 및 개정·폐지에 관한 사항
13. 감사원의 예산 요구 및 결산에 관한 사항
14. 제28조에 따른 감사의 생략에 관한 사항
15. 제50조의2에 따른 감사사무의 대행에 관한 사항
16. 그 밖에 원장이 회의에 부친 사항

감사원의 조직은 감사원장, 감사위원으로 구성되는 감사위원회의, 원장의 지휘·감독 하에 감사원사무를 처리하는 사무처로 짜여 있다. 현재 감사원은 원장을 포함하여 7명으로 감사위원으로 구성되고 있다.

> **헌법**
> 제98조 ① 감사원은 원장을 포함한 5인 이상 11인 이하의 감사위원으로 구성한다.
> ② 원장은 국회의 동의를 얻어 대통령이 임명하고, 그 임기는 4년으로 하며, 1차에 한하여 중임할 수 있다.
> ③ 감사위원은 원장의 제청으로 대통령이 임명하고, 그 임기는 4년으로 하며, 1차에 한하여 중임할 수 있다.
>
> **감사원법**
> 제3조(구성) 감사원은 감사원장(이하 "원장"이라 한다)을 포함한 7명의 감사위원으로 구성한다.
> 제11조(의장 및 의결) ① 감사위원회의는 원장을 포함한 감사위원 전원으로 구성하며, 원장이 의장이 된다.
> 제16조(직무 및 조직) ① 원장의 지휘·감독하에 회계검사, 감찰, 심사결정 및 감사원에 관한 행정사무를 처리하기 위하여 감사원에 사무처를 둔다.

(2) 포괄적 직무관련성 유무

(가) **감사원장과 직무대행**　　감사원법 제12조가 규정하는 내용을 보면, 감사원의 업무는 국가사무 전반과 관련한다. 그리고 이러한 사무를 수행하기 위하여 감사원에 주어진 감사방법(감사원법 제25조에서 제27조, 제29조에서 제30조의2)과 감사 결과의 처리(감사원법 제31에서 제35조)의 유형 등은 매우 다양하다. 이러한 다양성은 각종 정보에의 접근가능성과 영향력 행사가능성을 가져다 준다고 볼 것이다. 이러한 연유로 감사원의 업무는, 기업활동 전반에 직접적인 영향을 미친다고 할 것이고, 이러한 감사원 업무 전반을 지휘·감독하는 감사원장의 직은 포괄적 직무관련성을 갖는다고 볼 것이다.

> **감사원법**
> 제4조(원장) ② 원장은 감사원을 대표하며 소속 공무원을 지휘하고 감독한다.
> 제11조(의장 및 의결) ① 감사위원회의는 원장을 포함한 감사위원 전원으로 구성하며, 원장이 의장이 된다.

논리적으로 볼 때, 감사원장의 직무를 대행하는 감사위원의 직 역시 포괄적 직무관련성을 갖는다고 볼 것이다.

> **감사원법**
> 제4조(원장) ③ 원장이 사고(事故)로 인하여 직무를 수행할 수 없을 때에는 감사위원으로 최장기간

재직한 감사위원이 그 직무를 대행한다. 다만, 재직기간이 같은 감사위원이 2명 이상인 경우에는 연장자가 그 직무를 대행한다.

(나) 감사위원　　　감사위원의 직은 정무직으로서 상근직이다. 감사위원은 감사위원회의 구성원이므로 감사위원회의의 소관사무 전반에 관여한다. 따라서 감사원장의 직과 마찬가지로 감사위원의 직은 포괄적 직무관련성을 갖는다고 볼 것이다.

> **감사원법**
> 제5조(임명 및 보수) ② 감사위원은 정무직으로 하고 그 보수는 차관의 보수와 같은 액수로 한다. 다만, 원장인 감사위원의 보수는 국무총리의 보수와 국무위원의 보수의 범위에서 대통령령으로 정한다.
> 제11조(의장 및 의결) ① 감사위원회의는 원장을 포함한 감사위원 전원으로 구성하며, 원장이 의장이 된다.

(다) 사무처 사무총장과 사무차장　　　감사원 사무처에 사무총장을 둔다. 사무총장은 감사원 소관 사무 전반에 대하여 원장의 명을 받아 사무를 처리하는바, 사무총장의 관장 사무는 감사원 소관 사무 전반에 미친다고 볼 것이므로, 사무총장의 직은 감사원장의 직과 마찬가지로 포괄적 직무관련성을 갖는다고 볼 것이다.

> **감사원법**
> 제17조(직원) ① 사무처에 사무총장 1명, 사무차장 2명과 그 밖에 필요한 직원을 둔다.
> 제19조(사무총장 및 사무차장) ② 사무총장은 원장의 명을 받아 사무처의 사무를 관장하며 소속 직원을 지휘하고 감독한다.

논리적으로 볼 때, 감사원 사무총장의 직무를 대행하는 사무차장의 직은 사무총장의 직과 마찬가지로 포괄적 직무관련성을 갖는다고 볼 것이다.

> **감사원법**
> 제17조(직원) ① 사무처에 사무총장 1명, 사무차장 2명과 그 밖에 필요한 직원을 둔다.
> 제19조(사무총장 및 사무차장) ③ 사무차장은 사무총장을 보좌하고 사무총장이 사고로 인하여 직무를 수행할 수 없을 때에는 그 직무를 대행한다.

3. 국가인권위원회 위원장과 상임위원

국가인권위원회는 인권에 관한 사무를 관장한다. 인권에 관한 사무는 그 자체가 기업의 활동에 관련성을 갖지 아니한다. 따라서 국가인권위원회의 위원장과 위원의 직은 포괄적 직무관련성과 거리가 멀다.

국가인권위원회법

제3조(국가인권위원회의 설립과 독립성) ① 이 법에서 정하는 인권의 보호와 향상을 위한 업무를 수행하기 위하여 국가인권위원회(이하 "위원회"라 한다)를 둔다.

제19조(업무) 위원회는 다음 각 호의 업무를 수행한다.

    1. 인권에 관한 법령(입법과정 중에 있는 법령안을 포함한다)·제도·정책·관행의 조사와 연구 및 그 개선이 필요한 사항에 관한 권고 또는 의견의 표명

    2. 인권침해행위에 대한 조사와 구제

    3. 차별행위에 대한 조사와 구제

    4. 인권상황에 대한 실태 조사

    5. 인권에 관한 교육 및 홍보

    6. 인권침해의 유형, 판단 기준 및 그 예방 조치 등에 관한 지침의 제시 및 권고

    7. 국제인권조약 가입 및 그 조약의 이행에 관한 연구와 권고 또는 의견의 표명

    8. 인권의 옹호와 신장을 위하여 활동하는 단체 및 개인과의 협력

    9. 인권과 관련된 국제기구 및 외국 인권기구와의 교류·협력

    10. 그 밖에 인권의 보장과 향상을 위하여 필요하다고 인정하는 사항

제5조(위원회의 구성) ① 위원회는 위원장 1명과 상임위원 3명을 포함한 11명의 인권위원(이하 "위원"이라 한다)으로 구성한다.

⑥ 위원장과 상임위원은 정무직공무원으로 임명한다. 〈개정 2016.2.3.〉

4. 방송통신위원회 위원장·부위원장과 위원

    방송통신위원회는 방송광고정책, 편성평가정책, 방송진흥기획 등에 관한 사무를 관장한다. 이러한 사무 그 자체는 기업의 활동과 직접적인 관련성을 갖지 아니한다. 따라서 방송통신위원회의 위원장과 위원의 직은 포괄적 직무관련성과 거리가 멀다.

방송통신위원회의 설치 및 운영에 관한 법률

제3조(위원회의 설치) ① 방송과 통신에 관한 규제와 이용자 보호 등의 업무를 수행하기 위하여 대통령 소속으로 방송통신위원회(이하 "위원회"라 한다)를 둔다. 〈개정 2013.3.23.〉

② 위원회는 「정부조직법」 제2조에 따른 중앙행정기관으로 보되, 다음 각 호의 사항에 대하여는 「정부조직법」 제18조를 적용하지 아니한다. 〈개정 2013.3.23., 2015.1.20.〉 (각호 생략)

제4조(위원회의 구성 등) ① 위원회는 위원회의 위원장(이하 "위원장"이라 한다) 1인, 부위원장 1인을 포함한 5인의 상임인 위원으로 구성한다.

② 위원회 위원(이하 "위원"이라 한다)은 정무직 공무원으로 보한다.

③ 위원은 「정부조직법」 제10조에도 불구하고 정부위원이 된다.

제11조(위원회의 소관사무) ① 위원회의 소관사무는 다음 각 호로 한다. 〈개정 2013.3.23.〉

    1. 방송광고정책, 편성평가정책, 방송진흥기획, 방송정책기획, 지상파방송정책, 방송채널정책에 관한 사항

    2. 조사기획총괄, 방송통신시장조사, 방송통신이용자보호, 시청자 권익증진, 개인정보보호윤리에 관한 사항

3. 방송용 주파수 관리에 관한 사항
4. 그 밖에 이 법 또는 다른 법률에서 위원회의 사무로 정한 사항

▌제3절 법원

I. 지위

1. 사무

법원은 사법권을 행사한다. 사법권의 내용은 법원조직법 등에서 구체화되고 있다. 법원조직법은 법률상 쟁송에 대한 심판권을 법원의 권한으로 규정하고, 아울러 등기 등에 관한 사무를 관장하도록 규정하고 있다.

헌법
제101조 ① 사법권은 법관으로 구성된 법원에 속한다.

법원조직법
제2조(법원의 권한) ① 법원은 헌법에 특별한 규정이 있는 경우를 제외한 모든 법률상의 쟁송(爭訟)을 심판하고, 이 법과 다른 법률에 따라 법원에 속하는 권한을 가진다.
③ 법원은 등기, 가족관계등록, 공탁, 집행관, 법무사에 관한 사무를 관장하거나 감독한다.

2. 조직

법원조직법은 법원의 종류를 최고법원인 대법원, 고등법원, 지방법원 등 6종류로 규정하고 있다. 특허법원은 고등법원에 준하고, 가정법원과 행정법원은 지방법원에 준한다.

헌법
제101조 법원은 최고법원인 대법원과 각급법원으로 조직된다.
제102조 ③ 대법원과 각급법원의 조직은 법률로 정한다.

법원조직법
제3조(법원의 종류) ① 법원은 다음의 6종류로 한다.
　1. 대법원
　2. 고등법원
　3. 특허법원

        4. 지방법원
        5. 가정법원
        6. 행정법원
    제11조(최고법원) 대법원은 최고법원이다.

Ⅱ. 포괄적 직무관련성 유무

1. 대법원장
(1) 전원합의체 재판장으로서 대법원장

대법원 전원합의체는 법원조직법 제14조가 정하는 사항에 대하여 심판권을 갖는다. 이러한 심판권은 특정 사건에 관련한다. 따라서 전원합의체의 재판장인 대법원장의 직은 포괄적 직무관련성과 거리가 멀다.

법원조직법

제7조(심판권의 행사) ① 대법원의 심판권은 대법관 전원의 3분의 2 이상의 합의체에서 행사하며, 대법원장이 재판장이 된다. (단서 생략)

제14조(심판권) 대법원은 다음 각 호의 사건을 종심(終審)으로 심판한다.
    1. 고등법원 또는 항소법원·특허법원의 판결에 대한 상고사건
    2. 항고법원·고등법원 또는 항소법원·특허법원의 결정·명령에 대한 재항고사건
    3. 다른 법률에 따라 대법원의 권한에 속하는 사건

(2) 대법관회의 의장으로서 대법원장

대법관회의는 대법관으로 구성되며, 대법원장이 의장이 된다. 대법관회의 의결사항은 법원조직법 제17조에 규정되고 있다. 대법관의결사항은 기업활동 전반과 무관하다. 따라서 대법관회의 의장으로서 대법원장의 직은 포괄적 직무관련성과 거리가 멀다.

법원조직법

제16조(대법관회의의 구성과 의결방법) ① 대법관회의는 대법관으로 구성되며, 대법원장이 그 의장이 된다.

제17조(대법관회의의 의결사항) 다음 각 호의 사항은 대법관회의의 의결을 거친다.
    1. 판사의 임명 및 연임에 대한 동의
    2. 대법원규칙의 제정과 개정 등에 관한 사항
    3. 판례의 수집·간행에 관한 사항
    4. 예산 요구, 예비금 지출과 결산에 관한 사항

5. 다른 법령에 따라 대법관회의의 권한에 속하는 사항
6. 특히 중요하다고 인정되는 사항으로서 대법원장이 회의에 부친 사항

(3) 최고사법행정기관으로서 대법원장

대법원장은 최고사법행정기관이다. 사법행정작용은 그 자체가 기업활동 전반과 무관하다. 따라서 최고사법행정기관으로서 대법원장의 직은 포괄적 직무관련성과 거리가 멀다.

법원조직법
　제9조(사법행정사무) ① 대법원장은 사법행정사무를 총괄하며, 사법행정사무에 관하여 관계 공무원을 지휘·감독한다.

2. 대법관, 기타 법관

대법원장의 직이 포괄적 직무관련성과 거리가 멀다고 한다면, 대법원장의 직보다 그 범위가 제한적인 대법관 또는 기타 법관의 직도 당연히 포괄적 직무관련성과 거리가 멀다고 하겠다.

3. 법원행정처장

법원행정처가 관장하는 사법행정사무는 그 자체가 기업활동 전반과 무관하다. 따라서 법원행정처 처장과 차장의 직은 포괄적 직무관련성과 거리가 멀다.

법원조직법
　제19조(법원행정처) ① 사법행정사무를 관장하기 위하여 대법원에 법원행정처를 둔다.
　② 법원행정처는 법원의 인사·예산·회계·시설·통계·송무(訟務)·등기·가족관계등록·공탁·집행관·법무사·법령조사 및 사법제도연구에 관한 사무를 관장한다.
　제67조(법원행정처장 등) ① 법원행정처에 처장과 차장을 둔다.
　② 처장은 대법원장의 지휘를 받아 법원행정처의 사무를 관장하고, 소속 직원을 지휘·감독하며, 법원의 사법행정사무 및 그 직원을 감독한다.
　③ 차장은 처장을 보좌하여 법원행정처의 사무를 처리하고, 처장이 궐위되거나 부득이한 사유로 직무를 수행할 수 없을 때에는 그 권한을 대행한다.

▌제4절 헌법재판소

Ⅰ. 지위

1. 사무

헌법재판소는 위헌법률심사 등 헌법 제111조가 정하는 사항에 대한 심판권을 행사한다. 헌법재판소법 제2조에서도 동일한 사항이 헌법재판소의 관장사항으로 규정되고 있다.

헌법

제111조 ① 헌법재판소는 다음 사항을 관장한다.
  1. 법원의 제청에 의한 법률의 위헌여부 심판
  2. 탄핵의 심판
  3. 정당의 해산 심판
  4. 국가기관 상호간, 국가기관과 지방자치단체간 및 지방자치단체 상호간의 권한쟁의에 관한 심판
  5. 법률이 정하는 헌법소원에 관한 심판

---

2. 조직

헌법재판소는 법관의 자격을 가진 9인의 재판관으로 구성된다. 헌법재판소의 조직은 헌법에 근거하여 헌법재판소법에서 규정되고 있다.

헌법

제111조 ② 헌법재판소는 법관의 자격을 가진 9인의 재판관으로 구성하며, 재판관은 대통령이 임명한다.
제113조 ③ 헌법재판소의 조직과 운영 기타 필요한 사항은 법률로 정한다.

Ⅱ. 포괄적 직무관련성 유무

1. 헌법재판소장

(1) 재판부의 재판장으로서 헌법재판소장

헌법재판소의 심판은 전원재판부에서 관장한다. 헌법재판소법 제2조가 정하는 헌법재판소의 관장사항은 특정 사건과 관련한다. 따라서 전원재판부의 재판장인 헌법재판소장의 직은 포괄적 직무관련성과 거리가 멀다.

(2) 재판관회의 의장으로서 헌법재판소장

재판관회의는 재판관 전원으로 구성되며, 헌법재판소장이 의장이 된다. 재판관회의 의결사항은 헌법재판소법 제16조에 규정되고 있다. 재판관회의 의결사항은 기업활동 전반과 무관하다. 따라서 재판관회의 의장으로서 헌법재판소장의 직은 포괄적 직무관련성과 거리가 멀다.

(3) 재판소행정기관으로서 헌법재판소장

헌법재판소장은 행정기관이다. 헌법재판소 행정작용은 그 자체가 기업활동 전반과 무관하다. 따라서 행정기관으로서 헌법재판소장의 직은 포괄적 직무관련성과 거리가 멀다. 헌법재판소장의 직을 대행하는 경우에도 마찬가지이다.

2. 재판관

헌법재판소장의 직이 포괄적 직무관련성과 거리가 멀다고 한다면, 헌법재판소장의 직보다 그 범위가 제한적인 재판관의 직도 당연히 포괄적 직무관련성과 거리가 멀다고 하겠다.

3. 사무처 처장·차장

사무처가 관장하는 헌법재판소 행정사무는 그 자체가 기업활동 전반과 무관하다. 따라서 사무처 처장과 차장의 직은 포괄적 직무관련성과 거리가 멀다.

▎제5절　선거관리위원회

Ⅰ. 지위

1. 사무

선거관리위원회는 선거, 국민투표 그리고 정당에 관한 사무를 처리한다. 선거관리위원회법 제3조에서 선거관리위원회의 직무가 자세히 규정되고 있다.

2. 조직

중앙선거관리위원회는 9인의 위원으로 구성된다. 중앙선거관리위원회의 조직은 헌법에 근거하여 선거관리위원회법에서 규정되고 있다.

II. 포괄적 직무관련성 유무

1. 중앙선거관리위원회 위원장·상임위원

중앙선거관리위원회는 선거관리위원회법 제3조 제1항이 정하는 선거관리위원회의 사무를 처리하고 아울러 각급 선거관리위원회의 사무수행을 지휘·감독한다. 선거관리위원회법 제3조 제1항이 정하는 선거관위원회의 사무는 기업의 활동과 무관하다. 따라서 선거관리위원회의 사무를 통괄하는 중앙선거관리위원회 위원장의 포괄적 직무관련성과 거리가 멀다. 위원장의 직을 대행하는 자의 경우에도 같다.

③ 위원장은 위원회를 대표하고 그 사무를 통할한다.

⑤ 위원장이 사고가 있을 때에는 상임위원 또는 부위원장이 그 직무를 대행하며 위원장·상임위원·부위원장이 모두 사고가 있을 때에는 위원중에서 임시위원장을 호선하여 위원장의 직무를 대행하게 한다.

제6조(상임위원) ① 중앙선거관리위원회와 시·도선거관리위원회에 위원장을 보좌하고 그 명을 받아 소속 사무처의 사무를 감독하게 하기 위하여 각 1인의 상임위원을 둔다.

〈개정 1992.11.11., 2010.1.25.〉

2. 기타 선거관리위원회 위원장·상임위원

특별시·광역시·도선거관리위원회 위원장·상임위원의 경우와 기타 선거관리위원회 위원장도 중앙선거관리위원회 위원장·상임위원의 경우와 같이 그 직이 포괄적 직무관련성과 거리가 멀다.

선거관리위원회법

제2조(설치) ① 선거관리위원회의 종류와 위원회별위원의 정수는 다음과 같다. 〈개정 1997.12.13., 2005.8.4.〉

    1. 중앙선거관리위원회 9인

    2. 특별시·광역시·도선거관리위원회 9인

    3. 구·시·군선거관리위원회 9인

    4. 읍·면·동선거관리위원회 7인

▌제6절　지방자치단체

Ⅰ. 지방의회

지방자치법은 지방의회의 위원회의 설치를 임의적인 것으로 하는바, 위원회를 두는 지방자치단체와 위원회를 두지 아니하는 지방자치단체가 있을 수 있다. 현재로서 ① 기초지방자치단체의 경우, 시·군·자치구의회에 상임위원회를 두는 것이 일반적이지만, 상임위원회를 두지 아니하는 시·군·자치구의회도 있다.[1] ② 광역지방자치단

---

1) 2016.7.~2018.6.기간 상임위원회를 구성하지 아니한 기초 지방자치단체는 50개에 달한다(행정자치부, 제7기 후반기 지방의회 현황, 2016.12.).

시도	지자체 수	지자체 명
계	50	
부산	1	강서구
대구	1	달성군

체의 경우, 상임위원회를 두지 아니하는 시·도의회는 찾아보기 어렵다.

1. 지방의회 의장

(1) 시·군·자치구의회 의장

① 시·군·자치구의회에 상임위원회를 두는 경우, 지방의회의 사무는 상임위원회를 거친 후 본회의에 상정되는바, 의장의 직무관련성 심사에 있어 의장 직무의 포괄성을 인정하기 어렵다. 그러나 ② 상임위원회를 두지 아니하는 시·군·자치구의회의 경우에는 상임위원회를 거침이 없이 본회의에 상정되는바, 의장 직무의 포괄성을 인정할 여지는 있다고 하겠으나, 지방의회가 합의제라는 점을 고려한다면 의장 직무의 포괄성을 인정할 실익은 보이지 아니한다. 요컨대 시·군·자치구의회 의장의 경우, 포괄성을 인정하기 어렵다.

[참고] 시·군·자치구의회 의장이 보유하고 있는 주식의 발행기업과 그 의장이 소속하는 지방자치단체 사이에 상거래가 있다고 하면, 그 의장의 직은 직무관련성이 있는 것으로 볼 것이다. 이러한 경우는 포괄적 직무관련성의 문제가 아니다.

(2) 시·도의회 의장

현재로서 상임위원회를 두지 아니하는 시·도의회는 찾아보기 어렵다. 시·도의회의장의 직무 범위는 「상임위원회를 두는 시·군·자치구의회 의장」의 경우와 마찬가지로 직무관련성 심사에 있어 의장 직무의 포괄성을 인정하기 어렵다.

[참고] 시·도의회 의장이 보유하고 있는 주식의 발행기업과 그 의장이 소속하는 지방자치단체 사이에 상거래가 있다고 하면, 그 의장의 직은 직무관련성이 있는 것으로 볼 것이다. 이러한 경우는 포괄적 직무관련성의 문제가 아니다.

인천	2	강화군, 옹진군
울산	2	동구, 북구
경기	10	군포시, 양주시, 오산시, 하남시, 의왕시, 동두천시, 양평군, 과천시, 연천군
강원	15	동해시, 태백시, 속초시, 삼척시, 홍천군, 횡성군, 영월군, 평창군, 정선군, 철원군, 화천군, 양구군, 인제군, 고성군, 양양군
충북	4	영동군, 진천군, 음성군, 단양군
충남	2	계룡시, 태안군
전남	3	곡성군, 구례군, 진도군
경북	10	군위군, 청송군, 영양군, 영덕군, 고령군, 성주군, 예천군, 봉화군, 울진군, 울릉군

2. 의원

시·군·자치구의회 의장의 직이나 시·도의회 의장의 직이 포괄적 직무관련성을 인정하기 어렵다고 하면, 시·군·자치구의회 의원의 직이나 시·도의회 의원의 직이 포괄적 직무관련성을 갖는다고 보기는 더 어렵다.

[참고] 상임위원회가 없는 의원이 직무관련성을 갖는 경우

의원이 보유하고 있는 주식의 발행기업과 그 의원이 소속하는 지방자치단체 사이에 상거래가 있는 경우, 그 의원의 직은 의장의 직과 마찬가지로 직무관련성이 있는 것으로 볼 것이다. 이러한 경우는 포괄적 직무관련성의 문제가 아니다.

[참고] 상임위원회가 있는 의원이 직무관련성을 갖는 경우

의원이 소속 상임위원회와 그 의원이 보유하고 있는 주식의 발행기업과 업무관련성이 있는 경우, 그 의원이 보유하고 있는 주식의 발행기업과 그 의원이 소속하는 지방자치단체 사이에 상거래가 있는 경우, 계약부서나 회계부서에 그 기업과의 거래와 관련하여 영향력을 할 수 있는 경우, 그 의원의 직은 직무관련성이 있는 것으로 볼 수 있을 것이다. 이러한 경우는 포괄적 직무관련성의 문제가 아니다.

Ⅱ. 지방자치단체의 장

1. 시장·군수·자치구청장

시장·군수·자치구청장의 직무 범위는 지역적으로는 제한적이지만, 사항적으로는 포괄적인 것으로 볼 여지도 있다. 그러나 시장·군수·자치구청장의 관장 사무의 범위는 국가나 광역지방자치단체의 관장 사무 범위에 비추어 상당히 제한적이고, 시·군·자치구의 산업구조 등은 시·군·자치구에 따라 상당한 차이를 보이고 있는 것이 현실인 점을 고려한다면, 시장·군수·자치구청장의 직무관련성 심사에 있어 장의 직무의 포괄성을 일반적인 것으로 인정하는 것은 곤란하다.

2. 시·도지사

시·도의 관장 사무의 범위가 국가의 관장 사무 범위에 비추어 제한적이지만, 광역지방자치단체 그 자체가 광역적이라는 점을 고려한다면, 시·도지사의 직무관련성 심사에 있어 시·도지사 직무의 포괄성을 인정하는 것은 어려운 일이 아닐 것이다.

▌제7절 공직유관단체의 장

주식백지신탁을 하여야 하는 공직유관단체의 임원에 관해서는 공직자윤리법 제14조의4 제1항, 그리고 이 조항에 따른 공직자윤리법 제10조 제1항 제12호, 공직자윤리법 시행령 제24조 제4항이 규정하고 있다. 이하에서 몇몇 직에 대하여 포괄적 직무관련성의 문제를 살피기로 한다. 참고로, 아래에서 검토하고자 하는 직을 주식백지신탁 의무자로 지정하는 것이 바람직한 것인가, 또는 타당한 것인가의 문제는 별론으로 한다.

공직자윤리법

제14조의4(주식의 매각 또는 신탁) ① 등록의무자 중 **제10조 제1항에 따른 공개대상자**와 기획재정부 및 금융위원회 소속 공무원 중 대통령령으로 정하는 사람(이하 "공개대상자등"이라 한다)은 … 1개월 이내에 다음 각 호의 어느 하나에 해당하는 행위를 직접 하거나 이해관계자로 하여금 하도록 하고 그 행위를 한 사실을 등록기관에 신고하여야 한다. … 〈개정 2015.12.29.〉

제10조(등록재산의 공개) ① 공직자윤리위원회는 관할 등록의무자 중 다음 각 호의 어느 하나에 해당하는 공직자 본인과 배우자 및 본인의 직계존속·직계비속의 재산에 관한 등록사항과 제6조에 따른 변동사항 신고내용을 등록기간 또는 신고기간 만료 후 1개월 이내에 관보 또는 공보에 게재하여 공개하여야 한다. 〈개정 2010.3.22., 2011.7.29., 2012.12.11., 2015.12.29., 2017.3.21.〉

12. 그 밖에 대통령령으로 정하는 정부의 공무원 및 공직유관단체의 임원

공직자윤리법 시행령

제24조(재산공개대상자) ④ 법 제10조 제1항 제12호에 따라 등록재산을 공개하는 공직유관단체의 임원은 다음 각 호와 같다. 〈개정 2009.11.23.〉

1. 제3조의2 제1항에 해당하는 기관·단체 중 정부 및 지방자치단체의 출자·출연·보조액 또는 재출자·재출연액이 200억원 이상인 기관·단체의 장

2. 중앙행정기관의 장이나 지방자치단체의 장이 임원을 승인·선임하는 공직유관단체 중 정부 및 지방자치단체의 출자·출연·보조액이 100억원 이상인 기관·단체의 장

3. 중앙행정기관의 장이나 지방자치단체의 장이 임원을 승인·선임하는 공직유관단체 중 대통령이 임면(任免)하는 기관·단체의 장

Ⅰ. 국책은행

1. 한국수출입은행[1]

(1) 지위

수출입, 해외투자 및 해외자원개발 등 대외 경제협력에 필요한 금융을 제공함으로써 국민경제의 건전한 발전을 촉진함을 목적으로 한국수출입은행이 설립되어 있다

---

[1] 기획예산처 고시 제2007-31호(2007년 4월 11일)에서 수출입은행을 기타공공기관으로 지정하였다.

(한국수출입은행법 제1조). 한국수출입은행은 법인으로서 자본금은 정부, 한국은행 등의 출자로 이루어진다(한국수출입은행법 제4조). 한국수출입은행은 자금공급, 외국자본의 차입에 대한 보증, 수출입금융채권의 발행, 법인에 대한 출자 등의 업무를 수행한다(한국수출입은행법 제18조).

한국수출입은행법

제2조(성격 등) ① 한국수출입은행(이하 "수출입은행"이라 한다)은 법인으로 한다.

제4조(자본금) 수출입은행의 자본금은 15조원으로 하고, 정부, 한국은행, 「한국산업은행법」에 따른 한국산업은행, 「은행법」 제2조 제1항 제2호에 따른 은행, 수출업자의 단체와 국제금융기구가 출자하되, 정부 출자의 시기와 방법은 대통령령으로 정한다.

제18조(업무) ① 수출입은행은 제1조에 따른 목적을 달성하기 위하여 다음 각 호의 분야에 자금을 공급한다.
  1. 수출 촉진 및 수출경쟁력 제고
  2. 국민경제에 중요한 수입
  (이하 생략)
② 수출입은행은 제1항 각 호의 분야에 따른 자금을 공급하기 위하여 다음 각 호의 업무를 수행한다.
  1. 대출 또는 어음의 할인
  2. 「자본시장과 금융투자업에 관한 법률」 제4조에 따른 증권(이하 "증권"이라 한다)에 대한 투자 및 보증
  3. 채무의 보증
  4. 정부, 한국은행, 그 밖의 금융기관으로부터의 차입
  5. 외국자본의 차입
  6. 수출입금융채권과 그 밖의 증권 및 채무증서의 발행
  7. 외국환 업무
  8. 정부가 위탁하는 업무
  9. 그 밖에 제1항 각 호의 분야에 따른 자금을 공급하기 위하여 필요하다고 인정하여 기획재정부장관이 승인한 업무

제19조의2(외국자본의 차입에 대한 보증) ① 수출입은행이 차입하는 외국자본의 원리금 상환에 대하여 정부가 보증할 수 있다.

제20조(수출입금융채권) ① 수출입은행은 대통령령으로 정하는 바에 따라 수출입금융채권(輸出入金融債券)을 발행할 수 있다.

제20조의2(법인에 대한 출자 등) ① 수출입은행은 다음 각 호의 어느 하나에 해당하는 경우에는 기획재정부장관의 승인을 받아 대한민국 법인이나 외국법인(대한민국 국민이 출자하는 외국법인을 포함한다)에 출자할 수 있다.
  1. 제18조에 따른 업무와 관련된 조사·연구 및 자금조달업무 등을 지원하게 하기 위하여 필요한 경우
  2. 다른 법률에 따라 출자하는 경우

(2) 한국수출입은행 은행장

한국수출입은행에 1명의 은행장을 둔다(한국수출입은행법 제8조). 은행장은 한국수출입은행의 대표자로서 그 업무를 총괄한다. 한국수출입은행의 각종 업무의 수행은 각종 금융기관, 기업에 직접적인 영향을 미치고, 아울러 주식 가격에 직접 영향을 미칠 수도 있을 것이다. 따라서 한국수출입은행의 대표인 은행장의 직은 포괄적 직무관련성을 갖는다고 볼 것이다.

한국수출은행법

제8조(임원) 수출입은행에 임원으로서 은행장 1명, 전무이사 1명, 5명 이내의 이사와 감사 1명을 둔다.

제9조(임원의 직무) ① 은행장은 수출입은행을 대표하고 그 업무를 총괄한다.

---

2. 한국산업은행[1]

(1) 지위

개발·육성, 사회기반시설의 확충, 지역개발, 금융시장 안정 및 그 밖에 지속가능한 성장 촉진 등에 필요한 자금을 공급·관리하는 한국산업은행을 설립하여 금융산업 및 국민경제의 건전한 발전에 이바지함을 목적으로 한국산업은행이 설립되어 있다(한국산업은행법 제1조). 한국산업은행은 법인으로서 자본금은 주식으로 분할한다(한국산업은행법 제5조). 한국산업은행은 대출과 어음의 할인 등의 업무를 수행한다(한국산업은행법 제18조).

한국산업은행법

제2조(성격 등) ① 한국산업은행은 법인으로 한다.

제5조(자본금) ① 한국산업은행의 자본금은 30조원 이내에서 정관으로 정하되, 정부가 100분의 51 이상을 출자(出資)한다.

② 한국산업은행의 자본금은 주식으로 분할한다.

제18조(업무) ① 한국산업은행은 제1조의 목적을 달성하기 위하여 다음 각 호의 분야에 자금을 공급한다.

　　1. 산업의 개발·육성

　　2. 중소기업의 육성

　　3. 사회기반시설의 확충 및 지역개발

　　4. 에너지 및 자원의 개발

　　5. 기업·산업의 해외진출

　　6. 기업구조조정

　　7. 정부가 업무위탁이 필요하다고 인정하는 분야

---

1) 기획예산처 고시 제2007-31호(2007년 4월 11일)에서 한국산업은행을 기타공공기관으로 지정하였으나, 기획재정부 고시 제2012-2호(2012년 1월 31일)에서 산업은행을 공공기관 지정에서 해제하였다. 기획재정부 고시 제2014-1호(2014년 1월 24일)에서 산업은행을 기타 공공기관으로 재지정하였다.

8. 그 밖에 신성장동력산업 육성과 지속가능한 성장 촉진 등 금융산업 및 국민경제의 발전을 위하여 자금의 공급이 필요한 분야

② 한국산업은행은 제1항의 자금 공급을 위하여 다음 각 호의 업무를 수행한다.

1. 대출 또는 어음의 할인

2. 「자본시장과 금융투자업에 관한 법률」 제4조에 따른 증권(이하 "증권"이라 한다)의 응모·인수 및 투자. 다만, 주식의 인수는 한국산업은행의 납입자본금과 제31조 제1항에 따른 적립금 합계액의 2배를 초과할 수 없다.

3. 채무의 보증 또는 인수

4. 제1호부터 제3호까지의 업무를 위하여 다음 각 목의 방법으로 하는 자금 조달

가. 예금·적금의 수입

나. 산업금융채권이나 그 밖의 증권 및 채무증서의 발행

다. 정부, 한국은행, 그 밖의 금융기관 등으로부터의 차입. 다만, 한국산업은행이 정부로부터 차입하여 생긴 채무의 변제 순위는 한국산업은행이 업무상 부담하는 다른 채무의 변제 순위보다 후순위로 한다.

라. 외국자본의 차입

(이하 생략)

(2) 한국산업은행 회장

한국산업은행에 1명의 회장을 둔다(한국산업은행법 제10조). 회장은 한국산업은행의 대표자로서 그 업무를 관할한다. 한국산업은행의 각종 업무의 수행은 기업 전반에 직접적인 영향을 미치고, 아울러 주식 가격에 직접 영향을 미칠 수도 있을 것이다. 따라서 한국산업은행의 대표인 회장의 직은 포괄적 직무관련성을 갖는다고 볼 것이다.

한국산업은행법

제10조(임원) ① 한국산업은행에 임원으로 회장, 전무이사, 이사 및 감사를 둔다.
② 회장 및 감사는 각각 1명으로 한다.
제11조(임원의 직무) ① 회장은 한국산업은행을 대표하며, 그 업무를 총괄한다.

3. 중소기업은행[1]

(1) 지위

중소기업자에 대한 효율적인 신용제도를 확립함으로써 중소기업자의 자주적인 경제활동을 원활하게 하고 그 경제적 지위의 향상을 도모함을 목적으로 중소기업은행이 설립되어 있다(중소기업은행법 제1조). 중소기업은행은 법인으로서 자본금은 주식으

---

[1] 기획예산처 고시 제2007-31호(2007년 4월 11일)에서 중소기업은행을 기타공공기관으로 지정하였으나, 기획재정부 고시 제2012-2호(2012년 1워 31일)에서 중소기업은행을 공공기관 지정에서 해제하였다. 기획재정부 고시 제2014-1호(2014년 1월 24일)에서 중소기업은행을 기타 공공기관으로 재지정하였다.

로 분할한다(중소기업은행법 제5조). 중소기업은행은 중소기업자에 대한 자금의 대출과 어음의 할인 등의 업무를 수행한다(중소기업은행법 제33조).

중소기업은행법

제3조(법인격) ① 중소기업은행은 법인으로 한다.

제5조(자본금) ① 중소기업은행의 자본금은 10조원으로 한다.

② 중소기업은행의 자본금은 주식으로 분할한다.

제33조(업무) 중소기업은행은 제1조의 목적을 달성하기 위하여 다음 각 호의 어느 하나에 해당하는 업무를 수행한다.

    1. 중소기업자에 대한 자금의 대출과 어음의 할인

    2. 예금·적금의 수입 및 유가증권이나 그 밖의 채무증서의 발행

    3. 중소기업자의 주식의 응모·인수 및 사채(社債)의 응모·인수·보증. 다만, 주식의 인수는 중소기업은행의 납입자본금(納入資本金)을 초과하지 못하며 소유 주식 또는 사채는 수시로 매각(賣却)할 수 있다.

    4. 내·외국환(內·外國換)과 보호예수(保護預受)

    (이하 생략)

---

(2) 중소기업은행 은행장

중소기업은행에 1명의 은행장을 둔다(중소기업은행법 제24조). 은행장은 대표자로서 그 업무를 관할한다. 중소기업은행의 각종 업무의 수행은 중소기업에 직접적인 영향을 미치고, 아울러 주식 가격에 직접 영향을 미칠 수도 있을 것이다. 따라서 중소기업은행의 대표인 은행장의 직은 포괄적 직무관련성을 갖는다고 볼 것이다.

중소기업은행법

제24조(임원) ① 중소기업은행에는 임원으로 은행장, 전무이사, 이사 및 감사를 둔다.

② 은행장 및 감사는 각 1명으로 하고, 전무이사 및 이사의 정수(定數)는 정관으로 정한다.

제25조(임원의 직무) ① 은행장은 중소기업은행을 대표하며, 그 업무를 관할한다.

Ⅱ. 연금공단

1. 국민연금공단[1]

(1) 지위

국민의 노령, 장애 또는 사망에 대하여 연금급여를 실시함으로써 국민의 생활

---

1) 기획예산처 고시 제2007-28호(2007년 4월 2일)에서 국민연금관리공단을 기금관리형 준정부기관으로 지정하였다. 그 후 기획예산처 고시 제2008-3호(2008년 1월 30일)에서 구 국민연금관리공단을 국민연금공단으로 명칭을 변경하여 준정부기관으로 지정하였다.

안정과 복지 증진에 이바지하는 것을 목적으로 국민연금법이 제정되어 있다(국민연금법 제1조). 국민연금법상 국민연금사업의 주관청은 보건복지부장관이다(국민연금법 제2조). 보건복지부장관의 위탁을 받아 국민연금법의 목적을 달성하기 위한 사업을 효율적으로 수행하기 위해 국민연금공단이 설립되었다(국민연금법 제24조). 국민연금공단은 연금보험료의 부과 등의 업무를 수행한다(국민연금법 제25조). 국민연금공단은 법인이다.

국민연금법

제25조(공단의 업무) 공단은 다음의 업무를 한다.
  1. 가입자에 대한 기록의 관리 및 유지
  2. 연금보험료의 부과
  3. 급여의 결정 및 지급
  4. 가입자, 가입자였던 자, 수급권자 및 수급자를 위한 자금의 대여와 복지시설의 설치·운영 등 복지사업
  5. 가입자 및 가입자였던 자에 대한 기금증식을 위한 자금 대여사업
  6. 제6조의 가입 대상(이하 "가입대상"이라 한다)과 수급권자 등을 위한 노후준비서비스 사업
  7. 국민연금제도·재정계산·기금운용에 관한 조사연구
  8. 국민연금에 관한 국제협력
  9. 그 밖에 이 법 또는 다른 법령에 따라 위탁받은 사항
  10. 그 밖에 국민연금사업에 관하여 보건복지부장관이 위탁하는 사항
제25조(법인격) ① 공단은 법인으로 한다.

---

(2) 국민연금공단 이사장

국민연금공단에 1명의 이사장을 둔다(국민연금법 제30조). 이사장은 대표자로서 그 업무를 통할한다. 국민연금법 제25조가 정하는 국민연금공단의 업무 중 특히 「가입자, 가입자였던 자, 수급권자 및 수급자를 위한 자금의 대여와 복지시설의 설치·운영 등 복지사업(국민연금법 제46조 참조)」, 「제6조의 가입 대상(이하 "가입대상"이라 한다)과 수급권자 등을 위한 노후준비서비스 사업(국민연금법 제46조의3 참조)」 등은 다른 기업에 직접적인 영향을 미치고, 아울러 주식 가격에 직접 영향을 미칠 수도 있을 것이다. 따라서 국민연금공단의 대표인 이사장의 직은 포괄적 직무관련성을 갖는다고 볼 수 있을 것이다.

국민연금법

제30조(임원) ① 공단에 임원으로 이사장 1명…을 둔…다.
제33조(임원의 직무) ① 이사장은 공단을 대표하고, 공단의 업무를 통할(統轄)한다.
제46조(복지사업과 대여사업 등) ① 공단은 가입자, 가입자였던 자 및 수급권자의 복지를 증진하기 위하여 대통령령으로 정하는 바에 따라 다음 각 호의 복지사업을 할 수 있다.
  1. 자금의 대여
  2. 「노인복지법」에 따른 노인복지시설의 설치·공급·임대와 운영

---

3. 제2호에 따른 노인복지시설의 부대시설로서 「체육시설의 설치·이용에 관한 법률」에 따른 체육시설의 설치 및 운영
4. 그 밖에 대통령령으로 정하는 복지사업

제46조의3(노후준비서비스) 공단은 가입대상 및 수급권자를 포함한 국민의 안정된 노후생활 보장을 위하여 「노후준비 지원법」 제2조 제2호의 노후준비서비스(이하 "노후준비서비스"라 한다)와 관련된 다음 각 호의 사업을 실시할 수 있다.
1. 노후준비서비스의 제공
2. 노후준비서비스에 관한 조사·연구
3. 노후준비서비스에 필요한 프로그램의 개발·보급
4. 노후준비서비스 제공자의 양성·관리
5. 노후준비서비스를 위한 정보시스템의 구축·운영
6. 그 밖에 노후준비서비스 제공에 관하여 보건복지부장관이 위탁하는 사항

2. 공무원연금공단[1]

(1) 지위

공무원의 퇴직 또는 사망과 공무(公務)로 인한 부상·질병·장애에 대하여 적절한 급여를 지급함으로써, 공무원 및 그 유족의 생활안정과 복리 향상에 이바지함을 목적으로 공무원연금법이 제정되어 있다(공무원연금법 제1조). 공무원연금법상 따른 공무원연금제도의 운영에 관한 사항은 인사혁신처장이 맡아서 주관한다(공무원연금법 제2조). 인사혁신처장의 위탁을 받아 공무원연금법의 목적을 달성하기 위한 사업을 효율적으로 수행하기 위하여 공무원연금공단이 설립되었다(공무원연금법 제4조). 공무원연금공단은 법인이다(공무원연금법 제5조). 공무원연금공단은 급여의 지급, 공무원 후생복지사업 등의 업무를 수행한다(공무원연금법 제16조).

공무원연금법
제5조(법인격) 공단은 법인으로 한다.
제16조(공단의 사업) 공단은 다음의 사업을 한다. 〈개정 2013.3.23., 2014.11.19.〉
1. 급여의 지급
2. 기여금, 부담금, 그 밖의 비용의 징수
3. 공무원연금기금을 불리기 위한 사업
4. 공무원 후생복지사업
5. 주택의 건설·공급·임대 또는 택지의 취득
6. 그 밖에 인사혁신처장이 위탁하는 사업

---

1) 기획예산처 고시 제2007-28호(2007년 4월 2일)에서 공무원연금관리공단을 기금관리형 준정부기관으로 지정하였다. 그 후 기획재정부 고시 제2010-16호(2010년 7월 27일)에서 구 공무원연금관리공단을 공무원연금공단으로 명칭을 변경하여 기금관리형 준정부기관으로 지정하였다.

(2) 공무원연금공단 이사장

공무원연금공단에 1명의 이사장을 둔다(공무원연금법 제8조). 이사장은 대표자로서 그 업무를 총괄한다. 공무원연금법 제16조가 정하는 공무원연금공단의 업무 중 특히 「공무원연금기금을 불리기 위한 사업」 등은 다른 기업에 직접적인 영향을 미치고, 아울러 주식 가격에 직접 영향을 미칠 수도 있을 것이다. 따라서 공무원연금공단의 대표인 이사장의 직은 포괄적 직무관련성을 갖는다고 볼 수 있을 것이다.

> **공무원연금법**
> 제8조(임원) ① 공단의 임원으로서 이사장 1명…을 둔다.
> 제9조(임원의 직무) ① 이사장은 공단을 대표하고, 공단의 업무를 총괄한다.

3. 사립학교 교직원연금공단[1]

(1) 지위

사립학교 교원 및 사무직원의 퇴직·사망 및 직무로 인한 질병·부상·장애에 대하여 적절한 급여제도를 확립함으로써 교직원 및 그 유족의 경제적 생활안정과 복리 향상에 이바지함을 목적으로 사립학교교직원 연금법이 제정되어 있다(사립학교교직원 연금법 제1조). 사립학교교직원 연금법은 부담금의 징수, 각종 급여의 결정과 지급 등의 사업을 위해 사립학교교직원연금공단의 설립을 규정하고 있다(사립학교교직원 연금법 제4조).

> **사립학교교직원 연금법**
> 제4조(설립) 다음 각 호의 업무를 관장하기 위하여 사립학교교직원연금공단(이하 "공단"이라 한다)을 설립한다.
> 　　1. 부담금 징수
> 　　2. 각종 급여의 결정과 지급
> 　　3. 자산의 운용
> 　　4. 교직원 복지사업의 수행
> 　　5. 그 밖에 연금에 관한 업무
> 제5조(법인격) ① 공단은 법인으로 한다.

(2) 이사장

사립학교교직원연금공단에 이사장 1명을 둔다(사립학교교직원연금법 제8조). 이사

---

1) 기획예산처 고시 제2007-28호(2007년 4월 2일)에서 사립학교교직원연금관리공단을 기금관리형 준정부기관으로 지정하였다. 그 후 기획재정부 고시 제2010-16호(2010년 7월 27일)에서 구 사립학교교직원연금관리공단을 사립학교교직원연금공단으로 명칭을 변경하여 기금관리형 준정부기관으로 지정하였다.

장은 대표자로서 그 업무를 총괄한다. 사립학교교직원연금법 제4조가 정하는 사립학교교직원연금공단의 업무 중 특히 「자산의 운용에 관한 사업」과 「교직원 복지사업의 수행」 등은 다른 기업에 직접적인 영향을 미치고, 아울러 주식 가격에 직접 영향을 미칠 수도 있을 것이다. 따라서 공무원연금공단의 대표인 이사장의 직은 포괄적 직무관련성을 갖는다고 볼 수 있을 것이다.

사립학교교직원연금법
　　제10조(임원) ① 공단에는 임원으로 이사장 1명…을 둔다. ….
　　제12조(임원의 직무) ① 이사장은 공단을 대표하고, 공단의 업무를 총괄한다.

Ⅲ. 기금 등

1. 신용보증기금[1]
(1) 지위

　　신용보증기금법은 "담보능력이 미약한 기업의 채무를 보증하게 하여 기업의 자금 융통을 원활히 하고, 신용정보의 효율적인 관리·운용을 통하여 건전한 신용질서를 확립함으로써 균형 있는 국민경제의 발전에 이바지함을 목적으로" 신용보증기금을 설치하고 있다(신용보증기금법 제1조). 신용보증기금은 법인이다. 신용보증기금은 신용보증 등의 업무를 수행한다(신용보증기금법 제23조).

신용보증기금법
　　제4조(법인격 등) ① 기금은 법인으로 한다.
　　제23조(업무) ① 기금은 이 법의 목적을 달성하기 위하여 다음 각 호의 업무를 수행한다.
　　　　1. 기본재산의 관리
　　　　2. 신용보증
　　　　2의2. 보증연계투자
　　　　3. 경영지도
　　　　4. 신용조사 및 신용정보의 종합관리
　　　　5. 구상권(求償權)의 행사
　　　　6. 신용보증제도의 조사·연구
　　　　7. 제1호부터 제6호까지의 업무에 부수되는 업무로서 금융위원회의 승인을 받은 것
　　② 기금은 제1항의 업무 외에 재보증업무 및 유동화회사보증업무를 수행할 수 있다.

---

1) 기획예산처 고시 제2007－28호(2007년 4월 2일)에서 신용보증기금을 기금관리형 준정부기관으로 지정하였다.

(2) 신용보증기금 이사장

신용보증기금에 이사장 1명을 둔다(신용보증기금법 제8조). 이사장은 대표자로서 그 업무를 총괄한다. 신용보증기금법 제23조가 정하는 신용보증기금의 업무 중 특히 「신용보증」과 「신용조사 및 신용정보의 종합관리」 등은 다른 기업의 정보에 대한 상당한 접근 가능성을 가져오고, 아울러 그러한 기업의 활동에 직접적인 영향을 미치며, 동시에 주식 가격에 직접 영향을 미칠 수도 있을 것이다. 따라서 신용보증기금의 대표인 이사장의 직은 포괄적 직무관련성을 갖는다고 볼 수 있을 것이다.

> **신용보증기금법**
> 제14조(임원) ① 기금에 임원으로서 이사장 1명…을 둔다.
> 제15조(임원의 직무) ① 이사장은 기금을 대표하고 그 업무를 총괄한다.

2. 기술보증기금[1)

(1) 지위

기술보증기금법은 "기술보증제도를 정착·발전시킴으로써 신기술사업에 대한 자금의 공급을 원활하게 하고 나아가 국민경제의 발전에 이바지함을 목적으로" 기술보증기금의 설치를 규정하고 있다(기술보증기금법 제1조). 말하자면 기술보증기금법은 담보능력이 미약한 기업의 채무를 보증하게 하여 기업에 대한 자금 융통을 원활하게 하기 위하여 기술보증기금(이하 "기금"이라 한다)을 설립한다(기술보증기금법 제12조 제1항). 신용보증기금은 법인이다(기술보증기금법 제12조 제2항). 기술보증기금은 기술보증, 신용보증 등의 업무를 수행한다(기술보증기금법 제28조).

> **기술보증기금법**
> 제12조(기금의 설립) ② 기금은 법인으로 한다.
> 제28조(기금의 업무) ① 기금은 다음 각 호의 업무를 수행한다.
>   1. 기본재산의 관리
>   2. 기술보증
>   3. 신용보증
>   3의2. 보증연계투자
>   4. 기업에 대한 경영지도 및 기술지도
>   5. 신용조사 및 신용정보의 종합관리
>   6. 기술평가(해당 기술과 관련된 기술성·시장성·사업성 등을 종합적으로 평가하여 금액·등급·

---

1) 기획예산처 고시 제2007-28호(2007년 4월 2일)에서 기술신용보증기금을 기금관리형 준정부기관으로 지정하였다.

의견 또는 점수 등으로 표시하는 것을 말한다)

7. 구상권(求償權) 행사
8. 신용보증제도의 조사·연구
9. 제1호부터 제8호까지의 업무에 부수되는 업무로서 금융위원회의 승인을 받은 업무
② 기금은 제1항의 업무 외에 재보증업무 및 유동화회사보증업무를 수행할 수 있다.

(2) 기술보증기금 이사장

기술보증기금에 이사장 1명을 둔다(기술보증기금법 제19조). 이사장은 대표자로서 그 업무를 총괄한다. 기술보증기금법 제28조가 정하는 기술보증기금의 업무 중 특히 「기술보증」, 「신용보증」과 「신용조사 및 신용정보의 종합관리」 등은 다른 기업의 정보에 대한 상당한 접근 가능성을 가져오고, 아울러 그러한 기업의 활동에 직접적인 영향을 미치고, 동시에 주식 가격에 직접 영향을 미칠 수도 있을 것이다. 따라서 기술보증기금의 대표인 이사장의 직은 포괄적 직무관련성을 갖는다고 볼 수 있을 것이다.

기술보증기금법
　제19조(임원) ① 기금에 임원으로서 이사장 1명…을 둔다.
　제20조(임원의 직무) ① 이사장은 기금을 대표하고 그 업무를 총괄한다.

[참고] 한국거래소
(1) 지위
한국거래소는 자본시장과 금융투자업에 관한 법률 제7편에 근거하여 설립되었다. (주)한국거래소는 증권 및 장내파생상품의 공정한 가격 형성과 그 매매, 그 밖의 거래의 안정성 및 효율성을 도모하기 위하여 증권거래소, 선물거래소, 코스닥 위원회, (주)코스닥증권시장 등 4개 기관이 통합되어 2005년 1월 27일 설립되었다.[1] 한국거래소는 「유가증권시장·코스닥시장·코넥스시장 및 파생상품시장의 개설·운영에 관한 업무」, 「증권 및 장내파생상품의 매매에 관한 업무」 등의 업무를 행한다.

한국거래소 정관
　제2조(목적) 거래소는 다음 각 호의 업무를 영위함을 목적으로 한다.
　　1. 유가증권시장·코스닥시장·코넥스시장 및 파생상품시장(이하 "시장"이라 한다)의 개설·운영에 관한 업무
　　2. 증권 및 장내파생상품의 매매에 관한 업무
　　3. 증권의 매매거래 및 장내파생상품거래에 따른 청산 및 결제에 관한 업무
　　3의2. 장외파생상품거래의 확인, 청산 및 결제에 관한 업무
　　4. 증권의 상장에 관한 업무

---

1) 한국거래소 홈페이지, 한국거래소 소개(KRX소개) 부분 인용(2016. 7. 12. 방문).

5. 장내파생상품 매매의 유형 및 품목의 결정에 관한 업무

6. 상장법인의 신고·공시에 관한 업무

7. 시장감시, 이상거래의 심리 및 회원에 대한 감리에 관한 업무

8. 증권의 경매업무

9. 유가증권시장·코스닥시장·코넥스시장 및 파생상품시장 등에서의 매매거래와 관련된 분쟁의
   자율조정(당사자의 신청이 있는 경우에 한한다)에 관한 업무

10. 시장정보의 제공 및 판매에 관한 업무

10의2. 각종 지수의 개발, 산출 및 판매에 관한 업무

11. 시장과 관련된 전산시스템의 개발 및 운영에 관한 업무

12. 부동산 및 전산장비 임대업무

13. 외국 거래소(그 지주회사를 포함한다. 이하 같다) 및 증권·파생상품관련 기관과의 제휴·연계
    ·협력 등에 관한 업무

14. 외국 거래소 및 증권·파생상품관련 기관 등에 대한 시스템수출·입무자문 등에 관한 업무

14의2. 석유제품현물전자상거래의 도입 및 운영에 관한 업무

14의3. 금 현물시장의 개설 및 운영에 관한 업무

14의4. 온실가스 배출권 거래시장의 개설 및 운영에 관한 업무

14의5. 온라인소액투자중개를 통하여 증권을 발행한 자(이하 "크라우드펀딩 기업"이라 한다) 등의
      주권의 장외거래와 관련한 주문정보 제공 및 정보통신망 운영 등에 관한 업무

14의6. 중소벤처기업 등의 인수합병의 중개 지원에 관한 업무

15. 제1호부터 제14호의6까지의 업무 이외에 법령에 따라 부여된 업무

16. 그 밖에 제1호 내지 제15호의 업무에 수반되는 부대업무

(2) 공공기관 여부

한국거래소의 업무에 대하여 금융위원회의 통제를 받는다(자본시장과 금융투자업에 관한 법률
제410조, 제415조 등). 그렇지만 기본적으로 한국거래소는 주주로 구성되는 주식회사이고, 상
법이 적용되기도 한다(자본시장과 금융투자업에 관한 법률 제374조). 이 때문에 한국거래소를
공직유관단체로 볼 것인가의 여부와 관련하여 논란이 있었다. 과거에 한국거래소를 공공기관
으로 분류한 적도 있으나,[1] 지금은 공공기관으로 분류하지 아니한다.[2]

> **자본시장과 금융투자업에 관한 법률**
>
> **제410조(보고와 검사)** ① 금융위원회는 투자자 보호 또는 건전한 거래질서를 위하여 필요하다고 인
> 정되는 경우에는 거래소에 대하여 그 업무 및 재산에 관한 보고 또는 또는 참고가 될 자료의 제출을 명하
> 고, 금융감독원장에게 그 업무·재산상황·장부·서류, 그 밖의 물건을 검사하게 할 수 있다.
>
> **제415조(감독)** 금융위원회는 투자자를 보호하고 건전한 거래질서를 유지하기 위하여 금융투자업자
> 가 이 법 또는 이 법에 따른 명령이나 처분을 적절히 준수하는지 여부를 감독하여야 한다.
>
> **제374조(「상법」의 적용)** 거래소에 대하여는 이 법에서 특별히 정한 경우를 제외하고는 「상법」 중 주
> 식회사에 관한 규정을 적용한다.

---

1) 2009년 1월 29일자 기획재정부 고시 제2009-3호에서 위탁집행형 준정부기관으로 지정되었다.

2) 2015년 1월 30일자 기획재정부 고시 제2015-3호에서 공공기관 지정을 해제하였다.

3부

/

직무관련성 심사사례연습

3부에서는 1부와 2부에서 살펴본 바를 전제로, 여러 직역의 공직자가 각각 여러 종류의 주식을 보유하고 있음을 제시하고, 그러한 공직자가 보유하는 주식이 직무관련성이 있는 주식인지 여부, 달리 말한다면 주식백지신탁의 대상이 되는 주식인지 여부를 검토해보기로 한다.

A. 국회

[1] 행정안전위원회 소속 국회의원

[사례]

甲은 최근 A지역구에서 선출된 국회의원으로서, 소속 상임위원회는 행정안전위원회이다. 甲은 A지역 등의 주민을 주된 독자로 하는 일간지 A신문이 발행한 주식 10,000주를 보유하고 있다. 주식당 가격은 3,500원이다. 甲은 행정안전위원회 소속 국회의원의 신분을 유지하면서 주식을 보유할 수 있는가?

1. 심사대상 여부

◆ 보유 주식의 총 가액이 1천만원 이상 5천만원 이하의 범위에서 대통령령으로 정하는 금액을 초과하면, 직무관련성 심사대상이 된다(공직자윤리법 제14조의4 제1항). 공직자윤리법은 주식백지신탁대상 주식의 하한가액을 3천만원으로 규정하고 있다(공직자윤리법 시행령 제27조의4).

◆ 甲이 보유하는 주식의 총 가액은 3,500만원(10,000원×3,500)이므로 3천만원을 초과한다. 따라서 甲이 A신문 발행 주식을 계속 보유하려고 하면, 주식백지신탁 심사위원회로부터 직무관련성 없음의 결정을 받아야 한다.

2. 甲의 직무

◆ 甲은 행정안전위원회 소속이므로 甲의 직무내용은 행정안전위원회의 소관사무를 기준으로 판단하여야 한다.

◆ 행정안전위원회는 "가. 행정안전부 소관에 속하는 사항, 나. 인사혁신처 소관에 속하는 사항, 다. 중앙선거관리위원회 사무에 관한 사항, 라. 지방자치단체에 관한 사항"을 소관한다(국회법 제37조 제1항 제9호).

◆ 행정안전위원회는 행정안전부, 인사혁신처, 중앙선거관리위원회, 지방자치단체를 소관기관으로 하는바, 그 소속기관과 유관기관까지도 행정안전위원회의 소관기관이 된다.

[참고] 소속기관으로 중앙공무원교육원, 지방행정연수원, 국가기록원, 정부청사관리소, 정부통합전산센터, 소청심사위원회, 행정정보공동이용센터 등이 있고, 유관기관으로 공무원연금공단, 한국정보화진흥원, 한국승강기안전관리원, 민주화운동기념사업회, 도로교통공단 등이 있다.

3. 보유 주식 발행 기업

◆ A신문사의 소재지는 A지역 내에 있다. A신문은 일반 일간신문의 발행을 사업내용으로 하고 있다. 甲은 A신문의 지배주주이다. 甲의 보유주식은 발행주식의 20%에 해당한다.

4. 검토

◆ 甲이 소속하는 행정안전위원회의 소관 사무는「행정안전부, 인사혁신처, 중앙선거관리위원회, 지방자치단체」와「이러한 기관들의 소속기관과 유관기관」인데, 이들 모두 신문의 발행과 영업에 관련이 있다고 보기 어렵다.

◆ 특히 행정안전위원회는 행정안전부를 소관으로 하는데, 행정안전부는 지방행정을 소관사무로 하고, A신문이 지방에 소재한다는 이유로 행정안전위원회 소속 국회의원 甲은 A신문과 직무관련성을 갖는다고 말할 수는 없다. 왜냐하면 정부조직법상 행정안전부의 소관사무에 지방언론에 직접 관여할 수 있다는 내용은 보이지 아니하기 때문이다.

> **정부조직법**
> **제34조(행정안전부)** ① 행정안전부장관은 국무회의의 서무, 법령 및 조약의 공포, 정부조직과 정원, 상훈, 정부혁신, 행정능률, 전자정부, 개인정보보호, 정부청사의 관리, 지방자치제도, 지방자치단체의 사무지원·재정·세제, 낙후지역 등 지원, 지방자치단체간 분쟁조정, 선거·국민투표의 지원, 안전 및 재난에 관한 정책의 수립·총괄·조정, 비상대비, 민방위 및 방재에 관한 사무를 관장한다. 〈개정 2014.11.19., 2017.7.26.〉
> ② 국가의 행정사무로서 다른 중앙행정기관의 소관에 속하지 아니하는 사무는 행정안전부장관이 이를 처리한다. 〈개정 2014.11.19., 2017.7.26.〉

◆ 따라서 甲이 보유하는 A주식은 직무관련성이 없다고 볼 것이다. 甲은 보유 주식을 계속하여 보유할 수 있다.

[참고] 직무관련성 심사 후 추가 취득의 경우

甲이 주식백지신탁 심사위원회로부터 「A주식은 직무관련성이 없다」는 결정을 통지받은 후 상속으로 A주식이 아닌 주식을 새로이 취득할 경우, 새로 취득한 주식의 총 가액이 대통령령으로 정하는 금액(현 3천만원)을 초과하게 되면, 직무관련성 심사를 다시 받아야 한다.

[참고] 직무관련성 심사 후 다른 상임위원회 위원의 직을 겸하게 되는 경우

甲이 주식백지신탁 심사위원회의 직무관련성 심사 후에 다른 상임위원회 위원의 직을 겸하게 되면, 다시 직무관련성 심사를 받아야 한다.

[2] 보건복지위원회 소속 국회의원

[사례]

甲은 A지역구에서 선출된 국회의원으로서, 최근 소속 상임위원회가 보건복지위원회로 변경되었다. 甲은 A자동차(주) 주식 1,000주(주당 가격 5,000원), B건설(주) 주식 1,500주(주당 가격 25,000원), C식품(주) 주식 3,000주(주당 가격 85,000원)을 보유하고 있다. 甲은 국회의원의 신분을 유지하면서 주식을 보유할 수 있는가?

1. 심사대상 여부

◆ 보유 주식의 총 가액이 1천만원 이상 5천만원 이하의 범위에서 대통령령으로 정하는 금액을 초과하면, 직무관련성 심사대상이 된다(공직자윤리법 제14조의4 제1항). 공직자윤리법은 주식백지신탁대상 주식의 하한가액을 3천만원으로 규정하고 있다(공직자윤리법 시행령 제27조의4).

◆ 甲이 보유하는 주식의 총 가액은 3,425만원(1,000×5,000+150×25,000+300×85,000)이므로 3천만원을 초과한다. 따라서 甲이 보유 주식을 계속 보유하려고 하면, 주식백지신탁 심사위원회로부터 직무관련성 없음의 결정을 받아야 한다.

2. 甲의 직무

◆ 甲은 보건복지위원회 소속이므로 甲의 직무내용은 보건복지위원회의 소관사무를 기준으로 판단하여야 한다.

◆ 보건복지위원회는 "가. 보건복지부 소관에 속하는 사항, 나. 식품의약품안전처 소관에 속하는 사항"을 소관한다(국회법 제37조 제1항 제12호).

◆ 보건복지위원회는 보건복지부와 식품의약품안전처를 소관기관으로 하는바, 그 유관기관까지도 보건복지위원회의 소관기관이 된다.

[참고] 유관기관으로 국민건강보험공단, 건강보험심사평가원, 국민연금공단, 한국보건산업진흥원, 한국사회복지협의회, 국립중앙의료원 등이 있다.

3. 보유 주식 발행 기업

◆ A자동차(주)는 자동차의 제조와 판매를 하는 회사이다.

◆ B건설(주)는 토목·환경, 건축·주택, 플랜트에 관한 사업을 하는 회사이다.

◆ C식품(주)는 설탕, 밀가루, 육가공품, 약품(소화제, 항생제 등) 등을 생산·판매하는 회사이다.

4. 검토

◆ 甲이 소속하는 보건복지위원회는 보건복지부와 식품의약품안전처를 소관으로 한다.

정부조직법

제38조(보건복지부) ① 보건복지부장관은 보건위생·방역·의정(醫政)·약정(藥政)·생활보호·자활지원·사회보장·아동(영·유아 보육을 포함한다)·노인 및 장애인에 관한 사무를 관장한다.
② 보건복지부장관의 소관사무 중 감염병 및 각종 질병에 관한 방역·조사·검역·시험·연구 및 장기이식관리에 관한 사무를 분장하기 위하여 보건복지부장관 소속으로 질병관리본부를 둔다.

◆ 甲이 보유하는 주식 중 A자동차(주) 주식은 甲의 직무와의 관련성이 보이지 아니한다. 甲이 보유하는 중 B건설(주) 주식도 甲의 직무와의 관련성이 보이지 아니한다. 그러나 보건복지부와 식품의약품안전처 소관사무 중에는 의약품의 안전 등에 관한 사무도 있는바, 甲이 보유하는 중 C식품(주) 주식은 甲의 직무와의 관련성이 있다고 판단된다.

◆ 따라서 甲의 보유 주식 중 A자동차(주) 주식과 B건설(주) 주식은 주식백지신탁 심사위원회로부터 직무관련성 없음의 결정을 받을 것인바, 甲은 보건복지위원회 소속 국회의원으로서 A자동차(주) 주식과 B건설(주) 주식은 계속하여 보유할 수 있다.

◆ 한편, 甲의 보유 주식 중 C식품(주) 주식은 주식백지신탁 심사위원회로부터 직무관련성 있음의 결정을 받을 것이다. 그러나 甲이 보유하는 C식품(주) 주식의 총 가

액이 대통령령으로 정하는 금액(현 3,000만원)을 초과하지 아니하므로, 甲은 보건복지
위원회 소속 국회의원으로서 C식품(주) 주식도 계속하여 보유할 수 있다.

[참고] 직무관련성 심사 후 추가 취득의 경우

甲이 주식백지신탁 심사위원회의 직무관련성 심사 후 상속으로 새로이 주식을 취득하게 되면,
새로이 취득한 주식 중에 직무관련성 없음의 결정을 받은 주식이 아닌 주식이 있다면, 그 주
식과 C주식의 총 가액이 대통령령으로 정하는 금액(현 3,000만원)을 초과하게 되면, 직무관련
성 심사를 다시 받아야 한다.

[참고] 직무관련성 심사 후 다른 상임위원회 위원의 직을 겸하게 되는 경우

甲이 주식백지신탁 심사위원회의 직무관련성 심사 후에 다른 상임위원회 위원의 직을 겸하게
되면, 다시 직무관련성 심사를 받아야 한다.

B. 정부

[1] 기획재정부장관

[사례]

甲은 법정절차를 거쳐 최근 기획재정부장관에 임명되었다. 甲은 A중공업(주) 주식 5,000주(주당 가격 5,000원), B에너지(주) 주식 500주(주당 가격 28,000원), C전자(주) 주식 1,000주(주당 가격 25,000원)을 보유하고 있다. 甲은 기획재정부장관의 신분을 유지하면서 주식을 보유할 수 있는가?

1. 심사대상 여부

◆ 보유 주식의 총 가액이 1천만원 이상 5천만원 이하의 범위에서 대통령령으로 정하는 금액을 초과하면, 직무관련성 심사대상이 된다(공직자윤리법 제14조의4 제1항). 공직자윤리법은 주식백지신탁대상 주식의 하한가액을 3천만원으로 규정하고 있다(공직자윤리법 시행령 제27조의4).

◆ 甲이 보유하는 주식의 총 가액은 6,400만원(5,000×5,000+500×28,000+1,000×25,000)이므로 3천만원을 초과한다. 따라서 甲이 보유 주식을 계속 보유하려고 하면, 주식백지신탁 심사위원회로부터 직무관련성 없음의 결정을 받아야 한다.

2. 甲의 직무

◆ 甲은 기획재정부장관이므로 甲의 직무내용은 기획재정부장관의 관장 사무를 기준으로 판단하여야 한다.

◆ 기획재정부장관은 나라의 재정·경제 전반, 말하자면 경제정책 수립, 예산 편성, 세제 개편, 대외경제, 공기업 전반에 관한 사항을 관장하는 기획재정부(정부조직법

제27조 제1항 제12호)의 장이다.

- 기획재정부는 국세청, 관세청, 조달청, 통계청을 소속기관으로 한다. 유관기관도 적지 않다.

정부조직법

제27조(기획재정부) ③ 내국세의 부과·감면 및 징수에 관한 사무를 관장하기 위하여 기획재정부장관 소속으로 국세청을 둔다.

⑤ 관세의 부과·감면 및 징수와 수출입물품의 통관 및 밀수출입단속에 관한 사무를 관장하기 위하여 기획재정부장관 소속으로 관세청을 둔다.

⑦ 정부가 행하는 물자(군수품을 제외한다)의 구매·공급 및 관리에 관한 사무와 정부의 주요시설공사계약에 관한 사무를 관장하기 위하여 기획재정부장관 소속으로 조달청을 둔다.

⑨ 통계의 기준설정과 인구조사 및 각종 통계에 관한 사무를 관장하기 위하여 기획재정부장관 소속으로 통계청을 둔다.

---

3. 보유 주식 발행 기업

- A중공업(주)은 철강의 제조와 판매를 하는 회사이다.
- B에너지(주)는 석유를 판매하는 회사이다.
- C전자(주)는 냉장고, TV, 노트북, 음향기기 등을 생산·판매하는 회사이다.

4. 검토

- 甲은 기획재정부의 소관사무를 통할하고, 기획재정부 소속공무원을 지휘·감독한다. 기획재정부의 소관사무에 관하여 지방행정의 장도 지휘·감독한다.

정부조직법

제7조(행정기관의 장의 직무권한) ① 각 행정기관의 장은 소관사무를 통할하고 소속공무원을 지휘·감독한다.

제26조(행정각부) ③ 장관은 소관사무에 관하여 지방행정의 장을 지휘·감독한다.

- 甲은 국가의 재정·경제 전반에 대하여 정책을 수립하는 기획재정부의 수장이므로, 국가의 재정·경제에 관한 정책수립과 관련하여 누구보다도 먼저 관련 정보에 접근할 수 있다. 정책 수립 그 자체가 영향력 행사라고 볼 것이다. 따라서 甲은 모든 주식과 직무관련성을 갖는다고 보는 것이 타당할 것이다. 따라서 甲이 보유하는 A중공업(주) 주식, B에너지(주) 주식, 그 C전자(주) 주식 모두 甲의 직무와의 관련성이 있다고 판단된다.

> **정부조직법**
>
> **제27조(기획재정부)** ① 기획재정부장관은 중장기 국가발전전략수립, 경제·재정정책의 수립·총괄·조정, 예산·기금의 편성·집행·성과관리, 화폐·외환·국고·정부회계·내국세제·관세·국제금융, 공공기관 관리, 경제협력·국유재산·민간투자 및 국가채무에 관한 사무를 관장한다.

◆ 따라서 甲이 보유하는 모든 주식은 주식백지신탁 심사위원회로부터 직무관련성 있음의 결정을 받을 것인바, 甲은 A중공업(주) 주식, B에너지(주) 주식, 그 C전자(주) 주식을 계속하여 보유할 수 없다.

[참고] 직무관련성 심사 후 추가 취득의 경우

甲은 포괄적인 직무관련성을 가진다고 할 것이므로, 직무관련성 심사 후에도 어떠한 주식을 보유할 수 없다고 볼 것이다. 다만, 보유 주식의 총 가액이 대통령령으로 정하는 금액(현 3,000만원) 이하이면, 보유할 수 있다.

[2] 문화체육관광부 제2차관

[사례]

甲은 최근 문화체육관광부 제2차관으로 승진·임용되었다. 甲은 A상선(주) 주식 50주(주당 가격 200,000원), B스포츠메거진(주) 주식 5,000주(주당 가격 29,000원)를 보유하고 있고, 甲의 배우자는 C케이블(주) 주식 200주(주당 가격 1,000,000원)를 보유하고 있다. 甲이 문화체육관광부 제2차관의 신분을 유지하면서 甲과 甲의 배우자는 이 주식을 보유할 수 있는가?

> **정부조직법**
>
> **제26조(행정각부)** ② 행정각부에 장관 1명과 차관 1명을 두되, 장관은 국무위원으로 보하고, 차관은 정무직으로 한다. 다만, 기획재정부·과학기술정보통신부·외교부·**문화체육관광부**·국토교통부에는 **차관 2명**을 둔다. 〈개정 2014.11.19., 2017.7.26.〉

1. 심사대상 여부

◆ 보유 주식의 총 가액이 1천만원 이상 5천만원 이하의 범위에서 대통령령으로 정하는 금액을 초과하면, 직무관련성 심사대상이 된다(공직자윤리법 제14조의4 제1항). 공직자윤리법은 주식백지신탁대상 주식의 하한가액을 3천만원으로 규정하고 있다(공직자윤리법 시행령 제27조의4).

♦ 등록의무자의 배우자가 보유하는 주식도 백지신탁의 대상이 된다(공직자윤리법 제14조의4 제1항, 제4조 제1항 제2호). 따라서 甲 본인이 보유하는 주식과 甲의 배우자가 보유하는 주식 모두 합하여 甲의 직무관련성 심사의 대상이 된다.

♦ 甲이 보유하는 주식의 총 가액은 3억5천5백만원($50 \times 200,000 + 5,000 \times 29,000 + 200 \times 1,000,000$)이므로 3천만원을 초과한다. 따라서 甲과 甲의 배우자가 보유 주식을 계속 보유하려면, 주식백지신탁 심사위원회로부터 직무관련성 없음의 결정을 받아야 한다.

2. 甲의 직무

♦ 甲은 문화체육관광부 제2차관이므로 甲의 직무내용은 문화체육관광부 제2차관의 관장 사무를 기준으로 판단하여야 한다.

♦ 문화체육관광부 제2차관은 체육정책, 관광정책 및 국민소통에 관한 사무에 관하여 문화체육관광부 장관을 보조하고, 소관사무를 처리한다(정부조직법 제7조 제2항, 제12호).

♦ 문화체육관광부는 소속기관으로 국립중앙박물관·국립국어원·국립중앙도서관·해외문화홍보원·국립국악원·국립민속박물관·대한민국역사박물관 및 국립한글박물관 등이 있다. 유관기관도 적지 않다.

정부조직법

제35조(문화체육관광부) ① 문화체육관광부장관은 문화·예술·영상·광고·출판·간행물·체육·관광, 국정에 대한 홍보 및 정부발표에 관한 사무를 관장한다.

문화체육관광부와 그 소속기관 직제

제2조(소속기관) ① 문화체육관광부장관의 관장사무를 지원하기 위하여 문화체육관광부장관 소속하에 한국예술종합학교·국립국악고등학교·국립국악중학교·국립전통예술고등학교·국립전통예술중학교·국립중앙박물관·국립국어원·국립중앙도서관·해외문화홍보원·국립국악원·국립민속박물관·대한민국역사박물관 및 국립한글박물관을 둔다. 〈개정 2012.3.30., 2012.5.23., 2014.2.17., 2015.10.20.〉

② 문화체육관광부장관의 관장사무를 지원하기 위하여 「책임운영기관의 설치·운영에 관한 법률」 제4조 제1항, 같은 법 시행령 제2조 제1항 및 같은 법 시행령 별표 1에 따라 문화체육관광부장관 소속하에 책임운영기관으로 국립중앙극장·국립현대미술관·한국정책방송원 및 국립아시아문화전당을 둔다. 〈개정 2015.7.13.〉

제5조(복수차관의 운영) ③ 제2차관은 체육정책실·관광정책실 및 국민소통실의 소관업무에 관하여 장관을 보조한다. 〈개정 2009.4.17., 2012.2.1., 2013.3.23., 2014.10.23., 2015.1.6., 2015.7.13., 2016.4.4.〉

제14조(체육정책실) ③ 실장은 다음 사항을 분장한다. 〈개정 2016.8.29.〉
  1. 생활체육, 전문체육 및 스포츠산업의 진흥을 위한 장기·단기 종합계획의 수립

---

2. 체육과학의 진흥 및 체육과학 연구기관의 육성·지원

3. 체육지도자의 양성·배치

4. 선수 및 운동경기부의 육성·지원

5. 청소년 및 학생의 체육활동 육성·지원

6. 국민체육진흥기금의 조성·운용

7. 체육진흥투표권 및 경륜·경정사업

8. 체육주간 및 체육의 날 행사, 우수체육인 포상 및 체육유공자의 보호·육성

9. 직장 및 지역생활체육 진흥, 스포츠 클럽의 육성·지원

10. 전통무예, 전통민속경기 및 프로운동경기의 진흥

11. 스포츠산업 진흥을 위한 조사·연구 및 전문인력 양성, 관련 업체 및 단체의 육성·지원

12. 공공체육시설 확충계획의 수립·추진 및 민간체육시설 설치·이용의 활성화

13. 국제체육교류 및 장애인 체육의 진흥을 위한 장기·단기 종합계획의 수립

14. 국내대회 개최, 국제대회 유치·개최 및 참가지원

15. 국가 간·국제기구와의 체육교류 및 국제체육회의 등에 관한 사항

16. 태권도의 진흥 및 세계화

17. 장애인 생활체육 활동 프로그램의 개발·보급

18. 전국장애인체육대회, 종목별 경기대회, 장애인 체육교류 및 전문인력 양성

19. 2018 평창 동계올림픽대회 및 장애인동계올림픽대회 지원에 관한 사항

제15조(관광정책실) ③ 실장은 다음 사항을 분장한다.

1. 관광산업진흥을 위한 종합계획의 수립 및 시행

2. 관광산업 정보화 및 통계

(제3호 이하 생략)

[본조신설 2016.4.4.]

제18조의2(국민소통실) ③ 실장은 다음 사항을 분장한다.

1. 국정홍보 총괄

2. 민간전문기관을 활용한 주요 국정현안 홍보 컨설팅

3. 각 중앙행정기관 홍보 전문교육 등 정책홍보역량 지원

(제4호 이하 생략)

[본조신설 2014.10.23.]

3. 보유 주식 발행 기업

◆ A상선(주)는 컨테이너와 벌크화물을 운송하는 회사이다.

◆ B스포츠(주) 스포츠마케팅 전문 월간지를 발간하고, 스포츠관련 컨설팅 사업을 하는 회사이다.

◆ C케이블(주)은 케이블 TV서비스(방송프로그램 제작·공급 등)와 초고속인터넷 서비스를 사업으로 하는 회사이다.

4. 검토

◆ 甲은 문화체육관광부 제2차관의 소관사무를 통할하고, 문화체육관광부 체육정책실·관광정책실 및 국민소통실 소속공무원을 지휘·감독한다.

> **정부조직법**
> 제7조(행정기관의 장의 직무권한) ② 차관…은 그 기관의 장을 보좌하여 소관사무를 처리하고 소속공무원을 지휘·감독하며, 그 기관의 장이 사고로 직무를 수행할 수 없으면 그 직무를 대행한다. 다만, ….

◆ A상선(주)의 사업은 甲의 직무와 관련성이 보이지 아니한다.

◆ B스포츠(주)의 사업은 스포츠 관련의 출판 사업이다. 스포츠 관련이라는 점에서 체육정책실의 분장사무와 관련성을 갖는다고 볼 수 있을 것이다.

◆ C케이블(주)의 사업내용인 방송프로그램 제작·공급은 스포츠와 관광을 중요 내용으로 한다고 볼 때, 甲의 직무와 관련성이 있다고 볼 것이다.

◆ 따라서 주식백지신탁 심사위원회로부터 甲이 보유하는 A상선(주) 주식에 대해서는 직무관련성 없음의 결정, 甲이 보유하는 B스포츠(주) 주식과 그 배우자가 보유하는 C케이블(주)의 주식에 대해서는 직무관련성 있음의 결정을 받을 것이다.

◆ 甲은 직무관련성 없음의 결정을 받은 A상선(주) 주식은 보유할 수 있다.

◆ 한편, 직무관련성 있음의 결정을 받은 B스포츠(주) 주식과 C케이블(주) 주식의 총 가액은 대통령령으로 정하는 금액(현 3,000만원)을 초과한다. 따라서 甲은 B스포츠(주) 주식과 C케이블(주) 주식을 매각하거나 주식백지신탁계약을 체결하여야 한다.

[참고] 직무관련성 심사 후 추가 취득의 경우
甲이나 그 배우자가 주식백지신탁 심사위원회의 직무관련성 심사 후 상속으로 새로이 주식을 취득하게 되면, 새로이 취득한 주식 중에 직무관련성 없음의 결정을 받은 A상선(주) 주식이 아닌 주식이 있다면, A상선(주) 주식이 아닌 주식의 총 가액이 대통령령으로 정하는 금액(현 3,000만원)을 초과하게 되면, 직무관련성 심사를 다시 받아야 한다.

[3] 경남지방경찰청장

[사례]
甲은 경남지방경찰청장으로 이 달 초에 전보발령을 받았다. 甲의 배우자는 A전자(주) 주식 50주(주당 가격 60,000원), B이노베이션(주) 주식 200주(주당 가격 49,000원), C홍삼(주) 주식

3,000주(주당 가격 15,000원)를 보유하고 있다. 甲의 배우자는 계속하여 이 주식을 보유할 수 있는가?

> **경찰법**
> **제2조(국가경찰의 조직)** ② 경찰청의 사무를 지역적으로 분담하여 수행하게 하기 위하여 특별시장·광역시장 및 도지사(이하 "시·도지사"라 한다) 소속으로 지방경찰청을 두고, 지방경찰청장 소속으로 경찰서를 둔다. 이 경우 인구, 행정구역, 면적, 지리적 특성, 교통 및 그 밖의 조건을 고려하여 시·도지사 소속으로 2개의 지방경찰청을 둘 수 있다. 〈개정 2012.2.22.〉
> [전문개정 2011.5.30.]

1. 심사대상 여부

◆ 보유 주식의 총 가액이 1천만원 이상 5천만원 이하의 범위에서 대통령령으로 정하는 금액을 초과하면, 직무관련성 심사대상이 된다(공직자윤리법 제14조의4 제1항). 공직자윤리법은 주식백지신탁대상 주식의 하한가액을 3천만으로 규정하고 있다(공직자윤리법 시행령 제27조의4).

◆ 등록의무자의 배우자가 보유하는 주식도 백지신탁의 대상이 된다(공직자윤리법 제14조의4 제1항, 제4조 제1항 제2호). 따라서 甲의 배우자가 보유하는 주식도 甲의 직무관련성 심사의 대상이 된다.

◆ 甲의 배우자가 보유하는 주식의 총 가액은 57,800,000원($50 \times 60,000 + 200 \times 49,000 + 3,000 \times 15,000$)이므로 3천만원을 초과한다. 따라서 甲의 배우자가 보유 주식을 계속 보유하려면, 주식백지신탁 심사위원회로부터 직무관련성 없음의 결정을 받아야 한다.

2. 甲의 직무

◆ 甲은 경남지방경찰청장이므로 甲의 직무내용은 경남지방경찰청장의 관장 사무를 기준으로 판단하여야 한다.

◆ 경남지방경찰청장은 경상남도에서의 국가경찰사무를 관장한다.

> **정부조직법**
> **제34조(행정안전부)** ⑤ 치안에 관한 사무를 관장하기 위하여 행정안전부장관 소속으로 경찰청을 둔다. 〈개정 2014.11.19., 2017.7.26.〉
> ⑥ 경찰청의 조직·직무범위 그 밖에 필요한 사항은 따로 법률로 정한다. 〈개정 2017.7.26.〉
>
> **경찰법**
> **제2조(국가경찰의 조직)** ① 치안에 관한 사무를 관장하게 하기 위하여 행정안전부장관 소속으로 경찰청을 둔다. 〈개정 2013.3.23., 2014.11.19., 2017.7.26.〉

② 경찰청의 사무를 지역적으로 분담하여 수행하게 하기 위하여 특별시장·광역시장 및 도지사(이하 "시·도지사"라 한다) 소속으로 지방경찰청을 두고, 지방경찰청장 소속으로 경찰서를 둔다. 이 경우 인구, 행정구역, 면적, 지리적 특성, 교통 및 그 밖의 조건을 고려하여 시·도지사 소속으로 2개의 지방경찰청을 둘 수 있다. 〈개정 2012.2.22.〉
[전문개정 2011.5.30.]
제3조(국가경찰의 임무) 국가경찰의 임무는 다음 각 호와 같다. 〈개정 2014.5.20.〉
　　1. 국민의 생명·신체 및 재산의 보호
　　2. 범죄의 예방·진압 및 수사
　　3. 경비·요인경호 및 대간첩·대테러 작전 수행
　　4. 치안정보의 수집·작성 및 배포
　　5. 교통의 단속과 위해의 방지
　　6. 외국 정부기관 및 국제기구와의 국제협력
　　7. 그 밖의 공공의 안녕과 질서유지
[전문개정 2011.8.4.]
제11조(경찰청장) ① 경찰청에 경찰청장을 두며, 경찰청장은 치안총감(治安總監)으로 보한다. 〈개정 2011.5.30.〉
③ 경찰청장은 국가경찰에 관한 사무를 총괄하고 경찰청 업무를 관장하며 소속 공무원 및 각급 국가경찰기관의 장을 지휘·감독한다. 〈개정 2011.5.30.〉
제14조(지방경찰청장) ① 지방경찰청에 지방경찰청장을 두며, 지방경찰청장은 치안정감·치안감(治安監) 또는 경무관(警務官)으로 보한다.
② 지방경찰청장은 경찰청장의 지휘·감독을 받아 관할구역의 국가경찰사무를 관장하고 소속 공무원 및 소속 국가경찰기관의 장을 지휘·감독한다.
[전문개정 2011.5.30.]

3. 보유 주식 발행 기업

　◆ A전자(주)는 전자부품, 컴퓨터, 음향기기 등을 제조·판매하는 회사이다. 지난 해 A전자(주)는 경남지방경찰청에 1억5천만원 상당의 업무용 컴퓨터를 공급한 바 있다.

　◆ B이노베이션(주)는 원유 정제 처리업, 석유 정제품 제조업 등을 영위하는 회사이다.

　◆ C홍삼(주)는 인삼제품을 제조·판매하는 회사이다.

4. 검토

　◆ 경남지방경찰청장은 경상남도에서의 치안에 관한 사무를 담당한다. 치안사무의 내용은 경찰법 제3조에서 규정되고 있다.

　◆ A전자(주)와 경남지방경찰청 사이에 컴퓨터 계약실적이 있다고 하더라도 그것은 업무용 컴퓨터에 관한 것이기에 경남지방경찰청장의 직무와 관련성이 있다고 보기

어렵다.

- B이노베이션(주)의 사업은 경남지방경찰청장의 직무와 거리가 멀다.

- C홍삼(주)의 사업도 경남지방경찰청장의 직무와 거리가 멀다.

- 한편, 경남지방경찰청은 A전자(주), B이노베이션(주), 그리고 C홍삼(주)에 대한 수사를 진행 중인 것도 아니고, 최근에 종결한 사건도 없다고 할 때, 경남지방경찰청장으로서 甲이 A전자(주), B이노베이션(주), 그리고 C홍삼(주)에 대한 정보 접근 및 영향력 행사가능성은 미약한 것으로 볼 것이다. 따라서 주식백지신탁 심사위원회로부터 甲이 보유하는 A전자(주) 주식, B이노베이션(주) 주식, 그리고 C홍삼(주) 주식에 대하여 직무관련성 없음의 결정을 받을 것이다.

- 따라서 甲은 직무관련성 없음의 결정을 받은 A전자(주) 주식 등을 보유할 수 있다.

[참고] 수사가 최근 종결되었거나 진행 중인 경우

만약 경남지방경찰청이 A전자(주), B이노베이션(주), 그리고 C홍삼(주)에 대하여 최근에 수사한 바가 있거나 아니면 현재 수사 중이라면, 사건 내용에 따라 경남지방경찰청장이 해당 기업에 대하여 직무관련성을 갖는다고 볼 수 있는 경우도 있을 것이다.

[참고] 직무관련성 심사 후 추가 취득의 경우

甲이나 그 배우자가 주식백지신탁 심사위원회의 직무관련성 심사 후 상속으로 새로이 주식을 취득하게 되면, 새로이 취득한 주식 중에 직무관련성 없음의 결정을 받은 주식이 아닌 주식의 총 가액이 대통령령으로 정하는 금액(현 3,000만원)을 초과하게 되면, 직무관련성 심사를 다시 받아야 한다.

[4] 산업통상자원부 기획조정실장

[사례]

甲은 지난 주 산업통상자원부 기획조정실장으로 전보발령을 받았다. 甲의 배우자는 A은행(주) 주식 1,000주(주당 가격 5,000원), B금융지주(주) 주식 1,000주(주당 가격 40,000원), C엔지니어링(주) 주식 1,000주(주당 가격 5,000원)을 보유하고 있다. 甲의 배우자는 계속하여 이 주식을 보유할 수 있는가?

1. 심사대상 여부

- 보유 주식의 총 가액이 1천만원 이상 5천만원 이하의 범위에서 대통령령으로

정하는 금액을 초과하면, 직무관련성 심사대상이 된다(공직자윤리법 제14조의4 제1항). 공직자윤리법은 주식백지신탁대상 주식의 하한가액을 3천만원으로 규정하고 있다(공직자윤리법 시행령 제27조의4).

◆ 등록의무자의 배우자가 보유하는 주식도 백지신탁의 대상이 된다(공직자윤리법 제14조의4 제1항, 제4조 제1항 제2호). 따라서 甲의 배우자가 보유하는 주식도 甲의 직무관련성 심사의 대상이 된다.

◆ 甲의 배우자가 보유하는 주식의 총 가액은 5천만원(1,000×5,000＋1,000×40,000 ＋1,000×5,000)이므로 3천만원을 초과한다. 따라서 甲의 배우자가 보유 주식을 계속 보유하려면, 주식백지신탁 심사위원회로부터 직무관련성 없음의 결정을 받아야 한다.

2. 甲의 직무

◆ 甲은 산업통상자원부 기획조정실장이므로 甲의 직무내용은 산업통상자원부 기획조정실장의 관장 사무를 기준으로 판단하여야 한다.

◆ 산업통상자원부 소속 공무원의 직무는 산업통상자원부와 그 소속기관 직제에서 규정되고 있다.

정부조직법

제37조(산업통상자원부) ① 산업통상자원부장관은 상업·무역·공업·통상, 통상교섭 및 통상교섭에 관한 총괄·조정, 외국인 투자, 중견기업, 산업기술 연구개발정책 및 에너지·지하자원에 관한 사무를 관장한다. 〈개정 2017.7.26.〉

산업통상자원부와 그 소속기관 직제

제3조(직무) 산업통상자원부는 상업·무역·공업·통상, 통상교섭 및 통상교섭에 관한 총괄·조정, 외국인 투자, 중견기업, 산업기술 연구개발정책 및 에너지·지하자원에 관한 사무를 관장한다. 〈개정 2017.7.26.〉

제4조(하부조직) ③ 장관 밑에 대변인 1명, 감사관 1명 및 장관정책보좌관 3명을 두고, 차관 밑에 기획조정실장 1명을 둔다. 〈개정 2017.7.26.〉

제10조(기획조정실) ③ 기획조정실장은 다음 사항에 관하여 제1차관을 보좌한다. 〈개정 2013.9.3., 2013.12.11., 2015.1.6., 2017.2.28., 2017.7.26.〉

　1. 산업·무역·통상·자원시책의 수립·종합·조정 및 결과의 심사 분석

　2. 예산 및 기금의 총괄 편성·집행의 조정 및 평가

　(제3호 이하 생략)

---

3. 보유 주식 발행 기업

◆ A은행(주)은 은행업을 하는 회사이다.

◆ B금융지주(주)는 B은행(주), B투자증권(주), B신용정보(주)의 지주회사이다.

◆ C엔지니어링(주)는 반도체장치, 신재생에너지 재생장치, 태양전지 등을 제조·판매(수출입 포함)하는 회사이다. C엔지니어링(주)는 이 사건 신청 1년 전에 산업통상자원부와 「반도체·태양전지 협력 생태계 협약」을 체결한 바 있다.

4. 검토

◆ A은행(주)의 은행사업은 산업통상자원부의 사무와 거리가 멀다고 할 것이므로 甲의 직무와 관련성이 있다고 보기 어렵다.

◆ B금융지주(주)의 사업 역시 산업통상자원부의 사무와 거리가 멀다고 할 것이므로 甲의 직무와 관련성이 있다고 보기 어렵다.

◆ C엔지니어링(주)의 수·출입 업무는 바로 국가의 산업·무역의 일부를 구성한다는 점, 한편 "산업·무역·통상·자원시책의 수립·종합·조정 및 결과의 심사 분석" 등에 대하여 산업통상자원부 차관을 보좌하는 것이 甲의 직무라는 점, 뿐만 아니라 C엔지니어링(주)와 산업통상자원부 사이에 이미 「반도체·태양전지 협력 생태계 협약」이 체결되어 있다는 점을 고려할 때, 甲의 직무는 청구인 기업에 대한 정보접근 및 영향력 행사 가능성이 있다고 하겠다.

◆ 이에 甲은 주식백지신탁 심사위원회로부터 甲의 배우자가 보유하는 A은행(주) 주식과 B금융지주(주) 주식에 대하여는 직무관련성 없음의 결정, C엔지니어링(주) 주식에 대하여 직무관련성 있음의 결정을 받을 것이다.

◆ 따라서 甲의 배우자는 직무관련성 없음의 결정을 받은 A은행(주) 주식과 B금융지주(주) 주식은 보유할 수 있다. C엔지니어링(주) 주식은 직무관련성 있는 주식이지만, 대통령령으로 정하는 금액(현 3,000만원)을 초과하지 아니하므로 계속하여 보유할 수 있다.

[참고] 직무관련성 심사 후 추가 취득의 경우

甲이나 그 배우자가 주식백지신탁 심사위원회의 직무관련성 심사 후 상속으로 새로이 주식을 취득하게 되면, 새로이 취득한 주식 중에 직무관련성 없음의 결정을 받은 주식이 아닌 주식의 총 가액이 보유주식인 C엔지니어링(주) 주식 가액 500만원을 포함하여 대통령령으로 정하는 금액(현 3,000만원)을 초과하게 되면, 직무관련성 심사를 다시 받아야 한다.

[5] 서울대학교병원 병원장

[사례]

甲은 서울대학교 병원장이 되었다. 甲은 A케미칼(주) 주식 200주(주당 가격 2,000원), B전자(주) 주식 1,000주(주당가격 5,000원), 甲의 배우자는 C케어(주) 5,000주(주당 가격 2,000원), D건설(주) 주식 5,000주(주당가격 3,000원)를 보유하고 있다. 甲과 甲의 배우자는 계속하여 이 주식을 계속 보유할 수 있는가?

1. 심사대상 여부

◆ 보유 주식의 총 가액이 1천만원 이상 5천만원 이하의 범위에서 대통령령으로 정하는 금액을 초과하면, 직무관련성 심사대상이 된다(공직자윤리법 제14조의4 제1항). 공직자윤리법은 주식백지신탁대상 주식의 하한가액을 3천만으로 규정하고 있다(공직자윤리법 시행령 제27조의4).

◆ 등록의무자의 배우자가 보유하는 주식도 백지신탁의 대상이 된다(공직자윤리법 제14조의4 제1항, 제4조 제1항 제2호). 따라서 甲의 배우자가 보유하는 주식도 甲의 직무관련성 심사의 대상이 된다.

◆ 甲의 배우자가 보유하는 주식의 총 가액은 3천40만원($200 \times 2,000 + 100 \times 5,000 + 5,000 \times 2,000 + 5,000 \times 3,000$)이므로 3천만원을 초과한다. 따라서 甲과 甲의 배우자가 보유 주식을 계속 보유하려면, 주식백지신탁 심사위원회로부터 직무관련성 없음의 결정을 받아야 한다.

2. 甲의 직무

◆ 甲은 서울대학교 병원장이다. 서울대학교 병원은 서울대학교병원 설치법에 따라 설립되었다. 따라서 甲의 직무내용은 서울대학교병원 설치법이 정하는 바에 따라 판단하여여 한다.

서울대학교병원 설치법

제1조(목적) 이 법은 서울대학교병원을 설치하여 「고등교육법」에 따른 의학, 간호학 및 약학 등에 관한 교육·연구와 진료를 통하여 의학 발전을 도모하고 국민보건 향상에 기여함을 목적으로 한다. [전문개정 2010.3.17.]

제2조(법인) 서울대학교병원(이하 "대학병원"이라 한다)은 법인으로 한다. [전문개정 2010.3.17.]

제6조(사업) 대학병원은 다음 각 호의 사업을 한다. 〈개정 2014.1.7.〉

   1. 국립대학법인 서울대학교(이하 "서울대학교"라 한다) 의학계 학생의 임상교육(臨床敎育)

   2. 전공의(專攻醫)의 수련과 의료 요원의 훈련

   3. 의학계 관련 연구

---

4. 임상연구

5. 진료사업

6. 「공공보건의료에 관한 법률」 제2조 제2호에 따른 공공보건의료사업

7. 그 밖에 국민보건 향상에 필요한 사업

[전문개정 2010.3.17.]

3. 보유 주식 발행 기업

◆ A케미칼(주)는 플라스틱 가공업, 의약품 제조·판매, 도시개발사업 등을 영위하는 회사이다. A케미칼(주)는 제조·판매하는 의약품은 대부분 전문의약품이고, 서울대학교 원외처방 가능약품으로 되어 있다.

◆ B전자(주)는 가전제품의 제조·판매, 스포츠서비스업, 운송 관련 서비스업 등을 영위하는 회사이다.

◆ C케어(주)는 의료관련 IT 사업, 건강관리 서비스사업을 영위하는 회사이다.

◆ D건설(주)는 부동산 공급업, 골프장업을 영위하는 회사이다.

4. 검토

◆ A케미칼(주)가 생산하는 전문의약품은 의사의 처방을 필요로 하는 것이고, 서울대학교 원외처방이 가능하다는점에 비추어 볼 때, 甲은 A케미칼(주)에 대한 정보접근 및 영향력 행사 가능성이 있다고 볼 것이다.

◆ B전자(주)의 업무는 서울대학교병원 사업내용과 거리가 멀다고 할 것이므로 甲의 직무와 관련성이 있다고 보기 어렵다.

◆ C케어(주)의 사업내용은 병원사업과 관련성이 있다(서울대학교 병원 제6조 제6호, 제7호 참조). C케어(주)와 서울대학교 병원 사이에 거래가 없었다고 하여도, C케어(주)의 사업내용에 비추어 볼 때, 甲은 C케어(주)에 대한 정보접근 및 영향력 행사 가능성이 있다고 볼 것이다.

◆ D건설(주)의 업무는 서울대학교병원 사업내용과 거리가 멀다고 할 것이므로 甲의 직무와 관련성이 있다고 보기 어렵다.

◆ 이에 甲은 주식백지신탁 심사위원회로부터 甲이 보유하는 주식 중 A케미칼(주) 주식과 甲의 배우자가 보유하는 주식 중 C케어(주) 주식은 직무관련성 있음의 결정을 받을 것이다. 그런데 A케미칼(주) 주식과 C케어(주) 주식의 총 가액이 1,040만원이어서 대통령령으로 정하는 금액(현 3,000만원)을 초과하지 아니하므로 계속하여 보유할 수 있다.

◆ 한편 甲이 보유하는 주식 중 B전자(주) 주식과 甲의 배우자가 보유하는 주식 중 D건설(주) 주식은 직무관련성 없음의 결정을 받을 것이다. 甲과 甲의 배우자는 B전자(주) 주식과 D건설(주) 주식을 계속하여 보유할 수 있다.

◆ 요약하건대 甲과 甲의 배우자는 보유하는 주식을 모두 계속하여 보유할 수 있다.

[참고] 직무관련성 심사 후 추가 취득의 경우

甲이나 그 배우자가 주식백지신탁 심사위원회의 직무관련성 심사 후 상속으로 새로이 주식을 취득하게 되면, 새로이 취득한 주식 중에 직무관련성 없음의 결정을 받은 주식이 아닌 주식의 총 가액이 보유주식인 A케미칼(주) 주식과 C케어(주) 주식의 가액 1,040만원을 포함하여 대통령령으로 정하는 금액(현 3,000만원)을 초과하게 되면, 직무관련성 심사를 다시 받아야 한다.

C. 법원

[1] 대법원 대법관

[사례] 甲은 지난주 대통령령으로부터 대법관으로 임용되었다. 甲의 아들은 A카드(주) 주식 2,000주(주당 가격 10,000원), B증권(주) 주식 15,000주(주당 가격 2,000원), C전자(주) 주식 1,000주(주당 가격 10,000원)를 보유하고 있다. 甲은 계속하여 이 주식을 보유할 수 있는가?

1. 심사대상 여부

◆ 보유 주식의 총 가액이 1천만원 이상 5천만원 이하의 범위에서 대통령령으로 정하는 금액을 초과하면, 직무관련성 심사대상이 된다(공직자윤리법 제14조의4 제1항). 공직자윤리법은 주식백지신탁대상 주식의 하한가액을 3천만원으로 규정하고 있다(공직자윤리법 시행령 제27조의4).

◆ 등록의무자의 아들이 보유하는 주식도 백지신탁의 대상이 된다(공직자윤리법 제14조의4 제1항, 제4조 제1항 제2호). 따라서 甲의 아들이 보유하는 주식도 甲의 직무관련성 심사의 대상이 된다.

◆ 甲의 아들이 보유하는 주식의 총 가액은 6천만원(2,000 × 10,000 + 15,000 × 2,000 + 1,000 × 10,000)이므로 3천만원을 초과한다. 따라서 甲의 아들이 보유 주식을 계속 보유하려면, 주식백지신탁 심사위원회로부터 직무관련성 없음의 결정을 받아야 한다.

2. 甲의 직무

◆ 甲은 대법원 대법관이므로 甲의 직무내용은 대법관의 관장 사무를 기준으로 판

단하여야 한다.

◆ 법원의 관장사무는 법원조직법에서 규정되고 있다. 대법관은 대법원의 심판권을 행사하는 부 또는 전원합의체의 구성원이면서 동시에 대법관회의의 구성원이다.

법원조직법

제2조(법원의 권한) ① 법원은 헌법에 특별한 규정이 있는 경우를 제외한 모든 법률상의 쟁송(爭訟)을 심판하고, 이 법과 다른 법률에 따라 법원에 속하는 권한을 가진다.
[전문개정 2014.12.30.]

제7조(심판권의 행사) ① 대법원의 심판권은 대법관 전원의 3분의 2 이상의 합의체에서 행사하며, 대법원장이 재판장이 된다. 다만, 대법관 3명 이상으로 구성된 부(部)에서 먼저 사건을 심리(審理)하여 의견이 일치한 경우에 한정하여 다음 각 호의 경우를 제외하고 그 부에서 재판할 수 있다.
　　1. 명령 또는 규칙이 헌법에 위반된다고 인정하는 경우
　　2. 명령 또는 규칙이 법률에 위반된다고 인정하는 경우
　　3. 종전에 대법원에서 판시(判示)한 헌법·법률·명령 또는 규칙의 해석 적용에 관한 의견을 변경할 필요가 있다고 인정하는 경우
　　4. 부에서 재판하는 것이 적당하지 아니하다고 인정하는 경우
[전문개정 2014.12.30.]

제14조(심판권) 대법원은 다음 각 호의 사건을 종심(終審)으로 심판한다.
　　1. 고등법원 또는 항소법원·특허법원의 판결에 대한 상고사건
　　2. 항고법원·고등법원 또는 항소법원·특허법원의 결정·명령에 대한 재항고사건
　　3. 다른 법률에 따라 대법원의 권한에 속하는 사건
[전문개정 2014.12.30.]

제16조(대법관회의의 구성과 의결방법) ① 대법관회의는 대법관으로 구성되며, 대법원장이 그 의장이 된다.
[전문개정 2014.12.30.]

제17조(대법관회의의 의결사항) 다음 각 호의 사항은 대법관회의의 의결을 거친다.
　　1. 판사의 임명 및 연임에 대한 동의
　　2. 대법원규칙의 제정과 개정 등에 관한 사항
　　3. 판례의 수집·간행에 관한 사항
　　4. 예산 요구, 예비금 지출과 결산에 관한 사항
　　5. 다른 법령에 따라 대법관회의의 권한에 속하는 사항
　　6. 특히 중요하다고 인정되는 사항으로서 대법원장이 회의에 부친 사항
[전문개정 2014.12.30.]

---

3. 보유 주식 발행 기업

◆ A카드(주)는 할부금융업을 영위하는 회사이다.

◆ B증권(주)는 증권중개업을 영위하는 회사이다.

◆ C전자(주)는 전자부품, 영상·음향 장비 등을 제조·판매하는 회사이다.

4. 검토

 ◆ A카드(주)의 사업은 대법원의 심판권이나 대법관회의의 의결사항과 관련성이 보이지 아니한다. 甲의 직무와 거리가 멀다.

 ◆ B증권(주)의 사업 역시 대법원의 심판권이나 대법관회의의 의결사항과 관련성이 보이지 아니한다. 甲의 직무와 거리가 멀다.

 ◆ C전자(주)의 사업 역시 대법원의 심판권이나 대법관회의의 의결사항과 관련성이 보이지 아니한다. 甲의 직무와 거리가 멀다.

 ◆ 따라서 甲은 주식백지신탁 심사위원회로부터 보유주식 전부에 대하여 직무관련성 없음의 결정을 받을 것인바, 甲의 아들은 계속하여 A카드(주) 주식, B증권(주) 주식, C전자(주) 주식을 보유할 수 있다.

[참고] 대법원에서 관련 사건을 심리 중인 경우

만약 전원합의체 또는 甲이 구성원인 합의부에서 A카드(주)나 B증권(주) 또는 C전자(주)가 당사자 또는 피고인 사건을 심리중이라면, 대법관인 甲이 이들 회사에 대한 정보접근 및 영향력 행사 가능성이 있다고 볼 것인가? 일반적으로 볼 때, 대법원 심판은 전원합의체 또는 부에서 이루어진다는 점, 대법원은 법률심이라는 점, 대법원의 법령 해석·적용의 결과 나타나는 판결은 일종의 법원으로서 추상성을 갖는다고 볼 것인바, 대법관의 직무수행 시 대법관 개인의 이익과 재판의 공공성과의 충돌, 즉 이해충돌은 발생하지 아니한다고 볼 것이다. 따라서 통상적으로는 주식백지신탁 심사위원회로부터 보유 주식에 대하여 직무관련성 없음의 결정을 받을 것이다. 그러나 갑이 보유한 주식의 가액이 상당하여 국민적 관심의 대상이 될 수 있는 정도라면, 그리하여 사법부의 신뢰가 보다 강하게 요구되는 경우라면, 직무관련성 있음의 결정을 받아야 할 경우도 있을 수 있을 것이다.

[참고] 직무관련성 심사 후 추가 취득의 경우

甲이 주식백지신탁 심사위원회의 직무관련성 심사 후 상속으로 새로이 주식을 취득하게 되면, 새로이 취득한 주식 중에 직무관련성 없음의 결정을 받은 주식이 아닌 주식의 총 가액이 대통령령으로 정하는 금액(현 3,000만원)을 초과하게 되면, 직무관련성 심사를 다시 받아야 한다.

[2] 서울고등법원 부장판사

[사례]

甲은 지난 주 서울고등법원 부장판사(제○형사부 부장판사)로 승진임용을 받았다. 甲은 A자동차(주) 주식 500주(주당 가격 30,000원), B중공업(주) 주식 1,000주(주당 가격 8,000원), C전자(주) 주식 1,000주(주당 가격 10,000원)를 보유하고 있다. 甲은 계속하여 이 주식을 보유할 수 있는가?

1. 심사대상 여부

◆ 보유 주식의 총 가액이 1천만원 이상 5천만원 이하의 범위에서 대통령령으로 정하는 금액을 초과하면, 직무관련성 심사대상이 된다(공직자윤리법 제14조의4 제1항). 공직자윤리법은 주식백지신탁대상 주식의 하한가액을 3천만원으로 규정하고 있다(공직자윤리법 시행령 제27조의4).

◆ 등록의무자의 배우자가 보유하는 주식도 백지신탁의 대상이 된다(공직자윤리법 제14조의4 제1항, 제4조 제1항 제2호). 따라서 甲의 배우자가 보유하는 주식도 甲의 직무관련성 심사의 대상이 된다.

◆ 甲의 배우자가 보유하는 주식의 총 가액은 3천3백만원(500×30,000＋1,000×8,000＋1,000×10,000)이므로 3천만원을 초과한다. 따라서 甲이 보유 주식을 계속 보유하려면, 주식백지신탁 심사위원회로부터 직무관련성 없음의 결정을 받아야 한다.

2. 甲의 직무

◆ 甲은 서울고등법원 제○형사부 부장판사이므로 甲의 직무내용은 서울고등법원 형사부 부장판사의 관장 사무를 기준으로 판단하여야 한다.

◆ 법원의 관장사무는 법원조직법에서 규정되고 있다. 부장판사의 소속 부에서의 지위는 법원조직법 제27조 제3항에서 규정되고 있다.

법원조직법

제2조(법원의 권한) ① 법원은 헌법에 특별한 규정이 있는 경우를 제외한 모든 법률상의 쟁송(爭訟)을 심판하고, 이 법과 다른 법률에 따라 법원에 속하는 권한을 가진다.
[전문개정 2014.12.30.]

제7조(심판권의 행사) ③ 고등법원·특허법원 및 행정법원의 심판권은 판사 3명으로 구성된 합의부에서 행사한다. 다만, 행정법원의 경우 단독판사가 심판할 것으로 행정법원 합의부가 결정한 사건의 심판권은 단독판사가 행사한다.
[전문개정 2014.12.30.]

제27조(부) ① 고등법원에 부(部)를 둔다.
② 부에 부장판사를 둔다.
③ 부장판사는 그 부의 재판에서 재판장이 되며, 고등법원장의 지휘에 따라 그 부의 사무를 감독한다.
[전문개정 2014.12.30.]

제28조(심판권) 고등법원은 다음의 사건을 심판한다. 다만, 제28조의4 제2호에 따라 특허법원의 권

한에 속하는 사건은 제외한다. 〈개정 2015.12.1., 2016.12.27.〉

1. 지방법원 합의부, 가정법원 합의부, 회생법원 합의부 또는 행정법원의 제1심 판결·심판·결정·명령에 대한 항소 또는 항고사건
2. 지방법원단독판사, 가정법원단독판사의 제1심 판결·심판·결정·명령에 대한 항소 또는 항고사건으로서 형사사건을 제외한 사건 중 대법원규칙으로 정하는 사건
3. 다른 법률에 따라 고등법원의 권한에 속하는 사건

[전문개정 2014.12.30.]

3. 보유 주식 발행 기업

- A자동차(주)는 각종 차량을 제조·판매하는 회사이다.
- B중공업(주)는 발전설비와 건설중장비 등을 제조·판매하는 회사이다.
- C전자(주)는 방송수신기기, 음향기기 등을 제조·판매하는 회사이다.

4. 검토

- A자동차(주)의 사업은 서울고등법원 관할 구역 안의 형사 항소 및 항고 사건을 담당하는 甲의 직무와 거리가 멀다.
- B중공업(주)의 사업 역시 甲의 직무와 거리가 멀다.
- C전자(주)의 사업 역시 甲의 직무와 거리가 멀다.
- 따라서 甲은 주식백지신탁 심사위원회로부터 보유주식 전부에 대하여 직무관련성 없음의 결정을 받을 것인바, 甲이은 계속하여 A자동차(주) 주식, B중공업(주) 주식, C전자(주) 주식을 보유할 수 있다.

[참고] 서울고등법원 제○형사부가 관련 사건을 심리 중인 경우

만약 A자동차(주)나 B중공업(주) 또는 C전자(주)가 피고인 형사사건이 서울고등법원 제○형사부에서 심리중이라면, 사실심인 고등법원의 제○형사부의 부장판사로서 甲은 이들 회사에 대한 정보접근 및 영향력 행사 가능성이 있다고 볼 것이고, 따라서 주식백지신탁 심사위원회로부터 해당 주식에 대하여 직무관련성 있음의 결정을 받을 것이다.

[참고] 직무관련성 심사 후 추가 취득의 경우

甲이 주식백지신탁 심사위원회의 직무관련성 심사 후 상속으로 새로이 주식을 취득하게 되면, 새로이 취득한 주식 중에 직무관련성 없음의 결정을 받은 주식이 아닌 주식의 총 가액이 대통령령으로 정하는 금액(현 3,000만원)을 초과하게 되면, 직무관련성 심사를 다시 받아야 한다.

D. 지방자치단체

[1] 도의회 의원

[사례] 甲은 S도의회 의원이다. 최근 甲은 건설소방위원회 소속으로 자리를 옮겼다. 甲은 A건설(주) 주식 1,000주(주당 가격 30,000원), B중공업(주) 주식 100주(주당 가격 120,000원), C타이어(주) 주식 1,000주(주당 가격 15,000원), D주유소(주) 주식 1,000주(주당 가격 40,000원)를 보유하고 있다. 甲은 S도의회 건설소방위원회 소속으로서 이러한 주식을 보유할 수 있는가?

1. 심사대상 여부

◆ 보유 주식의 총 가액이 1천만원 이상 5천만원 이하의 범위에서 대통령령으로 정하는 금액을 초과하면, 직무관련성 심사대상이 된다(공직자윤리법 제14조의4 제1항). 공직자윤리법은 주식백지신탁대상 주식의 하한가액을 3천만원으로 규정하고 있다(공직자윤리법 시행령 제27조의4).

◆ 甲이 보유하는 주식의 총 가액은 9천7백만원(1,000×30,000+100×120,000+1,000×15,000+1,000×40,000)이므로 3천만원을 초과한다. 따라서 甲이 보유 주식을 계속 보유하려고 하면, 주식백지신탁 심사위원회로부터 직무관련성 없음의 결정을 받아야 한다.

2. 甲의 직무

◆ 甲은 건설소방위원회 소속이므로 甲의 직무내용은 건설소방위원회의 소관사무

를 기준으로 판단하여야 한다.

◆ 건설소방위원회는 S도의 건설국, 소방본부 S개발공사 소관에 속하는 의안심사 및 청원 등을 처리한다.

3. 보유 주식 발행 기업

◆ A건설(주)는 토목, 건축, 전기, 정보통신, 조경 등의 사업을 영위하는 회사이다.

◆ B중공업(주)는 선박, 해양플랫폼, 건축 등에 관한 사업을 영위하는 회사이다.

◆ C타이어(주)는 타이어의 제조와 판매를 영위하는 회사이다.

◆ D주유소(주)는 유류를 도·소매하는 회사이다.

4. 검토

◆ S도 건설국은 도시재개발, 산업단지조성, 하천조성, 재난복구에 관한 사무를 관장한다. S도 건설국을 소관의 하나로 하는 S도의회 건설소방위원회의 소관 사무는 S도 건설국 소관 사무 전반에 미친다.

◆ A건설(주)의 사업내용은 S도의회 건설소방위원회의 소관 사무와 내용상 관련을 갖는다. 따라서 甲은 A건설(주)에 대한 정보 접근 및 영향력 행사 가능성을 갖는다고 볼 것이다.

◆ B중공업(주)의 사업내용도 A건설의 경우와 다를 바 없다.

◆ C타이어(주)는 S도의회 건설소방위원회의 소관 사무와 내용상 관련을 갖는다고 보기 어렵다.

◆ D주유소(주)는 S도의회 건설소방위원회의 소관 사무와 내용상 관련을 갖는다고 보기 어렵다.

◆ 따라서 甲은 주식백지신탁 심사위원회로부터 보유 주식 중 A건설(주) 주식과 B중공업(주) 주식은 직무관련성 있음의 결정을 받을 것이다. 그리고 A건설(주) 주식과 B중공업(주) 주식의 총 가액이 대통령령으로 정하는 금액(현 3,000만원)을 초과하므로, 매각 또는 백지신탁계약을 체결하여야 한다.

◆ C타이어(주) 주식과 D주유소(주) 주식은 직무관련성 없음의 결정을 받을 것이다. 甲은 건설소방위원회 소속 도의원으로서 C타이어(주) 주식과 D주유소(주) 주식은 계속하여 보유할 수 있다.

[참고] D주유소가 S도 관내에 있는 경우
만약 D주유소가 S도 관할 구역 안에 있다고 하여도 사정은 다르지 않다고 볼 것이다. 왜냐하

면 건설소방위원회의 소관 사무는 유류판매와 무관하기 때문이다. 만약 甲이 속하는 상임위원회가 유류업무를 담당하는 집행부의 부서를 소관으로 한다면, 직무관련성을 인정할 수 있을 것이다.

[참고] 직무관련성 심사 후 다른 상임위원위원회 위원의 직을 겸하게 되는 경우
甲이 주식백지신탁 심사위원회의 직무관련성 심사 후에 다른 상임위원회 위원의 직을 겸하게 되면, 다시 직무관련성 심사를 받아야 한다.

[참고] 직무관련성 심사 후 추가 취득의 경우
甲이 주식백지신탁 심사위원회의 직무관련성 심사 후 상속으로 새로이 주식을 취득하게 되면, 새로이 취득한 주식 중에 직무관련성 없음의 결정을 받은 주식이 아닌 주식의 총 가액이 대통령령으로 정하는 금액(현 3,000만원)을 초과하게 되면, 직무관련성 심사를 다시 받아야 한다.

[2] 도지사

[사례]
甲은 최근 S도의 도지사로 선출되었다. 甲의 배우자는 A그린(주) 주식 10,000주(주당 가격 500,000원), B건설(주) 주식 100주(주당 가격 900,000원)를 보유하고 있다. 甲이 S도의 도지사 신분을 유지하면서 甲의 배우자는 이러한 주식을 보유할 수 있는가?

1. 심사대상 여부

◆ 보유 주식의 총 가액이 1천만원 이상 5천만원 이하의 범위에서 대통령령으로 정하는 금액을 초과하면, 직무관련성 심사대상이 된다(공직자윤리법 제14조의4 제1항). 공직자윤리법은 주식백지신탁대상 주식의 하한가액을 3천만원으로 규정하고 있다(공직자윤리법 시행령 제27조의4).

◆ 등록의무자의 배우자가 보유하는 주식도 백지신탁의 대상이 된다(공직자윤리법 제14조의4 제1항, 제4조 제1항 제2호). 따라서 甲의 배우자가 보유하는 주식도 甲의 직무관련성 심사의 대상이 된다.

◆ 甲의 배우자가 보유하는 주식의 총 가액은 50억9천만원(10,000×500,000＋100×900,000)이므로 3천만원을 초과한다. 따라서 甲의 배우자가 보유 주식을 계속 보유하려고 하면, 주식백지신탁 심사위원회로부터 직무관련성 없음의 결정을 받아야 한다.

2. 甲의 직무

◆ 甲은 S도의 도지사이다. 도지사는 도를 대표하고 그 사무를 총괄하므로, 甲은 S도를 대표하고 그 사무를 총괄하고 집행한다. 따라서 甲의 직무내용은 S도의 소관 사무를 기준으로 판단하여야 한다.

◆ 지방자치단체인 S도가 처리하는 사무의 범위는 지방자치법 제9조에서 규정되고 있다.

지방자치법

제101조(지방자치단체의 통할대표권) 지방자치단체의 장은 지방자치단체를 대표하고, 그 사무를 총괄한다.

제103조(사무의 관리 및 집행권) 지방자치단체의 장은 그 지방자치단체의 사무와 법령에 따라 그 지방자치단체의 장에게 위임된 사무를 관리하고 집행한다.

제9조(지방자치단체의 사무범위) ① 지방자치단체는 관할 구역의 자치사무와 법령에 따라 지방자치단체에 속하는 사무를 처리한다.

② 제1항에 따른 지방자치단체의 사무를 예시하면 다음 각 호와 같다. 다만, 법률에 이와 다른 규정이 있으면 그러하지 아니하다. 〈개정 2007.4.6., 2007.5.17., 2009.12.29., 2011.7.14., 2017.4.18.〉
(제1호 ~ 제2호 생략)

3. 농림·상공업 등 산업 진흥에 관한 사무
가. 소류지(小溜池)·보(洑) 등 농업용수시설의 설치 및 관리
나. 농산물·임산물·축산물·수산물의 생산 및 유통지원
다. 농업자재의 관리
라. 복합영농의 운영·지도
마. 농업 외 소득사업의 육성·지도
바. 농가 부업의 장려
사. 공유림 관리
아. 소규모 축산 개발사업 및 낙농 진흥사업
자. 가축전염병 예방
차. 지역산업의 육성·지원
카. 소비자 보호 및 저축 장려
타. 중소기업의 육성
파. 지역특화산업의 개발과 육성·지원
하. 우수토산품 개발과 관광민예품 개발

4. 지역개발과 주민의 생활환경시설의 설치·관리에 관한 사무
가. 지역개발사업
나. 지방 토목·건설사업의 시행
다. 도시계획사업의 시행
라. 지방도(地方道), 시군도의 신설·개수(改修) 및 유지
마. 주거생활환경 개선의 장려 및 지원
바. 농촌주택 개량 및 취락구조 개선

사. 자연보호활동

아. 지방하천 및 소하천의 관리

자. 상수도·하수도의 설치 및 관리

차. 간이급수시설의 설치 및 관리

카. 도립공원·군립공원 및 도시공원, 녹지 등 관광·휴양시설의 설치 및 관리

타. 지방 궤도사업의 경영

파. 주차장·교통표지 등 교통편의시설의 설치 및 관리

하. 재해대책의 수립 및 집행

거. 지역경제의 육성 및 지원

(제5호~제6호 생략)

3. 보유 주식 발행 기업

◆ A그린(주)는 축산농업, 친환경 퇴비의 제조·판매업을 영위하는 회사이다. 甲의 배우자가 A그린(주)의 대표이사이다. A그린(주)는 S도 관내에 위치한다. 최근 4년간 A그린(주)와 S도 사이에 체결된 계약은 없다.

◆ B건설(주)는 건축, 도로포장, 정보통신, 항만준설 등에 관한 사업을 영위하는 회사이다.

4. 검토

◆ A그린(주)의 사업내용은 S도의 사무 중 농업관련 사무(예: 농업자재의 관리, 복합영농의 운영·지도)와 겹친다. A그린(주)의 업종으로 볼 때, 甲은 A그린(주)와 관련하여 정보접근 및 영향력 행사 가능성이 있다고 볼 것이다.

◆ B건설(주)의 사업내용은 S도의 사무 중 지역개발 사무, 지방토목·건설사업 등과 겹친다. B건설(주)의 업종으로 볼 때, 甲은 B건설(주)와 관련하여 정보접근 및 영향력 행사 가능성이 있다고 볼 것이다.

◆ 따라서 甲은 주식백지신탁 심사위원회로부터 甲의 배우자가 보유하는 주식인 A그린(주) 주식과 B건설(주) 주식 모두 직무관련성 있음의 결정을 받을 것이다. 그리고 그 주식의 총 가액이 대통령령으로 정하는 금액(현 3,000만원)을 초과하므로, 매각 또는 주식백지신탁계약을 체결하여야 한다.

[참고] A그린(주)가 S도 관외에 있는 경우

만약 A그린(주)나 B건설(주)의 소재지가 S도 관할 구역 밖에 있다고 하여도 사정은 다르지 않다고 볼 것이다. 왜냐하면 甲의 소관 사무는 A그린(주)나 B건설(주)의 소재지와 무관하기 때문이다.

甲이 주식백지신탁 심사위원회의 직무관련성 심사 후 상속으로 새로이 주식을 취득하게 되면, 새로이 취득한 주식의 총 가액이 대통령령으로 정하는 금액(현 3,000만원)을 초과하게 되면, 직무관련성 심사를 다시 받아야 한다.

[3] 군의회 의원

[사례]

甲은 기초지방자치단체인 S군의 지방의회 의원이다. 최근 甲은 기획행정위원회 소속이 되었다. 甲은 A전력(주) 주식 10주(주당 가격 400,000원), B철강(주) 주식 10주(주당 가격 2,000,000원), C엔지니어링(주) 주식 10,000주(주당 가격 500,000원)를 보유하고 있다. 甲은 S군의회 기획행정위원회 소속으로서 이러한 주식을 보유할 수 있는가?

1. 심사대상 여부

◆ 보유 주식의 총 가액이 1천만원 이상 5천만원 이하의 범위에서 대통령령으로 정하는 금액을 초과하면, 직무관련성 심사대상이 된다(공직자윤리법 제14조의4 제1항). 공직자윤리법은 주식백지신탁대상 주식의 하한가액을 3천만으로 규정하고 있다(공직자윤리법 시행령 제27조의4).

◆ 甲이 보유하는 주식의 총 가액은 5억2천4백만원($10 \times 400,000 + 10 \times 2,000,000 + 1,000 \times 500,000$)이므로 3천만원을 초과한다. 따라서 甲이 보유 주식을 계속 보유하려고 하면, 주식백지신탁 심사위원회로부터 직무관련성 없음의 결정을 받아야 한다.

2. 甲의 직무

◆ 甲은 기획행정위원회 소속이므로 甲의 직무내용은 기획행정위원회의 소관사무를 기준으로 판단하여야 한다.

◆ 기획행정위원회는 S군의 기획행정국, 전략산업국 소관에 속하는 의안심사 및 청원 등을 처리한다.

3. 보유 주식 발행 기업

◆ A전력(주)는 전력자원의 개발, 발전, 송전, 변전, 배전 등에 관한 사업을 영위하는 회사이다.

◆ B철강(주)는 철강설비, 건축설계 등에 관한 사업을 영위하는 회사이다.

◆ C엔지니어링(주)은 전기시설 공사업을 영위하는 회사이다. S군에 위치하고 있다. 甲은 이 회사의 주요 주주의 한 사람이다. 지난 3년 동안 S군과 5건의 수의계약이 있었고, 총 계약고는 2억원 상당이었다.

4. 검토

◆ S군 기획행정국은 예산, 세무, 회계 등의 사무를 관장하고, 전략산업국은 투자유치, 일자리창출, 문화관광 등의 사무를 관장한다. S군 기획행정국과 전략산업국을 소관으로 하는 S군의회 기획행정위원회의 소관 사무는 S군 기획행정국과 전략산업국 소관 사무 전반에 미친다.

◆ A전력(주)의 사업내용은 S군의회 기획행정위원회의 소관 사무와 내용상 관련을 갖는다고 보기 어렵다.

◆ B철강(주)의 경우도 A전력(주)와 마찬가지이다.

◆ C엔지니어링(주)의 경우, 甲은 주요 주주 중의 1명이라는 점, S군의 회계사무는 기획재정위원회의 소관이라는 점, 최근에 C엔지니어링(주)과 S군 사이에 거래가 있었다는 점 등을 고려할 때, 甲은 S군의회 기획재정위원회 소속 위원으로서 C엔지니어링과 관련한 정보 접근 가능성과 영향력 행사 가능성을 갖는다고 볼 것이다.

◆ 따라서 甲은 주식백지신탁 심사위원회로부터 보유 주식 중 A전력(주) 주식과 B철강(주) 주식은 직무관련성 없음의 결정을 받을 것이다. 甲은 기획재정위원회 소속 시의원으로서 A전력(주) 주식과 B철강(주) 주식은 계속하여 보유할 수 있다.

◆ 한편, 甲은 주식백지신탁 심사위원회로부터 보유 주식 중 C엔지니어링(주)은 직무관련성 있음의 결정을 받을 것이다. 그리고 C엔지니어링(주)의 총 가액이 대통령령으로 정하는 금액(현 3,000만원)을 초과하므로, 매각 또는 백지신탁계약을 체결하여야 한다.

[참고] C엔지니어링(주)의 사무소가 S군 관할 구역 밖에 있는 경우
만약 C엔지니어링(주)의 주소지가 S군 관할 구역 밖에 있다고 하여도 사정은 다르지 않다고 볼 것이다. 왜냐하면 C엔지니어링(주)의 주소지가 어딘가의 여부는 이 사건에서 직무관련성 심사의 중요 요소는 아니기 때문이다.

[참고] 직무관련성 심사 후 다른 상임위원회 위원의 직을 겸하게 되는 경우
甲이 주식백지신탁 심사위원회의 직무관련성 심사 후에 다른 상임위원회 위원의 직을 겸하게 되면, 다시 직무관련성 심사를 받아야 한다.

[참고] 직무관련성 심사 후 추가 취득의 경우

甲이 주식백지신탁 심사위원회의 직무관련성 심사 후 상속으로 새로이 주식을 취득하게 되면, 새로이 취득한 주식 중에 직무관련성 없음의 결정을 받은 주식이 아닌 주식의 총 가액이 대통령령으로 정하는 금액(현 3,000만원)을 초과하게 되면, 직무관련성 심사를 다시 받아야 한다.

[4] 군수

[사례]

甲은 최근에 S군의 군수로 선출되었다. 甲의 배우자는 A양행(주) 주식 15주(주당 가격 1,000,000원), B극장(주) 주식 1,000주(주당 가격 20,000원)를 보유하고 있다. 甲이 S군의 군수 신분을 유지하면서 甲의 배우자는 이러한 주식을 계속 보유할 수 있는가?

1. 심사대상 여부

◆ 보유 주식의 총 가액이 1천만원 이상 5천만원 이하의 범위에서 대통령령으로 정하는 금액을 초과하면, 직무관련성 심사대상이 된다(공직자윤리법 제14조의4 제1항). 공직자윤리법은 주식백지신탁대상 주식의 하한가액을 3천만으로 규정하고 있다(공직자윤리법 시행령 제27조의4).

◆ 등록의무자의 배우자가 보유하는 주식도 백지신탁의 대상이 된다(공직자윤리법 제14조의4 제1항, 제4조 제1항 제2호). 따라서 甲의 배우자가 보유하는 주식도 甲의 직무관련성 심사의 대상이 된다.

◆ 甲의 배우자가 보유하는 주식의 총 가액은 3천5백만원(15×1,000,000＋ 1,000×20,000)이므로 3천만원을 초과한다. 따라서 甲의 배우자가 보유 주식을 계속 보유하려고 하면, 주식백지신탁 심사위원회로부터 직무관련성 없음의 결정을 받아야 한다.

2. 甲의 직무

◆ 甲은 S군의 군수이다. 군수는 군을 대표하고 그 사무를 총괄하므로, 甲은 S군을 대표하고 그 사무를 총괄하고 집행한다. 따라서 甲의 직무내용은 S군의 소관 사무를 기준으로 판단하여야 한다.

◆ 지방자치단체인 S군이 처리하는 사무의 범위는 지방자치법 제9조에서 규정되고 있다.

지방자치법

제101조(지방자치단체의 **통할대표권**) 지방자치단체의 장은 지방자치단체를 대표하고, 그 사무를 총괄한다.

제103조(**사무의 관리 및 집행권**) 지방자치단체의 장은 그 지방자치단체의 사무와 법령에 따라 그 지방자치단체의 장에게 위임된 사무를 관리하고 집행한다.

제9조(**지방자치단체의 사무범위**) ① 지방자치단체는 관할 구역의 자치사무와 법령에 따라 지방자치단체에 속하는 사무를 처리한다.

② 제1항에 따른 지방자치단체의 사무를 예시하면 다음 각 호와 같다. 다만, 법률에 이와 다른 규정이 있으면 그러하지 아니하다. 〈개정 2007.4.6., 2007.5.17., 2009.12.29., 2011.7.14., 2017.4.18.〉

(제1호~제2호 생략)

3. 농림 · 상공업 등 산업 진흥에 관한 사무

가. 소류지(小溜池) · 보(洑) 등 농업용수시설의 설치 및 관리

나. 농산물 · 임산물 · 축산물 · 수산물의 생산 및 유통지원

다. 농업자재의 관리

라. 복합영농의 운영 · 지도

마. 농업 외 소득사업의 육성 · 지도

바. 농가 부업의 장려

사. 공유림 관리

아. 소규모 축산 개발사업 및 낙농 진흥사업

자. 가축전염병 예방

차. 지역산업의 육성 · 지원

카. 소비자 보호 및 저축 장려

타. 중소기업의 육성

파. 지역특화산업의 개발과 육성 · 지원

하. 우수토산품 개발과 관광민예품 개발

(제4호 생략)

5. 교육 · 체육 · 문화 · 예술의 진흥에 관한 사무

가. 유아원 · 유치원 · 초등학교 · 중학교 · 고등학교 및 이에 준하는 각종 학교의 설치 · 운영 · 지도

나. 도서관 · 운동장 · 광장 · 체육관 · 박물관 · 공연장 · 미술관 · 음악당 등 공공교육 · 체육 · 문화시설의 설치 및 관리

다. 지방문화재의 지정 · 보존 및 관리

라. 지방문화 · 예술의 진흥

마. 지방문화 · 예술단체의 육성

(제6호 생략)

3. 보유 주식 발행 기업

◆ A양행(주)는 수출입업을 영위하는 회사이다. A양행(주)의 소재지는 서울이다. 지난 해 A양행(주)와 S군 사이에 S군 특산품을 3년간 공급하는 것을 내용으로 하는 계

약이 체결된 바 있다.

◆ B극장(주)는 영화의 상영을 사업내용으로 하는 회사이다. B극장(주)는 S군 내에 소재한다.

4. 검토

◆ A양행(주)의 사업내용은 S도의 사무 중 농업관련 사무(예: 농산물·임산물·축산물·수산물의 생산 및 유통지원, 지역특화산업의 개발과 육성·지원)에도 미친다. A양행(주)의 업종이나 A양행(주)와 S군 사이에 체결된 계약을 볼 때, 甲은 A그린(주)와 관련하여 정보접근 및 영향력 행사 가능성이 있다고 볼 것이다.

◆ B극장(주)의 사업내용은 S군의 사무 중 지방문화·예술의 진흥사업 등과 겹친다는 점, 그리고 B극장(주)가 S군 관할 구역 안에 있다는 점 등을 고려할 때, 甲은 B극장(주)와 관련하여 정보접근 및 영향력 행사 가능성이 있다고 볼 것이다.

◆ 따라서 甲은 주식백지신탁 심사위원회로부터 甲의 배우자가 보유하는 주식인 A양행(주) 주식과 B극장(주) 주식 모두 직무관련성 있음의 결정을 받을 것이다. 그리고 그 주식의 총 가액이 대통령령으로 정하는 금액(현 3,000만원)을 초과하므로, 매각 또는 주식백지신탁계약을 체결하여야 한다.

[참고] A양행(주)와 S군 사이에 체결된 계약상 금액이 미약한 경우
만약 A양행(주)와 S군 사이에 체결된 특산품 공급계약의 계약고가 미미하여, A양행(주)의 주식 가격에 영향을 전혀 미치지 못할 정도이고, 그 계약과 관련하여 A양행(주)와 관련된 정보 접근도 용이하지 않다고 판단되는 경우라면, 직무관련성을 인정하기 어려울 것이다.

[참고] B극장(주)가 S군 관할 구역 밖에 위치하는 경우
만약 B극장(주)의 소재지가 S군 관할 구역 밖이라고 하면, 사정은 다를 것이다. S군의 예산을 S군 밖에 소재하는 극장을 위해 지출한다는 것은 예상하기 어렵기 때문이다.

[참고] 직무관련성 심사 후 추가 취득의 경우
甲이 주식백지신탁 심사위원회의 직무관련성 심사 후 상속으로 새로이 주식을 취득하게 되면, 새로이 취득한 주식의 총 가액이 대통령령으로 정하는 금액(현 3,000만원)을 초과하게 되면, 직무관련성 심사를 다시 받아야 한다.

E. 기타

[1] K시 시설공단

[사례]
甲은 K시의 출연기관인 K시설관리공단의 이사장으로 선출되었다. 甲의 배우자는 A전자(주) 주식 20주(주당 가격 1,500,000원), B건설(주) 주식 500주(주당 가격 20,000원)를 보유하고 있다. 甲이 K시설공단 이사장 신분을 유지하면서 甲의 배우자는 이러한 주식을 계속 보유할 수 있는가?

1. 심사대상 여부
◆ 보유 주식의 총 가액이 1천만원 이상 5천만원 이하의 범위에서 대통령령으로 정하는 금액을 초과하면, 직무관련성 심사대상이 된다(공직자윤리법 제14조의4 제1항). 공직자윤리법은 주식백지신탁대상 주식의 하한가액을 3천만원으로 규정하고 있다(공직자윤리법 시행령 제27조의4).

◆ 등록의무자의 배우자가 보유하는 주식도 백지신탁의 대상이 된다(공직자윤리법 제14조의4 제1항, 제4조 제1항 제2호). 따라서 甲의 배우자가 보유하는 주식도 甲의 직무관련성 심사의 대상이 된다.

◆ 甲의 배우자가 보유하는 주식의 총 가액은 4천만원($20 \times 1,500,000 + 500 \times 20,000$)이므로 3천만원을 초과한다. 따라서 甲의 배우자가 보유 주식을 계속 보유하려고 하면, 주식백지신탁 심사위원회로부터 직무관련성 없음의 결정을 받아야 한다.

2. 甲의 직무

* 甲은 K시설공단 이사장으로서 K시설공단을 대표하고, 그 업무를 총괄한다.
* K시설공단은 K시가 지정하는 도로교통, 공원녹지, 문화예술, 관광 등에 관련된 공공시설물을 효율적으로 관리·운영하는 것을 사업내용으로 한다.

3. 보유 주식 발행 기업

* A전자(주)는 전자부품, 컴퓨터, 영상·음향장비 등을 제조·판매하는 회사이다. A전자(주)와 K시설공단 사이에 아무런 계약도 체결한 바 없다.
* B건설(주)는 토목건축공사업, 전기공사업을 영위하는 회사이다. B건설(주)와 K시설공단 사이에 아무런 계약도 체결한 바 없다.

4. 검토

* A전자(주)의 사업내용인 컴퓨터, 영상·음향장비의 설치가 K시설공단의 사업내용일 수도 있다. 단순한 가능성만으로 甲이 A전자(주)와 관련하여 정보접근 및 영향력 행사 가능성이 있다고 말하기 어렵다.
* B건설(주)와 K시설공단 사이에 아무런 계약도 체결한 바 없다. 그러나 B건설(주)가 도로를 건설·개수·보수하고, 공원을 건설·리모델링하는 것을 사업내용으로 하는데, 그 사업내용이 K시설공단의 사무와 겹친다는 점을 고려할 때, 甲은 K시설공단 이사장으로서 B건설(주)와 관련하여 정보접근 및 영향력 행사 가능성이 있다고 볼 것이다.
* 따라서 甲은 주식백지신탁 심사위원회로부터 甲의 배우자가 보유하는 주식인 A전자(주) 주식에 대하여는 직무관련성 없음의 결정, B건설(주) 주식에 대하여는 직무관련성 있음의 결정을 받을 것이다. 그런데 B건설(주) 주식의 총 가액이 1,000만원이어서 대통령령으로 정하는 금액(현 3,000만원)을 초과하지 아니하므로 甲의 배우자는 B건설(주) 주식을 보유할 수 있다.

[참고] A전자(주)와 K시설공단 사이에 체결된 계약이 존재하는 경우
만약 최근 3~4년 동안에 A전자(주)와 K시설공단 사이에 도로, 공원의 리모델링과 관련하여 컴퓨터, 영상·음향장비의 설치 등에 관한 계약이 체결된 바 있었다면, 甲이 K시설공단 이사장으로서 A전자(주)와 관련하여 정보접근 및 영향력 행사 가능성이 있다고 볼 것이다.

[참고] 직무관련성 심사 후 추가 취득의 경우
甲이 주식백지신탁 심사위원회의 직무관련성 심사 후 상속으로 새로이 주식을 취득하게 되면, 보유 중인 B건설(주) 주식의 가액과 새로이 취득한 주식의 가액을 합한 금액이 대통령령으로 정하는 금액(현 3,000만원)을 초과하게 되면, 직무관련성 심사를 다시 받아야 한다.

[2] 한국마사회

[사례]
甲은 최근 한국마사회 회장으로 선임되었다. 甲의 배우자는 A전자(주) 주식 20주(주당 가격 1,500,000원), B항공(주) 주식 500주(주당 가격 20,000원)를 보유하고 있다. 甲이 한국마사회 회장의 신분을 유지하면서 甲의 배우자는 이러한 주식을 계속 보유할 수 있는가?

1. 심사대상 여부
- 보유 주식의 총 가액이 1천만원 이상 5천만원 이하의 범위에서 대통령령으로 정하는 금액을 초과하면, 직무관련성 심사대상이 된다(공직자윤리법 제14조의4 제1항). 공직자윤리법은 주식백지신탁대상 주식의 하한가액을 3천만으로 규정하고 있다(공직자윤리법 시행령 제27조의4).
- 등록의무자의 배우자가 보유하는 주식도 백지신탁의 대상이 된다(공직자윤리법 제14조의4 제1항, 제4조 제1항 제2호). 따라서 甲의 배우자가 보유하는 주식도 甲의 직무관련성 심사의 대상이 된다.
- 甲의 배우자가 보유하는 주식의 총 가액은 4천만원(20 × 1,500,000 + 500 × 20,000)이므로 3천만원을 초과한다. 따라서 甲의 배우자가 보유 주식을 계속 보유하려고 하면, 주식백지신탁 심사위원회로부터 직무관련성 없음의 결정을 받아야 한다.

2. 甲의 직무
- 甲은 한국마사회 회장이다. 회장은 마사회를 대표하고 마사회의 업무를 총괄하며, 임기 중 경영성과에 대하여 책임을 진다.
- 한국마사회는 경마(競馬)의 공정한 시행과 말산업의 육성에 관한 사업을 수행한다.

> **한국마사회법**
> **제1조(목적)** 이 법은 한국마사회를 설립하여 경마(競馬)의 공정한 시행과 말산업의 육성에 관한 사업을 효율적으로 수행하게 함으로써 축산의 발전에 이바지하고 국민의 복지 증진과 여가선용을 도모함을 목적으로 한다. 〈개정 2011.3.9., 2015.1.20.〉
> [전문개정 2009.5.27.]
> **제18조(설립)** 제1조의 목적을 달성하기 위한 사업을 효율적으로 수행하기 위하여 한국마사회를 설립한다. [전문개정 2009.5.27.]
> **제26조(임원의 직무)** ① 회장은 마사회를 대표하고 마사회의 업무를 총괄하며, 임기 중 경영성과에 대하여 책임을 진다. [전문개정 2009.5.27.]

3. 보유 주식 발행 기업

◆ A전자(주)는 전자부품, 컴퓨터, 영상·음향장비 등을 제조·판매하는 회사이다. A전자(주)와 한국마사회 사이에 아무런 계약도 체결한 바 없다.

◆ B항공(주)는 정기적인 항공운송을 업으로 하는 회사이다.

4. 검토

◆ A전자(주)의 컴퓨터, 영상·음향장비가 한국마사회에 설치될 수 있으나, 단순한 가능성만으로 甲이 A전자(주)와 관련하여 정보접근 및 영향력 행사 가능성이 있다고 말하기 어렵다.

◆ B항공(주)와 한국마사회 사이에도 계약의 체결가능성이 없다고 말하기 어려우나, 역시 단순한 가능성만으로 甲이 B항공(주)와 관련하여 정보접근 및 영향력 행사 가능성이 있다고 말하기 어렵다.

◆ 따라서 甲은 주식백지신탁 심사위원회로부터 甲의 배우자가 보유하는 주식인 A전자(주) 주식과 B건설(주) 주식 모두에 대하여 직무관련성 없음의 결정을 받을 것이다. 따라서 甲의 배우자는 A전자(주) 주식과 B항공(주) 주식을 모두 보유할 수 있다.

[참고] A전자(주) 또는 B항공(주)와 한국마사회 사이에 체결된 계약이 존재하는 경우

만약 최근 3~4년 동안에 A전자(주) 또는 B항공(주)와 한국마사회 사이에 해당 사업과 관련하여 계약이 체결된 바 있었다고 하여도, 그 계약이 영업상 단순히 일상적인 것을 능가하여 특별한 경우가 아니라면 甲이 한국마사회 회장으로서 A전자(주) 또는 B항공(주)와 관련하여 정보접근 및 영향력 행사 가능성이 있다고 보기 어렵다.

[참고] 직무관련성 심사 후 추가 취득의 경우

甲이 주식백지신탁 심사위원회의 직무관련성 심사 후 상속으로 새로이 주식을 취득할 경우, 새로이 취득한 주식의 가액이 대통령령으로 정하는 금액(현 3,000만원)을 초과하게 되면, 직무관련성 심사를 다시 받아야 한다.

부록

/

2018년도 공공기관 지정

▌2018년도 공공기관 지정 변동내역

□ '18년도 공공기관은 총 338개로 '17년 대비 8개 기관 증가

구분		'17년	'18년	증감	신규	해제	변경
① 공기업		35	35	±1			±1
	■ 시장형	14	15	+1			+1
	■ 준시장형	21	20	△1			△1
② 준정부기관		88	93	+5			+5
	■ 기금관리형	16	16				
	■ 위탁집행형	72	77	+5			+5
③ 기타공공기관		207	210	+3	+9	△1	△5
계		330	338	+8	+9	△1	±6

구 분	주무부처	기관명	지정 결과
신규 (+9)	산업부	재단법인 한국에너지재단	기타공공기관
	복지부	재단법인 의료기관평가인증원	
	국토부	주식회사 에스알	
		재단법인 대한건설기계안전관리원	
	중기부	주식회사 공영홈쇼핑	
		재단법인 장애인기업종합지원센터	
		사단법인 한국산학연협회	
	금융위	서민금융진흥원	
	산림청	한국수목원관리원	
해제 (△1)	산업부	(재)한일산업기술협력재단	지정 해제
유형 변경 (±6)	기재부	한국재정정보원	기타공공기관 →위탁집행형 준정부기관
	과기부	재단법인 연구개발특구진흥재단	기타공공기관 →위탁집행형 준정부기관
	문화부	한국관광공사	준시장형 공기업 →위탁집행형 준정부기관
	산업부	주식회사 강원랜드	기타공공기관 →시장형 공기업
	식약처	한국식품안전관리인증원	기타공공기관 →위탁집행형 준정부기관
	산림청	한국산림복지진흥원	기타공공기관 →위탁집행형 준정부기관

2018년도 공공기관 현황 (338개)

구 분	(주무기관) 기관명
시장형 공기업 (15)	(산업부) 한국가스공사, 한국광물자원공사, 한국남동발전㈜, 한국남부발전㈜, 　　　　한국동서발전㈜, 한국서부발전㈜, 한국석유공사, 한국수력원자력㈜, 　　　　한국전력공사, 한국중부발전㈜, 한국지역난방공사, 주식회사 　　　　강원랜드 (국토부) 인천국제공항공사, 한국공항공사 (해수부) 부산항만공사
준시장형 공기업 (20)	(기재부) 한국조폐공사 (문화부) 그랜드코리아레저㈜ (농식품부) 한국마사회 (산업부) ㈜한국가스기술공사, 대한석탄공사, 한국전력기술㈜, 한전KDN㈜, 　　　　한전KPS㈜ (국토부) 제주국제자유도시개발센터, 주택도시보증공사, 한국감정원, 　　　　한국도로공사, 한국수자원공사, 한국철도공사, 한국토지주택공사 (해수부) 여수광양항만공사, 울산항만공사, 인천항만공사, 해양환경관리공단 (방통위) 한국방송광고진흥공사
기금관리형 준정부기관 (16)	(교육부) 사립학교교직원연금공단 (문화부) 국민체육진흥공단, 영화진흥위원회, 한국문화예술위원회, 　　　　한국언론진흥재단 (산자부) 한국무역보험공사, 한국원자력환경공단 (복지부) 국민연금공단 (고용부) 근로복지공단 (중기부) 기술보증기금, 중소기업진흥공단 (금융위) 신용보증기금, 예금보험공사, 한국자산관리공사, 한국주택금융공사 (인사처) 공무원연금공단
위탁집행형 준정부기관 (77)	(기재부) 한국재정정보원 (교육부) 한국교육학술정보원, 한국장학재단 (과기부) ㈜우체국금융개발원, ㈜한국우편사업진흥원, 우체국물류지원단, 　　　　정보통신산업진흥원, 한국과학창의재단, 한국방송통신전파진흥원, 　　　　한국연구재단, 한국인터넷진흥원, 한국정보화진흥원, 재단법인 　　　　연구개발특구진흥재단 (외교부) 한국국제협력단 (문화부) 국제방송교류재단, 한국콘텐츠진흥원, 아시아문화원, 한국관광공사 (농식품부) 농림수산식품교육문화정보원, 농림식품기술기획평가원, 　　　　축산물품질평가원, 한국농수산식품유통공사, 한국농어촌공사

구 분	(주무기관) 기관명
위탁집행형 준정부기관 (77)	(산업부) 대한무역투자진흥공사, 한국가스안전공사, 한국광해관리공단, 한국디자인진흥원, 한국산업기술진흥원, 한국산업기술평가관리원, 한국산업단지공단, 한국석유관리원, 한국세라믹기술원, 한국에너지공단, 한국에너지기술평가원, 한국전기안전공사, 한국전력거래소 (복지부) 건강보험심사평가원, 국민건강보험공단, 사회보장정보원, 한국노인인력개발원, 한국보건복지인력개발원, 한국보건산업진흥원 (환경부) 국립공원관리공단, 국립생태원, 한국환경공단, 한국환경산업기술원 (고용부) 한국고용정보원, 한국산업안전보건공단, 한국산업인력공단, 한국장애인고용공단 (여가부) 한국청소년상담복지개발원, 한국청소년활동진흥원 (국토부) 한국교통안전공단, 국토교통과학기술진흥원, 한국국토정보공사, 한국시설안전공단, 한국철도시설공단 (해수부) 선박안전기술공단, 한국수산자원관리공단, 해양수산과학기술진흥원, 한국해양수산연수원 (행안부) 한국승강기안전공단 (중기부) 중소기업기술정보진흥원, 소상공인시장진흥공단 (공정위) 한국소비자원 (방통위) 시청자미디어재단 (원안위) 한국원자력안전기술원 (보훈처) 독립기념관, 한국보훈복지의료공단 (식약처) 한국식품안전관리인증원 (경찰청) 도로교통공단 (소방청) 한국소방산업기술원 (산림청) 한국임업진흥원, 한국산림복지진흥원 (농진청) 농업기술실용화재단 (특허청) 재단법인 한국특허전략개발원 (기상청) 한국기상산업기술원
기타 공공기관 (210)	(국조실) 경제인문사회연구회, 과학기술정책연구원, 국토연구원, 대외경제정책연구원, 산업연구원, 에너지경제연구원, 정보통신정책연구원, 통일연구원, 한국개발연구원, 한국교육개발원, 한국교육과정평가원, 한국교통연구원, 한국노동연구원, 한국농촌경제연구원, 한국법제연구원, 한국보건사회연구원, 한국여성정책연구원, 한국조세재정연구원, 한국직업능력개발원, 한국청소년정책연구원, 한국해양수산개발원, 한국행정연구원, 한국형사정책연구원, 한국환경정책평가연구원 (기재부) 한국수출입은행, 한국투자공사

구 분	(주무기관) 기관명
기타 공공기관 (210)	(교육부) 강릉원주대학교치과병원, 강원대학교병원, 경북대학교병원, 　경북대학교치과병원, 경상대학교병원, 국가평생교육진흥원, 　동북아역사재단, 부산대학교병원, 부산대학교치과병원, 　서울대학교병원, 서울대학교치과병원, 전남대학교병원, 　전북대학교병원, 제주대학교병원, 충남대학교병원, 충북대학교병원, 　한국고전번역원, 한국사학진흥재단, 한국학중앙연구원 (과기부) 과학기술일자리진흥원, (재)우체국시설관리단, 광주과학기술원, 　국가과학기술연구회, 국립광주과학관, 국립대구과학관, 　국립부산과학관, 기초과학연구원, 대구경북과학기술원, 　별정우체국연금관리단, 울산과학기술원, 재단법인 　한국여성과학기술인지원센터, 한국건설기술연구원, 　한국과학기술기획평가원, 한국과학기술연구원, 한국과학기술원, 　한국과학기술정보연구원, 한국기계연구원, 한국기초과학지원연구원, 　한국나노기술원, 한국데이터진흥원, 한국생명공학연구원, 　한국생산기술연구원, 한국식품연구원, 한국에너지기술연구원, 　한국원자력연구원, 한국원자력의학원, 한국전기연구원, 　한국전자통신연구원, 한국지질자원연구원, 한국천문연구원, 　한국철도기술연구원, 한국표준과학연구원, 한국한의학연구원, 　한국항공우주연구원, 한국화학연구원 (외교부) 한국국제교류재단, 재외동포재단 (통일부) 북한이탈주민지원재단, (사)남북교류협력지원협회 (법무부) 대한법률구조공단, 정부법무공단, 한국법무보호복지공단, 　IOM이민정책연구원 (국방부) 국방전직교육원, 전쟁기념사업회, 한국국방연구원 (행안부) 민주화운동기념사업회, (재)일제강제동원피해자지원재단 (문화부) (재)국악방송, (재)예술경영지원센터, (재)예술의전당, (재)정동극장, 　(재)한국문화정보원, 게임물관리위원회, 국립박물관문화재단, 　대한장애인체육회, 대한체육회, 세종학당재단, 영상물등급위원회, 　태권도진흥재단, 한국공예디자인문화진흥원, 한국도박문제관리센터, 　한국문학번역원, 한국문화관광연구원, 한국문화예술교육진흥원, 　한국문화진흥㈜, 한국영상자료원, 한국예술인복지재단, 　한국저작권보호원, 한국저작권위원회, 한국체육산업개발㈜, 　한국출판문화산업진흥원 (농식품부) 재단법인 한식진흥원, 가축위생방역지원본부, 국제식물검역인증원, 　농업정책보험금융원 (산자부) (재)한국스마트그리드사업단, 전략물자관리원, 한국로봇산업진흥원, 　한국산업기술시험원, 재단법인 한국에너지정보문화재단, 　한전원자력연료㈜, 의료법인 한전의료재단 한일병원, 한국전력 　국제원자력대학원대학교, 재단법인 한국에너지재단

구 분	(주무기관) 기관명
기타 공공기관 (210)	(복지부) (재)한국보육진흥원, (재)한국장애인개발원, 국립암센터, 국립중앙의료원, 대구경북첨단의료산업진흥재단, 대한적십자사, 오송첨단의료산업진흥재단, 한국건강증진개발원, 한국국제보건의료재단, 한국보건의료연구원, 한국보건의료인국가시험원, 한국사회복지협의회, 한국의료분쟁조정중재원, 재단법인 한국장기조직기증원, 한약진흥재단, <u>재단법인 의료기관평가인증원</u> (환경부) 국립낙동강생물자원관, 수도권매립지관리공사, 한국상하수도협회, 환경보전협회 (고용부) 건설근로자공제회, 노사발전재단, 사단법인 한국기술자격검정원, 학교법인한국폴리텍, 한국기술교육대학교, 한국사회적기업진흥원, 한국잡월드 (여가부) 한국건강가정진흥원, 한국양성평등교육진흥원, 한국여성인권진흥원 (국토부) ㈜워터웨이플러스, ㈜한국건설관리공사, 주택관리공단㈜, 코레일관광개발㈜, 코레일네트웍스㈜, 코레일로지스㈜, 코레일유통㈜, 코레일테크㈜, 항공안전기술원, <u>주식회사 에스알</u>, <u>재단법인 대한건설기계안전관리원</u> (해수부) 국립해양박물관, 국립해양생물자원관, 주식회사 부산항보안공사, 주식회사 인천항보안공사, 한국어촌어항협회, 한국해양과학기술원, 한국해양조사협회, 항로표지기술협회 (중기부) (재)중소기업연구원, ㈜중소기업유통센터, 신용보증재단중앙회, 창업진흥원, 한국벤처투자, <u>주식회사 공영홈쇼핑, 재단법인 장애인기업종합지원센터, 사단법인 한국산학연협회</u> (금융위) 중소기업은행, 한국산업은행, 한국예탁결제원, <u>서민금융진흥원</u> (공정위) 한국공정거래조정원 (원안위) 한국원자력안전재단, 한국원자력통제기술원 (보훈처) 88관광개발㈜ (식약처) 의료기기정보기술지원센터, 한국의약품안전관리원, 식품안전정보원 (관세청) (재)국제원산지정보원 (방사청) 국방과학연구소, 국방기술품질원 (문화재청) 한국문화재재단 (기상청) (재)APEC기후센터, (재)한국형수치예보모델개발사업단 (산림청) <u>한국수목원관리원</u> (특허청) 한국발명진흥회, 한국지식재산보호원, 한국지식재산연구원, 한국특허정보원

* 신규·변경지정 대상 공공기관은 밑줄 표시

부록 출처: 기획재정부 홈페이지-뉴스-보도·해명-보도자료.

저자약력

서울대학교 법과대학 졸업
서울대학교 대학원 졸업(법학박사)
독일 Universität Tübingen, Universität Wuppertal, Freie Universität Berlin, 미국 University of
    California at Berkeley 등에서 행정법연구
한국공법학회 회장(현 고문)
한국지방자치법학회 회장(현 명예회장)
지방자치단체 중앙분쟁조정위원회 위원장(현)·서울특별시민간위탁운영평가위원회 위원장(현)·주식백
    지신탁심사위원회 위원장·행정자치부정책자문위원회 위원장·지방분권촉진위원회위원·민주화운동관
    련자명예회복및보상심의위원회위원·헌법재판소공직자윤리위원회위원·행정소송법개정위원회위원·국
    무총리행정심판위원회위원·중앙분쟁조정위원회위원·중앙토지평가위원회위원·경찰혁신위원회위원·
    전국시장군수구청장협의회자문교수·서울특별시강남구법률자문교수 등
사법시험·행정고시·입법고시·외무고시·지방고등고시 등 시험위원
이화여자대학교 법과대학 교수
연세대학교 법학전문대학원·법과대학 교수

저 서

헌법과 정치(법문사, 1986)
행정법원리(박영사, 1990)
판례행정법(길안사, 1994)
사례행정법(신조사, 1996)
행정법연습(신조사, 초판 1999, 제 8 판 2008)
신행정법연습(신조사, 초판 2009, 제 2 판 2011)
경찰행정법(박영사, 초판 2007, 제 3 판 2013)
신지방자치법(박영사, 초판 2009, 제 4 판 2018)
행정법원론(상)(박영사, 초판 1992, 제26판 2018)
행정법원론(하)(박영사, 초판 1993, 제26판 2018)
신행정법입문(박영사, 초판 2008, 제11판 2018)
행정법특강(박영사, 초판 2002, 제17판 2018)
최신행정법판례특강(박영사, 초판 2011, 제 2 판 2012)
로스쿨 객관식 행정법특강(박영사(공저), 2012)
기본 행정법(박영사, 초판 2013, 제 6 판 2018)
기본 경찰행정법(박영사, 2013)
기본 CASE 행정법(박영사(공저), 2016)
민간위탁의 법리와 행정실무(박영사, 2015)
공직자 주식백지신탁법(박영사, 2018)

공직자 주식백지신탁법

초판발행　　　2018년 3월 10일

지은이　　　홍정선
펴낸이　　　안종만

편 집　　　문선미
기획/마케팅　　조성호
표지디자인　　조아라
제 작　　　우인도·고철민

펴낸곳　　　(주) **박영사**
　　　　　서울특별시 종로구 새문안로3길 36, 1601
　　　　　등록 1959. 3. 11. 제300-1959-1호(倫)
전 화　　　02)733-6771
f a x　　　02)736-4818
e-mail　　　pys@pybook.co.kr
homepage　　www.pybook.co.kr
ISBN　　　979-11-303-3071-6　93360

정 가　　　32,000원